ullstein

Das Buch

Walter Keunert steht auf der falschen Seite des Geländers einer Duisburger Rheinbrücke. Der Polizist muss nicht einmal springen, nur loslassen. Seelsorger Martin Bauer kann ihm sein Vorhaben zwar nicht ausreden. Aber er überrumpelt ihn. Bauer springt zuerst und zwingt Keunert so, ihn zu retten. Doch wenige Stunden später wird Keunert tot aufgefunden. Bauer macht sich schwere Vorwürfe. War er zu sehr von sich überzeugt? Hat er versagt? Oder war der Tod des Mannes gar kein Selbstmord? Ein Gedanke, der bei Polizeidirektor Lutz einen Wutanfall auslöst. Denn Keunert hatte seiner Ansicht nach allen Grund, sich selbst zu richten – gegen ihn wurde wegen Bestechlichkeit ermittelt.

Der Tod des Polizisten stürzt seinen halbwüchsigen Sohn Tilo in eine schwere Krise. Dass der Vater, der früher sein Held war, sich hatte schmieren lassen, ahnte Tilo seit langem. Der Selbstmord ist für ihn die Bestätigung und der finale Verrat. Tilo verachtet seinen Vater. Bauer sieht die selbstzerstörerische Verzweiflung des Jungen. Gibt es einen Weg, ihm den Glauben an seinen Vater zurückzugeben?

Um eine Antwort auf diese Frage zu finden, ermittelt der Seelsorger auf eigene Faust. Und gerät in einen Sumpf aus alten Loyalitäten, schmutzigen Liebesaffären und knallharter Bandenkriminalität.

Die Autoren

Peter Gallert wurde 1962 in Bonn geboren. Seit den 90er Jahren Drehbuchautor für TV-Serien von Krimi bis Krankenhaus (in Zusammenarbeit mit Jörg Reiter). Er ist Karate-Kindertrainer, hat drei Töchter und lebt mit seiner Familie in Köln.

Jörg Reiter wurde 1952 in Düsseldorf geboren. Seit 1992 freier Autor: Sachbuch, Rateshow, Dokumentarfilm. Dann Drehbücher für TV-Serien von Krimi bis Krankenhaus (mit Peter Gallert). Auch Jörg Reiter lebt in Köln.

Peter Gallert
Jörg Reiter

Glaube Liebe Tod

Kriminalroman

Ullstein

Besuchen Sie uns im Internet:
www.ullstein-taschenbuch.de

MIX
Papier aus verantwortungsvollen Quellen
FSC® C083411
www.fsc.org

Originalausgabe im Ullstein Taschenbuch
1. Auflage Mai 2017

Umschlaggestaltung: zero-media.net, München
Titelabbildung: plainpicture / © Kniel Synnatzschke;
© FinePic®, München (Mann)
Satz: Pinkuin Satz und Datentechnik, Berlin
Gesetzt aus der Quadraat Pro Regular
Druck und Bindearbeiten: CPI books GmbH, Leck
ISBN 978-3-548-28891-8

01

Er schwitzte. Der Kragen der Uniformjacke scheuerte an seinem Hals. In den Fingern hatte er kein Gefühl mehr. Die Kälte war aus dem Metall in seine Hände gekrochen und fraß sich nun in die Knochen. Er schaffte es nicht loszulassen. Aber das musste er auch nicht. Irgendwann würden seine verkrampften Muskeln schon aufgeben. Er starrte in die Tiefe. Der Fluss zog gleichgültig in Richtung Meer. Ein Boot der Wasserschutzpolizei hielt seine Position gegen die starke Strömung. Es sah aus wie das Spielzeug, das er seinem Sohn einmal zu Weihnachten geschenkt hatte. War das wirklich schon zwölf Jahre her?

Es herrschte Stille auf der Brücke. Vollsperrung in beide Richtungen, mitten in der Rushhour. Wahrscheinlich hatte er das halbe Ruhrgebiet lahmgelegt. Er konnte die Kollegen nicht hören, sie hielten den Abstand, den er gefordert hatte, aber er wusste, dass sie ihn verfluchten. Wieder Überstunden, wieder einmal zu Hause anrufen: Schatz, es wird später. Wie lange hielt eine Ehe das aus? Wie lange hatte seine das ausgehalten? Wann war sie zerbrochen? Warum hatte er es nicht gemerkt? Er hatte keine Ahnung.

Dann hörte er wieder ein Martinshorn. Er blickte sich um. Ein Zivilfahrzeug mit Aufsetzblaulicht jagte über den Standstreifen auf die Brücke zu. Wen karrten sie jetzt noch ran? Einen Psychofritzen? Nein, der Mann, der aus dem

Auto sprang, trug ebenfalls Uniform. Egal, es spielte keine Rolle mehr. Keunert lehnte sich weiter vor, die Unterkante des Geländers schnitt in seine Achillessehnen. Er stand auf der falschen Seite. Und er konnte nicht mehr zurück.

Am Anfang hatte Martin Bauer versucht, Gott einen Handel unterzuschieben: weniger Tote, weniger Zigaretten. Die Toten waren in all den Jahren nicht weniger geworden. Trotzdem hielt sich Bauer bis heute an sein Versprechen. Tage ohne Sterben, ohne Todesnachricht waren für ihn Tage ohne Zigaretten.

Der Mann auf der Brücke lebte – noch: Walter Keunert, Polizeimeister, verheiratet, ein Kind. Bauer ließ sich über Funk die Personalakte vorlesen, während Verena Dohr den Dienstwagen über den Standstreifen der A 40 jagte, vorbei an dem kilometerlangen Stau. Gesichter wischten vorüber. Bauer glaubte, den Ärger in ihnen erkennen zu können. Er beendete das Funkgespräch.

»Nicht viel, womit ich arbeiten kann«, stellte Bauer fest.

»Es muss reichen.« Die junge Hauptkommissarin bremste hart ab. Sie kamen am Anfang der Brücke zum Stehen, keinen Meter vor den quergestellten Streifenwagen. Bauer sprang aus dem Auto, ehe Verena den Motor abgestellt hatte. Die Beamten nickten ihm zu. Einige kannte Bauer seit Jahren. Die anderen reagierten auf seine Jacke. Sie unterschied sich nur durch die Schulterklappen von ihren Uniformen: zwei kleine Kreuze anstelle von Dienstgradsternen. Die Polizisten im Revier respektierten Bauer. Es hatte eine Weile gedauert, aber er war einer von ihnen geworden. Er kannte ihre Dämonen. Es waren längst auch seine.

Der Einsatzleiter löste sich aus der Gruppe und kam auf

ihn zu. Doch Bauer schüttelte nur den Kopf und eilte zwischen den Streifenwagen hindurch.

»Soll ich mitkommen?«, hörte er Verena rufen.

»Nein.« Er drehte sich nicht um. Keunert stand auf dem Scheitelpunkt der Brücke, auf der falschen Seite des Geländers. Aus der Entfernung war es nur eine winzige Bewegung, doch Bauer war sicher: Der Polizeimeister lehnte sich nach vorn. Bauer fing an zu rennen. Er hatte die Brücke schon unzählige Male mit dem Auto überquert, im fließenden Verkehr, in nicht mal einer Minute. Doch nun war sie leer. Er war allein. Er spürte das Dröhnen seiner Schritte auf dem Asphalt. Die Steigung, die er im Auto nie bemerkt hatte, kam ihm auf einmal wie ein Berg vor, die Fahrspurmarkierungen, die sonst in einem Wimpernschlag vorbeiflogen, kosteten ihn bald schon mehrere keuchende Atemzüge, die Fahrbahn wirkte breiter als der Fluss unter ihnen, und der Weg bis zu dem Mann, der sich seinem Tod entgegenlehnte, schien endlos. Bauer lief am Limit.

Aber das Gefühl, auf der Stelle zu treten, wuchs mit der Angst, zu spät zu kommen. Dieses Rennen konnte er nicht gewinnen. Nicht so. Abrupt verlangsamte er sein Tempo. Er sah, dass Keunert ihn beobachtete. Gut. Er spürte die irritierten Blicke der Beamten in seinem Rücken. Egal. Bauer ging nun nur noch, zügig, aber ohne Hast, und mit jedem Schritt wurde sein Atem ruhiger. Er wurde ruhiger.

Als er die Mitte der Brücke erreichte, hatte er keine Angst mehr. Noch zehn Meter. Keunert ließ ihn nicht aus den Augen. Noch fünf.

»Bleiben Sie stehen!«

Bauer setzte über die Seitenleitplanke hinweg.

»Ich meine es ernst!«

Bauer blieb stehen, direkt am Brückengeländer, keine

drei Meter mehr von Keunert entfernt. Er sah den Schweiß auf der Stirn des Polizisten, den dunklen Rand am Kragen seiner Jacke, die weißen Knöchel seiner verkrampften Hände auf dem Geländer. Unter den geröteten Augen lagen tiefe Schatten, als hätte er lange nicht geschlafen. Oder lange getrunken. Aber der Blick war klar.

Bauer kannte den Mann. Er war nicht gut mit Namen, aber ein Gesicht vergaß er nie. Dieses hier hatte er erst vor einer Woche gesehen. Bei einer Razzia in einem Bordell im Vulkanviertel hatte sich eins der Mädchen aus dem Fenster gestürzt. Sie war vier Stockwerke tief gefallen und direkt vor den Füßen eines Polizeimeisteranwärters auf der Straße aufgeschlagen. Sie starb in seinen Armen, ohne noch einmal das Bewusstsein zu erlangen. Man hatte Bauer gerufen. Als er ankam, kümmerte sich ein erfahrener Beamter um den Neuling. Bauer hatte nicht nach dem Namen des Älteren gefragt. Jetzt wusste er ihn: Keunert.

»Wie geht es Ihrem jungen Kollegen?«

»Fragen Sie ihn selbst«, gab Keunert zurück. »Hauen Sie ab, und fragen Sie ihn!«

Bauer blickte in die Tiefe. »Warum nehmen Sie nicht Ihre Knarre? Das wäre sicherer.«

»Haben Sie mal gesehen, was das für eine Sauerei macht?«

Bauer nickte langsam. »Letzte Weihnachten, bei einem kleinen Mädchen. Oben in Marxloh.«

Eine Familientragödie, der Fall hatte Schlagzeilen gemacht.

»Sie waren da?« Keunert wirkte fast betroffen. »Ein Kollege von uns auch. Tut mir leid für Sie.«

»Ihnen muss doch nichts mehr leidtun.«

Keunert schnaubte. »Sie haben keine Ahnung.« Er starrte aufs Wasser.

»Erzählen Sie's mir!«

Keunert schwieg. Seine Kiefermuskeln arbeiteten. Dann blickte er Bauer an und sagte ganz ruhig: »Sie sollten jetzt wieder gehen.«

Bauer sah es in den Augen des Mannes auf der anderen Seite des Geländers: Es gab für ihn nur noch einen Weg – den in die Tiefe. Ohne nachzudenken, zog Bauer seine Jacke aus.

»Was machen Sie da?«

Bauer legte seine Hände fest um das Geländer. Es war kalt. Er stemmte sich hoch und hob ein Bein darüber.

»Was soll der Scheiß?«

Dann zog er das zweite Bein hinterher und ließ sich auf der anderen Seite wieder hinunter. Nur seine Fußspitzen fanden Halt auf dem schmalen Sims.

»Sind Sie verrückt?«

Bauer drehte sich zum Wasser. Er musste umgreifen. Als er eine Hand löste und sich herumschwang, spürte er den Sog der Tiefe fast angenehm schwer im Bauch. Mit der freien Hand erwischte er knapp das Geländer hinter sich und krallte seine Finger darum.

»Sie sind verrückt!«

»Und Sie trauen sich nicht loszulassen«, gab Bauer zurück. »Sie warten drauf, dass Sie sich nicht mehr halten können, stimmt's? Sie haben eine Scheißangst.«

»Sie nicht? Glauben Sie, Ihr Gott beschützt Sie?«

»Glauben Sie, es gibt einen?«

Keunert sah Bauer irritiert an. »Sie sind der Pfaffe, sagen Sie's mir!«

Bauer zuckte mit den Schultern. »Wir werden sehen.«

»Wieso wir?«

Bauer antwortete nicht. Er blickte hinunter auf den

Fluss. Er war verdammt weit unten. Stumm standen die beiden Männer vor ihrem Abgrund. Alles schien innezuhalten, nur das Wasser strömte dahin, gleichmäßig und unaufhaltsam. Bauer hätte nicht sagen können, ob Sekunden oder Minuten vergangen waren, als das Polizeiboot warnend sein Signalhorn ertönen ließ. Er hörte den Frachtkahn, bevor er unter seinen Füßen auftauchte. Der Partikulier machte große Fahrt, der Schiffsdiesel pumpte hart und in einem Rhythmus mit Bauers Herz. Dann war der Kahn vorübergezogen, und es wurde wieder still.

»Sie sind kein Selbstmörder«, sagte Bauer. »Selbstmörder sind Egoisten. Junge oder Mädchen?«

»Was?«

»Sie wollen als Leiche nicht aussehen wie eine Schlachtplatte. Den Anblick wollen Sie Ihrem Kind ersparen. Ist es ein Sohn oder eine Tochter?«

Keunert schluckte. Bauer hatte einen Treffer gelandet.

»Sohn«, presste Keunert hervor. »Fünfzehn. Er braucht mich nicht mehr.«

»Das ist Blödsinn.«

Keunert schwieg.

»Sie wollen doch gar nicht sterben«, sagte Bauer.

»Ich springe trotzdem.«

»Aber Sie werden nicht sterben.«

»Was soll das heißen?«

»Sie sind Polizist ...«

»War ich vielleicht mal«, unterbrach Keunert ihn bitter.

Doch Bauer schüttelte unbeirrt den Kopf. »Das wird man nicht los. Nicht einer wie Sie. Sie retten mich.«

»Wie, retten? Was reden Sie für einen Müll?«

»Ich hoffe, Sie sind ein guter Schwimmer. Ich bin's nämlich nicht.« Bauer versuchte ein Lächeln und ließ das

Geländer los. Keunerts Augen weiteten sich vor Schreck. Einen kurzen Moment stand Bauer in der Schwebe. Dann sprang er ab.

Fassungslos sah Keunert, wie der Polizeipfarrer in die Tiefe stürzte, wie er mit den Armen ruderte und, nach einem viel zu langen Fall, aufrecht und mit den Füßen voran die dunkle Oberfläche des Flusses zum Platzen brachte.

Keunert keuchte. »So ein Arschloch!«

Dann sprang er hinterher.

Verena Dohr hatte ein ungutes Gefühl, als sie sah, wie Bauer auf halbem Weg seinen Spurt abbrach und ins Schritttempo verfiel. Aber sie gab nichts auf Gefühle. Sie hielt sich an Fakten. Damit konnte sie umgehen.

»Ihr Priester macht ja schon schlapp«, spottete der Einsatzleiter neben Verena. Er war doppelt so alt wie sie.

»Schnauze.«

Der Polizist sah die junge Kripokollegin ungläubig an. Ein kurzer Blick von ihr erstickte seinen Protest.

»Er ist nicht mein Priester«, sagte Verena. »Und er weiß, was er tut.«

Sie heftete ihre Augen wieder auf Bauer. Alle beobachteten, wie er über die Brücke spazierte, niemand sagte ein Wort. Endlich erreichte er den Selbstmörder. Kurz darauf streifte er seine Jacke ab – und kletterte ebenfalls über das Geländer.

»Sind Sie sicher?«, knurrte der Einsatzleiter.

Diesmal schenkte Verena ihm nicht einmal einen Blick. Was zum Teufel hatte Bauer vor? Im selben Moment wusste sie es. Sie drehte sich um und rannte auf den Rettungswagen zu.

»Mitkommen!«, schrie sie die Sanitäter an. Ohne anzuhalten, lief sie zur Fußgängertreppe, die hinunter zum Flussufer führte.

Der Einsatzleiter blickte ihr irritiert nach. Dann hörte er das bestürzte Raunen der Kollegen. Er drehte sich wieder um. Auf der Brücke war niemand mehr zu sehen.

Bauer kotzte Rheinwasser auf die Uferböschung. Verena stand daneben und sah zu. In ihrer Miene fand sich nicht eine Spur Mitleid. Ein Sanitäter stützte den völlig durchnässten Polizeiseelsorger.

»Jawoll, immer raus damit. Gibt eh nur Dünnschiss.«

Bauer würgte, bis nur noch Bitteres kam.

»Tief durchatmen und an was Schönes denken, das hilft!« Fast mütterlich strich der Sani Bauer über den Rücken. Keuchend richtete Bauer sich auf.

»Langsam! Besser, Sie setzen sich erst mal hin.«

Bauer schüttelte den Kopf. Reden konnte er noch nicht.

»Okay, aber kippen Sie mir bloß nicht um!«

Der Sanitäter legte ihm eine Wärmefolie um die Schultern. Bauer ignorierte Verenas düsteren Blick und sah sich nach Keunert um. Der stieß gerade den anderen Sanitäter weg und stampfte tropfnass auf Bauer zu.

»Sie verdammter Irrer! Was zur Hölle haben Sie sich dabei gedacht?«, schrie er Bauer an.

»Das wüsste ich auch gern«, mischte sich Verena ein. Bauer überhörte sie.

»Sie leben«, presste er hervor.

»Arschloch!« Keunert spuckte die Worte aus. Dann drehte er sich weg und ging davon.

Verena sah ihm verdutzt nach. »Hey! Hiergeblieben!«

Sie wollte Keunert folgen, doch Bauer griff nach ihrem Arm. »Lassen Sie ihn!«

»Ist das Ihr Ernst? Wer sagt, dass er nicht gleich wieder auf die Brücke klettert und es noch mal versucht?«

Bauer schüttelte den Kopf. »Dazu ist er zu wütend.«

»Das bin ich auch!«

Hinter Verena kam der Einsatzleiter mit zwei Kollegen von der Wasserschutzpolizei heran, von denen einer ebenfalls völlig durchnässt war. Keiner der Männer machte ein besonders freundliches Gesicht. Bauer lächelte Verena schief an. »Fahren Sie mich nach Hause?«

Die Uferböschung kam Bauer noch hoch. Zwar schaffte er die steilste Stelle nur auf allen vieren, aber außer Verena bekam das niemand mit. Der Einsatzleiter und die Wasserschutzpolizisten beachteten ihn nicht mehr. Verena hatte die drei in eine Debatte über ihre Zuständigkeiten manövriert, ehe sie richtig auf Bauer losgehen konnten. Nun standen sie am Ufer und stritten, wer den Bericht schreiben sollte. Einig waren sie sich allerdings darin, dass der Polizeiseelsorger vollkommen irre war.

Auf der steilen Betonwendeltreppe hinauf zur Brücke war Bauer dann mit seiner Kraft am Ende. Seine Kleidung klebte kalt auf der Haut, jeder Atemzug schmerzte, und seine Beine zitterten so sehr, dass er anhalten musste. Verena, die hinter ihm ging, sagte nichts. Sie stand nur da, eine Stufe unter ihm, bereit, ihn aufzufangen. Obwohl sie fast einen Kopf kleiner und bestimmt zwanzig Kilo leichter war als er, zweifelte Bauer nicht daran, dass sie ihn halten würde.

»Ich sollte wieder mehr Sport machen«, presste er entschuldigend hervor.

»Wie wär's mit Turmspringen?«, schlug Verena vor.

Bauer musste lachen. Sein Zwerchfell krampfte sich zusammen. Stöhnend krümmte er sich. Im nächsten Augenblick spürte er Verenas Arm unter seinem. Sie hielt ihn mit festem Griff. Mühsam brachte er seinen Atem unter Kontrolle.

»Geht's?« Verenas Miene war ernst. Bauer nickte, aber sie hielt ihn bis zur letzten Stufe untergehakt.

Auf der Autobahn rollte der Verkehr wieder an. Die Polizisten hatten ihre Einsatzfahrzeuge beiseitegefahren und winkten die Autos vorbei. An Verenas Dienstwagen wartete ein grauhaariger Beamter mit müdem Gesicht. Über seinem Unterarm lag eine Uniformjacke. Sie hatte kleine Kreuze auf den Schulterklappen.

»Danke«, sagte der Grauhaarige, schüttelte Bauer fest die Hand, gab ihm die Jacke und ging ohne ein weiteres Wort zu seinen Kollegen.

Bauer zog die Jacke an. Dann stiegen der Polizeiseelsorger und die Hauptkommissarin in den Wagen und überquerten die Brücke in weniger als einer Minute.

Sie fuhren schweigend. Bauer sah aus dem Fenster. Die Schlote der Sachtleben Chemie zogen vorbei. Es wurde dunkel. Er fror. Sein Körper schmerzte. Er hatte sein Leben riskiert. Er hatte ein Leben gerettet. Er fühlte sich leer.

Die ›Weißen Riesen‹ kamen in Sicht, zwanzig Stockwerke hohe Bausünden in einem Wohnpark aus den Siebzigern, für die eine alte Bergarbeitersiedlung zur Hälfte plattgemacht worden war. Verena bog ab in die andere Hälfte. Kleine Alleen mit knorrigen Bäumen und soliden, englisch anmutenden Ziegelhäusern mit grünen Vorgärten. Vor einem stoppte Verena. Licht schien warm aus den Fenstern im Erdgeschoss. Der Wagen seiner Frau stand in der Einfahrt. Das Fahrrad seiner Tochter lag mitten auf dem Weg zur Haustür. Bauer war zu Hause.

Verena stellte den Motor ab. »Ihnen ist klar, dass Ihre Aktion heute einen Riesenärger geben wird? Lutz wartet schon lange auf die Chance, Sie abzuschießen.«

»Kann er nicht. Er ist nicht mein Chef.«

»Aber meiner, verdammt!«

»Sie haben nichts falsch gemacht.«

»Ich habe Sie hinzugezogen!«

»Ich sage, dass ich zufällig vorbeigekommen bin. Die Brücke liegt auf meinem Weg zum Präsidium.«

»Einen Scheiß tun Sie! Ich brauche keine Rückendeckung, von Ihnen schon gar nicht!«

Bauer sah die Hauptkommissarin ratlos an. Ihre Augen funkelten vor Wut. »Warum sind Sie eigentlich so sauer auf mich?«

»Bin ich nicht. Ich habe nur keine Lust, mich an den nächsten Spinner aus Ihrem Verein zu gewöhnen. War bei Ihnen schon anstrengend genug.«

Bauer lächelte.

»Hören Sie auf zu grinsen«, schnauzte Verena und startete den Motor. »Raus jetzt!«

Bauer stieg aus. Verena fuhr so rasant los, dass die Beifahrertür zuklappte, noch bevor er sich bedanken konnte. Auf dem Weg zur Haustür hob er ächzend das Fahrrad seiner Tochter auf und stellte es ordentlich ab. Durch das Küchenfenster sah er seine Frau. Sie telefonierte. Dabei ging sie umher. Das war normal, Sarah erlebte man selten im Stillstand. Nicht normal waren die steilen Falten auf ihrer Stirn. Die hatte sie nur, wenn sie sich ärgerte. Oder sorgte. Bauer zögerte. Dann ging er am Hauseingang vorbei in den Garten.

02

Tilo Keunert war wütend. Das war er in letzter Zeit eigentlich immer. Auf seinen Vater. Auf seine Mutter sowieso. Auf alles. Auf das ganze Scheißleben.

Jetzt gerade war er wütend auf sich selbst. Zwanzig Mal hatte er auf den Korb geworfen, zwanzig Mal hätte der Ball drin sein müssen. Höhe, Winkel, Backspin – alles passte. Bis auf die Wut, mit der er den Ball gegen das Brett knallte.

Sie spielten zwei gegen zwei, Tilo und Tomaso gegen Özgür und Kalle.

Ein neuer Angriff. Tomaso passte den Ball zu Tilo. Özgür blockte den direkten Weg zum Korb, Kalle deckte Tomaso. Tilo prellte den Ball zwischen den eigenen Beinen hindurch und hinter dem Rücken wieder zurück. Die Bewegung lief wie von selbst, Tilo musste nicht mal hinsehen. Ein perfekter Moment.

Özgürs Arm schoss nach vorn. Mit einer Körpertäuschung tauchte Tilo aus dem Zentrum des Basketballkäfigs, das von der letzten intakten Parklaterne halbwegs erhellt wurde, in das umgebende Halbdunkel.

Tomaso gelang es, sich von Kalle zu lösen. Sein Weg zum Korb war frei.

»Hier, Alter!« Er winkte Tilo zu. Tilo reagierte nicht. Er wollte noch so einen perfekten Moment.

Özgür hatte ihn am Rand des Spielfeldes gestellt. Er war einen Kopf größer als Tilo und gut bepackt mit Fitnessstudiomuskeln. Dafür war Tilo flink und beweglich.

Mit kurzen Dribblings und Körpertäuschungen brachte Tilo Özgür aus dem Gleichgewicht. Aber Özgür war heute gut in Form. Tilo kam nicht an ihm vorbei.

»Vergiss es«, keuchte Özgür.

Hinter sich hörte Tilo Tomaso fluchen – wo blieb der Pass, verdammt noch mal?

Das Fluchen, Keuchen und das trockene Geräusch des Balls auf dem Asphalt war alles, was in dem räudigen Stückchen Grünanlage zu hören war. Um diese Uhrzeit hockte in der Siedlung jeder vor dem Fernseher – die Feierabend hatten, und die Hartzer sowieso.

»Was soll der Scheiß?! Spiel ab!« Tomaso wurde langsam sauer. Er wollte mitspielen. Dabei machte er pro Spiel höchstens zwei oder drei Körbe.

Plötzlich reichte es Tilo. Scheiß auf den perfekten Moment. Er stürmte frontal auf den überraschten Özgür zu und rammte ihm die Schulter in den Solarplexus. Özgür ging zu Boden.

Mit drei Schritten war Tilo am Korb. Er stieg in die Luft. Der Ball traf das Brett an der richtigen Stelle, aber natürlich viel zu hart. Kalle pflückte ihn direkt aus der Luft und machte den Punkt.

Özgür lag auf dem Boden und rang nach Luft. »Scheiß Azzlack ...!«

Tilo zuckte mit den Achseln. »Sorry.« Er hob den Ball auf. Tomaso marschierte stinksauer auf ihn zu, schlug ihm den Ball aus der Hand.

»Ich hab kein Bock mehr auf den Kack! Spiel allein!« Er kickte den Ball über das fünf Meter hohe Gitter, rempelte Tilo aus dem Weg und ging zu der graffitibeschmierten Bank, die am Rand des Spielfelds festgeschraubt war. Er nahm seine Jacke.

Özgür kam mit schmerzverzerrtem Gesicht auf die Beine.

»Azzlackarsch!«

»Jetzt komm ...«, sagte Tilo besänftigend.

»Fick dich!«

»Kino?« Kalles Frage richtete sich nur an Özgür und Tomaso. Tilo stand trotzig unter dem Korb und sah zu, wie sie ihre Jacken überstreiften.

Özgür zog theatralisch seine Hosentaschen auf links.

»Chill, Alter.« Kalle grinste. »Heute ist free ride.«

Kalle hatte eine Freundin, die im UCI jobbte und ihnen manchmal einen Notausgang aufschloss. Einmal waren sie erwischt worden. Der Manager hatte die Bullen gerufen. Sie waren auf der Wache gelandet. Hätte sein Alter Dienst gehabt, wären sie nicht so glimpflich davongekommen. Aber der Diensthabende kannte ihn und hatte den Manager überredet, keine Anzeige zu erstatten.

Ohne Tilo eines weiteren Blicks zu würdigen, stapften die drei Jungen aus dem Käfig.

Scheiß drauf. Tilo kickte einen Colabecher zurück in die Käfigecke, wo der Wind immer den Fastfoodmüll zusammenwehte.

Mürrisch stolperte Tilo zwischen den Sträuchern herum. Es war zu dunkel, er würde ihn nicht finden. Egal. Der Ball war sowieso ein Geschenk gewesen.

Eigentlich wurde der Käfig abends abgeschlossen. Aber die Jugendlichen hatten das Schloss so oft geknackt, dass das Grünflächenamt schließlich aufgegeben hatte. Nur ein paar chronisch genervte Anwohner fühlten sich vom Treiben im Käfig gestört und beschwerten sich regelmäßig beim Bezirksdienst der Polizei. Ab und zu rückte dann ein Streifenwagen an. Wenn die Beamten schnell genug waren, konfiszierten sie den Ball. Der lag dann auf der Wache herum, bis ihn einer der Beamten mit nach Hause nahm. Mit so einem Ball hatten die Jungen gespielt. Tilo hatte ihn mitgebracht.

Was jetzt? Nach Hause? Schon der Gedanke machte ihn

krank. Noch zwei Jahre Schule, dann war er da endgültig weg. Falls er es überhaupt aushielt, so lange zuzusehen, wie sich sein Vater fertigmachen ließ. Sollte er selbst irgendwann mal so werden, würde er sich die Kugel geben.

Als Tilo aus der Grünanlage auf den Gehsteig trat, war die Straße menschenleer. Er blieb auf der Parkseite, wo es dunkler war. Er hatte es nicht eilig. Nur zweimal um die Ecke und mit dem Aufzug hoch in die letzte Etage, dann war er zu Hause.

Zu Hause ...

Die Dreizimmerwohnungen in der Siedlung waren alle gleich geschnitten. In allen Wohnungen stand der Fernseher an der gleichen Stelle. Überall schimmerte das gleiche bleiche Flackern durch die Gardinen. Er fragte sich, wie es wohl wäre, in einem anderen Land zu leben. Irgendwo im Süden, wo abends alle draußen auf den Straßen waren. Und wirklich lebten.

Tilo hatte den Mann nicht bemerkt, der ihn schon seit geraumer Zeit beobachtete. Jetzt bewegte er sich parallel zu Tilo lautlos durch den dunklen Park und ließ ihn nicht aus den Augen.

Wenn er morgen aus der Schule kam, wäre der Basketball bestimmt weg, überlegte Tilo. So what. Die anderen hatten vorerst bestimmt keinen Bock mehr, mit ihm zu spielen. Sollten sie sich selbst einen Ball organisieren. Sie hatten ja recht – er hatte sich mal wieder wie ein Oberarsch aufgeführt.

Am Morgen hatte seine Mutter seinem Vater die Hölle heißgemacht: Sie hätte genug von Zwei- und Drei-Sterne-Hotels, sie wollte fünf Sterne, in Marbella oder an der Côte, und wenn sein Vater nicht so dämlich wäre, könnten sie sich das auch leisten und so weiter und so weiter, die übliche Arie. Sein Vater hatte kein Wort gesagt. Er hatte sich nur seine Dienstschuhe zugebunden, als wäre es das Wichtigste auf der Welt. Im Hinausgehen hatte er sich noch mal umgedreht, sie beide komisch angesehen und leise erklärt, es tue ihm leid, alles. Dann war er gegangen. Was für ein Loser! Tilo hätte kotzen können.

Ein Rascheln ließ ihn den Blick heben. Zehn Meter vor ihm schob sich ein Mann durch die Büsche auf die Straße. Tilo konnte seine Augen nicht erkennen, dazu war es nicht hell genug, aber der Mann fixierte ihn, das war eindeutig, und steuerte auf ihn zu. Tilo musste an einen Boxer denken, der aus seiner Ecke kam. Er verspürte den Impuls wegzurennen. Aber wie sähe das aus, wenn der Typ harmlos war? Tilo wechselte die Straßenseite.

Aus dem Augenwinkel sah er, dass der Mann ebenfalls die Straßenseite wechselte. Scheiße. Sie waren nur noch ein paar Meter voneinander entfernt. Zum Wegrennen war es nun zu spät. Tilo hatte zwanzig Euro in der Tasche. Vielleicht, wenn er den Schein sofort rausrückte …

Der Faustschlag kam blitzschnell und traf ihn hart wie ein Ziegelstein über dem rechten Auge. Er hörte seinen eigenen Schrei, dann katapultierte ihn ein zweiter knochenharter Schlag auf den Solarplexus in den luftleeren Raum. Tilo sackte zu Boden.

In einem oberen Stockwerk wurde ein Fenster geöffnet. Er sollte vielleicht um Hilfe rufen, schoss es ihm durch den Kopf. Aber dazu hätte er erst mal atmen müssen. Das Fenster wurde hastig wieder geschlossen.

Der Mann beugte sich zu ihm herunter. Timo roch schalen Atem, kalten Tabakrauch, abgestandenes Bier und Knoblauch. Er dachte daran, seinen Kopf zu schützen. Aber er bekam die Arme nicht hoch. Der Mann sagte etwas. Sein Akzent klang, als hätte er sogar an den Stimmbändern Muskeln. Tilo verstand ihn nicht. Der Mann sprach deutlicher.

»Du Rechtshänder?«

Komische Frage. Tilo nickte. Schwielige Finger schlossen sich wie ein Schraubstock um Tilos linkes Handgelenk.

»Gleich vorbei«, sagte der Mann ruhig.

Tilo hörte ein Geräusch, als wäre jemand auf einen trockenen Ast getreten. Ein glühender Schmerz schoss seinen Arm hinauf bis in seine Schulter. Der Mann drehte sich um und ging davon. Tilo zwang sich dazu, seine Hand anzusehen. Der linke Mittelfinger ragte in einem absurden Winkel zwischen den anderen Fingern nach oben. Dann wurde alles schwarz.

03

In diesem Moment hasste Sarah Bauer ihre Tochter. Das Gefühl erschreckte sie. Und sie schämte sich dafür, aber sie hatte es nicht zum ersten Mal. Sie wusste, wo es herkam. Sarah war niemand, der sich selbst belog. An ihr war alles gerade, ihre Figur, ihre Art, ihre Liebe.

Es lag nicht an Nina. Sarah betrachtete es fast als Job eines Teenagers, Grenzen zu überschreiten. Nina hatte eine Entscheidung getroffen – gegen die Ansage ihrer Eltern, für die Rettung der Welt. Der Mut ihrer Tochter hatte Sarah früher mit Stolz erfüllt. Heute machte er ihr Angst.

Fast eine Stunde lang hatte Sarah die Eltern von Ninas Freunden abtelefoniert. Dann wusste sie sicher, was sie erst nur befürchtet hatte: Ihre fünfzehnjährige Tochter war mit einer Gruppe Globalisierungsgegner nach Deauville gefahren, um gegen den G 7-Gipfel zu demonstrieren. Die

Angst überfiel Sarah mitten in der Bewegung. Minutenlang stand sie still, die Hand mit dem Telefon hing in der Luft.

Es gab eine Regel, wenn ihr Mann im Einsatz war: keine privaten Anrufe auf seinem Diensthandy. Diese Regel hatte Sarah erst ein Mal gebrochen. Damals war Nina auf dem Schulweg von einem Auto angefahren und mit einem Riss in der Milz ins Krankenhaus eingeliefert worden. Trotzdem hatte Sarah allein vor dem OP gesessen. Während sie um das Leben ihrer Tochter bangte, begleitete Martin einen fremden Menschen, der auf irgendeiner Autobahn im Wrack seines Wagens eingeklemmt war, beim Sterben. Als Martin endlich kam, erwachte Nina aus der Narkose. Ihr erster Blick suchte ihren Vater. Sie wischte *seine* Tränen fort, sie war tapfer für *ihn*. Ihren Schmerz und ihre Angst bewahrte Nina für Sarah auf. Es war ungerecht. Nina liebte ihren Vater mehr als ihre Mutter. Er musste nichts dafür tun, nicht einmal da sein, wenn sie ihn brauchte. Sarah war eifersüchtig. Auch dafür schämte sie sich.

Die Nummer des Diensthandys hatte sie nie eingespeichert. Sie kannte sie auswendig. Sie wählte, ging ins Wohnzimmer und öffnete die Tür zum Garten. Kühle Luft strömte herein, darin ein Hauch von Zigarettenrauch. Sarah hörte das Klingeln noch vor dem Freizeichen. Ihr Mann saß unter dem Kirschbaum auf der Bank, auf der schon sein Vater gesessen hatte. Er holte sein Handy hervor. Das Display beleuchtete sein Gesicht. Er hatte eine Zigarette zwischen den Lippen. Dann blickte er in ihre Richtung. Sarah legte auf.

Es war zu dunkel, er konnte die Miene seiner Frau nicht erkennen. Aber er sah an ihrem Schritt, dass sich die steile

Falte auf ihrer Stirn noch vertieft hatte. Als Sarah sich vor ihm aufbaute, nahm Bauer die Zigarette aus dem Mund.

»Erwischt.« Er lächelte vage in ihre Richtung.

»Nina ist weg.«

Der Satz ging auf ihn nieder wie ein Schlag. Bauer nickte langsam. »Ist sie mit der Gruppe gefahren?«

»Ja. Aber das überrascht dich nicht mal!«

»Wer soll denn die Welt retten, wenn nicht unsere Tochter?« Wieder versuchte er ein Lächeln. Es nützte nichts. Sarah wurde nur noch wütender.

»Sie ist fünfzehn!«

»Die anderen passen auf sie auf.«

»Wie denn, wenn sie zusammengeknüppelt werden?«

»Sarah, Deauville ist nicht Genua. So etwas passiert nicht noch mal.«

»Du hättest sie davon abhalten können! Wenn du es nur richtig versucht hättest!«

»Hätte ich nicht. Das weißt du.«

»Ja, weil sie so sein will wie du. Weil sie so ist wie du!«

»Ich dachte, du magst mich so, wie ich bin.«

Sie antwortete nicht.

»Komm, setz dich her«, bat er. »Ich kann dein Gesicht nicht sehen.«

Sarah blieb stehen. »Du bist ein Idiot!«

»Das höre ich heute nicht zum ersten Mal.« Er nahm einen letzten Zug von seiner Zigarette, warf sie in das alte Einmachglas neben der Bank und verschloss es sorgfältig.

»Schwerer Tag?« Ihre Stimme hatte fast wieder den Klang, den Bauer liebte.

»Ich hatte schon schwerere.«

Sarah setzte sich auf seinen Schoß. Er legte den Kopf an ihre Schulter.

»Ich habe Angst«, hörte er sie leise sagen.

»Ich auch«, antwortete er genauso leise.

Dann schwiegen sie.

»Sag mal, ist deine Hose nass?«

Bauer zögerte. »Nicht nur die Hose.«

»Was ist passiert?«

»Das kannst du bestimmt morgen im Lokalteil lesen«, wich er aus. »Gehen wir rein? Mir ist schweinekalt.«

Später, als sie im Bett lagen und Bauer endlich den ruhigen Atem seiner Frau hörte, betete er.

04 Auf dem Gehweg stand ein Grablicht. Die Flamme schien zart durch die rote Plastikhülle. Mariana hätte die Kerze nicht bemerkt. Es gab zu viele Lichter in dieser Stadt, und jedes erschien Mariana wie ein Versprechen auf die Zukunft.

Als sie in Dortmund aus dem Billigflieger gestiegen war, lag der Himmel noch genauso grau über ihr wie in ihrem Dorf, das sie in aller Frühe verlassen hatte. Die Busfahrt hatte länger gedauert als der Flug, und die ganze Zeit hatte sie ihren Pass festgehalten. Wenn sie ihn öffnete und das kleine Foto betrachtete, um zu sehen, ob sie auch wirklich hübsch genug war, knarrten leise die Seiten, so neu war er. Sie hatte ihn sich selbst zu ihrem achtzehnten Geburtstag geschenkt. Am Flughafen in Craiova präsentierte sie ihn voller Stolz den Zollbeamten. Die Achtlosigkeit, mit der sie ihren größten Schatz befingerten, erschütterte sie. Als sie kurz darauf die Gangway zum Flugzeug erklomm, hatte sie es schon wieder vergessen. Seit Wochen fieberte sie diesem Moment entgegen – seit Lacrima wieder aufgetaucht war.

Bis zum Ende der achten Klasse war das Mädchen aus dem Nachbarort Marianas beste Schulfreundin gewesen. Danach trennten sich ihre Wege. Mariana hatte sich für das Liceu qualifiziert, Lacrima nicht. Die Freundinnen sahen sich nur noch selten. Dann gar nicht mehr, denn Lacrima verschwand. Niemand wusste, wohin. Die Eltern redeten nicht mehr über ihre Tochter. Es gab Gerüchte, sie sei nach Deutschland gegangen. Das hatte Mariana nicht glauben können, Lacrima war doch erst sechzehn. Dass es stimmte, erfuhr Mariana zwei Jahre später.

An dem Tag war ein schwarzer Geländewagen den Schotterweg zu ihrem Dorf heraufgekommen. Die Kinder entdeckten ihn zuerst und liefen nebenher. Das Luxusauto mit den dunklen Scheiben rollte durch das Dorf bis vor das Haus von Marianas Großeltern. Dort hielt es. Die Fondtür wurde geöffnet, und Lacrima stieg aus. In hochhackigen Schuhen und teuren Kleidern stand sie auf der staubigen Straße wie ein Wesen aus einer anderen Welt. Angelockt vom Kindergeschrei, war Mariana aus dem Haus gekommen und hatte sie sofort erkannt, trotz der blonden glänzenden Haare. Sie waren sich in die Arme gefallen, Großmutter hatte dünnen Kaffee gekocht, und sie aßen Nussstrudel, den Lacrima mitgebracht hatte. Die Großmutter bat auch Lacrimas Fahrer auf ein Stück herein, aber der antwortete nicht einmal. Er blieb die ganze Zeit in seinem Auto sitzen, rauchte und starrte das Haus an. Mariana konnte ihn durch das Fenster sehen, aber bald beachtete sie den Mann nicht mehr.

Die beiden Freundinnen alberten und kicherten miteinander, als wären sie nie getrennt gewesen. Mariana musste den Dorftratsch der vergangenen zwei Jahre erzählen. Danach schwärmte Lacrima von ihrem Leben in Deutschland und ihrer Stelle als Kellnerin, und obwohl Mariana das gar nicht wollte, wurde sie neidisch. Hier fand niemand Arbeit, egal, wie gut der Schulabschluss war.

Dann wollte Lacrima zum Dorfbrunnen. Dort hatten sie früher immer gesessen. Kaum waren sie aus dem Haus, setzte sich auch der Geländewagen in Bewegung und folgte ihnen langsam in einigen Metern Abstand. Mariana fand das seltsam, aber Lacrima schien es gar nicht zu bemerken. Sie jagte auf ihren Stöckelschuhen den Kindern hinterher. Dann saßen sie auf der Brunnenmauer und ließen die Beine baumeln. Die Kinder verloren das Interesse und rannten weg, und sie waren allein. Lacrima sah plötzlich sehr müde aus und sagte etwas über den Geruch in der Luft, den sie vermissen würde. Mariana roch nur verschmortes Plastik. Es roch immer nach verschmortem Plastik, weil es keine Müllabfuhr gab und alle ihren Abfall auf den Feldern verbrannten. Mariana verstand nicht, wie man diesen Gestank vermissen konnte. Lacrima prustete los, als hätte Mariana den Witz des Jahrhunderts gemacht, und war mit einem Schlag so überdreht wie zuvor. Dann stellte sie Mariana die Frage, die alles änderte, und Mariana wäre fast in den Brunnenschacht gefallen.

Acht Wochen später stieg Mariana zum ersten Mal in ein Flugzeug. Die unterschwellige Angst, dass Lacrima ihr einen bösen Streich gespielt haben könnte, wurde von dem überwältigenden Gefühl verdrängt, dass nun ihr Leben begann. Ein schönes Leben ohne Müllgestank und mit Kleidern, wie Lacrima sie trug, mit fließendem Wasser, einem eigenen Zimmer, vielleicht sogar mit einer kleinen Wohnung mit Badewanne und Zentralheizung. Natürlich würde sie ihren Großeltern Geld schicken. Aber es würde immer noch genug übrigbleiben, das hatte Lacrima ihr versprochen. Sie musste es wissen, sie hatte Mariana das Flugticket geschickt, bezahlt vom Trinkgeld eines Abends, hatte sie geschrieben. Fast dreißig Euro hatte es gekostet, das waren über hundertdreißig Lei! Selbst Marianas Lehrer, der mehr verdiente als jeder andere, den sie kannte, kam kaum auf einen Tageslohn von hundert Lei, und das mit seinem kompletten Gehalt! Lacrima machte an einem einzigen Abend mehr Trinkgeld. Ja, Mariana würde so viel von ihrem Lohn nach Hause schicken, wie sie konnte. Aber das Trinkgeld, das würde sie für sich behalten.

Nach der Landung am Flughafen in Dortmund glomm erneut die Angst auf, weil der Himmel nicht blau war, wie er es doch hätte sein müssen, und weil Lacrima nicht da war. Mariana ging als Erste durch die unbesetzte Zollschleuse für EU-Bürger. Sie musste nicht auf ihr Gepäck warten, weil sie keins aufgegeben hatte. Sie hatte mit Lacrima ihre Kleidung durchgesehen, doch nur ein Jeansrock und ein enger Pullover hatten Gnade vor den Augen der Freundin gefunden. Alles andere sei zu schäbig für ein Lokal, in dem nur die hübschesten Mädchen arbeiteten, erklärte Lacrima und sortierte sogar die Unterwäsche aus. Für die ersten Tage würde sie Mariana Sachen leihen, dann würden sie shoppen gehen.

Aber als Mariana voller Vorfreude durch die Automatiktür in die niedrige Ankunftshalle trat, war nichts von ihrer Freundin zu sehen. Die Angst hatte fast eine halbe Stunde lang Zeit zu wachsen, und als Lacrima endlich herangestöckelt kam, konnte Mariana sich kaum noch freuen. Auch von Lacrimas Übermut, den sie beim Wiedersehen vor vier Wochen gezeigt hatte, schien nichts übrig zu sein.

Sie sah nun nur noch so erschöpft aus wie in dem kurzen Moment am Brunnen. Wieder wurde sie von dem Mann begleitet, der sie ins Dorf gefahren und nicht aus den Augen gelassen hatte, wieder redete er kein Wort. Er schnaubte nur ungeduldig und nickte in Richtung Ausgang, als die Freundinnen sich zur Begrüßung umarmten. Augenblicklich löste sich Lacrima von Mariana und zog sie mit sich durch die Halle und sagte, sie müssten sich beeilen, der Chef wolle sie sehen.

Gleich vor dem Ausgang parkte ein schwarz schimmernder Mercedes. Lacrima ging darauf zu, schob Mariana auf den Rücksitz und kletterte hinterher. Mariana hatte noch nie in so einem teuren Auto gesessen. Es roch nach Leder und Holz, und als der stumme Mann seinen massigen Körper hinters Steuer wuchtete, auch nach Schweiß und Rasierwasser.

Sie fuhren sehr schnell über die Autobahn, die glatter und sauberer und dichter befahren war als alle Straßen, die Mariana kannte. Tausend Fragen wirbelten durch ihren Kopf, aber sie merkte, dass Lacrima nicht reden mochte. So blickte Mariana auf das vorbeisausende Land, das nun ihres werden sollte.

Nach einer Weile drehte Lacrima unsanft Marianas Gesicht zu sich, musterte es und schimpfte, weil sie nicht geschminkt war. Auch an ihrer Kleidung nörgelte sie herum, obwohl Lacrima doch Pullover und Rock selbst ausgewählt hatte und Mariana sogar eine neue Nylonstrumpfhose trug, das teuerste Kleidungsstück, das sie sich je gekauft hatte. Aber Mariana protestierte nicht, weil ihre Freundin so nervös war und sicher nur wollte, dass sie einen guten Eindruck auf den Chef machte. Lacrima holte ihr Schminktäschchen hervor und versuchte, Mariana zurechtzumachen. Das war schwierig. Der Stumme bremste oft hart ab und gab sofort wieder Gas, wenn er die langsameren Autos von der linken Spur gedrängt hatte. Doch dann staute sich der Verkehr, und schließlich standen sie. Lacrima konnte nun feine Lidstriche ziehen und Mariana die Wimpern tuschen und ihre Lippenkonturen nachzeichnen, und sie wurde ruhiger.

Der Stumme schaltete das Autoradio ein. Mariana bemerkte, dass er sie im Rückspiegel beobachtete. Sie mochte seine Augen nicht. Aber sie mochte das Lied, das im Radio lief. Pharell Williams sang, weil er glücklich war. Marianas Angst legte sich allmählich. Nach dem Song kam eine Verkehrsdurchsage. Mariana hatte in der Schule Deutsch als zweite Fremdsprache gehabt. Sie verstand, dass eine Brücke gesperrt war. Der Stumme grunzte wieder ärgerlich. Lacrima trug mit einem weichen Pinsel Puder auf Marianas Gesicht auf. Das kitzelte, und Mariana fing an zu kichern. Ihre Freundin mahnte sie barsch stillzuhalten. Schließlich ließ Lacrima den Pinsel sinken und betrachtete ihr Werk. Sie schien zufrieden zu sein, denn sie packte die Schminksachen wieder weg. Draußen wurde es allmählich dunkel. Mariana wagte zu fragen, wie weit es noch sei. Lacrima deutete durch das Seitenfenster und fragte Mariana, ob sie den großen Turm sehe. Im selben Moment flammte nicht weit entfernt vor dem dämmrigen Horizont eine unglaublich hohe Lichtsäule auf, erst blass, dann immer heller, in einem strahlenden Grün. Fasziniert fragte Mariana, was das sei.

»Der große grüne Schwanz«, antwortete Lacrima auf Deutsch und erklärte knapp, dort arbeiteten sie.

Mariana verstand nicht, was ›Schwanz‹ bedeuten sollte. Aber es kümmerte sie auch nicht. Das war das Zeichen, auf das sie gewartet hatte. Und es war besser als ein sonniger Himmel. Ihre Zukunft leuchtete! Mariana war in Deutschland, sie hatte eine Arbeit, und sie lächelte. Die Autos setzten sich wieder in Bewegung. Der Stumme steuerte die nächste Ausfahrt an. Immer mehr Lichter gingen an, Autoscheinwerfer, Straßenlaternen, Leuchtreklamen, aber keines strahlte so hell wie der grüne Turm, der immer höher in den Himmel wuchs, je näher sie ihm kamen.

Schließlich bogen sie in eine schmale Straße ab, die auf der einen Seite von schönen alten Häusern gesäumt wurde. Auf der anderen stand der Turm. Er ragte aus einem fabrikähnlichen Gebäude empor. Sie fuhren direkt an ihm vorbei. Mariana blickte durch die Heckscheibe auf ihn zurück, als sie plötzlich gegen die Rücklehne des Vordersitzes geschleudert wurde. Der Stumme machte mitten auf der leeren Straße eine Vollbremsung. Er stieß die Fahrertür auf, sprang aus dem Auto und lief auf ein rotes Grablicht zu, das vor einer Hauswand auf dem Gehsteig stand. Er trat auf das kleine Licht ein, als wollte er jemanden töten. Erschrocken blickte Mariana zu Lacrima, doch die zuckte nur mit den Schultern und mied ihren Blick. Als der Stumme endlich innehielt, klebte auf den Gehwegplatten eine weißliche Masse mit roten Splittern darin. Völlig ruhig setzte er sich wieder hinters Steuer und fuhr das Auto in die nächste Parklücke.

Sie stiegen aus. Jetzt erst sah Mariana die Reklame am Giebel des Hauses. Neonröhren zeichneten die Silhouette einer nackten Frau mit großen Brüsten an die Hauswand. Mariana stockte, doch Lacrima hielt sie fest an der Hand und zog sie zu einem Seiteneingang. Die Tür war aus Metall, in der Farbe der Hauswand gestrichen und hatte weder Klinke noch Knauf, nur ein Schloss, in das der Stumme einen Schlüssel steckte, den er an einer Kette aus der Hosentasche zog. Hinter der Tür führte eine Treppe hinunter in einen Kellergang. An den Wänden stapelten sich Getränkekästen und Kartons mit Sekt und härteren Spirituosen. Sie kamen an einer Kühlraumtür vorbei. Mariana entspannte sich wieder ein wenig. Das war eindeutig der Keller eines Lokals.

Am Ende des Gangs fiel Licht durch einen Türausschnitt. Lacrima ging darauf zu. In dem gekachelten Raum stand ein wuchtiger Holzschreibtisch auf einem Teppich, der auf dem nackten Betonboden lag. Hinter dem Schreibtisch saß ein Mann an einem Laptop. Sein Anzug schimmerte im selben Schwarz wie der Mercedes, aus dem Mariana gerade gestiegen war. Er blickte auf. Lacrima schob Mariana vor sich und raunte ihr dabei zu, das sei der Chef. Mariana lächelte den Chef an. Er musterte sie von oben bis unten, dann streckte er seine Hand aus. Lacrima sagte leise zu Mariana, sie müsse ihm ihren Pass geben. Mariana zögerte. Lacrima schubste sie vorwärts. Marianas billige Schuhe sanken tief in den Teppich. Sie holte ihren Pass hervor und reichte ihn dem Chef. Er steckte ihn, ohne auch nur einen Blick darauf zu werfen, in die Innentasche seines Jacketts. Dann nickte er dem Stummen zu.

Der Stumme ergriff Marianas Arm. Überrumpelt sah sie zu Lacrima. In den Augen ihrer Freundin schwammen nun Tränen, und sie schluchzte auf, es tue ihr leid. Dann riss der Stumme Mariana auch schon mit sich auf den Gang, öffnete eine Metalltür und stieß sie in einen kleinen Raum. Mariana taumelte und schlug mit den Knien gegen ein Bettgestell aus Eisen, aber sie blieb auf den Beinen. Sie begann zu schreien. Der Stumme schlug mit der Faust kurz und hart in ihre rechte Seite. Mariana sah ihn eine Sekunde lang fast verwundert an. In der nächsten Sekunde schrumpften ihre Eingeweide zu einem glühenden Klumpen zusammen, der alle Luft aus ihren Lungen und jede Kraft aus ihren Muskeln sog. Ihr wurde schwarz vor Augen, und ihre Knie knickten weg. Aber bevor sie auf den Boden schlug, packte der Stumme zu und warf sie bäuchlings auf die fleckige Matratze. Mariana rang verzweifelt nach Luft. Sie konnte sich nicht bewegen, sie hatte noch nie solche Schmerzen gehabt. Trotzdem spürte sie, wie ihr Rock hochgezerrt und ihre teure Strumpfhose heruntergerissen wurde. Da wusste sie, es würde noch schlimmer werden.

05

Er erwachte mit einem Kratzen im Hals und einem Gefühl von Schuld, das er nicht einordnen konnte. Kaffeeduft zog aus der Küche herauf. Gewöhnlich war Bauer als Erster auf den Beinen, um Frühstück für seine Frau und seine Tochter zu machen. Heute hatte er Mühe, aus dem Bett zu kommen. Er schleppte sich ins Bad. Die ausgetretenen Bodendielen ächzten unter jedem Schritt. Er fühlte sich älter als sie. Er duschte so heiß, wie er es gerade noch aushielt. Das dampfende Wasser wusch allmählich die Schmerzen aus seinen Muskeln. Bauer versuchte, sich daran zu erinnern, was er geträumt hatte. Vergeblich, die Bilder waren weg. Nur den Schrecken, aus der Welt zu fallen, spürte er noch. Und das Schuldgefühl. Er drehte das Wasser ab und hörte im selben Augenblick das Telefon.

Sarah telefonierte noch, als Bauer in die Küche kam. Sie war schon angezogen für die Arbeit, strahlte ihn an und formte mit den Lippen Ninas Namen. Er nickte seiner Frau zu, setzte sich zu ihr an den Tisch und merkte, wie erleichtert er war.

»Willst du ihn haben?«, fragte seine Frau in das Telefon. »Er ist gerade runtergekommen.« Die Antwort ihrer Tochter brachte Sarah zum Schmunzeln. »Sage ich ihm.« Dann wurde ihre Stimme ernst. »Nein, ›okay‹ finde ich das immer noch nicht, ganz und gar nicht. Aber darüber reden wir, wenn du wieder da bist. Bis dahin meldest du dich jeden Tag – zweimal, morgens und abends! Und wenn irgendwas ist, rufst du sofort an, verstanden? ... Gut, aber bleib weg von den Chaoten, hörst du? ... Nina?« Sie hatte das Gespräch beendet. Sarah legte kopfschüttelnd das Telefon weg, doch das Strahlen blieb auf ihrem Gesicht.

»Ich soll mit dir schimpfen«, sagte sie zu Bauer, »weil du deine Pflicht vernachlässigst.«

»Welche?«

»Deinen Frauen Frühstück zu machen.«

Auch er musste schmunzeln. »Tut mir leid. Aber es ist gerade ja auch nur eine da.«

»Hey! Das ›nur‹ habe ich überhört.«

»Geht's ihr gut?«

Sarah nickte. »Sie ist mit ihrer Gruppe in einem kirchlichen Gemeindesaal untergekommen. Der Pfarrer will wohl mitdemonstrieren.«

»Klingt doch beruhigend.«

»Nicht mehr, seit ich dich kenne.« Sie erhob sich.

»Du weißt doch, ich bin einzigartig«, sagte er und hoffte auf ein Lächeln.

Sie schob ihm die Tageszeitung zu. Auf der ersten Seite des Lokalteils prangte ein leicht unscharfes Foto. Offenbar war es mit einem Handy aufgenommen worden. Es zeigte eine Rheinbrücke und darunter, auf halbem Weg zum Wasser, einen verwischten dunklen Fleck. Bauer starrte auf das Bild. Sarah beugte sich über den Tisch.

»Wenn du so etwas noch mal machst«, sagte sie sehr ruhig, »lasse ich mich scheiden.« Dann küsste sie ihn auf den Mund und ging.

Er las den reißerischen Artikel und fand, dass er darin gar nicht so schlecht wegkam. Polizeidirektor Lutz würde das sicher anders sehen. Zwar wurde Bauers voller Name nicht genannt, aber ›Polizeiseelsorger B.‹ war eindeutig genug. In letzter Zeit war Lutz verdächtig gleichmütig gewesen. Die Ruhe vor dem Sturm, vermutete Bauer. Er konnte dem bösartigen Polizeidirektor heute nicht einmal aus dem Weg gehen. Zweimal in der Woche bot Bauer im Präsidium offene Sprechstunden an. Eine war an diesem Vormittag. Es klingelte. Natürlich konnte immer etwas dazwischenkommen. Er sah aus dem Küchenfenster. Auf der Straße stand Verenas Dienstwagen. Bauer erwischte sich dabei, auf einen Notfall zu hoffen. War er wirklich schon so zynisch? Er ging öffnen.

Verena hielt sich nie mit Höflichkeiten auf. »Keunert ist tot.«

Im selben Augenblick wusste Bauer, woher sein Schuldgefühl kam.

»Scheiße. Ich habe geraucht«, entfuhr es ihm.

06

Es war alles falsch. Seine Frau hatte den Kaffee gekocht. Hauptkommissarin Dohr stand in seiner Küche. Keunert hatte sich umgebracht.

Bauer sank schwer auf den Stuhl am Tisch. Er konnte es nicht glauben.

»Glauben Sie, was Sie wollen! Ich bin für die Fakten zuständig. Fakt ist, er liegt mit aufgeplatztem Schädel hinter dem Altstadtparkhaus.« Verena verschränkte die Arme vor der Brust.

Sie lehnte an dem Fünfzigerjahre-Küchenbuffet. Das erste Möbel, das Bauer und Sarah zusammen gekauft hatten, auf einem Flohmarkt, für ihre erste gemeinsame Wohnung. Es hatte alle Umzüge mitgemacht, bis es mit ihnen hier gelandet war, in seinem Elternhaus. Nirgends hatte es besser hingepasst.

Die Hauptkommissarin passte nicht hierhin. Bevor Bauer das Amt des Polizeiseelsorgers übernahm, hatte er seiner Frau ein Versprechen gegeben. Sarah nannte es *das elfte Gebot*. Es galt nur für Bauer: *Du sollst deine Arbeit draußen lassen.* Draußen, das war vor der Tür ihres Zuhauses. Es war ein gutes Gebot. Es beschützte seine Familie vor den Abgründen, in die er fast täglich blickte. Heute verstieß er dagegen. Gestern hatte er seinen Raucherpakt mit Gott gebrochen.

»Was wollte Keunert dort?« Die Worte schrammten rau durch seine Kehle. Das lag nicht an der Erkältung, die ihn belauerte. »Ich meine im Parkhaus.«

»Parken? Sein Auto steht auf dem obersten Deck. Von dort ist er dann nach unten – auf dem kürzesten Weg.«

Bauer sah Verena an. Zynisch gab sie sich sonst nur im Kreis von Kollegen, die so etwas für tough hielten. Er hatte schon bei ihrer ersten Begegnung erkannt, dass diese Frau härter sein konnte als jeder Vorzeigemacho vom SEK. Vor allem zu sich selbst. Ihm musste sie nicht die Zynikerin vorspielen, das wusste sie. Warum tat sie es trotzdem? Etwas in ihrem Gesicht passte nicht zum Klang ihrer Stimme. Etwas, das die Hauptkommissarin ihm nicht zeigen wollte.

»Die Müllabfuhr hat die Leiche gefunden«, fuhr Verena fort. »Auf der Betonrampe vor den Abfallcontainern.«

»Sie waren schon am Tatort?«

»Für mich ist das kein Tatort. Suizid ist keine Straftat. Auch wenn Ihr Verein das vielleicht anders sieht.«

Bauer hätte dagegenhalten können. Nicht einmal mehr sein ›Konkurrenzverein‹, die katholische Kirche, verwehrte Selbstmördern noch Gottes Gnade. Verena suchte nur ein Ventil. Nachdem sie ihm ins Haus gefolgt war, hatte er ihr mechanisch Frühstück angeboten. Sie hatte abgelehnt. Wenn er sich recht erinnerte, war das Parkhaus am Rande der Altstadt sechs Stockwerke hoch. Bauer wusste, was ein Sturz aus solcher Höhe mit einem menschlichen Körper machte. Und der Anblick des zerschmetterten Körpers mit der Seele des Betrachters.

Es kostete ihn Kraft aufzustehen. Er holte eine Tasse aus dem Schrank. Ohne noch einmal nachzufragen, goss er Verena Kaffee ein. Sie nahm ihn wortlos an, trank ihn schwarz, in kleinen Schlucken. Er ließ ihr Zeit. Die Küchenuhr aus verblichenem grünen Plastik zählte die Sekunden. Das tat sie schon, solange er denken konnte.

»Wann ist es passiert?«, fragte er.

»Gestern Abend, 21:37 Uhr.«

Das konnte keine Angabe des Rechtsmediziners sein. Selbst wenn die Obduktion schon stattgefunden hätte, so genau ließ sich der Todeszeitpunkt medizinisch nicht feststellen. Bauer suchte in Verenas Miene nach Anzeichen von Ironie. Er fand keine. Nur wieder diesen Ausdruck, den er nicht deuten konnte. »Verarschen Sie mich?«

Die senkrechte Kerbe zwischen ihren Augenbrauen zeigte ihren Ärger. »Ein Kollege begeht Selbstmord, und Sie denken, ich mache Witze darüber?«

»Natürlich nicht. Ich verstehe nur nicht ...«

»Er trug eine Uhr, verdammt! Die hat den Aufprall auch nicht überlebt.«

Eine Armbanduhr, natürlich. Bauer kam sich dumm vor. Er war kein Polizist, aber er arbeitete seit fast fünf Jahren im Präsidium. Er hatte *Feldkompetenz* erworben, so bezeichnete es das *Handbuch Polizeiseelsorge.* Und er war dabei weitergegangen als die meisten seiner Kollegen. Wahrscheinlich als alle seiner Kollegen. Er war mit jedem Schritt einer Ermittlung vertraut, er begleitete die Beamten auf ihren schwersten Einsätzen, er durchlebte mit ihnen ihre dunkelsten Stunden. Er wusste, wie sie redeten und wie sie dachten.

Das Handbuch warnte davor, die *professionelle Distanz* zu verlieren und der ›bessere Polizist‹ sein zu wollen. Bauer wollte kein Polizist sein. *Ich bin bei euch alle Tage bis an der Welt Ende.*[1] Das war seine Jobbeschreibung. Dafür war er bereit, jede Distanz aufzugeben. Er wollte für die Polizisten da sein. Und für die Opfer. Wenn nötig, auch für die Täter.

Auf Keunert trafen alle drei Aspekte zu. Drei Gründe, bei ihm zu bleiben. Bauer hatte ihn gehen lassen. Zwei Stunden später hatte sich der Polizist vom obersten Deck eines Parkhauses in die Tiefe gestürzt. Auf eine Betonrampe. Erst eine Woche zuvor hatte Keunert einen jungen Polizeianwärter betreut – neben der Leiche einer Frau, die aus ähnlicher Höhe auf die Straße gefallen war.

»Ich kann auch Ihren Kollegen anfordern.«

Verenas Worte rissen Bauer aus seinen Gedanken. Irritiert sah er sie an. »Vaals? Keunert ist evangelisch. War evangelisch.«

»Aber seine Frau vielleicht nicht. Und um die geht es jetzt. Also wenn Sie lieber nicht mitkommen möchten ...« Sie ließ den Satz in der Luft hängen.

Da wusste er es plötzlich. Sorge! Das versuchte Verena, vor ihm zu verbergen: Sie sorgte sich um ihn. Sie hätte anrufen können, aber sie überbrachte ihm die Nachricht von Keunerts Tod persönlich. So wie Bauer der Ehefrau und dem Sohn die Todesnachricht persönlich überbringen würde. Verena wollte ihm beistehen. Sie fürchtete, er würde sich eine Mitschuld an Keunerts Tod geben. Er hatte mit dem Mann am Abgrund gestanden, war für ihn in die Tiefe gesprungen und mit seiner Hilfe wieder hinausgekrochen. Aber Bauer hatte nicht für weitere professionelle Betreuung gesorgt, sondern sich auf seine eigene Einschätzung verlassen.

»Ich hole meine Jacke.« Er ließ Verena in der Küche stehen. Auf der Holztreppe ins Obergeschoss versuchte er, die lähmende Schwere mit großen Sätzen aus seinem Körper zu jagen. An der vorletzten Stufe blieb er hängen. Er wollte sich am Geländer festhalten, doch sein Schwung riss ihn fort, seine Hand griff ins Leere, seine Beine kamen nicht hinterher. Er polterte über den Dielenboden und schlug hart auf die Knie.

»Alles gut bei Ihnen?«, hörte er Verena von unten rufen.

»Alles okay«, presste er hervor.

Er rappelte sich auf. Adrenalin rauschte durch seinen Körper. Weniger vom Schmerz als vom Schreck. Er humpelte zum Kleiderschrank, öffnete ihn, stand davor und starrte auf seine Garderobe. Uniformjacke oder neutrales Jackett? Er konnte sich nicht entscheiden. Wieder kam ihm das Handbuch in den Sinn. Es gab einen ganzen Absatz darin über die Wahl der Kleidung für einen solchen Anlass ... Er hielt im Gedanken inne. Was zum Teufel war los mit ihm? Warum fühlte er sich auf einmal wie ein Anfänger? Er hatte auf sein Gefühl vertraut, wie er es immer tat. Konnte er sich nicht mehr darauf verlassen?

Er griff nach dem dunkelblauen Jackett und streifte es

über. Verena wartete am Fuß der Treppe. Bauer nahm den Schlüssel seines Dienstwagens vom Schlüsselbrett. »Wohin?«

»Obermeiderich, nicht weit vom Landschaftspark. Ich fahre vor.«

Bauer zog die Haustür hinter sich zu. Es war kühl. Das Herbstlaub an den Bäumen schien über Nacht alle Farbe verloren zu haben. Nicht ein Blatt regte sich, die graue Luft stand vollkommen still. Verenas Dienstwagen parkte am Straßenrand, direkt hinter seinem.

Sie öffnete die Fahrertür und sah ihn an. »Ihre Bemerkung eben, übers Rauchen – was hatte die zu bedeuten?«

»Nichts«, log Bauer. »Wann waren wir gestern auf der Brücke?«

»17:30 Uhr. Warum fragen Sie?«

»Hat auch keinen besonderen Grund.«

»Sie sind ein beschissener Lügner.«

Verena stieg ein, ebenso Bauer. Er startete den Motor und wartete, dass sie vorbeifuhr. Er hatte Keunert vier Stunden vor dessen Tod in die Augen geblickt und Verzweiflung darin gefunden, Angst und ohnmächtige Wut. Einen Selbstmörder hatte er nicht gesehen.

Was war in den vier Stunden geschehen?

07

Verena nahm den Emscherschnellweg wörtlich. Bauer hätte die kürzere Route an den Häfen vorbei und quer durch die Stadt gewählt. Aber Verena rauschte auf die A 42, setzte das Blaulicht aufs Dach und fegte die linke Spur frei. Bauer hängte sich an ihre Stoßstange.

Fünfzehn Minuten später kam rechter Hand das Areal des

Landschaftsparks Nord in Sicht. Im Zentrum stand ein stillgelegtes Hüttenwerk. Der letzte der ehemals fünf Hochöfen war schon 1985 erloschen. Danach hatte man das Werksgelände in eine riesige Naherholungsanlage umgewandelt. Erlebnispädagogisch aufbereitete Bergbaugeschichte mit Tauchgasometer, Klettergarten des Deutschen Alpenvereins und einer einzigartigen Natur auf industriellen Brachflächen. Für engagierte Strukturwandler ein Vorzeigeprojekt. Für manchen alten Malocher der plastinierte und zur Schau gestellte Kadaver seiner Arbeiterkultur.

Verena ging vom Gas, Bauer auf die Bremse. Sie nahmen die Ausfahrt Neumühl. Kurz darauf bogen sie in die Wiesbadener Straße ein und unterquerten die Fußgängerbrücke am Bürgerhaus. Bauer kannte den Betonriegel noch ohne den freundlichen Anstrich. Dahinter erhob sich der Hagenshof. Die Hochhaussiedlung war in den siebziger Jahren als Anlage für gehobene Ansprüche geplant und erbaut worden. Mit der Stahlkrise kam der Niedergang zum grünsten Problemviertel der Stadt. In den letzten Jahren war es dank gezielter Stadtteilarbeit wieder ruhiger geworden.

Nirgends fand Bauer den Begriff *Wohnpark* treffender. Sie fuhren in einer langen Kurve durch eine weitläufige Grünanlage mit üppigem Baumbestand zwischen fünf- bis zehnstöckigen Plattenbauten. Die Straße lief auf das Mercator-Center zu. Fünfzig Meter vor dem Einkaufszentrum fuhr Verena auf den Parkplatz hinter einer Trinkhalle. Sie hatte die Form einer kleinen Pyramide und versteckte sich am Rand der Straße zwischen Bäumen und Sträuchern. Zwei Männer standen rauchend daneben und frühstückten mit Bier. Sie verstummten, als Bauer und Verena ausstiegen.

Die Hauptkommissarin ging auf die Männer zu. »Morgen. Wo finde ich Hausnummer 6?«

Die Männer tauschten einen Blick. Dann hob einer von ihnen seinen massigen Arm und deutete vage in eine Richtung.

»Immer Weg nach.«

Er sprach mit osteuropäischem Akzent. Verena bedankte sich. Bauer spürte die Blicke der beiden im Nacken.

Ein sauberer Schotterweg schlängelte sich um Büsche und Bäume herum in den Park. Die Rasenflächen waren frisch gemäht worden. Am Vortag, vermutete Bauer, der Geruch nach geschnittenem Gras hing noch in der Luft. Nach wenigen Schritten kamen sie an eine Gabelung. Die Abzweigungen führten zu zwei verschiedenen Wohnkomplexen.

Verena wandte sich zu ihm um. »Irgendeine göttliche Eingebung?«

Ohne lange zu überlegen, ging Bauer an ihr vorbei und hielt auf das Gebäude zu, das näher am Einkaufszentrum lag. Dort endete die Wiesbadener Straße. Änderte man seinen Blickwinkel, fing sie da an. Und mit ihr wahrscheinlich die Zählung der Hausnummern.

Der langgestreckte Bau war acht Stockwerke hoch, die Fassade farblich aufgewertet worden. Es gab drei Eingänge. Über dem ersten prangte eine große Zwei in leuchtendem Orange.

»Die dritte Tür müsste es sein.«

Verena gab sich unbeeindruckt. »Die niedrige Hausnummer hat es Ihnen verraten, richtig?«

»Wer weiß«, antwortete Bauer.

In ihrem Gesicht zuckte nicht ein Muskel. Nur durch ihren Blick huschte ein Lächeln. Das erste an diesem Morgen. »*Ich* weiß es.«

Sie ging wieder vor. Neben den Kolonnen der Klingelknöpfe der Hausnummer sechs waren ordentliche Namensschilder angebracht. Keine Lücken, kein von Hand beschriftetes Klebeband. Der Name Keunert stand in der obersten Reihe. Verena drückte wahllos auf einige Klingeln darunter. Bauer wusste, warum: Sie wollte den Grund ihres Besuchs nicht über die Gegensprechanlage erklären. Aus dem kleinen Lautsprecher drang das übersteuerte Durcheinander fragender Stimmen. Der Türöffner summte. Verena drückte die Tür aus Metall und Drahtglas auf, Bauer folgte ihr ins Haus.

Sie betraten den Aufzug. Auch er war sauber. Nur wenn man genau hinsah, entdeckte man die Spuren der dunkleren Vergangenheit des Viertels auf den Edelstahloberflächen: Schatten von Bandentags und anderen Graffiti. Bauer fragte sich, wie man sie abbekommen hatte. Und wann sie wieder auftauchen würden.

Verena drückte auf den Knopf für die achte Etage. Bauer hatte in den letzten Jahren mehrfach Todesnachrichten zusammen mit der Hauptkommissarin überbracht. Nur beim ersten Mal hatten sie zuvor verabredet, wer welchen Part im Gespräch übernehmen sollte. Gekommen war dann alles ganz anders.

Ein türkischstämmiger Polizeimeisteranwärter, kaum zwanzig Jahre alt, war bei der Sicherung einer Unfallstelle auf der A 59 tödlich verunglückt. Er hatte noch bei seinen Eltern gewohnt, zusammen mit drei jüngeren Geschwistern. Auf die archaische Wucht der Trauer einer türkischen Großfamilie hatte Bauer die junge Hauptkommissarin nicht vorbereiten können. Es war das einzige Mal gewesen, dass er sie vollkommen hilflos erlebt hatte. Danach sprachen sie sich nie wieder ab. Sie mussten es nicht. Sie verließen sich aufeinander.

»Ich mache den Anfang«, sagte Verena unvermittelt.

Überrascht blickte er sie an. Sie starrte weiter auf die Anzeige, als fürchtete sie, die richtige Etage zu verpassen.

»Die Frau heißt mit Vornamen Annette, der Sohn Tilo. Ich habe mich bei den Kollegen erkundigt, er muss ungefähr vierzehn Jahre alt sein.«

»Fünfzehn«, berichtigte Bauer. »Wir haben auf der Brücke von ihm gesprochen.«

Er spürte seinen Magen. Das lag nicht daran, dass der Aufzug abbremste. Hatte Keunert in den vier Stunden vor seinem Tod seine Frau und seinen Sohn noch gesehen? Wie hatte er seine nasse Kleidung erklärt? Hatte er von der Brücke erzählt? Bauer konnte es sich nicht vorstellen. Ehrlich zu sein war eine Grundregel beim Überbringen von Todesnachrichten. Er hatte nicht vor zu lügen. Aber es würde so schon nicht einfach werden. Den Unfalltod eines geliebten Menschen auszuhalten war schwer genug, seinen Suizid zu akzeptieren, praktisch unmöglich. Wie sollte Bauer da den ersten Selbstmordversuch erklären? Und seine eigene Rolle dabei? Und sein Verhalten danach?

Sie traten auf einen neonbeleuchteten Flur. An der Wohnungstür von *Familie Keunert* hing ein Namensschild aus bemaltem Ton. Nina hatte in der vierten Klasse ein ähnliches Schild getöpfert, als Weihnachtsgeschenk für die Eltern. Der Stolz in ihrem Gesicht, als sie es ihm und Sarah an Heiligabend überreichte, hätte Bauer fast zum Weinen gebracht. War Tilo genauso stolz gewesen? Keunert hatte das Schild seines Sohnes an der Tür befestigt. Und es all die Jahre dort hängen lassen. Bauer wusste nicht einmal mehr, wo das Geschenk seiner Tochter abgeblieben war.

Verena klingelte und klopfte zusätzlich. Nach wenigen Sekunden wurde die Tür geöffnet. Annette Keunert trug einen kurzen Morgenmantel aus seidigem Material. Er zeigte viel von ihren trainierten Beinen und ein Dekolleté, das zu straff für ihr Alter war. Ihr Gesicht war schon geschminkt. In ihrer erhobenen Hand glomm eine dünne weiße Zigarette. Die Raucherpose wirkte wie vor dem Spiegel eingeübt. Ihre Fingernägel waren aufwendig manikürt und mit kleinen Strasssteinen besetzt. Eins der Steinchen hatte sich gelöst und einen winzigen Krater im Lack zurückgelassen. Unter den künstlichen Nägeln entdeckte Bauer die Ränder der echten. Sie waren gelb verfärbt.

Plötzlich sah Bauer das ganze Leben der Polizistenfrau vor sich. Die Träume der frühen Jahre, die ersten Probleme, die kurze Elternseligkeit, das Alleinsein, die Streits, die Feindschaft, das Verstummen.

»Frau Annette Keunert?«, fragte Verena.

»Ja?«

Verena zeigte ihren Dienstausweis. »Hauptkommissarin Dohr und Polizeiseelsorger Bauer. Dürfen wir reinkommen?«

»Wenn Sie zu meinem Mann wollen – er ist nicht da. Er hatte Nachtschicht und macht wohl wieder mal Überstunden.«

»Wir wollen zu Ihnen.«

»Zu mir? Warum? Ich meine, worum geht es denn?«

Bauer spürte hinter ihren Worten eine alte Angst, die sie wohl schon lange vergessen hatte und nun nicht mehr zulassen wollte.

»Das möchten wir lieber drinnen mit Ihnen besprechen.« Verenas Ton war freundlich, aber so bestimmt, dass Annette die Tür freigab.

»Gut, dann am besten in der Küche. Der Junge schläft noch. Sein Zimmer ist gleich neben dem Wohnzimmer, und er hat erst zur Dritten. Ich möchte ihn nicht wecken. Das hasst er, dann wird er total sauer. Von mir hat er das nicht. Ich bin ja Frühaufsteherin. Möchten Sie auch einen Cappuccino? Oder Espresso? Geht ganz schnell, die Maschine macht alles automatisch, sogar den Milchschaum. Ist eine echte italienische mit ganzen Bohnen, nicht so ein Tchibo-Ramsch mit Kapseln.«

Der chromblitzende Kaffeevollautomat stand auf einer Hochglanz-Küchenzeile. Gleich daneben ein Thermomix, der wirkte, als wäre er noch nie benutzt worden. Annette Keunert folgte Bauers Blick.

»Ein tolles Gerät«, schwärmte sie nervös. »Man kauft nur ein und schmeißt dann alles rein. Den Rest erledigt das Ding von selbst. Ich muss gar nicht mehr richtig kochen. Endlich habe ich mal Zeit für mich.« Sie sog heftig an ihrer Zigarette. »Haben Sie auch so einen?«

Bauer schüttelte den Kopf. »Setzen wir uns?«

Sie starrte ihn an. Als hätte er es mit diesen drei Worten gesagt. Das, worauf ihre vergessene Angst lauerte. Das, was ihr Leben zerschlagen würde.

»Kommen Sie.« Er führte sie zu dem kleinen Tisch, der unter dem Fenster der schmalen Küche stand. Drei Stühle passten daran. Gerade genug für eine Kleinfamilie. Vater, Mutter, Kind. Bauer drückte Annette sanft auf den Platz, an dem ein Cappuccino stand, halb leer getrunken. Dann setzten er und Verena sich ebenfalls.

»Wir haben eine traurige Nachricht für Sie«, sagte Verena. »Ihr Mann wurde heute früh tot aufgefunden. Er ist letzte Nacht ums Leben gekommen. Es tut uns sehr leid.«

Verena redete ruhig und klar. In Annettes erstarrtem Gesicht passierte nichts.

»Frau Keunert, Ihr Mann ist tot«, wiederholte Verena.

»Tot.« Annette sprach das Wort nach, als müsste sie überlegen, was es bedeutete.

»Ja«, antwortete die Hauptkommissarin.

»Warum? Ich meine, wie ...?« Annette beendete den Satz nicht. Sie sog an ihrer dünnen Zigarette.

»Er ist vom Dach eines Parkhauses in der Altstadt gestürzt. Wir gehen von einem Suizid aus.«

»Suizid? Walter hat ... sich umgebracht?«

»Davon gehen wir aus, ja.«

»Wann, sagten Sie, soll das gewesen sein?«

»Gestern Abend um halb zehn.«

»Das kann nicht sein. Da war er längst auf der Wache.«

Verena schüttelte ernst den Kopf. »Ihr Mann ist gestern Abend verstorben, Frau Keunert. Er hat sich das Leben genommen.«

Sie rauchte. Nichts deutete darauf hin, dass sie einen Suizid ihres Mannes vorausgeahnt haben könnte, dass es Anzeichen gegeben hätte, die ihr aufgefallen wären. Ihr Blick wirkte trüb, doch ihre Augen waren trocken. Bauer kannte diese Reaktion. Der Schock wirkte wie eine örtliche Betäubung. Schmerz, Verzweiflung, Trauer – noch fühlte sie nichts davon. Aber es würde kommen. Bis es so weit war, würde Annette Keunert funktionieren.

Sie drückte ihre Zigarette in einem Drehaschenbecher aus, betätigte den Mechanismus, und die Kippe verschwand. Sie starrte auf den rotierenden Metalldeckel, bis er aufhörte, sich zu drehen. »Wie soll ich das dem Jungen erklären?«

»Ich helfe Ihnen«, sagte Bauer. »Ich bleibe bei Ihnen. Wenn Sie das möchten.«

Sie zögerte, holte eine schimmernde lila Schachtel aus der Tasche ihres Morgenmantels, zog die nächste dünne

Zigarette heraus, steckte sie an und sog den Rauch tief ein. Dann sagte sie: »Ja, vielleicht wäre das gut.«

Verena Dohr tauschte einen Blick mit Bauer. Sie musste weiter. Er nickte ihr zu. Sie erhob sich und legte ihre Visitenkarte vor Annette auf den Tisch.

»Ich melde mich bei Ihnen. Unter der Handynummer können Sie mich jederzeit erreichen.«

»Wo haben Sie ihn hingebracht?«

»Ins Städtische Klinikum.«

»Muss ich ... ihn identifizieren?«

»Nein. Aber wenn Sie ihn sehen wollen, rufen Sie mich an. Ich kläre das dann mit der Rechtsmedizin.«

Dann ging Verena. Das Geräusch der Wohnungstür schien zu laut. Annette rauchte.

»Meinen Sie, ich soll den Jungen wecken?«

»Lassen Sie ihn ausschlafen«, antwortete Bauer.

Stille sank in den Raum. Annette hielt sie nicht aus.

»Jemand hat ihm einen Finger gebrochen. Gestern Abend.«

Bauer überlegte einen Moment. »Ihrem Sohn?«

Sie nickte. »Einfach so. Tilo hat mich aus dem Krankenhaus angerufen, wegen der Versichertenkarte. Ich sollte sie ihm bringen. Aber ich ...«

Sie brach ab. Sie wirkte ertappt. Als hätte sie fast etwas erzählt, was sie ihm nicht verraten wollte.

»Haben Sie ihm die Karte gebracht?«, fragte Bauer.

Annette wich seinem Blick aus. »Ich konnte nicht, ich war unterwegs.«

»Verstehe.«

»Shoppen. Mit einer Freundin. Und danach waren wir noch was essen. Beim Italiener. Ich weiß gar nicht, wie das Restaurant hieß. Hab nicht drauf geachtet. Natürlich haben wir uns verquatscht. Wie immer. Frauen eben, Sie wissen schon.«

Bauer nickte. Sie sprach hastig, versuchte sogar zu lächeln, sah ihn aber nicht an. Sie log. Warum?

»Ich habe meinen Mann angerufen. Er wollte sofort hinfahren.«

»Wann war das?«

»So um acht.«

»Und haben Sie ihn danach noch gesehen?«

»Ich habe doch gesagt, ich war aus. Und er hatte doch Nachtschicht.«

»Aber Ihr Sohn hat ihn gesehen?«

»Ich nehme es an. Als ich nach Hause kam, hat Tilo schon geschlafen. Mit einem dicken Verband an der Hand. Ein Scheißviertel ist das hier. Das wird sich auch nie ändern!« Sie drückte die Zigarette aus und betätigte heftig den Drehaschenbecher.

»Wohnen Sie schon lange hier?«

»Schon immer«, schnaubte sie. Sie hatte ein Gefühl gefunden, das leichter zu ertragen war als der Schmerz: Wut. »Und ich wollte schon immer hier weg. Walter nicht! Also sind wir geblieben. Ich habe meine besten Jahre in diesem Drecksloch vergeudet. Wegen ihm! Und jetzt macht er sich einfach aus dem Staub! Dieser verdammte Mistkerl!«

»Wie jetzt? Wo ist Papa denn hin?«

Die Stimme war zu tief für den schlaksigen Jungen, der in der Küchentür stand. Zeige- und Mittelfinger seiner linken Hand waren geschient und bandagiert.

Annette sah ihn erschrocken an. »Warum schläfst du nicht mehr?«

»Wer ist der Typ?«

Bauer erhob sich von seinem Stuhl. »Mein Name ist Bauer. Ich bin Polizeiseelsorger. Hallo, Tilo.«

Bauer streckte dem Jungen die Hand entgegen. Doch Tilo ignorierte ihn und baute sich vor seiner Mutter auf.

»Was ist mit Papa?«

Annette fand keine Worte.

Bauer kam ihr zu Hilfe. »Es ist etwas sehr Trauriges passiert. Dein Vater ist gestern Abend ums Leben gekommen.«

Tilo starrte Bauer an. »Was labern Sie?«

»Es tut mir leid, dein Vater ist tot.«

In den Augen des Jungen sah Bauer alles zerbrechen, was von seiner Kindheit noch übrig war.

»Er hat sich umgebracht.« Annette zündete sich die nächste Zigarette an. »Er hat uns alleingelassen.«

Sie suchte die längst verlorene Nähe zu ihrem Sohn und opferte dafür den Vater.

Schmerz verzerrte die Miene des Jungen. Zu viel, um ihn zu ertragen. Es wurde Hass daraus. Den konnte er ausspucken. »So ein Arsch!«

»Ja, so ein Arsch. Klettert auf das beschissene Altstadtparkhaus und springt einfach runter. Wir waren ihm scheißegal.«

»Was für ein Wichser«, keuchte Tilo. Die Tränen wischte er sich wütend aus den Augen. »Was für ein feiger Wichser!«

Da hielt Bauer es nicht mehr aus. »Vielleicht ist er ja gar nicht gesprungen.«

Beide starrten ihn an. Im Blick des Jungen eine Spur von Hoffnung, in dem der Mutter plötzlich Feindseligkeit. Sie glaubte, endlich wieder einen Zugang zu ihrem Sohn zu haben. Und jetzt stellte sich Bauer in den Weg.

»Was reden Sie denn da? Die Kommissarin hat gesagt, er hat sich umgebracht!«

»Ja, davon geht sie aus.« Verdammt, er hatte einen Fehler gemacht. »Aber die Untersuchung ist ja noch nicht ganz abgeschlossen. Vielleicht ...«

Sie ließ ihn nicht ausreden. »Was, vielleicht? Wollen Sie mir etwa erzählen, dass er ermordet wurde?«

»Das habe ich nicht gesagt ...«

Sie hörte ihm nicht zu. »Das ist Blödsinn! Mein Mann ist nicht ermordet worden! Er war ein Schwächling! Ein Versager! Wer hätte ihn denn umbringen sollen? Den hat schon lange keiner mehr ernst genommen ...«

»Hör auf!«, schrie Tilo plötzlich seine Mutter an. »Du bist doch schuld, dass er so geworden ist!«

Annette zuckte zusammen, als hätte er sie ins Gesicht geschlagen. Sie wusste, dass er recht hatte.

»Tilo, mein Junge«, stammelte sie, »wir müssen jetzt zusammenhalten ...«

Sie wollte ihm über die Wange streichen. Doch er stieß die Hand mit den falschen Fingernägeln weg.

»Fick dich! Fickt euch alle!«

Er stürmte hinaus. Die Luft in der Küche zitterte, so hart schlug er die Wohnungstür hinter sich zu. Mit Mühe unterdrückte Bauer den Impuls, ihm nachzulaufen. In diesem Moment gab es keine Chance, an den Jungen heranzukommen. Er wandte sich zu Annette. Sie stand reglos da.

»Frau Keunert? Haben Sie jemanden, der sich um Sie kümmern kann? Eine Freundin vielleicht?«

Sie nickte mechanisch. »Nicole.«

»Soll ich sie anrufen und bitten herzukommen?«

Annette Keunert sah ihn an. Ihr Blick war feindselig. »Gehen Sie!«

»Es ist nicht gut, wenn Sie jetzt allein sind. Geben Sie mir die Nummer Ihrer Freundin!«

»Verschwinden Sie aus meiner Wohnung!«

»Oder ihre Adresse, dann fahre ich vorbei und hole sie ab.«

»Raus! Hauen Sie ab, verdammt noch mal!«

Es hatte keinen Sinn. Bauer ging.

Als er aus der Wohnung auf den Flur trat, knirschte etwas unter seinen Schuhen. Auf dem Boden lagen bunte Tonsplitter. Das Namensschild war von der Tür gefallen und in tausend Scherben zersprungen.

08

Bauer hielt die Bibel einfach nur in der Hand. Er hatte sie nicht aufgeschlagen, er las nicht darin. Er saß nur da, fühlte ihr Gewicht, die Textur des Leineneinbandes. Fühlte das Gewicht der siebenhunderttausend Wörter, manche von ihnen dreitausend Jahre alt, und die Kraft, die ihm aus ihnen zufloss.

Der Raum der Stille war nicht wirklich still. Durch die geschlossenen Fenster drangen Straßengeräusche und bisweilen das Keckern der Elstern herein. »Hier dürfen Sie schweigen«, stand auf dem handgemalten Pappschild an der Wand. Das war die Stille, die gemeint war. Die sich einstellte, wenn die Gedanken aufhörten, übereinanderzustolpern, und zur Ruhe kamen.

Es genügte, die Bibel in der Hand zu halten. Dabei war es egal, um welche Ausgabe in welcher Fassung oder Sprache es sich handelte. Das Buch zu halten gab ihm Kraft. Nur mit der digitalen Bibel auf seinem iPad funktionierte es nicht.

Auf der Rückfahrt hatte es angefangen zu regnen, nachdrücklich und zäh, als wollte es nie mehr aufhören. Er war direkt zum Polizeipräsidium gefahren, einem sechsstöckigen Kasten aus roten Ziegeln. Er sah aus, als hätte ihn ein etwas phantasieloser Zehnjähriger aus Legosteinen zusammengebaut. Bauers Büro war im Erdgeschoss. Direkt daneben lag der »Raum der Stille«, dreißig Quadratmeter, die allen Konfessionen für Andacht, Besinnung und Meditation zur Verfügung standen. Die Tür wurde nie abgeschlossen.

Der Raum war eine echte Errungenschaft. Die Widerstände gegen die Umnutzung des Dokumentenlagers waren erheblich gewesen. Unter Polizisten hatte noch die Haltung vorgeherrscht, ein »Raum der Stille« sei etwas für Weicheier. Nach langem Ringen mit der Bürokratie war das Dokumentenlager vor vier Jahren endlich in den Keller verlegt worden. Jetzt waren die Wände weiß gestrichen, vor den Fenstern hingen bodenlange warmgelbe Vorhänge. Religiöse Symbole gab es keine, nur ein kleines Regal mit den wichtigsten Büchern der drei Offenbarungsreligionen und des Buddhismus, gestiftet von einem Hauptkommissar, der sich den ganzen Tag über mit Kinderpornographie beschäftigte. Für Gespräche gab es eine Sitzecke aus hellem Kunstleder, daneben eine Marmorkugel, die sich auf einem Wasserfilm drehte. Beherrscht wurde der Raum aber von dem Wandgemälde. Eine Bergkiefer, von Wind und Wetter niedergedrückt und fast horizontal über einem Wildbach gewachsen, gerade noch festgekrallt an dem Felsen, auf dem sie wuchs, ihr Leben ein dauernder Kampf am Rand des Abgrunds. So fühlten sich nicht wenige, die diesen Raum aufsuchten. Bauer hoffte, dass sie auch die zarten grünen Zweige sahen, die den knotigen Ästen entsprangen und sich einem wolkenlosen blauen Himmel entgegenstreckten.

Bauer setzte sich vor dem Bild auf einen der abgenutzten Wartezimmerstühle, die Spende eines lokalen Orthopäden. Er hatte Dinge zu tun. Mit sich selbst würde er sich später beschäftigen. Polizeiseelsorger mussten das können. Eigene Befindlichkeiten, Probleme, Zweifel aufschieben. Er hatte sich dafür ein mentales Zwischenlager eingerichtet, die frühere Waschküche seiner Großmutter. Als Kind war ihm der düstere Kellerraum mit dem alten Bottich für die Kochwäsche und der Wäschemangel geheimnisvoll und unheimlich vorgekommen. In seinem ersten Jahr als Notfallseelsorger am Niederrhein war er auf den Trick verfallen, emotional Belastendes in diesem Raum zu parken, bis er frei war, sich damit zu befassen.

Er dachte an Walter Keunert. *Vater, öffne Dein Tor, Deine Arme, Dein Herz für …* Wenn er für sich selbst oder für Sarah oder Nina betete, versuchte er gewöhnlich, ein Zwiegespräch mit Gott zu führen. Manchmal kam es ihm allerdings eher vor wie eine Unterhaltung in einer überfüllten Kneipe über mehrere Tische hinweg.

Er schlug die Bibel auf. Die Seite hatte er mit einem roten Sticker markiert. Jesaja 41:10. *Aber die auf den HERRN harren, kriegen neue Kraft, dass sie auffahren mit Flügeln wie Adler, dass sie laufen und nicht matt werden, dass sie wandeln und nicht müde werden.* Die Stelle gefiel ihm. Vor allem das mit dem Adler.

Als er die Bibel zurück ins Regal stellte, klopfte es.

»Habe ich also richtig gehört.« Der Kopf von Polizeidekan Monsignore Rüdiger Vaals erschien im Türrahmen. »Ich erkenne Sie mittlerweile am Gang, Herr Kollege.«

Vaals' Büro lag direkt neben seinem. »Morgen, Monsignore. Kommen Sie rein.« ›Monsignore‹ durfte sich ein katholischer Priester nur nennen, wenn ihm der Titel eines *Päpstlichen Ehrenkaplans* verliehen worden war. Irgendwann würde er Vaals fragen, wofür. Vaals war zwanzig Jahre älter als er, fast kahl, sein gutmütiges rundes Gesicht weckte sofort Vertrauen.

»Gratulation zu Ihren wassersportlichen Künsten. Boxen reicht Ihnen wohl nicht mehr.« Das war Vaals' milde Kritik an seinen Extravaganzen, von denen er befürchtete, sie könnten dem Ruf der Polizeiseelsorge schaden. Vaals' Blick wurde weich. »Tut mir leid, dass es dann doch anders gekommen ist.«

Bauer nickte. Vaals trug seine Dienstuniform mit dem weißen Kollar und hatte den schwarzen Pilotenkoffer mit seiner Ausrüstung für zeremonielle Anlässe bei sich. In der anderen Hand hielt er ein stockfleckiges Merianheft über Florenz.

»Planen Sie schon Ihre nächste Polizeiwallfahrt? Wo geht's denn diesmal hin?«

»Montenero. Liegt in der Toskana. Vorher geht's natürlich nach Rom«, erwiderte Vaals vergnügt.

»Und jetzt?« Bauer deutete auf den Pilotenkoffer.

»Tag der offenen Tür bei der Reiterstaffel.«

Mit anderen Worten: Pferde segnen.

»Sie fahren zu seiner Dienstgruppe?«

Bauer nickte.

»Wir können tauschen, wenn Sie wollen.« Das Merianheft verschwand in Vaals' Jackentasche.

Er wusste, dass Vaals' Angebot nicht ernst gemeint war. Vaals wollte nur sein Mitgefühl ausdrücken für den schweren Gang, der Bauer bevorstand. Für einen Moment ließ Bauer den Gedanken zu. Dann schüttelte er den Kopf. »Danke, aber ich glaube, das ist meine Aufgabe.«

Vaals hatte es nicht anders erwartet. Er legte Bauer die freie Hand auf den Unterarm. »Wenn Sie mit jemandem darüber sprechen wollen – jederzeit.« Mit kleinen, schnellen Schritten verließ der Monsignore den Raum der Stille.

In seinem Büro schaltete er seinen Dienstrechner ein. Er wollte vorbereitet sein, wenn er Keunerts Kollegen gegenübertrat.

Das Gerät hatte Zugang zum polizeilichen Intranet, war vor fünf Jahren angeschafft worden und schon wieder veraltet. Es benötigte eine Ewigkeit, um hochzufahren. Normalerweise versorgte Bauer in der Zeit die drei anspruchslosen Grünpflanzen, die er von seiner Vorgängerin geerbt hatte. Heute nicht. Er schaute zu, wie der Rechner sein Startprotokoll abarbeitete. Codezeile um Codezeile baute sich auf, wanderte über den Bildschirm und verschwand am unteren Rand.

Sarah blickte ihn von der gerahmten Fotografie auf seinem Schreibtisch an. Daneben stand ein Schnappschuss von Nina. Sie kletterte viel zu weit oben in dem Kirschbaum herum, um an die reifen Früchte zu kommen. Er hatte Fotos gemacht, bis Sarah dazukam und ihn anschrie, sie sofort herunterzuholen. Würde sie verlangen, dass er Nina aus Deauville zurückholte? Nina würde ihm das nie verzeihen. Vielleicht musste er es trotzdem tun.

Er dachte an Tilo. Der Junge und Nina hatten etwas gemeinsam. Der Sohn eines Polizisten, die Tochter eines Pfarrers – Steilvorlagen für Mobber. Tilos Hass auf seinen Vater konnte mehr als nur einen Grund haben. Bauers Blick wanderte zu dem Holzkreuz über der Sofaecke. *Vater,*

Vater, warum hast du mich verlassen? Jesus hatte auch Probleme mit seinem Vater gehabt.

Das Grollen war jetzt direkt über ihm. Regentropfen klatschten gegen die Fensterscheiben. Er sah Nina vor sich, wie sie, eingekeilt in einer Menschenmenge, gegen einen mit Natodraht bewehrten Zaun gepresst wurde, während sturzflutartiger Regen niederging und rundherum Blitze einschlugen.

Endlich. Er gab sein Passwort ein, klickte sich zu der Datei mit der Besetzung der einzelnen Wachen durch und prägte sich die Namen der siebzehn Männer und Frauen ein, die mit Walter Keunert in drei Schichten Dienst taten. Er schaltete den Rechner aus, zog sein dunkelblaues Jackett aus, hängte es im Schrank neben die Uniformjacke mit den Kreuzen und streifte sich ein Sportsakko über.

Die Tür flog auf. Volker Lutz, Direktionsleiter Gefahrenabwehr, stürmte ins Zimmer. Sein Gesicht glänzte rot, er knallte die Tür hinter sich zu. Er warf die aktuelle Ausgabe der Bildzeitung auf Bauers Schreibtisch, riss das Handbuch der Notfallseelsorge aus Bauers Bücherregal heraus und ließ es auf die Zeitung fallen.

»Zeigen Sie mir die Stelle, wo Polizeiseelsorgern empfohlen wird, mit Selbstmördern von Brücken zu springen.«

Normalerweise hielt Lutz sein cholerisches Naturell der Karriere zuliebe im Zaum. Daher sein Bluthochdruck. Aber wenn es um Bauer ging, kam er an seine Grenzen.

Bauer sagte nichts.

Lutz nahm das Buch, blätterte hektisch, bis er fand, was er suchte. Er las: *»Vorsichtig nähern! Grenze auf keinen Fall überschreiten! Keine Überrumpelungstaktik!«* Er sog scharf die Luft ein. »Das kostet Sie Ihren Job, Bauer.«

»Zum Glück sind Sie nicht mein Vorgesetzter, sondern Oberkirchenrat Hohmann.«

Lutz hatte seinen nächsten Satz schon parat. »Man hat Sie aus Ihrer Gemeinde rausgeschmissen! Denken Sie nicht, wir könnten nicht dafür sorgen, dass Sie hier auch rausfliegen.«

Eigentlich stimmte das so nicht. Oberkirchenrat Hohmann hatte ihm nur nahegelegt, seinen Posten als Gemeindepfarrer zu kündigen. Nachdem Bauer auch noch an der katholischen Motorradfahrer-Wallfahrt nach Kevelaer teilgenommen hatte und damit in die Zeitung gekommen war, waren Anzahl und Ton der Beschwerden von vorwiegend älteren weiblichen Gemeindemitgliedern außer Kontrolle geraten. Das Maß war voll. Bauer hatte sich eingestehen müssen, dass er für die normale Gemeindearbeit ungeeignet war.

»Ich trage die Verantwortung für siebenhundert Polizeibeamte und niemand anders!« Lutz sprach jetzt im Brustton ehrlicher Selbstgerechtigkeit. »Ich lasse nicht zu, dass Sie mich und meine Leute als Trottel dastehen lassen.«

Die Ehre seiner Leute hatte nichts damit zu tun, dass Lutz ihn hasste. Auch nicht der Sprung von der Brücke. Es war viel einfacher: Lutz hatte Angst vor ihm. Bauer wusste das.

Vor einem Jahr hatte er ein seelsorgerisches Gespräch mit einem Dienstgruppenleiter des Einsatztrupps Süd geführt. Kurz darauf war der Mann vorzeitig aus dem Polizeidienst ausgeschieden und zwei Monate später tödlich verunglückt. Der Mann hatte ihm ein schmutziges Geheimnis anvertraut. Nicht sein eigenes, sondern das von Lutz. Lutz ahnte es. Auch wenn er es nicht mit Sicherheit wissen konnte, die Vorstellung, dass der Polizeiseelsorger den dunklen Fleck auf seiner Weste kannte und er sich auf das Seelsorgegeheimnis verlassen musste, machte ihn wahnsinnig.

»Ich wollte verhindern, dass sich einer Ihrer Beamten das Leben nimmt.«

»Und? Haben Sie das?« Er ging zur Tür, drehte sich aber noch einmal um. »Sie Wichtigtuer.«

Polizeidirektor Lutz hatte recht.

09

Als Bauer das Präsidium verließ, hatte sich der Wind gelegt. Der Regen hörte gerade auf. Auf Bauers Windschutzscheibe klebte eine ketchupverschmierte Papierserviette. Als er sie entfernte, hinterließ sie eine rote Schliere. Die Scheibenwaschanlage änderte nichts daran, Bauer hatte vergessen, Wasser nachzufüllen.

Er überquerte den Rhein auf der Brücke, auf der er vor zwölf Stunden mit Keunert gestanden hatte. Kurz dahinter verließ er die Autobahn.

Der Stadtteil lag direkt am Rhein, Flusskilometer 780. Er verband Ruhrpott mit Niederrhein, Kleinstadtflair mit industriellem Niedergang, frisch sanierte Bürgerhäuschen mit abblätternden Fassaden von Billigläden. Zehn Prozent Arbeitslosigkeit, zehn Prozent Ausländer und eine rund um die Uhr besetzte Polizeiwache. Die Arbeitersiedlung, wo Bauer wohnte, lag am entgegengesetzten Ende des Stadtteils. Die Polizeiwache war in einem gesichtslosen zweistöckigen Häuschen in einer schmalen Seitenstraße untergebracht. Vis à vis befand sich ein Kostümverleih im verwahrlosten Gebäude eines schon vor Jahrzehnten pleitegegangenen Kaufhauses.

Dienstgruppen erinnerten Bauer immer an Wohngemeinschaften. Während seiner Studienzeit hatte er damit ausreichend Erfahrung gesammelt. Als Theologiestudent war er in den WGs, in denen er gewohnt hatte, immer der Exot geblieben. Er hatte es sportlich genommen, als Training, für seinen Glauben geradezustehen.

Hinter der Panzerglasscheibe saß der grauhaarige Polizeihauptmeister, der sich nach Bauers Sprung von der Brücke bei ihm bedankt hatte. Dieter Wollnik. Eher der ruhige Typ Polizist, korpulent, gutmütig und kurz vor der Pensionierung, eine aussterbende Gattung. Jetzt, wo Bauer ihn zum zweiten Mal sah, fiel ihm ein, dass er seine Enkelin getauft hatte. Auf der Feier hatte ihm Wollnik erzählt, dass er Buddelschiffe baue. Das passte zu ihm. Bestimmt trauerte er der Zeit nach, als er in seinem Revier noch zu Fuß Streife gegangen war und jeden mit Namen gekannt hatte.

Der Polizeihauptmeister drückte wortlos auf den Knopf. Die Schleuse öffnete sich. »Noch kein Durchfall, Herr Pfarrer?«

Eine mechanische Frotzelei, Wollnik sah nicht aus, als wäre ihm zum Lachen zumute. Er wusste wohl schon, was in der Nacht passiert war. Bauer sah es in seinen Augen. Da war auch etwas Prüfendes. Hatte er sein Urteil über Bauers Versagen noch nicht gefällt?

»Wie geht's Ihrer Enkelin, Herr Wollnik – Sophie, richtig?«

Wollnik war erstaunt, dass Bauer sich erinnerte. Ein halbes Lächeln schaffte es auf sein Gesicht. »Wird nächstes Jahr eingeschult.«

Eine kleine Pause entstand. Der Small Talk war zu Ende. »Kommen Sie.«

Durch eine Tür gingen sie in einen Raum mit einem zweiten Empfangstresen, diesmal ohne Panzerglas, dahinter vier abgenutzte Schreibtische. An zweien davon saßen uniformierte Polizisten und tippten auf Computertastaturen.

»PM Franck und PO Bremer. Begrüßt unseren Pfarrer.«

Die Männer hörten auf zu tippen und wandten sich um.

Wollnik las Bauers Gedanken. »Den Dienstwechsel haben Sie verpasst. PO Porst und PO Maurer sind draußen, PO Schmidt-Kosniak holt Kaffee, Dienststellenleiter PM Gerber hat Mutterschaftsurlaub, PMA Vogt ist tanken.«

Bauer kannte Franck und Bremer von seiner Weihnachtsrunde durch die Wachen und Abteilungen, eine jährliche Routine. Präsenz zeigen ohne dienstlichen Anlass, nur plaudern, menschlich greifbar sein. Und einen Kalender der *Evangelischen Kirche im Rheinland* dalassen. Ab und zu schaffte es einer davon an die Wand einer Amtsstube.

Die Männer begrüßten ihn verhalten. Die Anspannung war ihnen anzumerken. Bauer schenkte sich weitere Einleitungsfloskeln.

»Sie wissen, warum ich hier bin.« Ein Statement, keine Frage.

PO Bremer, der Jüngere der beiden, nickte. Bauer kannte ihn auch privat vom Sehen. Er trainierte manchmal in der Schulturnhalle, sprang ab und zu ein und coachte die Unter-zwölf-Jährigen. Bremer war durchtrainiert und wirkte wie jemand, der die Kontrolle behalten musste. Der Suizid des Kollegen würde ihn verunsichern. Er tippte mit dem Finger auf die Tageszeitung auf seinem Schreibtisch.

»Sie haben es bis auf Seite zwei geschafft.« In seiner Stimme schwang Respekt mit.

»Was sagt Ihre Frau dazu?« PO Franck war ein paar Jahre

älter als sein Kollege und schon zweimal geschieden. Seine Frage klang wie eine Herausforderung.

»Dass sie sich scheiden lässt, wenn ich so was noch mal mache.«

Es war ein Ritual. Man musste etwas von sich zeigen, eine Schwäche, musste ihnen demonstrieren, dass man ein Mensch war und nicht nur ein Funktionsträger. Normalerweise fiel es ihm leicht. Heute nicht.

Eine junge Frau in Uniform kam von draußen herein. Ihr frisches rundes Gesicht und der kräftige blonde Zopf ließen Bauer an Landluft und frische Milch denken. Sie warf ein Paket Aldi-Kaffee auf Francks Schreibtisch. »REWE hat dichtgemacht! Ich musste bis zum Aldi! Das wusstet ihr genau!« Sie sah Bauer und verstummte. »Oh, sorry.«

»Das ist Herr Bauer, unser Polizeipfarrer«, sagte Wollnik.

»Ich weiß.« Ihre Stimme klang plötzlich schüchtern.

»Und das ist PO Schmidt-Kosniak«, ergänzte Wollnik.

Bauer streckte ihr die Hand entgegen. »Guten Tag, Frau Schmidt-Kosniak.«

Sie nahm die Hand. »Kosniak reicht. Tag, Herr Pfarrer.«

»Bauer reicht. Wir haben uns, glaube ich, noch nicht kennengelernt. Sind Sie neu in der Dienstgruppe?«

»Seit sechs Monaten.«

»Unser Mädchen vom Land.« PO Francks Ton ließ ahnen, dass er jede Gelegenheit nutzte, die neue Kollegin ihre vermeintliche Provinzialität spüren zu lassen.

»Dann muss sie ja verdammt gut sein, sonst hätte man sie nicht hier zu Ihnen gesteckt.«

Die junge Frau sah ihn überrascht an. Dann verstand sie. Der Pfarrer stärkte ihr vor Franck den Rücken, ließ es aber wie ein Kompliment für die ganze Wache klingen.

»Ich mache Kaffee«, sagte sie schnell. »Wollen Sie auch einen, Herr Pfarrer ... äh, Herr Bauer?«

Bauer bejahte. Auf dem Fensterbrett stand eine Kaffeemaschine, die mal wieder gesäubert werden musste. Bauer konnte sich vorstellen, an wem diese Aufgabe bei dieser Konstellation hängenblieb.

Die Polizistin schnitt die Kaffeepackung mit einer Schere auf, die achtlos aufgerissene leere Packung warf sie in den Papierkorb. Unglücklich musterte sie ein gutes Dutzend schlampig gespülter Kaffeebecher. Welchen konnte sie dem Gast zumuten? Ihr Blick fiel auf einen Becher mit dem Logo des MSV. Sie nahm ihn so vorsichtig vom Tablett, als sicherte sie eine Tatortspur, und stellte ihn auf einem der unbesetzten Schreibtische ab. Ihre Kollegen registrierten es, schauten aber sofort wieder weg. Keunerts Becher, Keunerts Schreibtisch.

Bauer erlöste sie. »Geben Sie mir den mit der Biene Maja.« Er wandte sich an die Gruppe. »Ich weiß nicht, was Sie schon gehört haben. Ihr Kollege ist im Innenhof des Altstadtparkhauses tot aufgefunden worden. Das KK 11 geht davon aus, dass er vom Dach gesprungen ist.« Er ließ ihnen Zeit, das Bild zu verarbeiten, das unweigerlich vor ihrem inneren Auge auftauchen musste. Er würde sie nicht fragen, wie sie sich fühlten. Für einen Moment sah auch er es vor sich – Keunerts Körper, verdreht, zerschmettert, auf dem Beton des Innenhofs. Was hatte er gerade getan, als es passiert war? Vielleicht im Garten gesessen und geraucht? Oder hatte er schon im Bett gelegen und Sarahs Atem zugehört, während er auf den Schlaf gewartet hatte?

»Herr Bauer?«

Er fuhr hoch. Die junge Polizistin stand mit dem Biene-Maja-Becher vor ihm und sah ihn fragend an.

»Zucker? Milch?«

Er schüttelte den Kopf, sie reichte ihm den Becher.

»Danke.«

Sie stellte die Kanne, vier weitere Becher, Kaffeesahne und Würfelzucker auf den zweiten unbesetzten Schreibtisch. Die Männer bedienten sich.

Er nahm einen Schluck. Der Kaffee war stark. War er bei den Beamten auf den Wachen immer. »Wie lange hat Keunert hier Dienst gemacht?«

Franck, Bremer und die junge Beamtin warteten darauf, dass Wollnik etwas sagte. Wollnik zog sich einen Stuhl heran und setzte sich.

»Im Dezember drei Jahre. Aber wir waren schon mal zusammen beim Schwerpunktdienst.«

»Sie waren befreundet?«

»Das wäre zu viel gesagt. Walter war nicht sehr ... kontaktfreudig.«

»Also kein Kegeln oder zum Fußball gehen?«

Die Männer sahen sich an. Anscheinend nicht. Das hatte man auch nicht oft. Er bemerkte, dass PO Kosniak immer noch dastand.

»Setzen Sie sich doch.« Er nickte ihr zu.

Sie zog sich einen Stuhl heran. Die Sitzordnung erinnerte jetzt an einen Stuhlkreis. Das allgemeine Unbehagen passte dazu.

»In letzter Zeit hat er noch weniger gequatscht als sonst«, knurrte Franck und versenkte vier Stück Zucker in seinem Becher.

»Dann kannten Sie ihn von allen hier am besten?« Bauer sah Wollnik an.

Der Polizeihauptmeister hob die Schultern und ließ sie wieder fallen. »Sie meinen, ob ich was gemerkt habe?« Er schüttelte den Kopf. Es war keine Verneinung, sondern Ratlosigkeit. »Ich bin fast vierzig Jahre dabei. Ich habe gedacht, ich kann Menschen durchschauen. Aber am Ende kann man doch niemandem hinter die Stirn sehen.«

Bis heute Morgen hätte Bauer dem Polizeihauptmeister widersprochen.

Franck schnaubte verächtlich. »Wozu auch. Meistens ist da sowieso nur Scheiße.«

Wollnik warf ihm einen wütenden Blick zu, dann wandte er sich wieder an Bauer. »Ich habe das nicht kommen sehen. Walter war mehr oder weniger wie immer, obwohl ...« Er brach ab und schüttelte den Kopf.

»Das ist doch Scheiße!«, platzte es aus Bremer heraus. »Total sinnlos! So ein Idiot!«

»Was weißt du denn? Vielleicht hatte er einfach die Schnauze voll!« Franck zog die Mundwinkel verächtlich nach unten. »Aber das geht ja über deinen Horizont.«

Die junge Polizistin hatte bisher nur in ihre Tasse gestarrt. Jetzt schaute sie verstohlen zu Bauer. Sie erwartete, dass er etwas Versöhnliches sagte. Aber Bauer schwieg. In dieser Phase war es wichtiger, dass die Kollegen überhaupt redeten.

»Er hatte wohl seine Gründe«, sagte Wollnik sanft.

»Darauf kannst du wetten.« Franck sah Wollnik herausfordernd an.

»Was soll das jetzt wieder heißen?« Wollniks Stimme nahm eine neue Schärfe an.

Franck zögerte, dann sagte er: »Vielleicht war es ja wegen seiner Alten.«

»Hatten die beiden Probleme?«

In Wollniks Blick lag plötzlich etwas Misstrauisches.

»Nicht, dass ich wüsste.«

Er war mit seiner Frage zu weit gegangen. »Sein Sohn war übrigens auch da, als ich die Todesnachricht überbracht habe. Kennen Sie den Jungen?«

Wollnik nickte. »Tilo. Hatte ein paarmal Ärger mit den Kollegen vom Bezirksdienst. War aber nur Kinderkram.«

»Wer sich umbringt, kneift. Das ist meine Meinung«, verkündete Bremer trotzig.

Franck schüttelte den Kopf, als sei Bremer ein hoffnungsloser Fall. »Dieser Scheißjob macht doch jeden fertig. Wir reißen uns den Arsch auf und sind trotzdem immer die Idioten.«

Jetzt erkannte Bauer es. Francks Zynismus war nichts als enttäuschter Idealismus. Bauer sah das oft bei Polizeibeamten. In der Ausbildung lernten sie alles über Normen und Werte, über die offizielle *polizeiliche Tugendlehre*, so nannte man das wirklich. Viele waren begeistert und glaubten daran. Dann kollidierten ihre Ideale mit dem Polizeialltag und der *cop culture*. Die am weitesten oben starteten, fielen am tiefsten.

»Vielleicht war er krank – ich meine, irgendwas Unheilbares«, mischte sich die junge Beamtin vorsichtig ein.

»Gibt es einen Abschiedsbrief?«, fragte Wollnik.

»Bis jetzt nicht. Aber die Kollegen haben gerade erst angefangen«, sagte Bauer.

»Wir hätten mitkriegen müssen, dass was nicht stimmt.«

Bauer hörte die unterdrückten Tränen in ihrer Stimme. Sie fühlte sich schuldig. Wie die anderen. »Machen Sie sich keine Vorwürfe, Frau Kosniak. Oft sehen es nicht mal die engsten Familienangehörigen kommen.« Er wusste nicht, ob ihr das half. Er wandte sich wieder an die Gruppe. »Sie wissen, dass ich Ihrem Kollegen ein paar Stunden vorher noch begegnet bin.«

»Die Untertreibung des Jahrhunderts.« Franck stieß sich heftig ab und rollte mit seinem Drehstuhl zurück zu seinem Schreibtisch. Er starrte wieder auf seinen Monitor, die Hände reglos im Schoß.

»Ehrlich gesagt, Ihr Kollege kam mir nicht depressiv vor oder wie jemand, der das Leben satthatte. Mehr, als stünde er unter Druck. Gab es da in letzter Zeit etwas?« Bauer ließ den Blick von einem zum anderen wandern. Franck schaute zu Wollnik und schüttelte unmerklich den Kopf. Doch Wollnik zuckte mit den Achseln.

»Die Interne hat gegen ihn ermittelt«, sagte er ruhig.

Die Information schlug bei Bremer und Kosniak ein wie eine Bombe.

»Gegen Walter?« Bremer war fassungslos. »Weswegen denn?«

Ein Summer ertönte, ein rotes Licht über der Tür zum Empfangsbereich blinkte. Auf dem Monitor an der Wand war ein älteres Ehepaar zu sehen, das unsicher die Wache betrat. Die Frau stützte sich auf einen Regenschirm, der Mann hielt eine Hundeleine in der Hand, an deren Ende ein verwaistes Halsband baumelte.

PO Kosniak sprang auf. »Ich übernehme das.« Die Erleichterung war ihr anzusehen.

Wollnik schien um zehn Jahre gealtert. »Ist doch jetzt egal. Walter ist tot. Aus und vorbei.«

»Genau. Aus und vorbei.« Franck knallte seine Tastatur auf den Tisch. »Ich brauche frische Luft.« Ohne Bauer eines weiteren Blicks zu würdigen, verschwand er durch die Tür, durch die PO Kosniak hereingekommen war.

Kurz darauf stand Bauer wieder auf der Straße. Eine interne Ermittlung. Das perfekte Motiv für einen Suizid. Keunert wäre nicht der erste Polizist, der diesen Ausweg gewählt hatte. Wusste Dohr davon? Es änderte nichts daran, er hatte Keunert sich selbst überlassen. Seine Hand fuhr zur Brusttasche seines Jacketts, wo das Metallröhrchen mit der Zigarette steckte. Was hätte er jetzt für einen einzigen Zug gegeben. Aber der Tag war noch nicht vorbei.

Er versuchte, sich zu erinnern, wo er geparkt hatte. Ein Streifenwagen fuhr mit Schwung in eine der drei für Polizeifahrzeuge reservierten Parktaschen. Ein Polizist stieg aus. Er war jung. Er hatte nur einen Stern auf der Schulterklappe. Es war der Polizeianwärter, dem Bauer bei der Bordellrazzia begegnet war. PMA Vogt.

Vogt ließ den Schlüssel des Streifenwagens lässig um seinen Zeigefinger kreisen.

»Wie geht es Ihnen, Herr Vogt?«

Der junge Mann blieb stehen.

Bauer wiederholte seine Frage. »Geht es Ihnen gut? Alles in Ordnung?«

Jetzt erkannte Vogt ihn. »Wieso nicht?«

Bauer sah sofort, dass die Coolness des jungen Mannes nicht echt war. Er hatte sich für die Rolle des harten Kerls entschieden. Bauer verstand das. Die Machokultur gehörte bei der Polizei noch längst nicht der Vergangenheit an. Und in so einer Organisation seinen Platz zu finden war für einen jungen Menschen schwer genug.

»Sie sind erst seit kurzem draußen im Einsatz. Nur wenige Ihrer Kollegen werden so früh mit so einer Erfahrung konfrontiert. Waren Sie schon beim psychologischen Dienst?«

Vogt schüttelte den Kopf.

Wieso hatte ihn sein Vorgesetzter nicht dazu abkommandiert? Das war nicht gut.

»Sprechen Sie mit jemandem darüber. Sonst frisst sich das fest. Je länger Sie warten, desto schwerer wird es.«

Vogt kniff die Augen zusammen und schob die Schultern nach hinten. »Ich komme schon klar.«

Der Junge hatte noch nicht begriffen, was er da eigentlich erlebt hatte. »Wenn Sie Angst haben, dass etwas darüber in Ihrer Personalakte auftaucht, kommen Sie zu mir. Egal, was Sie mir erzählen – niemand wird davon erfahren. Wir haben Schweigepflicht, Sie wissen schon, wie bei Anwälten. Kommen Sie morgen, nach Schichtende?«

»Ich weiß nicht recht ...«

»Das hat mit Schwäche nichts zu tun. Bei mir schneien auch ältere, erfahrene Kollegen rein.« Bauer zog eine Visitenkarte aus dem kleinen schwarzen Etui und hielt sie ihm hin. »Das von Ihrem Kollegen haben Sie bestimmt schon gehört. Vielleicht möchten Sie ja darüber sprechen.«

Zögernd nahm Vogt die Karte und drehte sie unentschlossen in der Hand. Plötzlich sagte er: »Die Frau ... vielleicht ist sie ja auch gesprungen.«

Das war es also, was ihn quälte. »Soweit ich weiß, gibt es keine Hinweise darauf.«

»Wenn man mich zwingen würde, in so einem Laden zu arbeiten ... ich würde springen.«

Bauer legte ihm die Hand auf die Schulter. »Wissen Sie was? Ich halte den Termin morgen für Sie frei. Achtzehn Uhr. Wenn Sie nicht kommen, hole ich Sie hier persönlich ab.« Augenzwinkernd fügte er hinzu: »Das wäre bestimmt voll peinlich, oder?«

Er ließ den jungen Polizisten stehen und machte sich auf den Weg zu seinem Wagen.

Der Passat stand gleich um die Ecke. Polizeihauptmeister Franck lehnte am Kotflügel und zog an einer selbstgedrehten Zigarette. Er hatte sie so weit heruntergeraucht, dass sie ihm beinahe die Finger versengte. Franck war fast so groß wie Bauer, aber seine gebeugte Haltung machte ihn klein. Ein tief enttäuschter Mensch, dachte Bauer. Verraten von zwei Frauen – bestimmt sah er das so – und von einem Beruf, den er vor vielen Jahren aus Überzeugung gewählt hatte. Jetzt war er wütend, wütend auf den Polizeiseelsorger, das war nicht zu übersehen.

Er löste sich vom Wagen, warf die Kippe auf den Boden und ballte die Fäuste. »Dass Sie sich überhaupt trauen, hier aufzukreuzen!«

Bauer blieb stehen. »Was meinen Sie?« Er wusste, was der Mann sagen würde. Warum wollte er es unbedingt hören?

»Ist das Ihr Ernst?«

Eigentlich nicht. Bauer schwieg.

»Erst ziehen Sie Ihre Nummer auf der Brücke ab, dann fahren Sie nach Hause und kriechen ins warme Bett zu Ihrer Frau. Was haben Sie gedacht, was Walter als Nächstes tun würde? Er ist gesprungen, um Sie zu retten!«

Ich bin gesprungen, um ihn zu retten, hätte Bauer sagen können.

»Sie hatten was angefangen. Sie hätten es zu Ende bringen müssen.«

Franck wartete auf eine Reaktion, vielleicht eine Rechtfertigung. Bauer hatte keine.

»Er hat mich noch angerufen, wissen Sie.« Franck straffte sich. »Sie haben ihn im Stich gelassen.«

Es traf ihn wie eine eisige Bö. »Hat er das gesagt?«

Polizeiobermeister Franck spuckte aus. Dann ging er dicht an Bauer vorbei davon.

10 Hauptkommissarin Dohr machte sich Sorgen um Bauer, aber im Moment war sie vor allem wütend auf ihn. Schon wieder. Im Unterschied zu vergangener Nacht fehlte ihr diesmal allerdings jedes Verständnis. Sie musste dringend mit ihm sprechen. Schon um ihn zu warnen. Aber er war nirgends zu finden. Auch gut. Sie hatte ihre eigenen Kämpfe auszufechten. Mehr als ein männlicher Kollege neidete ihr die Position als stellvertretende Leiterin des KK 11. Dass an ihrem Stuhl gesägt wurde, konnte sie voraussetzen. Sollte der Polizeipfarrer die Suppe, die er sich eingebrockt hatte, selbst auslöffeln. Sie musste zurück zum Parkhaus. Die Kollegen von der Spurensicherung würden bald fertig sein.

Ihr Wagen stand im Innenhof des Präsidiums. Eigentlich durfte man dort nicht parken, aber wenn sie im Haus nur kurz etwas zu erledigen hatte, stellte sie ihren Wagen immer unter der riesigen Kastanie in der Mitte ab.

Sie entdeckte Bauer unter dem Dach des Fahrradstellplatzes. Dank eines verwaisten Pflanzkübels neben den Fahrradständern hatten die Raucher den Ort annektiert. Die ausgewiesene Raucherzone mit den Aschern aus Edelstahl wurde ignoriert, egal, wie viele Rundschreiben die Hausverwaltung absetzte.

Bauer rauchte und sah gedankenverloren zu, wie der Regen von den Blättern der Kastanie in die Pfützen fiel. Als Dohr auf fünf Schritte heran war, schaute er auf.

Dohr deutete auf seine Zigarette. »Sie rauchen?«

»Heute darf ich. Was ist mit Ihnen? Sie sind Sportlerin.« Der zwischen ihnen üblichen Frotzelei fehlte diesmal die entsprechende Intonation.

»Handballtorfrauen brauchen keine Kondition, nur Reflexe.« Sie ließ einen Moment verstreichen. Dann sagte sie:

»Ich habe Sie gesucht. Wie war es noch bei Keunerts Frau?« Sie hörte selbst den gereizten Unterton in ihrer Frage.

»Der Junge macht mir Sorgen.«

»Tatsächlich? Machen Sie sich lieber Sorgen um die Frau.«

»Um Frau Keunert? Wieso?«

»Sie hat sich beschwert! Über Sie! Bei Lutz. Wieso erzählen Sie der Frau auch solchen Mist?«

Bauer sah sie verständnislos an.

»Dass ihr Mann ermordet wurde!«

Bauer runzelte die Stirn. »Das habe ich nie gesagt. Sie hat das gesagt, keine Ahnung, warum. Ich hatte an einen Unfall gedacht.«

»Es ist trotzdem scheiße, und das wissen Sie. Bei Todesnachrichten nur Fakten – keine Spekulationen!«

»Sie haben recht. Aber der Junge stand dabei ...«

»Ihre Nummer auf der Brücke hat schon für genug Wirbel gesorgt! Wenn das jetzt auch noch in der Presse auftaucht, springen die da oben im Achteck.« Sie zog eine Schachtel Zigaretten und ein Streichholzbriefchen aus der Tasche. »Mit Ihnen zu tun zu haben wird langsam zum Karriererisiko.« Sie nahm eine Zigarette aus der Packung und riss das Streichholz an.

»Die Sorge sind Sie vielleicht bald los.«

Sie starrte ihn an. Das Streichholz ging aus. »Was soll das heißen?«

»Nichts. Vergessen Sie's.«

»Sie wollen den Job hinschmeißen?«

»Ich habe Keunert sich selbst überlassen.«

Sie warf die Zigarette unangezündet in den Pflanzkübel. »Sie waren am Ende. Sie hätten im Krankenhaus sein sollen. Oder halten Sie sich für unfehlbar?«

»Hätten Sie einen verletzten Kollegen sich selbst überlassen?« Er drückte seine Zigarettenkippe im Sand aus. »In Keunerts Dienstgruppe sind sie der Ansicht, dass ich ihn auf dem Gewissen habe.«

»Die suchen jemanden, dem sie die Schuld geben können. Ist doch verständlich. Dann müssen sie sich selbst keine Vorwürfe machen. Keunert wollte sich töten. Sie haben ihn auf der Brücke ausgetrickst. Das hat ihm Zeit verschafft. Er hätte es sich anders überlegen können.«

»Ich war mir aber absolut sicher, dass er es nicht noch mal versuchen würde. Nicht in dieser Nacht.«

Verena Dohr hatte genug. »Wie Sie meinen. Ich fahre jetzt zum Parkhaus.« Sie zog ihren Autoschlüssel aus der Tasche, drückte auf die Fernentriegelung.

»Ich komme mit.« Er folgte ihr zu ihrem Wagen.

Sie blieb stehen. »Wozu?«

»Ich will mir ein Bild machen.«

»Ich kapiere zwar nicht, was das bringen soll, aber wenn es Sie beruhigt.« Sie machte eine ironisch einladende Handbewegung. »Steigen Sie ein.«

11

Mit dem Auto brauchte man knapp zwei Minuten vom Präsidium bis hierher. Normalerweise. Doch die Sperrung des größten Parkhauses hatte in der Innenstadt ein Verkehrschaos verursacht. Schweigend hatten er und Dohr nebeneinandergesessen und sich in Geduld geübt.

Sie hatte das Schweigen gebrochen. »Ich respektiere Ihre Intuition, das tue ich wirklich. Meistens jedenfalls. Aber ich bin Kriminalbeamtin, und manchmal nerven Sie mich. Keunerts Tod ist für mich ein Suizid, solange ich keine Beweise für das Gegenteil habe. Auf meinem Tisch liegen genug ungeklärte Tötungsdelikte, auch ohne dass ich welche erfinde.«

»Ich habe nie behauptet, dass er ermordet wurde.«

»Schön, dass Sie das so sehen.«

»Theoretisch wäre es aber möglich.«

»Jetzt zum Beispiel.«

»Was?«

»Nerven Sie.«

Was sollte er dazu sagen? Aber wenn er sowieso schon nervte ... »Gegen Keunert wurde übrigens ermittelt. Von der internen Abteilung.«

Verena Dohr fuhr herum. Sie hatte es nicht gewusst. »Woher haben Sie das?«, fragte sie scharf. Dann zählte sie zwei und zwei zusammen. »Die Kollegen in Homberg.« Ihre Stimme wurde um ein oder zwei Grad milder. »Was haben die erzählt?«

»Nichts weiter. Sie haben sofort dichtgemacht.«

Sie dachte kurz nach, dann sagte sie: »Da haben Sie Ihr Motiv für den Suizid.«

Das Kaufhaus kam in Sicht. In den fünfziger Jahren als Merkur gestartet, dann zu Horten und schließlich zur Galeria Kaufhof mutiert. Bauer erinnerte sich noch an das blaue Logo auf der alten Fassade, zugleich Stilikone und perfekter Brutplatz für Generationen von Straßentauben. Seine Mutter hatte ihn auf der Suche nach »strapazierfähigen« Kleidungsstücken regelmäßig durch die Kinderabteilung geschleift. Vor einem Monat war er mit Sarah und Nina hier gewesen, um seiner Tochter einen Parka mit falschem Pelzbesatz zu kaufen. Hatte sie da schon ihre Reise nach Deauville geplant?

Endlich standen sie vor dem Parkhaus. Ein- und Ausfahrt waren mit rotweißem Band abgesperrt. Drei uniformierte Kollegen hielten die Gaffer in Schach. Dohr ließ die Seitenscheibe herunter und nickte ihnen zu. Bauer kannte die Beamten, sie gehörten zur City-Wache. Mindestens ein Dutzend Smartphonekameras war auf die Ausfahrt gerichtet, obwohl nichts Spektakuläres zu sehen war. Eine Gruppe junger Männer mit rasierten Schädeln maulte lautstark herum, was das für ein Scheiß sei und wieso sie ihre Karre nicht aus dem Parkhaus holen dürften, sie hätten Party gemacht und müssten zurück nach Dortmund, und wenn ihr BMW nur einen Kratzer abkriege, würden sie die Bullen verklagen. Einer der Uniformierten hob das Absperrband und ließ Dohr unter dem wütenden Gejohle der jungen Männer passieren.

»Nicht provozieren lassen«, mahnte Dohr. »Und keinen durchlassen.«

Das Kassenhäuschen war verwaist, die Schranke oben. Auf der untersten Parkebene zählte Bauer fünf geparkte Fahrzeuge, eines davon ein tiefergelegter goldener BMW mit vergoldeten Felgen. Am Ende der Parkebene lud ein Mann im Overall der Spurensicherung Aluminiumkisten in einen Transporter. Sie stiegen aus.

»Fertig?«

Der Mann nickte wortlos und hievte eine weitere Kiste auf die Ladefläche. Bauer kannte ihn vom Sehen. Die Spurensicherung hatte weniger Bedarf an seelsorgerischem Zuspruch als die Kollegen von Kripo und Schutzpolizei. Der Mann warf Bauer stirnrunzelnd einen Blick zu.

Bauer folgte Dohr durch eine Stahltür in einen Innenhof. Er lag zwischen Kauf- und Parkhaus und diente als Stellplatz für ein halbes Dutzend Müllcontainer. Zwei Kommissare aus Dohrs Team, Kriminalhauptmeister Guido Karman und Kriminalobermeister Mario Aast, sahen zu, wie eine Beamtin der Spurensicherung die durchnummerierten Spurenschilder in der Reihenfolge der aufgedruckten Zahlen einsammelte. Dohr ging zu ihren Leuten. Karman hatte die Hände in den Taschen und starrte mit anzüglichem Grinsen auf den Hintern der Frau. Direkt neben einem rostbraunen ovalen Fleck von der Größe eines Pizzakartons hob sie das letzte Schild auf. Nummer einundfünfzig. Hier musste Keunerts Kopf auf dem Beton aufgeschlagen sein.

Bauer wartete auf die innere Stille. Er konnte den Zustand nicht willentlich herbeiführen. Er war eine Gnade, die ihm von oben zufloss.

Nicht diesmal.

Er schloss die Augen, faltete die Hände. *Guter Gott, du bist bei uns. Du bist bei uns, im Leben und im Tod. Herr, bleib bei uns.* Die beiden Kripobeamten wandten sich ab. Sie hatten es sich mühsam antrainiert, Tote in Fallakten zu verwandeln. Ein professioneller Selbstschutz. Sein Gebet machte aus dem Toten wieder einen Menschen. Er schaute zur Dachkante und suchte die Stelle, von wo Keunert gesprungen war.

Dohr fragte ihre Männer, wie weit sie waren. Aast schaute zu Bauer hinüber, als wäre er unsicher, ob er in dessen Anwesenheit sprechen durfte. »Wir sind hier so weit fertig. Wollten gerade abrücken.«

»Haben wir Zeugen? Wissen wir, wann Keunert ins Parkhaus gefahren ist?«

»Kurz nach 21:00 Uhr, sagt der Typ im Kassenhaus.«

»Ein Jurastudent, der während der Arbeitszeit für sein Staatsexamen büffelt.« Karmans Stimme triefte vor Sarkasmus.

»Haben wir den Parkschein?«

»Hatte er nicht bei sich.«

»Im Wagen war er auch nicht.« Karman wurde ungeduldig. »Wozu? Er ist gesprungen. Sogar zweimal.« Er schaute zu Bauer und sprach mit gedämpfter Stimme weiter. »Das erste Mal hat der es ihm vermasselt. Also kommt Keunert her und beendet die Sache. Fall erledigt.«

Dohr atmete hörbar aus.

Bauers Blick wanderte zurück zu dem Blutfleck auf dem Beton. War Keunert vom Krankenhaus hierhergekommen? Direkt, nachdem er mit seinem Sohn gesprochen hatte? Bauer fiel es schwer, sich das vorzustellen. Was war in Keunert vorgegangen? Hatte sein Entschluss bereits festgestanden, als er ins Parkhaus gefahren war? Hatte er gewusst, dass er es nie wieder verlassen würde?

Ihn fröstelte, als er an die abgrundtiefe Verlassenheit dachte, die Keunert auf dem Weg hierher gefühlt haben musste. Wenn Keunert nach dem Sprung von der Brücke Zweifel gekommen waren, hatte etwas sie wieder ausgelöscht. Die Begegnung mit seinem Sohn? Bauer wollte das nicht glauben. Aber etwas hatte ihn zurück ins Dunkel gestoßen.

»Gibt es Überwachungskameras? Seht euch die Aufzeichnungen an«, sagte Dohr. »Sucht nach Zeugen. Ich will eine saubere Todesfallermittlung.«

Karman rollte genervt mit den Augen.

»Haben Sie schon geklärt, wo Keunert in der Zeit zwischen Brücke und Parkhaus war?«

Die drei drehten sich irritiert zu Bauer um.

»Wäre gut, das zu wissen, oder? Ich kann Ihnen da weiterhelfen.«

Der beigefarbene Jetta war das einzige Fahrzeug auf dem obersten Deck. Es musste Keunerts Wagen sein. Für Tilo wahrscheinlich der Inbegriff eines Spießerautos. Auch schwer vorstellbar, dass Annette Keunert darin herumfuhr. Sie musste einen eigenen Wagen haben. Der Jetta war akribisch gepflegt worden. Die Schonbezüge sahen aus wie neu. Der Teppich auf der Beifahrerseite war makellos, auf der Fahrerseite erkannte Bauer deutliche Schlammspuren. Der gleiche Schlamm, der an seinen Schuhen geklebt hatte. Jetzt bemerkte er auch den Schatten auf dem Schonbezug. Er war feucht.

Bauer trat an die Brüstung. Sie war dreißig Zentimeter breit, die Mauer etwa 1,20 Meter hoch. Die Oberseite war mit Zinkblech verkleidet und auf ganzer Länge mit Taubenkot bedeckt. Es war offensichtlich. Niemand, der kleiner war als 1,90 Meter, würde unabsichtlich über die Brüstung fallen.

An einer Stelle war der vom Regen aufgeweichte Kot verschmiert. Er versuchte, sich vorzustellen, wie Keunert auf die Brüstung geklettert war. Hätte er sich dazu nicht mindestens mit einer Hand aufstützen müssen? Ein Knie aufsetzen? Bauer fand keinen Handabdruck. Auch keinen eindeutigen Schuhabdruck. Alles war flächig verwischt. Hand- und Fußabdruck waren vielleicht da gewesen, jetzt waren sie nicht mehr zu erkennen.

Die Gedankenkette riss ab. Was dachte er da eigentlich? Was wollte er den Spuren entnehmen? Eine Variante, in der Keunert nicht gesprungen war? Oder wollte er nur den Moment hinausschieben? Den Blick in den Abgrund. Keunerts Abgrund. Seinen Abgrund.

Er trat dicht an die Brüstung. Um hinunterzusehen, musste er sich weit nach vorn beugen. Der Hof wirkte von hier oben winzig klein. Wie damals das Becken unter dem Zehnmeterturm, auf dem er mit acht Jahren zum ersten

Mal gestanden hatte. Bauer bemerkte noch etwas anderes. Beinah die gesamte Hoffläche war mit einem riesigen Parkverbotszeichen bemalt. Es war fast völlig verblasst. Wenn man unten stand, war es schwer zu erkennen.

Es war dunkel gewesen. Nicht völlig dunkel. Um das Parkhaus herum hatte die Stadt geleuchtet. Aber das Loch, in das Keunert geblickt hatte, war schwarz gewesen.

Bauer trat zurück. Er hatte sein Sakko mit Vogelkot beschmiert. Keunert musste auch Vogelkot vorn auf seiner Jacke haben. Bauers Hand glitt in die Tasche, irgendwo musste ein Taschentuch sein. Nichts. Auch gut. Sein Blick wanderte über das Parkdeck, leer bis auf den beigen Jetta und die verblichenen Markierungslinien der Parktaschen. Der letzte Ort, den Keunert in seinem Leben gesehen hatte.

Bauers Blick blieb an einem Häufchen Blätter und Vogelfedern hängen, die der Wind zwischen der Brüstung und einem Abzugsschacht zusammengeweht hatte. Dort blitzte etwas Weißes hervor. Er schob die Blätter mit dem Fuß auseinander. Das Weiße waren Stücke eines zerrissenen Parkscheins. Bauer hob sie auf und fügte sie auf seiner Handfläche zusammen. Drei Teile, eins fehlte. Datum und Uhrzeit waren gut zu lesen – Datum vom Vortag, die Uhrzeit: 21:09 Uhr. Jemand, der gewusst hatte, dass er das Parkhaus mit seinem Wagen nicht wieder verlassen würde, hatte seinen Parkschein zerrissen und weggeworfen. Vorsichtig schob Bauer die Schnipsel in seine Tasche. Er ging zur Rampenauffahrt.

Tilo hätte ihn fast umgerannt. Der Junge stürmte keuchend an Bauer vorbei aufs Dach. Vor dem Jetta blieb er stehen, als sähe er ihn zum ersten Mal. Dann drehte er sich einmal um die eigene Achse. Seine Augen suchten die Oberkante der Brüstung ab.

Er schien Bauer erst jetzt zu bemerken. »Wo?«, fragte er.

Bauer sah ein verwundetes Tier, einen jungen Wolf vielleicht, von seinem Rudel verraten, in die Enge getrieben, verzweifelt, bereit, wahllos um sich zu beißen. Er machte vorsichtig einen Schritt auf den Jungen zu. »Alles in Ordnung, Tilo.« Tilos Körper verharrte in Kampfstellung, Angriff oder Flucht. Bauer blieb stehen.

»Du gehst besser wieder runter.«

»Ich muss es sehen!«

Ohne dass Bauer es wollte, wanderte sein Blick für den Bruchteil einer Sekunde zu der Stelle, von der Walter Keunert gesprungen sein musste. Tilo machte einen Schritt.

»Warte!«

Der Junge hielt inne.

»Das hat keinen Sinn, Tilo. Dadurch wird es nur schlimmer. Es bleibt für den Rest deines Lebens in deinem Kopf.«

»Na und? Das passende Ende für ein Scheißleben.«

Tilo meinte genauso sein eigenes wie das seines Vaters. Der Junge ging zu der Stelle und beugte sich über die Brüstung.

»Sogar mit Zielscheibe.« Bitterkeit und Verachtung mischten sich in seine Stimme.

Bauer trat vorsichtig näher. Tilo fuhr herum. »Bleiben Sie weg!«

»Tilo!« Atemlos rannte Verena die Rampe herauf, gefolgt von einem der beiden Uniformierten.

Dohr drehte sich im Laufen nach ihm um. »Wieso haben Sie ihn durchgelassen, Sie Vollidiot?«

»Er ist einfach an uns vorbei. Ich hole ihn zurück.«

»Lassen Sie das.«

Tilo lehnte sich mit dem Rücken an die Brüstung. »Kommt lieber nicht näher.«

Eine Drohung. Er musste nicht erklären, was er damit meinte.

Bauers Erstarrung löste sich. Er trat mit erhobenen Händen einen Schritt zurück.

»Alles klar, Tilo. Keiner tut dir was.«

»Von wegen! Ihr seid doch alle gleich. Scheißbullen. Pfaffen. Wenn es drauf ankommt, seid ihr sowieso nicht da!«

Bauer und Dohr wechselten einen Blick. Bauer nickte. »Ich weiß, dass du wütend bist ... und gekränkt ... dass du denkst, dein Vater hätte dich im Stich gelassen ...«

»Sie haben doch keine Ahnung.«

Tilos Aufmerksamkeit war ganz auf Bauer gerichtet. Der uniformierte Polizist hatte sich hinter Dohr gehalten. Jetzt schlich er sich in weitem Bogen an Tilo heran. Dohr signalisierte ihm, sich zurückzuhalten. Aber anscheinend wollte er seinen Fehler unbedingt wiedergutmachen. Mit einem Satz war er bei Tilo und nahm ihn in den Polizeigriff.

Dohr zerrte am Arm des Beamten. »Jetzt lassen Sie ihn schon los.«

Irritiert lockerte der Polizist den Griff. Mit einer geschickten Drehung wand sich Tilo heraus und rannte die Rampe hinunter. Der Polizist wollte die Verfolgung aufnehmen.

Verena Dohr schüttelte resigniert den Kopf. »Jetzt geben Sie Ruhe, Sie Held.«

Der Mann schaute betreten auf seine Schuhspitzen. Er tat Bauer leid. Das war nicht gut gelaufen. Nicht für den Polizisten, nicht für Tilo, nicht für ihn selbst.

12 Das geschmolzene Fleisch hing in Klumpen an den Knochen, zog Fäden von den Sehnen, war den mächtigen Sitz herabgeflossen und in der Unendlichkeit erstarrt. Unmöglich, Herrscher und Thron zu trennen. Sie waren eins.

Bauer hatte sich zu Fuß auf den Rückweg gemacht. Er brauchte Luft. Er suchte sie im Kantpark, der lag an der Strecke, sein südliches Ende nur fünf Minuten vom Präsidium entfernt. Im Sommer verbrachte Bauer manche Mittagspause auf einer der Wiesen oder Bänke. Mitten in der Stadt fühlte er sich dann wie auf einer Lichtung im Wald. Zwischen den alten Baumriesen fand sich immer ein ruhiges Plätzchen. Das hatten auch die Trinker und Junkies erkannt. Nach Anbruch der Dunkelheit war die Grünanlage für viele Bürger ein städtischer Angstraum, obwohl die Kriminalstatistik dagegen sprach.

Auch Bauer begegnete hier seiner Furcht. Doch hatte sie weder mit Bäumen noch mit Menschen zu tun. Schuld war ein Kunstwerk. Eins von vierzig, die im Park installiert waren. Sie gehörten zum angrenzenden Lehmbruck-Museum. Eine der Skulpturen zog Bauer immer wieder in ihren dunklen Bann.

Thronoi hatte der Künstler sein in Bronze gegossenes Werk genannt. Das Wort stammte aus dem Griechischen, es war der Plural von *thrónos* – Herrschersitz. Zu sehen war aber nur einer – ein Herrscher, ein Sitz. Bauer kannte noch eine andere Bedeutung des Wortes. Christliche Mystiker hatten im frühen Mittelalter das göttliche Personal hierarchisch geordnet und die Engel in eine Dreiklassengesellschaft unterteilt. Die *Thronoi* gehörten demnach zur ersten Hierarchiestufe der himmlischen Wesen. Sie standen gleich vor dem höchsten Thron. Vielleicht zeigte das Bronzebildwerk das, was die Engel sahen, wenn sie sich umdrehten: Gott.

Bauer ertrug den Anblick der Skulptur nur schwer. In ihr manifestierten sich alle Zweifel, die er je gehabt hatte. Heute umso deutlicher, die Bronze schimmerte wie lebendig und schien in Bewegung zu sein. Er sagte sich, dass das Wetter schuld war. Der Regen hatte diesen verschwommenen Glanz auf das Metall gelegt. Es nützte nichts. Seine Furcht hatte keinen rationalen Grund.

Er schaute die Figur an, und sie schaute zurück. Der Blick aus den leeren Höhlen im Alien-Schädel fraß sich in sein Innerstes. Es war immer dieselbe Frage, die er sich stellte, wenn er hier stand: Was, wenn er sich ein falsches Bild von Gott machte? Wenn es den liebenden, barmherzigen Vater gar nicht gab? Wenn das da die letzte Wahrheit war: die grauenvolle, unendliche Gleichgültigkeit eines allmächtigen Herrschers?

Keunert hatte sich selbst getötet. Er war gesprungen, nicht gestürzt. Das zerrissene Parkhausticket fegte auch den letzten vernünftigen Zweifel daran hinweg. Bauer hatte einen furchtbaren Fehler gemacht. Aber es ging nicht nur um ihn. Es ging um mehr, um alles: um seinen Glauben. Es war nicht nur seine eigene Einschätzung gewesen, auf die Bauer vertraut hatte. Er hatte auf Gott vertraut. Das hatte einen Menschen das Leben gekostet.

Bauer trat näher an die Skulptur heran. Ein paar Blätter klebten wie erschlaffte Riesenhände auf der narbigen Bronze. Sie mussten von der alten Rosskastanie herübergeweht sein. In einer Vertiefung entdeckte er zwischen den metallenen Sehnen und Knochen des Herrschers ein kleines Nest mit leuchtend rotbraunen Früchten. Die konnte der Wind nicht hergetragen haben. Hatten Kinder hier gespielt? Sie hatten ihre eigenen Methoden, sich die Kunstwerke im Park zu erschließen. Raufklettern war eine davon. Bauer beobachtete sie gern dabei. Aber er hatte noch nie ein Kind den *Thronoi* erklimmen sehen. Hatte er selbst die Skulptur je berührt? Er konnte sich nicht daran erinnern. Er streckte seine Hand aus.

»Nein! Nicht! Nicht anfassen!«

Bauer fuhr herum. Es war den ganzen Tag nicht richtig hell geworden, und unter den großen Bäumen setzte die Dämmerung früh ein. Die Verwandlung von Skulpturenpark zu Angstraum hatte offenbar schon stattgefunden. Auf den Wegen und den Wiesen war kein Mensch mehr zu sehen.

»Hallo?«, rief er. Etwas Besseres fiel ihm auf Anhieb nicht ein. Keine Antwort. Er versuchte es noch einmal: »Ich kann Sie nicht sehen. Wo sind Sie?«

»Hast du Zigaretten?« Die Stimme kam aus den dichten immergrünen Eibensträuchern vor der knapp zehn Meter entfernten Kastanie.

»Nur eine«, antwortete Bauer. Seine Notration. Die Zigarette im Präsidium hatte er geschnorrt.

»Gibst du sie mir?«

»Gern.«

Es raschelte und knackte im Gebüsch. Ein kleiner, dünner Mann zwängte sich zwischen zwei Sträuchern hervor. Er trug einen verschlissenen, schmutzigen Wollmantel, der ihm vier Nummern zu groß war, und zerrte einen Einkaufswagen voller prall gefüllter Plastiktüten hinter sich her.

»Kann ich helfen?«

Der Mann antwortete nicht. Er zog den Wagen zu einer Bank und ließ sich schwer atmend darauf nieder. Seine bloßen Füße steckten in derben Arbeitsschuhen. Bauer sah offene Stellen an den geschwollenen Fußgelenken.

»Gib mir die Zigarette!«, befahl der Mann.

Bauer ging zu der Bank und holte ein Aluminiumröhrchen aus der Innentasche seiner Jacke. Er hatte es vor Jahren in einem Zigarrenladen gekauft. Er schraubte es auf und ließ die Zigarette herausgleiten.

Der Mann beobachtete ihn mitleidig. »Angst vor Strahlen?«

»Angst vor mir selbst.«

Der Mann nickte, als wäre damit alles erklärt, nahm die Zigarette von Bauer entgegen, zögerte aber, bevor er sie sich ansteckte. »Ist das wirklich deine letzte?«

»Ich habe immer nur eine dabei.«

»Willst du eine von meinen?«

Bauer schüttelte den Kopf. »Danke.«

Der Mann zündete sich die Zigarette an, nahm einen tiefen Zug und ließ den Rauch genussvoll entweichen. »Setz dich!«

Bauer ließ sich auf der Bank nieder. Nicht ganz am anderen Ende, er wollte nicht unhöflich sein, aber auch nicht zu nah, der Mann roch wie die Hölle.

»Rüdiger«, sagte er und hielt Bauer seine Rechte hin.

»Martin«, antwortete Bauer und ergriff sie. Ein fester, feuchter Händedruck. Bauer unterdrückte den Impuls, seine Hand an seiner Hose abzuwischen. Dann saßen sie da. Rüdiger rauchte. Bauer beneidete ihn. Beide betrachteten sie die Skulptur.

»Warum darf ich sie nicht anfassen?«, fragte Bauer nach einer Weile.

»Ihn«, berichtigte Rüdiger. »Du weißt, warum. Oder hast du keine Angst?«

»Doch.«

»Solltest du auch.«

»Ich möchte aber an einen liebenden Gott glauben. Nicht an einen, den ich fürchten muss.«

Der stinkende kleine Mann blickte ihn verständnislos an. »Gott? Das ist nicht Gott! Oder hast du keine Augen im Kopf? *Und siehe, ein Thron stand im Himmel und auf dem Thron saß einer. Und der da saß, war anzusehen wie der Stein Jaspis und Sarder; und ein Regenbogen war um den Thron, anzusehen wie ein Smaragd.*[2]«

»Das ist aus der Offenbarung des Johannes.«

»Wenn du die Worte kennst, warum hörst du dann nicht, was sie sagen? Sieht der da aus wie aus Edelsteinen? Siehst du hier irgendwo einen grünen Regenbogen?«

»Nein.«

»Wie kommst du dann drauf, dass das Gott ist?«

»Wer soll es sonst sein?«

»Der andere, du Klugscheißer!«

Der andere? Bauer überlegte. »Sie denken, die Skulptur stellt den Teufel dar? Auf einem Thron?«

Wieder zitierte er die Bibel, diesmal das Alte Testament: »*Ich ersteige den Himmel; dort oben stelle ich meinen Thron auf, über den Sternen Gottes.*[3] Es ist der Teufel.«

»Glauben Sie, es gibt ihn?«

»Du etwa nicht?«

»Ich bin nicht sicher.«

»Wo warst du die letzten Jahre? Und komm mir jetzt bloß nicht mit Alien-Entführung oder so einem Schwachsinn. Guck dich einfach mal um auf der Welt! Dann stellst du so blöde Fragen nicht mehr.«

Rüdiger schien verärgert darüber, dass er seine Zeit mit einem Idioten verschwenden musste. Aber auch er wollte wohl nicht unhöflich sein. Er hatte eine Zigarette geschenkt bekommen, also konnte er nicht einfach aufstehen und gehen. Er zog seinen Einkaufswagen dichter zu sich heran. Am Drahtkorb war ein kleines Radio befestigt. Er schaltete es ein. Ein schwäbischer Müslihersteller pries sein neuestes Produkt an.

Das Gespräch schien beendet. Bauer erhob sich. Ein Jingle kündigte die Nachrichten an, der Sprecher das Topthema: den G-7-Gipfel. Die Sicherheitsbehörden stuften die Gefährdungslage als komplex ein. Deauville war weiträumig abgeriegelt, die Zahl der Einsatzkräfte noch einmal erhöht worden. Die Polizei bereitete sich auf friedliche und gewalttätige Demonstranten, auf Terroristen und Selbstmordattentäter vor, das Militär auf Angriffe aus der Luft und von der See her. Von dort drohte auch noch eine höhere Gewalt. Tief Stephanie führte eine Unwetterfront vom Ostatlantik heran. Sie würde ausgerechnet am Tag der geplanten Großdemonstration auf die französische Küste treffen. Ausläufer würden auch Nordrhein-Westfalen erreichen.

»Alles in Ordnung?« Rüdiger sah ihn besorgt an.

Erst jetzt merkte Bauer, dass er mitten in der Bewegung erstarrt war. Er richtete sich auf. »Alles okay.«

»Du hast wirklich Angst«, stellte der kleine Mann fest.

»Ja«, gab Bauer schief lächelnd zu, »eine Heidenangst.«

Rüdiger kicherte. Doch er wurde schnell wieder ernst. »Musst du nicht. Ich pass auf. Auch auf Heiden.« Er fingerte etwas aus seiner Hosentasche hervor und gab es Bauer. »Hier, nimm die mit!«

In Bauers Hand lag eine Kastanie. Sie war glatt und warm.

»Die Dinger sind pure Energie. Steckt das Licht von einem ganzen Sommer drin.«

Bauer kam ein Gedanke. »Haben Sie die Kastanien auf die Skulptur gelegt?«

Ein verwegenes Grinsen erschien auf dem hageren Gesicht. »Ich schiebe sie ihm zwischen die Knochen. Er mag kein Licht, weißt du.«

Bauer lächelte und steckte die Kastanie ein. »Danke.«

Der kleine Mann machte eine wegwerfende Handbewegung. »Bring nächstes Mal mehr Zigaretten mit.«

Nun war das Gespräch beendet. Bauer ging, ohne die Skulptur noch einmal anzusehen.

Als er aus dem Park trat, fuhren die Autos schon mit Licht. Er spürte ein Vibrieren in seiner Hosentasche. Sein Privathandy, den Klingelton hatte er immer abgestellt. Er holte es hervor. Sarah rief an. Wegen Nina?

Mit einem Satz kam die Angst aus der Deckung und sprang ihm an die Kehle.

13

Es brannte. Nicht nur in ihrem Unterleib, es brannte auf ihrer Seele. Ein glühender schwarzer Fleck, der sich in sie hineinfraß. Den Schmerz zwischen ihren Beinen konnte sie aushalten, er würde verschwinden. Die schwelende Wunde in ihrer Seele nicht. Vielleicht würde die Glut irgendwann verlöschen, die Wunde vernarben zu einem schmutzigen Mal. Aber es würde nie aufhören weh zu tun, da war sie ganz sicher.

Mariana hatte das Zeitgefühl verloren. Sie wusste nicht, ob es noch Nacht war oder längst Tag oder schon wieder Nacht. Sie hockte im Dunkeln in einer Ecke, so weit weg von der Eisentür wie möglich. Sie hätte das Licht anmachen können, sie hatte gesehen, wo der Schalter für die Neonröhre war. Als der stinkende Mann, der nicht redete, über ihr gewesen war, ihre Haare gepackt und ihren Oberkörper auf die faulige Matratze runtergedrückt hatte, als er sie fast zermalmte mit seinem Gewicht, da hatte sie auf diesen Schalter gestarrt, die ganze Zeit, hatte sich mit den Augen daran festgekrallt und versucht, den Männergestank nicht zu riechen, versucht, sich etwas Schönes vorzustellen, den Duft, wenn Großmutter Brot backte. Aber sie hatte es einfach nicht hingekriegt, das Einzige, was ihr einfiel, was ihr sofort in die Nase stieg, war der Geruch nach verbranntem Müll, den Lacrima so vermisst hatte. Lacrima, ihre beste Freundin, die immer mutiger und stärker gewesen war als sie, warum ließ sie zu, dass der Mann das mit ihr machte? Nein, sie ließ es nicht nur zu, sie hatte sie hergeholt, und sie hatte gewusst, dass das passieren würde. Es tat so weh.

Dann war der Mann fertig gewesen, von ihr gestiegen und aus dem Raum gegangen. Er hatte sie liegenlassen wie die Dorfbewohner den brennenden Müll auf den Feldern, die Lampe ausgeschaltet, die Tür verriegelt. Mariana war in die Ecke gekrochen. Sie hatte das Licht nicht wieder angemacht. Sie wollte das Bett nicht sehen, nicht die zerfetzte Strumpfhose an ihren Beinen, nicht ihre aufgeschürften Knie. Sie kauerte sich zusammen, machte sich ganz klein und starrte auf den hellen Spalt unter der Tür. Schließlich verlosch auch er. Mariana hatte Angst vor der Dunkelheit, aber noch mehr Angst hatte sie davor, dass der Lichtspalt wieder aufflammen und der Mann zurückkommen würde.

Eine lange Zeit war es still. Die Wände waren kalt und feucht, aber Marianas Körper glühte vor Schmerz und Scham. Früher, wenn sie als Kind frech gewesen oder als Teenager mit den Jungs umhergezogen war, hatte Großmutter ihr von der Hölle erzählt. Von den Qualen in ewiger Dunkelheit, von Eiseskälte und von einem Feuersee. Mariana hatte versucht, sich diesen Ort vorzustellen. Es war ihr nie gelungen. Wo Feuer war, konnte es doch nicht dunkel sein oder eiskalt. Jetzt wusste sie es besser.

Sie hätte nicht sagen können, wie viele Stunden vergangen waren, als sie das Dröhnen spürte. Es war kaum ein richtiges Geräusch, eher ein Pulsieren der Luft. Sie horchte in das Dunkel. Endlich kam sie drauf: Musik! Das waren die Bässe von Popmusik. Natürlich, die vielen Kartons mit hartem Alkohol auf dem Gang, die Neonreklame an der Hauswand – das war kein Restaurant, das war ein Club, eine Diskothek!

Sie richtete sich auf. Ihre Beine zitterten. Das Dröhnen schien direkt aus der Decke zu kommen. Mariana schrie, so laut sie konnte. Nein, das hatte keinen Sinn, so würde sie niemand hören. Sie musste lauter sein, lauter als die Musik. Die Eisentür! Sie hastete durch den stockfinsteren Raum, stieß gegen die Kante des Metallbetts, und der Schmerz explodierte in ihrem Schienbein. Es war ihr egal, sie stolperte weiter, prallte gegen die Wand, ertastete die Tür und schlug auf das Metall ein. Sie schrie und hämmerte mit aller Kraft, bis ihre Stimme versagte und sie ihre Arme kaum noch heben konnte. Da flog die Tür plötzlich auf und gegen ihren Körper.

Mariana taumelte zurück. Das hereinflutende Licht blendete sie, sie sah nur einen Schatten im Türausschnitt. Trotzdem erkannte sie den Mann sofort, nicht nur an seinem Gestank, auch an dem brutalen Faustst0ß, den er ihr in den Bauch rammte. Wieder ging sie zu Boden, und wieder hatte sie das Gefühl, ihre Eingeweide herauszuwürgen, da sah sie den Tritt kommen. Sie hob mühsam die Arme, aber er zielte nicht auf ihren Kopf, er trat sie in den Leib, so hart, dass sie sich wünschte zu sterben.

Dann ging er hinaus und verriegelte wieder die Tür.

Mariana wand und krümmte sich in einem Meer von Schmerzen und war sicher, darin zu ertrinken. Es dauerte eine Ewigkeit, bis sie wieder Luft in ihre Lungen bekam. Sie wollte zurück in ihre Ecke kriechen, aber sie schaffte es nicht, sich aufzurichten. So blieb sie liegen, wo sie war, und atmete flach und schnell.

Irgendwann musste sie eingeschlafen sein. Als sie erwachte, war es vollkommen still und vollkommen dunkel. Ihr ganzer Körper schmerzte, ihre Zunge lag dick und pelzig in ihrem Mund, sie hatte schrecklichen Durst. Sie stemmte sich hoch, tastete auf allen vieren nach der nächsten Wand. Welche es war, wusste sie, als keine fünfzig Zentimeter neben ihr der Lichtspalt aufflammte. Einen Moment hockte sie da wie erstarrt. Dann hörte sie Schritte. Panisch rutschte sie rückwärts in die andere Ecke des Raumes. Die Schritte kamen immer näher, stoppten dann, der Riegel wurde zurückgeschoben, die Tür geöffnet. Grelles Licht blendete Mariana, und wieder kam ein Schatten herein, und sie fing an zu schreien.

»Mariana, hör auf«, rief eine Stimme in ihrer Sprache, »es ist alles gut, ich bin's, Lacrima.« Weiche Hände griffen nach ihr, und Mariana hörte auf zu schreien, ließ sich in die Arme ihrer Freundin fallen und fing an zu schluchzen.

»Es ist ja gut, es ist alles gut«, sagte Lacrima immer wieder und streichelte ihren Rücken, bis Mariana sich beruhigte und nur noch leise weinte. Dann hörte sie das ungeduldige Grunzen und verstummte vor Schreck ganz. Im Gang stand der stinkende Mann! Fast hätte Mariana erneut aufgeschrien.

Doch Lacrima legte beschützend die Arme um sie. »Komm! Er wird dir nichts tun.«

Da fühlte sich Mariana sicher, obwohl die Freundin sie

verraten hatte. Das sichere Gefühl war einfach stärker, und sie ließ sich von ihr hochziehen und an dem Mann vorbei und den Gang entlang bis zu einer Treppe. Es war nicht die, die sie von der Straße heruntergekommen waren. Sie stiegen die Stufen hoch, der Mann immer dicht hinter ihnen, und gelangten in ein Treppenhaus mit dunkelrot gestrichenen Wänden, schwarz folierten Fenstern und indirekter Beleuchtung hinter golden abgesetzten Leisten.

Lacrima zog Mariana weiter hinauf, die Flure sahen aus wie Hotelflure, mit Türen, an denen goldene Nummern hingen. In der obersten Etage steuerte Lacrima die Tür mit der Nummer 513 an. Sie drückte die Klinke, aber es war abgeschlossen. Auffordernd blickte sie sich um.

Erst jetzt bemerkte Mariana den tellergroßen Metallreif mit Dutzenden von Schlüsseln in der Hand des Mannes. Er suchte den passenden heraus, fädelte ihn vom Ring und trat näher. Mariana wich zurück, suchte Schutz hinter Lacrima. Schnell nahm Lacrima dem Mann den Schlüssel ab, schloss auf und schob Mariana hinein. Der Mann wollte ihnen ins Zimmer folgen. Lacrima stellte sich ihm entgegen.

»Nein! Du bleibst draußen. Du kommst nicht mit rein, du wartest vor der Tür!« Sie versuchte, ihn zurückzudrängen. Sie hätte sich ebenso gut gegen einen Berg stemmen können. Lacrima funkelte ihn an mit diesem Blick, der schon in der Schule die frechsten Jungs eingeschüchtert hatte. »Wir können auch den Chef anrufen. Aber es wird ihm wohl kaum gefallen, wenn wir ihn wegen so einer Kleinigkeit stören.«

Mariana sah, wie es in dem massigen Schädel arbeitete. Dann trat der Mann zurück und bezog Posten auf dem Gang.

Lacrima machte die Tür zu und legte ihr wieder einen

Arm um die Schultern. »Eigentlich ist Radu harmlos. Er tut nur, was man ihm sagt. Du musst keine Angst vor ihm haben. Jetzt nicht mehr.«

Mariana wandte sich ab. Das Zimmer hatte eine Dachschräge mit einer hohen Gaube, einem bodentiefen Fenster darin und einem kleinen Balkonaustritt. Der Blick reichte weit. Als sie vom Flughafen hier angekommen war, waren die Straßen voller Lichter gewesen. Jetzt leuchtete nicht einmal mehr der verheißungsvolle Turm. Er sah nur schmutzig aus. Die ganze Stadt sah schmutzig aus.

Lacrima drückte ihr den Schlüssel in die Hand. »Dein neues Zuhause.«

Mariana blickte auf den Schlüssel in ihrer Hand. Dann sah sie ihre Freundin an.

Lacrima lächelte nervös, wich Marianas Blick aus. »Du hast das beste Zimmer. Mit Balkon! Im Sommer musst du nicht mal auf die Sonnenbank.«

Mariana war noch nie auf einer Sonnenbank gewesen.

Lacrima stolzierte im Zimmer umher, als wollte sie es Mariana vermieten. »Und wenn es kalt ist, musst du nur die Heizung aufdrehen.« Lacrima zeigte auf den Heizkörper. »Du hast sogar dein eigenes Bad mit Dusche, und das Wasser ist immer warm!« Sie öffnete eine schmale Tür, hinter der ein schwarzgefliestes Duschbad lag. »Dein Schrank!« Sie öffnete die Spiegeltür eines Kleiderschranks. »Natürlich ist er noch leer. Aber von deinem ersten Geld gehen wir richtig shoppen! Und das hier ist das Bett.«

Es war zwei Meter breit und beherrschte den Raum. Das Laken schimmerte schwarz wie der Mercedes, der sie hergebracht, wie der Anzug des Mannes, der ihr den Pass abgenommen hatte.

»Die Matratze ist wie neu!«

Zum Beweis setzte Lacrima sich darauf und hüpfte auf und ab. Die Spitzendessous, die ordentlich ausgebreitet auf dem Satinlaken gelegen hatten, hüpften mit. Auf dem Nachttisch neben dem Bett stand eine Porzellanschale. Sie hatte die Form einer Lilienblüte. Die himbeerroten Blätter waren weit geöffnet. Darin lagen bunte Kondompäckchen. Lacrima folgte Marianas Blick und hörte auf zu hüpfen.

»Du kannst hier viel Geld verdienen«, sagte sie, und alle Wärme verschwand aus ihrer Stimme.

Wieder sah Mariana sie an. Diesmal hielt Lacrima dem Blick stand.

»Du kannst hier viel Geld verdienen«, wiederholte sie, »oder du kannst zurück in den Keller. Zu Radu.«

Marianas Augen füllten sich mit Tränen. Sie wollte nicht weinen. Aber sie konnte nichts dagegen tun. Sie sah, wie Lacrima schluckte, wie sie immer kleiner zu werden schien auf dem riesigen dunklen Bett.

Doch schon im nächsten Augenblick sprang ihre Freundin auf. »Jetzt duschst du erst mal, dann geht's dir besser.«

Mariana wehrte sich nicht, als Lacrima ihr wie einem Kind die Kleider auszog, sie unter die Dusche schob und das Wasser anstellte.

»Rasier deine Beine«, befahl Lacrima. »Und alles andere auch. Ich warte auf dich.«

Mariana blieb unter dem warmen Regen stehen, bis sie sicher war, dass nur noch Wasser von ihrem Gesicht tropfte. Ein eigenes Zimmer mit Zentralheizung und einem eigenen Bad, davon hatte sie geträumt.

Als sie fertig war, hüllte sie sich in ein Handtuch. Es war weich wie der Flaum eines Gänsekükens. Sie ging zurück ins Zimmer. Dort war es kalt. Lacrima stand auf dem Minibalkon und rauchte. Der Wind spielte mit ihren Haaren und dem Saum ihres Negligés. Das Geländer reichte ihr gerade bis zur Hüfte. Mariana verspürte den Impuls, sie festzuhalten, damit sie nicht hinuntergeweht wurde. Da schnippte Lacrima ihre Zigarettenkippe in den Wind und drehte sich um.

»Schon fertig?« Nun war ihr Lächeln echt. »Ich wollte beim ersten Mal gar nicht mehr rauskommen.«

»Es ist kalt«, sagte Mariana.

»Entschuldige!« Eilig schloss Lacrima die Balkontür und drehte die Heizung auf. »Gleich wird's warm.«

Mariana zitterte und zog das Handtuch enger um sich. Lacrima trat zu ihr und rieb mit beiden Händen fest über Marianas Körper.

»Besser?«, fragte sie nach einer Weile.

Mariana nickte. Mit einer Handbewegung löste Lacrima das Handtuch. Es fiel zu Boden. Mariana wollte sich mit den Händen bedecken, doch Lacrima hielt sie sanft fest.

»Sieh dich an!« Lacrima drehte sich mit ihr zum Spiegel. »Wie schön du geworden bist! Die Männer werden sich um dich reißen.« Lacrima schlang die Arme um sie.

Mariana betrachtete das Spiegelbild. Ein Bild von zwei Freundinnen. Leise fragte sie: »Warum?«

»Ich hatte keine andere Wahl. Ich muss heim. Meine Mutter ist krank.«

Mariana verstand nicht. »Deine Mutter? Du hast sie immer gehasst.«

»Sie kümmert sich um mein Baby.«

Mariana starrte Lacrima an. »Du hast ein Baby?«

Lacrima nickte. Ihre Augen glänzten nun. »Einen Jungen. Nächsten Monat wird er drei. Meine Mama simst jede Woche ein Foto.«

Darum war ihre Freundin so plötzlich verschwunden!

»Schau mal!« Mit einer geübten Bewegung ließ Lacrima ihr Negligé von der linken Schulter gleiten und entblößte ein Tattoo. Es zeigte einen Heiligen. »Mein Kleiner ist am Andreastag geboren. Ich habe ihn Andrej genannt.«

Lacrima lächelte Mariana an. Dann schien sie sich zu erinnern, warum sie hier war. Sie nahm die Spitzenwäsche vom Bett und reichte sie Mariana. Keine Spur mehr von dem Glanz in ihrem Blick. »Zieh das an. Ich muss dir den Club zeigen.«

»Den Club?«

»Dort lernen wir die Männer kennen. Wir tanzen für sie, trinken Sekt mit ihnen. Wenn dich einer will, gehst du mit ihm auf dein Zimmer. Dich werden viele wollen. Die meisten sind sogar richtig nett.«

Es klopfte laut an der Tür.

»Ist ja gut«, rief Lacrima genervt. »Wir kommen gleich!« Doch schon hörte man einen Schlüssel im Schloss. »Verdammt. Er hat einen Generalschlüssel.«

Radu kam herein. Mariana versuchte, sich zu bedecken, doch der Mann beachtete sie gar nicht.

»Kunde für dich«, sagte er zu Lacrima. Er konnte also doch sprechen, sogar in ihrer Sprache.

»Ich habe noch gar keine Schicht!«

»Für diesen Kunden hast du immer Schicht.«

Reines Entsetzen spiegelte sich in Lacrimas Miene. Ihre Antwort war kaum ein Flüstern. »Ich komme.«

Radu ging wieder hinaus. Lacrima stand da wie erstarrt.

Mariana berührte sie vorsichtig am Arm. »Was ist das für ein Kunde?«

»Der Teufel«, flüsterte Lacrima. »Er ist der Teufel.«

14 Bauer blickte in den Abendhimmel über der Kirche und wartete darauf, dass es Licht wurde.

Sarah hatte tatsächlich wegen Nina angerufen. Aber Bauers Panikattacke hatte sich als unbegründet erwiesen. Die Tochter hatte sich wie verabredet gemeldet. Ganz brav. Glücklich hatte Sarah ihn mit seiner ängstlichen Reaktion aufgezogen. Eine Stichelei, deren ernsten Hintergrund Bauer erkannte. Seine Frau gab ihm die Schuld, dass Nina nach Deauville gefahren war. Sie hatte recht damit. Wenige Tage zuvor war jedes vernünftige Gespräch zwischen ihr und Nina über das Thema an der Mutter-Tochter-Trotzbarriere gescheitert. So hatte Sarah ihrem Mann die Aufgabe anvertraut, die Tochter vor sich selbst zu beschützen. Bauer hatte furios versagt. Ninas Argumenten konnte er nichts entgegensetzen.

»Du sagst doch immer, man muss für seine Überzeugungen einstehen, egal, wie hart das ist! Die holen sich die Rohstoffe aus den ärmsten Teilen der Welt, bloß damit hier noch mehr konsumiert werden kann! Jetzt baggern sie schon in Afrika die Strände weg, weil sie billigen Sand zum Bauen brauchen! Wie krank ist das?«

Ihrem Wagemut noch weniger.

»Scheiß auf Tränengas und Gummiknüppel! Ich habe keine Angst! Hole ich mir eben ein paar blaue Flecken, na und? Aber ich sehe ganz bestimmt nicht zu, wie diese Wichser unsere Welt kaputtmachen!«

Am Ende hatte er Nina angeschrien: »Es reicht, verdammt noch mal! Du fährst nicht! Ich verbiete es dir! Ende der Diskussion!«

Und Nina hatte sich verraten gefühlt und geweint und zurückgeschrien: »Du weißt, dass ich recht habe! Du denkst doch genauso. Also warum tust du das? Warum?!«

Da war es aus ihm herausgeplatzt: »Weil ich eine Scheißangst um dich habe! Weil ich sterbe, wenn ich nur daran denke, dass dich irgendein Flic zusammenknüppelt und ich nicht da bin, darum!«

Ihr Blick war plötzlich weich geworden. Die Tränen hörten nicht auf zu fließen, aber darunter lächelte sie. Sie hatte seinen Arm genommen, ihn um sich gelegt und ihr nasses Gesicht in seiner Armbeuge versteckt, wie sie es schon als Dreijährige gemacht hatte, wenn sie nach einem Tag voller Spielen und Staunen auf seinen Schoß kletterte und Schutz suchte vor der Welt, die so erschreckend groß schien.

Bauer hatte ganz still dagesessen. Er hatte den Atem angehalten, um die Zeit anzuhalten. Für einen Augenblick war er wieder *der beste Papa der Welt.* Seit Nina beschlossen hatte, erwachsen zu sein, versagte sie ihm solche Momente. Oder sich selbst. Es war ihr Job, sie war ein Teenager. Über Deauville hatten sie kein Wort mehr verloren. Bauer hatte sich vorgemacht, dass das Thema erledigt war. Nein, er hatte es Sarah vorgemacht. Sie hatte allen Grund, sauer auf ihn zu sein.

Stattdessen hatte sie ihn herbestellt, an den Dellplatz, Zentrum der Kultur- und Kneipenszene der Stadt. Bauer bewunderte den Pragmatismus seiner Frau. Die Sorge um die Tochter war, zumindest vorerst, eingedämmt, also freute sie sich auf einen kinderfreien Feierabend mit ihrem Mann. Als sie dann noch hörte, dass Bauer gerade aus dem Kantpark spazierte, der nur eine Straße entfernt lag, war ihr Plan perfekt gewesen.

Natürlich brauchte Sarah länger als die angekündigten zehn Minuten. Es machte Bauer nichts aus zu warten. Er mochte das Viertel mit seinen engen Straßen und alten Stadthäusern und besonders den sechseckigen Platz mit den Cafés und Kneipen und der roten Backsteinkirche. Er hatte sich auf ein Mäuerchen gesetzt und ließ die Passanten vorbeiziehen, ohne sie wirklich wahrzunehmen.

Auch Sarah sah er nicht kommen. Sie überraschte ihn mit einer Umarmung und einem Kuss. Im selben Augenblick schoss hinter dem Kirchturm eine Lichtsäule in den dunklen Himmel. Seit 1999 wurde der zweihundert Meter hohe Stadtwerketurm nachts beleuchtet. Er war zu einem Wahrzeichen geworden. Und zu einem Wegweiser für die Freier, die den Rotlichtbezirk der Stadt suchten. Er grenzte gleich ans Dellviertel an.

»Wow«, scherzte Sarah. »Hast du das Feuerwerk bestellt?«

»Nur für dich.« Er versuchte ein entspanntes Lächeln und hatte das Gefühl, dass es ihm ganz gut gelang.

»Hast du heute schon was gegessen?«

Bauer überlegte.

»Also nicht. Kein Wunder, dass du so verkniffen guckst. Komm!«

Sie hakte ihn unter und zog ihn ein paar Schritte weiter zu einem kleinen Lokal. Einer ihrer Exklienten hatte es vor kurzem eröffnet. ›Klienten‹ nannte Sarah alle Menschen, die in einem ihrer Projekte Hilfe suchten. Und sie bekamen. Das Bürgerhaus, in dem sie arbeitete, leistete echte Basisarbeit.

Der Restaurantbesitzer, ein Kriegsflüchtling aus Homs, begrüßte Sarah mit einer fast ehrfürchtigen Dankbarkeit, in die er Bauer gleich mit einschloss. Es standen nur fünf Tische im winzigen Gastraum. Sie bekamen den besten am Fenster mit Blick auf den Platz. Das Essen war vorzüglich. Arabische Küche in der syrischen Variante. Es gab bekannte Gerichte wie *Falafel* und *Schawarma*. Aber auch

Exotischeres wie kleine gegrillte Lammwürste, die als *Nakanek* auf der Karte standen, und *Maakloube*, einen Auflauf aus Auberginen und Datteln, der nach Zimt duftete. Der Chef bediente sie persönlich. Er war der perfekte Gastgeber, ebenso aufmerksam wie zurückhaltend. Er konnte sich sogar unsichtbar machen.

Bauer bemühte sich, das Essen und die Gesellschaft seiner Frau zu genießen. Dennoch beschwerte sich Sarah nach einer Weile.

»Du hörst mir ja gar nicht zu.«

»Entschuldige, ich überlege nur, dass wir vielleicht doch einen Nachtisch nehmen sollten.« Bauer blickte sich nach dem Restaurantbesitzer um. Er war spurlos verschwunden.

»Warum sagst du mir nicht, wo du mit deinen Gedanken bist?«

»Hier, bei dir.«

»Womit spielst du dann die ganze Zeit rum?«

»Was meinst du?«

»Das, was du in deiner Hand versteckst.« Sie griff nach seiner Hand, öffnete sie und blickte irritiert auf die Kastanie. »Du hast aber schon gemerkt, dass Nina aus dem Bastelalter raus ist?«

Da berichtete Bauer von Keunerts Tod.

Sarah war verwirrt. »In der Zeitung stand, dass du ihm das Leben gerettet hast.«

»Für vier Stunden. Dann ist er vom Altstadtparkhaus gesprungen. Ich habe ihn im Stich gelassen.«

Sie runzelte die Stirn. »Wer von uns beiden hat die therapeutische Ausbildung? Muss ich dir erklären, dass du niemanden davon abhalten kannst, sich selbst zu töten, wenn er es wirklich will?«

»Aber ich hätte ihn in professionelle Hände geben können. Müssen!«

»Warum hast du es nicht getan?«

»Ich war mir sicher, dass es nicht nötig ist. Dass er es nicht noch mal versucht. Absolut sicher.«

Sie strich über seine Hand, die sie immer noch hielt. »Du hast dich geirrt. Das ist schlimm, aber es passiert. Das weißt du so gut wie ich. Und du weißt auch, dass du damit klarkommst.«

»Woher?«, fragte Bauer leise.

»Aus Erfahrung? Du machst den Job schon eine Weile. Es kann ja nicht das erste Mal gewesen sein, dass du falschlagst.«

Bauer sagte nichts.

»Es ist das erste Mal?« Sarah musterte ihn ungläubig. »Und bisher hast du dich für unfehlbar gehalten?«

»Es geht nicht um mich. Es gibt einfach Tage, an denen habe ich so eine Gewissheit. Dann muss ich nicht *glauben*. Dann *weiß* ich, dass es Gott gibt.«

»Gestern war so ein Tag?«

Er nickte. »Sonst wäre ich nicht von der Brücke gesprungen. Ich habe das Leben eines Menschen riskiert.«

»Und dein eigenes«, ergänzte Sarah missbilligend.

»Ich hätte das niemals getan, wenn ich mir nicht ganz sicher gewesen wäre, dass alles gutgehen wird.«

»Du bist mein Gott, in deiner Hand liegt mein Geschick[4]?«, zitierte sie fragend die Psalmen.

»Ja.«

Sie seufzte und schüttelte den Kopf. »Dir ist schon klar, dass die meisten Menschen dich jetzt für einen dieser Spinner halten würden, die mit ›Kehrt um‹-Schildern durch die Fußgängerzone laufen.«

Bauer grinste schief. »So einer hat mir die Kastanie geschenkt. Sie soll mich vor dem Teufel schützen.«

»Du brauchst was, das dich vor dir selbst schützt.«

»Denkst du das wirklich?«

Sie sah ihn lange an. »Ich denke, du setzt zwei Sachen gleich: deinen Glauben und deine Intuition.«

»Beides hat für mich denselben Ursprung.«

»Gott?«

»Ja. Wenn ich mich wirklich geirrt habe, dann kann ich diese Arbeit nicht mehr machen.«

»Du willst aufhören?«, fragte sie überrascht.

»Ich denke darüber nach.«

Sie schwieg.

»Wir könnten nach Hooghuysen zurückgehen«, fuhr er nur halb im Scherz fort. »Nina könnte wieder jeden Tag reiten, und ich hätte wieder eine eigene kleine Kirche.«

»Hättest du nicht. Sie wurde entwidmet und verkauft.«

»Im Ernst?«

»Lies den letzten Newsletter der Landeskirche!«

Sarah hatte ihn aus dem Konzept gebracht. »Dann suche ich mir eben eine andere Gemeinde. Eine, in der es keine Brücken gibt.«

Sie verzog keine Miene. »Du kannst Pfarrfeste genauso wenig leiden wie Bibelkreise und Kirchenbasare. Sei mir nicht böse, aber du bist ein beschissener Gemeindepfarrer. Als Polizeiseelsorger bist du richtig gut.«

Bauer hatte seiner Frau ein Angebot gemacht. Er wusste, sie wünschte sich ein ruhigeres Leben mit ihm. Aber sie hatte abgelehnt. Sie dachte mehr an ihn als an sich. Es war einer der Momente, in denen er erkannte, wie sehr er sie liebte. Er wäre gern glücklich darüber gewesen. Er schaffte es nicht. Nicht heute.

»Ein Mensch ist gestorben.«

Sie nickte ernst. »Das musst du mit deinem Chef klären.«

»Mit Hohmann?«

»Mit dem ganz oben.« Sie meinte es nicht als Scherz. »Bei der Gelegenheit kannst du auch mal mit ihm darüber reden, ob dein Glaube und deine Intuition nicht doch zwei Dinge sind, die du trennen solltest. Manchmal tut es gut, alte Muster zu ändern.«

Bauer schwieg.

Sarah sah ihn forschend an. »Muss ich dir noch was aus der Nase ziehen?«

Er zögerte. »Besser nicht.«

»Wieso nicht?«

»Wir reden doch nicht über meine Toten.« Eine Regel, die zum *elften Gebot* gehörte.

Sarah zuckte mit den Schultern. »Wie gesagt: Ab und zu sollte man seine Grundsätze überdenken. Das gilt auch für meine.«

»Der Polizist – er hinterlässt eine Frau und einen Sohn. Der Junge ist genau so alt wie Nina.«

Ein leises Beben ging durch Sarahs Miene. Aus einem anonymen Schicksal war ein fassbares Unglück geworden. »Warst du bei ihnen?«

Er nickte. »Die Frau wird drüber wegkommen. Aber der Junge ... Ich habe selten so viel Bitterkeit in einem so jungen Gesicht gesehen.«

»Dann hat er seinen Vater wohl sehr geliebt.«

»So sehr, dass er jetzt glaubt, ihn zu hassen. Er hält seinen Vater für einen Feigling – und liegt damit völlig falsch. Der Mann hat mich aus dem Fluss geholt.«

»Erzähl das dem Jungen!«

»Es würde nichts ändern. Er sieht nur den Selbstmord.

Und den kann ich ihm nicht erklären. Ich verstehe ja selbst nicht, was passiert ist.«

»Dann finde es raus!«

Bauer sah seine Frau verblüfft an.

»Kinder in dem Alter brauchen Antworten«, fuhr sie fort, »ehrliche Antworten. Sein Vater kann sie ihm nicht mehr geben.«

Bevor er etwas erwidern konnte, stand, wie aus dem Boden gewachsen, der Restaurantbesitzer neben dem Tisch. Er servierte den Nachtisch, den Bauer noch nicht bestellt hatte, und nannte die arabische Bezeichnung.

»Die süßeste Sünde des Orients«, übersetzte Sarah, »hausgemachtes Pfirsicheis.«

»Seit wann sprichst du Arabisch?«

»Seit ich die Karte gelesen habe.« Sie lächelte ihn an. »Es gibt nur ein Dessert.« Sie probierte. Ihre Augenlider flatterten vor Entzücken. »Das ist göttlich! Mund auf!«

Den nächsten Löffel schob sie ihm in den Mund. Rüdiger irrte sich. Die Sonne des Sommers steckte nicht in den Früchten der alten Rosskastanie. Sie war in diesem Eis.

Auf einmal war alles leicht. Sie kehrten spät heim. Das Haus lag im Dunkeln. Sie machten kein Licht. Sie liebten sich. Sarah schlief in seinen Armen ein. Er dachte an den Jungen. Er betete.

Er würde herausfinden, was passiert war.

15

Die Pistole sah aus, wie eine Pistole aussehen musste. Nicht weil das Metall irgendwie tödlich schimmerte oder so ein Scheiß. Es war stumpf und abgegriffen und hatte Kratzer und glänzte höchstens dort, wo der Schlitten eine dünne Ölspur gezogen hatte. Die eingestanzten Buchstaben konnte man nur noch mit Mühe entziffern, FABRIQUE NATIONALE D'ARMES DE GUERRE stand dort und darunter HERSTAL BELGIQUE. Die Waffe wirkte wie ein solides, oft benutztes Werkzeug. Darum sah sie so gefährlich aus.

Tilo nahm die Pistole aus dem Alukoffer. Sie war schwer. Er brachte sie in Anschlag und zielte auf den Flamingo neben dem Frisiertisch seiner Mutter. Als Tilo noch klein gewesen war, hatte sein Vater seine Uniformmütze oft am Kopf der lebensgroßen Porzellanfigur aufgehängt und Tilo zugezwinkert und gelacht, wenn seine Mutter sich aufregte. Irgendwann hatte er damit aufgehört. Auch mit dem Lachen.

Tilo hielt die Waffe so, wie sein Vater es ihm mit einer Spielzeugpistole gezeigt hatte: den rechten Arm leicht angewinkelt, mit der geschienten linken Hand stützte er die Schusshand, die Füße standen im leichten Ausfallschritt. Prüfend musterte Tilo seine Pose in der Spiegeltür der Schlafzimmerschrankwand. Er sah kein bisschen gefährlich aus, nur bescheuert. Er ließ die Waffe sinken, wollte sie in seinen Hosenbund stecken, zögerte jedoch. Sie konnte nicht geladen sein, das Magazin mit den golden glänzenden Patronen lag im Koffer. Aber vielleicht war ja noch eine Kugel im Lauf? Er kannte sich nicht wirklich mit Pistolen aus, wusste nur das, was sein Vater ihm erklärt hatte. Scheiß drauf! Tilo schob sich den Lauf in den Bund. Dann baute er sich breitbeinig vor dem Spiegel auf.

»Laberst du mich an? Du laberst mich an?« Er riss die Waffe hoch, hielt sie schräg und mit ausgestrecktem Arm wie die Film-Gangster, über die sein Vater sich immer lustig gemacht hatte, und zielte seinem Spiegelbild genau zwischen die Augen. »Ich fick dich, du Pisser!«

So war es besser. Sein Alter hatte doch keine Ahnung gehabt. Mit dem Daumen wollte Tilo den Hahn spannen. Es ging nicht. Das Mistding war irgendwie gesichert. Egal, auf YouTube gab es garantiert ein Video darüber, wie diese Knarre funktionierte.

Tilo hockte sich vor dem kleinen Sekretär auf den Boden. Es war das einzige Möbelstück, das seinem Vater gehört hatte. Alles andere hatte die Mutter ausgesucht. Auch das Kinderbett, in dem Tilo immer noch pennte. Er würde es in den Keller schmeißen, heute noch!

Die Pistole legte er nicht zurück in den Koffer, sondern neben sich auf die cremefarbene Auslegeware. Mit Absicht. Vielleicht würde das Öl vom Lauf einen Fleck machen. Seine Mutter war völlig gestört, wenn es um ihren Teppichboden ging.

Tilo holte den nächsten Karton aus dem Sekretär. Wieder nur Fotos. Er kippte sie auf den Boden, zu den anderen Bildern von bekackten All-inclusive-Urlauben in bekackten Club-Sowieso-Anlagen. Doch dann stutzte er. Das waren keine Urlaubsfotos. An einem blieb sein Blick hängen. Er hob es auf. Drei Jungen in seinem Alter waren darauf zu sehen. Sie standen auf einem Siegertreppchen vor einem Schwimmbecken in einem Freibad. Der Junge auf dem obersten Podestplatz sah aus wie ein kleiner Bruder seines Vaters. Aber sein Vater hatte keinen Bruder.

Wieder spürte Tilo dieses seltsame Gefühl. Auf der Bahn hatte er es manchmal gehabt, als er noch regelmäßig zum Training gegangen und die Sprintstrecken gelaufen war. Wenn man nach einem Zweihundert-Meter-Lauf stoppte und die Welt sich noch ein Stückchen weiterdrehte, während man selbst schon still stand – genauso fühlte es sich an.

Seit gestern war irgendwie alles zum Stillstand gekommen. Er musste nicht mal zur Schule, wenn er nicht wollte. Sein Beratungslehrer hatte heute ganz früh angerufen. Tilo hatte noch im Bett gelegen, als das Telefon klingelte. Kurz darauf war seine Mutter ins Zimmer gekommen mit diesem Gesicht, das sie jetzt vor sich hertrug. Sie machte auf Polizistenwitwe. Nicht für ihn, sie wusste, dass er ihr das nicht abkaufte. Aber Nicole, ihre beste Freundin, war eben gekommen, um sie zum Frühstücken abzuholen. Nicole wollte immer, dass er sie Tante nannte, schon seit er ganz klein war. Er tat es nie. Höchstens einmal im Jahr, wenn sie ihm was Cooles zum Geburtstag schenkte, ein Game für die Playstation oder so.

Nicole war schon am Vorabend da gewesen. Um ihrer »liebsten Annette« beizustehen. Als Tilo nach Hause gekommen war, hatten beide im Wohnzimmer gesessen und Baileys gesoffen, und seine Mutter drückte sich ein paar Tränen raus. Er hätte kotzen können.

In der Schule hatte er nichts erzählt. Nur von dem Polacken, der ihm den Finger gebrochen hatte. Dabei waren aus dem einen Typen zwei geworden. Und der Finger war bei einer linken Geraden auf eine Kinnspitze zu Bruch gegangen. Tomaso war so beeindruckt gewesen, er hatte sogar den Stress vom Basketballspiel abgehakt. Plötzlich wollten alle Tilos Story hören. Die ganze große Pause war er der King gewesen, und viele hatten ihn bewundernd angesehen, sogar ein paar Mädels. Aber auch das hatte sich merkwürdig angefühlt, als wären die anderen hinter Glas. Oder er.

Nach der Schule hatte Tomaso gefragt, ob sie zusammen

abhängen sollten. Aber Tilo hatte gesagt, dass er was für seine Mutter erledigen müsste, sich sein Bike geschnappt und war abgezogen. Er hatte Kippen gekauft und war an den Kanal gefahren. Dort hockte er sich ans Ufer, sah zu, wie die großen Pötte durch die Liricher Schleuse gehievt wurden, und wurde immer wütender. Als der sechste schwere Kahn mit pumpendem Diesel aus der Schleusenkammer kam und in Richtung Ruhrort vorbeizog, hatte er die Schachtel halb leer geraucht. Altstadtparkhaus, hatte seine Mutter gesagt. Er sprang auf sein Bike, raste am Kanal entlang Richtung City, überholte zwei der Lastkähne, die er beobachtet hatte, und schaffte es in weniger als zwanzig Minuten bis zum Parkhaus. Für den Rückweg brauchte er doppelt so lange. Er war gleich ins Bett gegangen, obwohl seine Mutter wollte, dass er sich zu ihr und »Tante Nicole« setzte.

Am Morgen war er früh aufgewacht, einfach so, ohne Wecker. Das passierte ihm sonst nie. Eine Stunde lang hatte er versucht, wieder einzuschlafen. Dann ging erst die Türklingel – Nicole – und ein paar Minuten später das Telefon.

Er war noch liegen geblieben, bis seine Mutter und Nicole die Wohnungstür hinter sich zugezogen hatten. Dann stand er auf. Er war am Abend ohne Essen pennen gegangen, er hatte einen Mordshunger. Er holte eine Pfanne aus dem Küchenschrank, sie sah aus wie neu. Alles in der Küche sah aus wie neu. Seine Mutter hatte keinen Plan vom Kochen. Sie ließ sogar die Scheißspiegeleier verbrennen, wenn sie ihm mal welche machte. Er haute sich ein halbes Dutzend in die Pfanne. Das war gar nicht so einfach mit dem geschienten Finger. Aber er kriegte sie perfekt hin.

Während er die Eier runterschlang, checkte er sein Handy. Er hatte ein halbes Dutzend WhatsApp-Nachrichten von Tomaso und Kalle, auch Özgür hatte getextet. Alle drei taten geschockt von dem, was passiert war, wollten wissen, wie es ihm ging, und versprachen, für ihn da zu sein. Das Facebook-Icon zeigte sogar über hundert Benachrichtigungen an, alles Posts in seiner Chronik. Er fing an zu lesen. Nach einer Minute stand er auf und kippte den Rest der Spiegeleier in den Müll. Diese R.I.P.-Betroffenheitskacke war unerträglich.

Er ging in sein Zimmer, streifte die Klamotten vom Vortag über und schnappte sich seinen Rucksack. Er hatte keine Ahnung, wo er hinwollte. In die Schule jedenfalls nicht, da wussten ja nun auch alle Bescheid. Aber er musste hier raus, irgendwo chillen, sich zudröhnen und den ganzen Scheiß vergessen. Die Bar im Wohnzimmer war gut bestückt. Er nahm eine Flasche Whiskey heraus. Sein Vater hatte sie zum zwanzigjährigen Dienstjubiläum geschenkt bekommen und für besondere Gelegenheiten aufgehoben. Er hatte sie nie aufgemacht. Was hätte in seinem beschissenen Leben auch Besonderes passieren sollen? Tilo steckte die Flasche in seinen Rucksack. Auf dem Couchtisch lagen Ordner aus dem Sekretär im Schlafzimmer mit Unterlagen von der Bank und von Versicherungen. Sein Vater hatte den Sekretär immer abgeschlossen. Tilo entdeckte den Schlüsselbund zwischen den Unterlagen.

Er brauchte die Schlüssel nicht, die Türen und Schubladen standen offen. In dem Sekretär hatte sein Vater alles verwahrt, was ihm wichtig gewesen war. Und was seine Frau ihm gelassen hatte. Finanz- und Arbeitskram, das Familienstammbuch, Schuhkartons voller Fotos. Auf einer Dokumentenmappe stand Tilos Name. Er schlug sie auf. Kinderzeichnungen in Klarsichthüllen, Entwicklungsberichte aus dem Kindergarten, Schulzeugnisse, Urkunden von Bundesjugendspielen und Leichtathletik-Wettkämpfen – sein Vater hatte alles aufbewahrt und säuberlich abgeheftet. Etwas brannte tief in Tilos Kehle. Etwas Bitteres, Scharfkantiges. Ein Schalensplitter von den Spiegeleiern? Er versuchte, ihn hinunterzuschlucken. Er verhakte sich, steckte fest. Die Wut kam wieder in Tilo hoch, heiß und schnell. Er hatte die Mappe mit seiner Kindheit in die Ecke gefeuert und die Kartons mit den Fotos aus dem Schränkchen gerissen. Dann war ihm der Metallkoffer in die Hände gefallen. Sein Vater hatte ihn hinter den anderen Sachen versteckt.

Sein Vater. Tilo saß da, zwischen den armseligen Resten eines ganzen Lebens, und starrte auf das alte Foto. War der Junge auf dem Siegerpodest sein Vater? Unmöglich, der konnte doch gar nicht schwimmen. Aber wieso sah dieser Junge seinem Vater dann so ähnlich?

Das Freibad hatte er sofort erkannt, an dem Zehnmeterturm im Hintergrund. Es war das alte Mercator-Bad. Vor zwei Jahren hatten sie es dichtgemacht. Bis dahin hatte Tilo ganze Sommer dort verbracht. Erst mit seiner Mutter, später mit den Kumpels. Er hatte sich so gewünscht, dass sein Vater einmal mitkommen würde. Er hatte ihn angebettelt, jeden Sommer. Mit zwölf hatte er ihm sogar versprochen, vom Zehner zu springen. Sein Vater hatte ihn an beiden Armen gepackt und war mit seinem Gesicht ganz nah an ihn herangekommen, so dass Tilo das Bier in seinem Atem riechen konnte.

»Du gehst nicht da rauf«, hatte er ganz leise gesagt. »Niemals! Verstanden?«

Tilo hatte nur nicken können. Im Schwimmbad war er den Sprungturm hochgestiegen, ohne seinen Freunden etwas zu sagen. Er stand an der Kante der Zehnmeterplattform. Das Becken tief unter ihm sah zu klein aus, um es überhaupt zu treffen. Aber seine Kumpels hatten ihn entdeckt. Alle sahen zu ihm hoch. Er konnte nicht mehr zurück. Er hatte an seinen Vater gedacht und dass er ihn hasste. Dann hatte er den Schritt ins Nichts gemacht.

Er hörte einen Schlüssel in der Wohnungstür. Erschrocken sprang er auf. Und ärgerte sich über sich selbst. Er hatte nichts falsch gemacht. Das waren die Sachen seines Vaters, er hatte das Recht, sie sich anzusehen!

»Tilo?«, hörte er seine Mutter rufen.

»Was?«, antwortete er trotzig.

Verdammt, die Pistole! Eilig bückte er sich, stopfte sie in seinen Rucksack, schnappte sich das Magazin und gab dem Metallkoffer einen Tritt, so dass er unters Bett schlitterte. Im nächsten Moment stand seine Mutter im Zimmer.

Sie stutzte. »Was machst du hier?«

»Ist das Papa?« Er hielt ihr das Foto unter die Nase.

Überrumpelt betrachtete sie es. Was danach in ihrem Gesicht passierte, konnte er nicht deuten. Sie nahm ihm das Bild vorsichtig aus der Hand.

»Hallo? Ich habe dich was gefragt!«

Sie sah ihn an. Scheiße, waren das Tränen in ihren Augen?

»Ja, das ist Papa«, sagte sie leise. »Eigentlich war das mal mein Bild. Ich habe es ihm geschenkt. Das da bin ich.«

Sie deutete auf ein Bikinimädchen am Bildrand. Es himmelte die Jungen auf dem Podest an. Nein, es himmelte seinen Vater an.

»Er war der beste Schwimmer im Verein.« Auch in ihrer Stimme waren jetzt Tränen.

»Warum ist er dann nie mit mir ins Freibad gegangen?«

Sie wich seinem Blick aus. Da reichte es ihm. Er musste hier raus, sofort.

»Tilo! Wo willst du denn hin?«

Auf einmal wusste er es.

16 Bruchstücke seines letzten Traums fielen übereinander und löschten sich gegenseitig aus. Keunert, der auf dem Dach seinen Parkschein suchte, Franck mit vor Wut aufgerissenen Augen, sein Mund verzerrt, ohne dass ein Ton herauskam, Vogt, eine Bibel mit lauter leeren Seiten durchblätternd, er selbst, in der Hand noch das Gefühl des kalten Metalls, er hatte das Geländer gerade losgelassen, stürzte aber nicht, sondern taumelte durch die Dunkelheit wie ein vom Baum gerissenes Blatt, dem schwarzen Wasser entgegen, das sich kurz vor dem Aufschlag in den Hof des Kaufhauses verwandelte, der ovale Blutfleck deutlich sichtbar.

Sarah hatte ihn schlafen lassen. Ihre Wärme war noch da, aber sie selbst war bereits auf dem Weg zur Arbeit. Finde es raus, hatte sie gesagt. Finde es raus. Und dass er seine Intuitionen vielleicht doch nicht Gott in die Schuhe schieben sollte. Sie hatte es anders formuliert, aber so hatte er es verstanden. Na schön. Aber zuerst würde er seinen Kopf freipusten.

Bauer warf Boxstiefel, Handschuhe, Bandagen, Springseil, Handtuch und Waschzeug in seine Sporttasche und fuhr nach Rheinhausen. Kopf- und Mundschutz brauchte er nicht, er sparrte nur noch selten und heute bestimmt nicht.

Er hätte auch beim PSV trainieren können, aber der schäbige Hinterhofclub in dem ehemaligen Arbeiterviertel war ihm lieber. Dort traf er weder auf Polizeibeamte noch auf fitnessorientierte Freizeitboxer. Der Club war fast hundert Jahre alt, hatte keinen Internetauftritt und keine Facebook-Seite. Das Material war abgenutzt, die Boxhalle im Winter schwer zu heizen, und es roch nach Schweiß. Nachmittags hingen immer ein halbes Dutzend alter Männer in der Halle herum. Sie hatten hier schon in ihrer Jugend geboxt, und das nicht wegen der Fitness. Das mussten sie nicht, denn sie malochten in der Zeche oder im Stahlwerk. Jetzt sahen sie den Jüngeren beim Trainieren zu, fachsimpelten und erinnerten sich an alte Zeiten.

Nach einer Dreiviertelstunde hatte er sich völlig ausgepowert. Er duschte und zog sich an. Dann wechselte er noch ein paar Worte mit Hanno, Frührentner und ehrenamtlicher Gerätewart, und machte sich auf den Weg zum Präsidium.

In der Kantine war um diese Zeit nicht viel los. Keine zehn Tische waren besetzt. In einer Ecke direkt am Fenster entdeckte Bauer Verena Dohr. Sie hatte einen Plastikbecher und ein noch leeres Blatt Papier vor sich und einen Stift in der Hand. Sie dachte besser auf Papier, hatte sie ihm einmal erklärt.

Sein Becher lief über. Er goss den obersten Zentimeter Flüssigkeit in den Ablauf, dann schlängelte er sich zwischen den Tischen und Stühlen hindurch.

Dohr schaute auf. »Sie sind noch da? Sie wollten doch kündigen.«

»Ihnen auch einen guten Morgen.«

Er stellte seinen Becher ab und setzte sich. »Ist Ihre Ermittlung abgeschlossen?«

Sie sah ihn schweigend an, als überlegte sie, ob sie sich überhaupt die Mühe machen sollte, ihm zu antworten.

»Wir werten noch die Aufzeichnungen der Überwachungskameras aus. Und suchen Zeugen. Zufrieden?«

»Sehr. Aber damit fühlen Sie sich doch auch besser, seien Sie ehrlich.« Er lächelte. Er wusste, dass er recht hatte. »Autopsie?«

Sie nickte. »Kein Alkohol, keine Drogen.«

»Dachte ich mir.« Er nahm einen Schluck von seinem Kaffee, verzog das Gesicht und deutete auf ihren Becher. »Trinken Sie das regelmäßig?«

»Der Anblick reicht meistens. Es wäre mir lieber, Sie würden sich auf Ihren eigenen Job konzentrieren.«

Bauer dachte einen Moment lang nach. »Manchmal ist nicht ganz klar, wo der anfängt und wo er aufhört, fürchte ich.«

»Es ist nicht Ihre Schuld.«

Ein Mann trat an ihren Tisch. Er war hoch aufgeschossen, sein Rücken leicht gekrümmt, wahrscheinlich weil er sich ständig zu seinen Gesprächspartnern hinunterbeugen musste. Er brachte sein pferdeartiges Gesicht mit den hervorstehenden Zähnen auf Dohrs Höhe und verzog es zu einem breiten Lächeln. »Die Abzüge. Ich dachte, ich bringe Sie Ihnen selbst vorbei.« Er gab Dohr einen braunen DIN-A4-Umschlag.

Schlagartig begriff Bauer, dass der junge Mann in Hauptkommissarin Dohr verschossen war. Offenbar wusste er nichts von ihrem Partner, einem Jazzmusiker, der regelmäßig auf Tournee war.

Dohr lächelte zurück. »Danke, Herr Stach. Das ist übrigens unser evangelischer Polizeiseelsorger, Martin Bauer.« Sie wandte sich an Bauer. »Darf ich vorstellen – Guido Stach. Unser neuer Fotograf. Kommt aus der Werbung und hat Philosophie und Kunst studiert.«

Ein bemerkenswerter Werdegang. Bauer streckte Stach die Hand hin. »Wieso haben Sie die Spur gewechselt? Noch weiter von der Werbung hätten Sie sich kaum entfernen können.«

Wieder erschien das zahnstarke Lächeln auf dem Gesicht des Mannes. »Hunger nach Wirklichkeit, würde ich sagen.«

Dohr öffnete den Umschlag. Sie zog den obersten farbigen DIN-A4-Ausdruck halb heraus. Ein Paar unnatürlich verdrehte Beine, an einem Fuß fehlte der Schuh. Keunerts Beine.

»Machen Sie's gut, Herr Pfarrer.«

Bauer schreckte hoch. Er nickte dem Fotografen zu. »Auf Wiedersehen. Hat mich gefreut, Sie kennenzulernen«, gab er mechanisch zurück.

Der Polizeifotograf ging.

»Guter Mann«, sagte Verena Dohr. »Präzise und organisiert.« Sie schob das Bild zurück in den Umschlag und bemerkte, dass Bauer ihr dabei zusah. »Wirklich? Im Ernst?«

Bauer sagte nichts. Musste er auch nicht.

Dohr schob den Umschlag über den Tisch. »Wenn Sie sich unbedingt den Appetit verderben wollen.«

Bauer zog den ersten Ausdruck aus dem Umschlag. Dohr hatte recht. Der Aufprall musste heftig gewesen sein. Vom Gesicht des Mannes, in dessen Augen Bauer auf der Brücke nach etwas gesucht hatte, das ihn zurück ins Leben hätte führen können, war nichts mehr zu erkennen. Der Schädel war zerplatzt. Zertrümmerte Knochen, blutige Haut- und Fleischfetzen, Gehirnmasse.

Nein! Keunert war nicht gesprungen. Er konnte die Erkenntnis beinah körperlich spüren. Keunert hatte sich für die Brücke entschieden, um seiner Frau und seinem Sohn genau diesen Anblick zu ersparen. Ein Idiot von Polizeiseelsorger war ihm in die Parade gefahren. Und nur deshalb sollte er diese fürchterliche Todesart gewählt haben? Ein Mann, der aus beruflicher Erfahrung wusste, was für eine Sauerei er hinterlassen würde? Nein!

Er musste das letzte Wort laut ausgesprochen haben. Dohr sah ihn irritiert an. Er schwieg. Sie stand auf, nahm ihm die Bilder aus der Hand und schob sie zurück in den Umschlag.

»Bleiben Sie bei uns.« Sie ging.

Sarah hatte recht – er musste herausfinden, was passiert war.

17

Nicole's Nails stand in golden glitzernden Lettern auf der Heckscheibe des roten Smart. Darunter eine Adresse und eine Telefonnummer. Der kleine Wagen stieß rückwärts aus der Lücke und holperte über den Parkplatz zur Straße. Bauer wartete, bis er vorbei war, dann schob er sich im Sitz wieder hoch, griff an den Zündschlüssel – und zögerte. Eine kleine Drehung seiner Hand, und er würde die Grenze überschreiten. Endgültig.

Dass er hergekommen war, hätte er als seelsorgerische Maßnahme rechtfertigen können. Auch dass er sich nicht gleich auf den Rückweg gemacht hatte, als er niemanden antraf, wäre leicht zu erklären gewesen. Es bestand eine realistische Chance, in der Trinkhalle an der Straße besseren Kaffee als die Kantinenplörre zu bekommen. Kein Beamter, der einmal im Präsidium gefrühstückt hatte, hätte Bauer deshalb schief angesehen. Nicht einmal Verena Dohr. Und das Gespräch am Büdchen hatte nicht er auf Keunert gelenkt. Der Tod des Polizisten war offenbar Tagesthema im Viertel.

Von den drei Anwesenden erkannte Bauer zwei wieder. Die Biertrinker vom Vortag nahmen ihr Frühstück ein: »Ilse? Noch zwei, bitte!«

Die stämmige Kioskchefin, die mit verschränkten Armen im Verkaufsfenster gelehnt hatte, tauschte die beiden leeren Bierflaschen gegen volle. Die Kronkorken strich sie, ohne auch nur hinzusehen, mit einer einzigen Bewegung von den Hälsen. Bauer entdeckte keinen Flaschenöffner. Er verschwand ganz in ihrer fleischigen Hand. Die Aktion lief mit einer Präzision ab, die man nur durch jahrzehntelange Wiederholung erlangte.

»Auf Walter«, sagte der größere Mann mit dem osteuropäischen Akzent und stieß mit seinem Kollegen an. »Auf dass er jetzt besser ist.«

»Besser *dran* ist«, korrigierte ihn der andere. »Aber wieso besser? Der Keunert war Beamter. Unkündbar! Dem kann's gar nicht schlechtgegangen sein.«

Die Männer tranken.

»Irgendwas wird schon gewesen sein«, mischte sich Ilse ein. »Warum ist er sonst vom Parkhaus gesprungen?«

»Das ich mich frage ganze Zeit«, meinte der Erste wieder. »Hätte er auch springen können von seine Balkon, ist genauso hoch. Und hätte er gespart Parkticket.«

»Das bezahlst du doch erst bei der Ausfahrt«, wandte der Besserwisser ein. »Aber rausgefahren ist er ja nicht mehr.«

»Glück für ihn. Sonst seine Alte hätte wegen dem Geld ihn noch in Grab Hölle heißgemacht.«

»Die hat ihn schon lang nicht mehr heißgemacht«, griente der Zweite freudlos. »Und seine Kohle kassiert sie jetzt komplett – Witwenpension.«

»Hat sie ihm alles komplett weggenommen schon immer. Hatte er nicht mal Geld, um hier Bierchen zu trinken.«

»Blödsinn. Er hat einfach nicht so viel gesoffen wie ihr beide«, widersprach Ilse und sah dann Bauer an. »Junger Mann, was soll's sein?«

Aus Sicht der Kioskchefin war die Anrede nicht so absurd, wie sie für Bauer klang. Ilse war gut zwanzig Jahre älter als er. Und den Kiosk hatte sie vermutlich seit vierzig.

»Einen Kaffee, bitte. Mit Milch.«

Ilse zauberte den Pappbecher mit Kaffee ebenso routiniert auf den Verkaufstresen wie zuvor das Bier. »Macht einen Euro. Milch steht da.«

Bauer zahlte den Euro und nahm zwei Portionsdöschen Kondensmilch und ein Plastikstäbchen zum Umrühren aus einer Korbschale. Niemand beachtete ihn weiter.

»Vielleicht hat er sich ja gar nicht selbst umgebracht«, überlegte der Besserwisser nach einem langen Schluck aus der Bierflasche. »Vielleicht hat seine Alte ihn ja geschubst.«

»Wie kommst du auf so was, du Knallkopp?«, fragte Ilse.

»Wegen der Lebensversicherung. Der Walter war ein Schisser, der hatte garantiert eine. Die greift sie dann auch noch ab.«

»Die Versicherung löhnt bei Selbstmord doch gar nicht.«

»Das galt früher«, sagte Bauer. Alle sahen ihn an. »2008 gab es eine Gesetzesreform. Seitdem müssen Versicherungen auch bei Selbsttötung zahlen – wenn der Vertrag mindestens drei Jahre bestand. Das ist die übliche Karenzzeit.«

»Hallo, Herr Kaiser!«, kommentierte Ilse trocken.

»Wer ist Kaiser?«, fragte der Große.

»Der von der Hamburg-Mannheimer«, antwortete sein Freund.

Der Große musterte Bauer kritisch. »Du aus Hamburg?«

Bauer schmunzelte. »Von hier.«

»Aber du bist Versicherung?«

»Pfarrer.« Wieder genoss Bauer für einen Moment die ungeteilte Aufmerksamkeit aller drei. »Ich bin Pfarrer.«

»Macht ja nichts«, bemerkte Ilse trocken.

Damit war er ins Gespräch integriert.

»Ist große Sünde, sich selbst umzubringen, oder?«

»Es ist vor allem Verzweiflung. Dafür sollte man niemanden verurteilen«, entgegnete Bauer. »Man sollte vorher versuchen, ihm zu helfen.« Was er nicht getan hatte. »Ich schätze, Gott sieht das genauso.«

»Dann hätte er ihn mal vor seiner Ollen schützen sollen«, wandte der Besserwisser ein. »Die war doch immer nur scharf auf sein Geld.«

»War Walter nur kleiner Polizist. Hatte er gar nicht so viel.«

»Wenig kann es aber auch nicht gewesen sein. Die Urlaube, ihre Klamotten, zwei Autos ...«

»Sein Auto ist Schrottkarre. Und Auto von Frau ist kein Auto. Ist Spielzeug.«

»Ziemlich teures Spielzeug. Die geht doch keinen Schritt mehr zu Fuß. Ich sag's euch: Wenn den Walter jemand vom Parkhaus geschmissen hat, dann seine Olle! Und wenn er selbst gesprungen ist, dann weil er es mit ihr nicht mehr ausgehalten hat.«

»Sobotta, hör auf zu labern«, wies Ilse ihn zurecht. »Bei dir sind immer die Frauen schuld. Weil deine es mit dir nicht mehr ausgehalten hat. Aber die Annette, die hat ihren Mann geliebt.«

»Wann soll das gewesen sein?«, schnaubte Sobotta. »Vor hundert Jahren?«

»Fünfundzwanzig. Da sind die beiden hier eingezogen. Die hast du nur händchenhaltend rumlaufen sehen.«

»Davon war am Ende aber nicht mehr viel übrig.«

»Vielleicht nicht. Aber ganz weg war es auch nicht. Das geht nämlich gar nicht, wenn man jemanden richtig geliebt hat.«

Sobotta schwieg. Auf einmal wirkte er unendlich einsam. Auch er liebte seine Frau noch. Bauer sah es in seinem Gesicht.

»Noch einen Kaffee, der Herr?«, fragte Ilse.

Bauer schüttelte den Kopf. »Danke. Ich muss weiter.«

Er war zu seinem Auto gegangen. Es stand auf dem Parkplatz hinter der Trinkhalle. Dort parkten noch andere Wagen, einer davon ein Smart. Er war in der gleichen Farbe lackiert wie Annette Keunerts Nägel, das Kfz-Kennzeichen trug nach der Bezirkskennung die Buchstabenkombination AK.

Bauer hatte sich in seinen Passat gesetzt. Vielleicht war Annette Keunert doch nicht so lauffaul. Vielleicht wollte sie auch nur niemanden sehen. Sie hatte gerade ihren Mann verloren. Und Tilo? War er zur Schule gegangen? Wo ihn jeder auf seinen Vater ansprechen würde? Nein. Aber zu Hause hatte er es sicher auch nicht ausgehalten. Bauer fragte sich, wo der Junge wohl steckte – und hatte kein gutes Gefühl dabei. Er hatte sein Diensthandy gezückt. Keunerts Kontaktdaten hatte er gespeichert. Er wählte die Festnetznummer.

Nach dem dritten Freizeichen hatte Annette Keunert abgehoben. »Ja bitte?«

»Guten Morgen, Frau Keunert. Martin Bauer hier, der Polizeipfarrer.«

»Ah.«

»Wie geht es Ihnen?«

»Ich komme zurecht.«

»Ich bin froh, das zu hören. Frau Keunert, ich würde mich gern noch einmal mit Ihnen unterhalten. Auch mit Ihrem Sohn. Ich bin ganz in der Nähe, und da dachte ich ...«

Sie unterbrach ihn eilig. »Tut mir leid, ich habe keine Zeit. Es gibt so viel zu erledigen. Die Beerdigung und all das.«

»Was halten Sie davon, wenn ich Ihnen dabei helfe?«

»Ähm ... danke, ich schaffe das schon.«

»Ich kenne mich gut mit diesen Dingen aus und könnte Ihnen sicher einiges abnehmen.«

»Nicht nötig. Außerdem bin ich gerade auf dem Sprung. Tut mir leid.«

»Dann vielleicht später? Frau Keunert?«

Sie hatte aufgelegt. Beim ersten Gespräch hatte sie ihn angelogen. Nun wollte sie gar nicht mehr mit ihm reden. Vielleicht konnte sie ihn einfach nicht leiden. Vielleicht verbarg sie etwas. Sie hatte ihren Mann einmal geliebt, hatte die Büdchenbesitzerin gesagt. Ilse kannte sich mit Menschen aus, davon war Bauer überzeugt. Aber hatte sie auch recht damit, dass immer etwas von der Liebe blieb, egal, wie sehr das Leben daran zehrte? Und war dieser kleine Rest, der übrigblieb, tatsächlich Liebe? Oder schmeckte er nur noch bitter? Konnte er sich in etwas anderes verwandeln? Etwas Zerstörerisches, Tödliches? Nein, Hass brauchte mehr Nahrung. Aber zusammen mit den enttäuschten Träumen und den verlorenen Jahren? Dem einsamen Besserwisser vom Büdchen reichte Habgier als Grund für einen Gattenmord. Sicher eines der häufigsten Motive, getoppt wahrscheinlich nur noch von Beziehungstaten. Wie bekam er raus, ob Keunert eine Lebensversicherung gehabt hatte?

Verdammt, was trieb er hier? Er spekulierte über Mord! Dafür gab es nicht ein Indiz. Alles sprach für Suizid. Sein Gefühl sprach dagegen. Sollte er trotzdem auf Verena Dohr vertrauen? Ihre Aufklärungsquote lag über dem Durchschnitt. Bei Mordermittlungen betrug sie sowieso schon 95 Prozent. Wenn es eine richtige Ermittlung gab.

Er hatte den Zündschlüssel ins Schloss geschoben. Vom Wohnpark her näherte sich eine Frau. Sie trug hohe Schuhe zur hautengen Jeans und die Designerversion einer Bikerjacke aus cremefarbenem Leder. Ohne nachzudenken, war Bauer im Sitz nach unten gerutscht. Annette Keunert stöckelte vorbei. Über ihrer Schulter hing eine Tasche, zu groß für eine Handtasche, zu klein für eine Reisetasche. Von seiner Frau wusste Bauer, dass man diese Zwischengröße *Weekender* nannte, weil alles hineinpasste, was man für einen Wochenendtrip brauchte. Nur war kein Wochenende. Falls die Polizistenwitwe vorhatte zu verreisen, hatte sie nur das Nötigste eingepackt.

Sie war in den Smart gestiegen, ohne ihn zu bemerken. Nun fuhr sie vom Parkplatz auf die Straße. Dort beschleunigte sie. Gleich würde sie hinter den Bäumen in der langgezogenen Kurve verschwinden.

Er drehte den Zündschlüssel. Der Motor sprang an. Bauer jagte den Passat über den Parkplatz. Kurz vor der Einmündung huschte hinter den Bäumen etwas Gelbes heran. Er trat hart auf die Bremse. Das Antiblockiersystem hakte voll ein, die Reifen stotterten über den Gehweg. Durch das Seitenfenster sah Bauer einen DHL-Lieferwagen auf sich zurasen. Die Räder des Passats rutschten den Bordstein hinunter, dann standen sie still. Zentimeter vor dem Kühlergrill schoss der Lieferwagen hupend vorbei.

Bauer atmete durch und wandte den Kopf. Der Smart war

verschwunden. Nach einem kurzen, aber sorgsamen Blick bog Bauer in die Straße ein und gab Gas. In der Kurve holte er den Paketboten ein. Einen Moment war er versucht zu überholen. Doch das Risiko war zu hoch, er drosselte sein Tempo. Er würde niemanden gefährden – außer vielleicht sich selbst. Ungeduldig hielt er einen Minimalabstand zu dem Lieferwagen. Dessen Fahrer ging plötzlich auf die Bremse und fuhr, ohne zu blinken, rechts ran. Bauer riss das Lenkrad herum und kam gerade noch vorbei. Er sah den Stinkefinger des Paketboten im Rückspiegel.

Er fuhr so schnell, wie er es eben noch verantworten konnte. Am Ausgang der Kurve mahnte ein Verkehrsschild, auf spielende Kinder zu achten. Er bremste ab. In gemäßigtem Tempo rollte er an einer Kindertagesstätte vorbei und unter der Fußgängerbrücke des Bürgerhauses hindurch. Da entdeckte er den Smart in zweihundert Metern Entfernung an der nächsten Kreuzung. Bauer trat das Gaspedal durch. Der kleine Wagen bog nach rechts ab. Bauer war noch hundert Meter entfernt. Die Ampel sprang von Grün auf Gelb. Noch fünfzig Meter. Die Ampel wurde rot. Wieder stieg Bauer auf die Bremse. Auf der Haltelinie kam er zum Stehen. Er hieb aufs Lenkrad und sah dem Smart hinterher.

Vor Bauer rollte in beiden Richtungen der Berufsverkehr vorbei. Als die Ampel endlich wieder Grün zeigte, bestand keine realistische Chance mehr, Annette Keunert noch einzuholen. In angepasstem Tempo folgte er dem Weg, den der Smart genommen hatte, bis zur nächsten großen Einmündung. Links ging es in die Innenstadt, rechts zur Autobahn. Ohne Grund ordnete sich Bauer auf der Rechtsabbiegerspur ein. Keinen halben Kilometer weiter kam er an die A 42. Welche Auffahrt sollte er nehmen? Er wusste es nicht. Er rollte weiter geradeaus.

Über die Strecke von einem Kilometer beobachtete Bauer den Verkehr, musterte geparkte Autos, spähte in Seitenstraßen. Dann gab er auf. An der nächsten roten Ampel ordnete er sich ganz links ein, um zu wenden. Während er wartete, flammte eine Warnleuchte im Armaturenbrett auf. Die Benzinuhr stand auf Reserve. Auf einmal kam er sich dumm und albern vor. Er hatte die Grenze überschritten. Gut, er hatte sie nicht gezogen und oft genug verletzt. Aber er war noch nie so weit darüber hinausgegangen. Er bewegte sich klar auf fremdem Terrain. Auf Hauptkommissarin Dohrs Terrain. Und wo war er gelandet? Mit leerem Tank im Nirgendwo.

Auf dem Weg zurück zur Autobahn fand er eine Tankstelle. Als er an der Zapfsäule stand, fiel sein Blick auf einen Smart. Er war rot und parkte vor dem Fitnesscenter, das, etwas zurückgesetzt, gleich neben der Tankstelle lag.

Annette Keunert sah den Mann nur für den Bruchteil einer Sekunde. Der erste Schweiß rann über ihre Stirn. Sie wischte ihn mit dem Frotteeband an ihrem Handgelenk ab, drehte dabei den Kopf. Er stand hinter der gläsernen Eingangstür. Ihr Blick streifte seinen. Sie geriet aus dem Takt, stolperte fast vom Stairmaster. Als sie wieder hinsah, war der Mann verschwunden.

Atemlos stoppte sie das Gerät und sprang von den Stufen. Sie wühlte in ihrer Tasche zwischen Handtüchern, Fön, Dusch- und Schminkutensilien nach ihrem Handy, fand es und wählte eine Nummer. Sie hatte die Nummer nicht gespeichert, sie tippte die Zahlen ein, ohne nachdenken zu müssen. Sie bekam sofort Anschluss.

»Ich bin's«, zischte sie ins Telefon. »Dieser Pfarrer schnüffelt mir nach ... Der Polizeipfarrer! Ich habe ihn gesehen, jetzt gerade ... Im Fitnessstudio. Er stand an der Tür und hat mich beobachtet, und dann war er wieder weg ... Ich soll mich beruhigen? Was Besseres fällt dir nicht ein? ... Nein, heute Abend geht es nicht. Ich will den Jungen nicht allein lassen ... Ja, vielleicht. Ich melde mich.«

Sie legte auf. Einen Moment stand sie einfach nur da. Dann sank sie auf die Stufen ihres Trainingsgeräts. Sie stützte ihren Kopf in beide Hände und fing an zu weinen.

18

»Ihr Kreuz hängt schief.«

Das Klopfen hatte betont forsch geklungen. Bauer öffnete. Der junge Polizeianwärter versuchte, seine Unsicherheit zu überspielen. Er schüttelte Bauers ausgestreckte Hand kräftiger als nötig und betrat das Büro mit gespielter Lässigkeit, als käme er auf eine Party, auf der er niemanden kannte. Aber es gelang ihm nicht ganz, seine Überraschung zu verbergen. Bauer sah, dass er etwas anderes erwartet hatte. Mehr ›Religion‹. Bauer kannte das.

»Sie sollten das grade hängen.«

»Ich weiß.« Das Putzteam war da gewesen. Danach hing es immer schief. Ein paar Minuten vor Vogts Termin hatte er es gerade gehängt. Es hatte sich angefühlt, als hätte er eine aus dem Lot geratene Welt zurechtgerückt. Aber nur für einen Moment. Sarahs Ermunterung hatte ihm einen Schub und eine Richtung gegeben. Er würde Tilo nicht seinem Schicksal überlassen. Und er würde bei dem Polizeianwärter sein Bestes geben. Er hatte dem Kreuz einen kleinen Stoß versetzt.

Er bot Severin Vogt Tee und Wasser an. »Die Kaffeemaschine streikt leider.«

»Die muss man dauernd entkalken, sonst geben die ganz schnell den Geist auf.« Vogt lehnte ab.

Sein Plauderton klang falsch. Bauer deutete auf die Sitzecke. »Setzen wir uns.«

»Eigentlich bin ich nur gekommen, weil ich sowieso in der Nähe zu tun hatte.« Zögernd setzte er sich auf das Sofa.

Bauer nickte.

»Ich dachte, da könnte ich Sie vielleicht was Theologisches fragen.«

»Natürlich, gern.« Bauer hatte nicht vor, ihn zu drängen, selbst wenn sie sich eine Stunde lang darüber unterhalten würden, wie viele Engel auf einer Nadelspitze Platz fanden. »Worum geht es denn?«

Vogt zögerte. »Um Suizid. Und was das theologisch bedeutet.«

»Ihnen geht die junge Frau nicht aus dem Kopf?«

»Damit komme ich klar.«

Von wegen, dachte Bauer. Dafür hätte der Polizeianwärter ein ausgewachsener Soziopath sein müssen. Und der war er nicht.

»Ich frage mich nur, ob jemand, der sich umbringt, in den Himmel kommt – also hypothetisch.«

Das hätte Vogt jederzeit googeln können. »Haben Sie damit Erfahrungen in Ihrer Familie?«

Vogt sah ihn überrascht an. Dann wanderte sein Blick zum Kreuz. »Darf ich? Das macht mich nervös.«

Bauer nickte. Vogt stand auf und verschob das Holzkreuz, bis es gerade hing. Dann erzählte er von seinem Cousin. Er war cracksüchtig gewesen und hatte sich vor einem Jahr das Leben genommen. Mit fünfundzwanzig. Vogts Tante war verzweifelt. Für sie war Suizid eine Todsünde, Selbstmörder kamen niemals in den Himmel.

Bauer verstand. Zuerst der Cousin, dann die Prostituierte und jetzt Walter Keunert – drei Selbsttötungen in Vogts unmittelbarer Nähe, das war zu viel für ihn.

»In der Bibel steht nirgendwo, dass Gott sich von Menschen abwendet, die sich das Leben genommen haben. Es gibt in der Bibel mehrere Beispiele von Menschen, die sich selbst töten. An keiner Stelle wird diese Tat ausdrücklich verurteilt.«

»Aber das wäre doch logisch – wegen dem sechsten Gebot: *Du sollst nicht töten.*«

»Erstens heißt es eigentlich *Du sollst nicht morden.* Zweitens weiß ein barmherziger Gott, was in Menschen vor sich geht, die sich aus Verzweiflung das Leben nehmen. Verzweifelte Menschen liegen ihm sogar besonders am Herzen. *Ein gebrochenes und zerschlagenes Herz wirst du, o Gott, nicht verachten* – das steht in den Psalmen.«

Vogt nickte. Seine Anspannung ließ etwas nach.

Bauer fragte ihn, woher er stamme. Aus dem nördlichen Ruhrgebiet, das hörte er heraus, aber nicht, von wo genau.

Vogt war in Recklinghausen geboren und aufgewachsen. Sein Vater hatte auf Auguste Victoria, der letzten aktiven Kohlenzeche des Ruhrgebiets, als Schlosser gearbeitet. 2015 hatte man auch sie dichtgemacht, seitdem war er arbeitslos. Vogts Mutter stand bei Edeka hinter der Fleischtheke. Je länger der Polizeianwärter erzählte, desto seltener musste Bauer ihn zum Weitersprechen animieren.

Eine Ausbildung im Bergbau war für Vogt nie in Frage gekommen. Seit er den ersten Streifenwagen gesehen hatte, der mit Blaulicht und Sirene durch ihre Straße gefahren war, hatte er nie etwas anderes werden wollen als Polizist. Er war ein durchschnittlicher Schüler gewesen, nur in Sport immer einer der Besten. Mit fünfzehn hatte er sich als Streitschlichter gemeldet, zwei Wochenenden für die Ausbildung geopfert und von da an auf dem Schulhof Streithähne aus der Unterstufe getrennt.

»Ich hatte immer Gummibärchen dabei. Habe ich vom eigenen Taschengeld gekauft. Als Bestechung, damit sie sich vertragen und die Hände schütteln.« Vogt lächelte, als er daran dachte.

Das Machogetue des jungen Mannes war völlig verschwunden. Bauer sah es glasklar vor sich: Den knallharten zynischen Bullen zu spielen kostete Vogt eine Menge Kraft. In Wirklichkeit war er ein sensibler, einfühlsamer Idealist. Typ zwei der vier idealtypischen Berufsbilder, mit denen junge Leute ihre Polizeiausbildung begannen: Schutzmann, Freund und Helfer, Krieger, Jäger. Vogt hatte schnell kapiert, dass er mit dem Ruf als Weichei bei der Polizei nicht weit kommen würde.

Bauer lenkte das Gespräch vorsichtig auf Vogts eigene traumatische Erfahrung. Eine junge Frau war in seinen Armen gestorben. Wie kam er damit zurecht? Sofort fiel Vogt in das abgebrühte Gehabe zurück, das er von seinen älteren Kollegen gelernt hatte. Fragen nach Symptomen einer posttraumatischen Belastungsstörung blockte er ab. Flashbacks? Alpträume? Angst vor Einsätzen, die einen ähnlichen Verlauf nehmen konnten? Schlaf- und Konzentrationsstörungen? Vogt behauptete, bei ihm sei alles in Ordnung, er verkrafte das schon. Bauer sah, dass er log. Und er sah noch etwas. Vogt würde nicht sehr lange durchhalten. Er würde untergehen. Er brauchte Hilfe, einen Mentor. Jemanden, den er respektieren konnte und der ihn durch die ersten zwei oder drei Jahre bugsierte. Einen erfahrenen älteren Kollegen, der ihm zeigte, wie man seinen Platz in der Subkultur der Polizei fand, ohne emotional zu verkrüppeln. Bauer überlegte. Wen konnte er deswegen ansprechen, wer kam dafür in Frage? Ihm fiel der Kriminalhauptmeister ein, der die buddhistischen Bücher für den Raum der Stille gespendet hatte.

»Ich glaube, wir sind fertig«, sagte Vogt. Es klang nicht unfreundlich. Er tippte auf seine Armbanduhr. »Die Stunde ist um, meine ich.«

Bauer hatte nichts von einer Zeitbegrenzung gesagt. Er war kein Psychotherapeut, der stundenweise abrechnete. Aber das Gespräch war gut gelaufen. Bauer war zufrieden, war in seinem Element gewesen, auf vertrautem Terrain, hatte keine Fehler gemacht, hatte vielleicht sogar eine Vertrauensbasis gelegt. Sechzig Minuten Normalität.

Vogt machte Anstalten aufzustehen.

»Wenn Sie wollen, können wir unser Gespräch gern fortsetzen. Jederzeit.«

Vogt stand auf. »Mal sehen ... vielleicht.«

Sie gingen zur Tür, schüttelten einander die Hand. »Ich freue mich jedenfalls, dass Sie bei mir waren.«

Vogt glaubte wohl, etwas ähnlich Verbindliches sagen zu müssen. Ihm fiel nichts ein. Also zuckte er nur mit den Achseln. Er hatte die Türklinke schon in der Hand, drückte sie aber noch nicht herunter. Übergangslos sagte er: »Das mit Keunert ...« Er verstummte, suchte nach den richtigen Worten, vielleicht auch nach den richtigen Gefühlen. »Es ist immer schwer, einen Kollegen zu verlieren.« Es klang wie eine offizielle Verlautbarung. Er hatte etwas anderes sagen wollen.

»Ein guter Kollege«, half Bauer ihm.

Vogt überlegte, dann nickte er. »Er war okay. Hat nicht viel geredet. Hat mich nicht ständig ... angemacht ... wie Franck. Das ist schon okay, das gehört dazu, wenn man

Anfänger ist«, fügte er schnell hinzu. Niemand sollte ihn für eine Mimose halten. »Als das mit der Frau passiert ist ... bei der Razzia ...«

Bauer wusste, was er sagen wollte: dass er es ohne Keunert nicht durchgestanden hätte.

»Er war okay«, wiederholte Vogt nur. »Er kannte sich gut aus. Auch im Milieu. Früher war er auf der City-Wache.«

Das Vulkanviertel, die europaweit bekannte Rotlichtmeile, gehörte zum Verantwortungsbereich der Wache.

»Er soll da echt gute Beziehungen gehabt haben. So was braucht man als Polizist – wegen Informanten und so.« Vogt öffnete die Tür.

»Wissen Sie, zu wem er diese guten Beziehungen hatte?«

»Irgendwelche Kiezgrößen, glaube ich.«

»Wo haben Sie das gehört?«

Vogt sah ihn irritiert an. Er fragte sich wohl, wieso sich ein Polizeipfarrer ausgerechnet dafür interessierte. »Die Kollegen haben drüber gequatscht. Nach der Razzia. Keiner von unserer Wache. War vielleicht auch nur Gerede.«

Er warf einen schnellen Blick den Flur hinunter. Er wollte nicht gesehen werden.

»Also dann, danke.« Er schlüpfte hinaus.

Bauer schloss die Tür hinter ihm. Vielleicht stimmte, was Vogt da erzählt hatte. Vielleicht waren diese guten Beziehungen auch ein bisschen zu gut gewesen. Vielleicht hatte die interne Abteilung deshalb gegen Keunert ermittelt. Ein starkes Motiv für einen Selbstmord. Aber auch für einen Mord – kam drauf an, wer davon gewusst hatte. Bauers Blick wanderte zum Holzkreuz. Polizeianwärter Vogt hatte es gerade gehängt, aber für Bauer hing es immer noch schief.

19

Es war Bauers Schuld, dass sie hier war.

Natürlich wäre sie irgendwann selbst darauf gestoßen. Aber er war schneller gewesen. Der Widerwillen gegen diesen Ausflug verdichtete sich in ihrem Magen mehr und mehr zu einem grauen Klumpen.

Verena Dohr betätigte den Blinker, reihte sich zum dritten Mal in die Fahrzeugschlange ein und quälte sich im Schritttempo die weltberühmte Nobelmeile hinauf. Früher war es so gewesen: Im Kohlenpott wurde malocht, hier wurde finanziert, investiert, verwaltet, versichert und verprasst. Statt Maloche gab es jetzt Hartz IV, investiert und verprasst wurde fröhlich weiter. Nirgends war das deutlicher als hier. Auf der einen Seite des von schmucken Alleebäumen und einem Stadtgraben geteilten Boulevards lagen die Luxusgeschäfte, auf der anderen die Großbanken und ihre parasitären Anhängsel wie Anwaltskanzleien und Finanzdienstleister. Die Entscheidung, das Dezernat für Interne Ermittlungen ausgerechnet hierher zu verlegen, bewies eine schräge Art von Humor. Während im obersten Stockwerk des repräsentativen Gründerzeitgebäudes gegen aktive und passive Korruption ermittelt wurde, präsentierte man im Parterre sündhaft teure Damenschuhe wie postmoderne Skulpturen in einer Kunstgalerie.

Der graumelierte Fahrer des 911 Turbo S Cabriolets vor ihr rollte im Schritttempo an den Blahniks, Louboutins und Chos vorbei, offensichtlich um seiner blutjungen blonden Beifahrerin schon mal einen Blick auf das Paradies zu gewähren, dessen Pforte er ihr gleich mit seiner schwarzen Amex Centurion öffnen würde. Dohrs Faust knallte auf die Hupe. Der Fahrer fuhr herum und warf ihr einen empörten Blick zu. Na und? Sollte er sich bei Bauer bedanken. Nachdem der ihr von den Ermittlungen gegen Keunert erzählt hatte, war ihr keine Wahl geblieben.

Sie hatte früher schon mit den Internen zu tun gehabt. Es hatte keinen Spaß gemacht. Dr. Stellrecht, der Leiter der FK Amtsdelinquenz, ein Karrierebeamter, der nicht einen Tag in seinem Leben Streife gefahren war, hatte gespürt, was sie von ihm hielt, und sie vom ersten Augenblick an gehasst.

Sie hatte angerufen und um Rückruf gebeten. Stattdessen hatte sie eine E-Mail erhalten mit der Aufforderung, sich im Dezernat einzufinden. Termin und Uhrzeit waren genannt. Dank Bauer würde sie Kriminalrat Stellrecht also gleich wiederbegegnen. Kriminaloberrat. Er war befördert worden, sie hatte das gegoogelt.

Bauer.

Es stimmte, oft ging ihr der Mann gewaltig auf die Nerven. Aber wenn sie ehrlich war, wünschte sie sich manchmal, er wäre ein Kollege und nicht Polizeiseelsorger. Bauer wäre ein hervorragender Ermittler geworden. Er hatte ein Auge für Details, er konnte Menschen lesen, und er war vorurteilslos.

Ein Bentley setzte zaghaft aus einer Parklücke. Die Bremslichter des Porsche leuchteten auf. Von wegen. Mit einer präzisen Bewegung des Lenkrads schoss sie haarscharf am Heck des zweihunderttausend Euro teuren Cabrios vorbei in die Lücke. Der Graumelierte trat erschrocken auf die Bremse. Seine Begleiterin warf Dohr einen giftigen Blick zu und sagte etwas zu ihm. Offenbar hatte sie seinen Kampfgeist angestachelt. Er stieß seine Tür auf, quälte sich aus seinem Schalensitz und marschierte auf Dohr zu. »Sehen Sie zu, dass Sie da verschwinden. Das ist mein Parkplatz.»

»Heute nicht.« Sie angelte auf dem Rücksitz nach ihrer Jacke.

»Ich wollte rückwärts einparken, das haben Sie doch gesehen, Sie dumme Kuh.«

»Pech gehabt.«

Der Herrenfahrer zückte ein teures Smartphone. »Mal sehen, was die Polizei dazu sagt.«

»Da können Sie mich fragen.«

Sie zog das Magnetschild mit der Aufschrift *Polizei im Einsatz* unter dem Fahrersitz hervor, warf es auf die Heckablage und schloss die Fahrertür.

Sie wagte einen kurzen Blick ins Schaufenster. Die Schuhe waren umwerfend, die Preise vierstellig.

Außenstelle Polizei Düsseldorf stand auf dem Messingschild. Auf den Etagen darunter residierten ein Notar, eine Anwaltskanzlei und ein Schönheitschirurg. Dohr drückte auf den Klingelknopf. Nichts passierte. Sie wollte gerade zum zweiten Mal läuten, da knackte es im Lautsprecher der Gegensprechanlage. Eine junge männliche Stimme fragte sie nach ihrem Namen und ihrem Anliegen. Sie antwortete, der Summer ertönte.

Die Welt hinter der messingbeschlagenen Eichentür bestand aus hellem Marmor und dickem roten Teppichboden. Der Aufzug war an drei Seiten verspiegelt. Es musste hart sein, nach einer Nacht mit zwei oder drei Stunden Schlaf zu Hause erfolgreich dem Badezimmerspiegel ausgewichen zu sein, nur um in einem Spiegelkabinett nach oben ins Büro geschaukelt zu werden. Der Lift kam bei der obersten Etage zum Stehen.

Verena Dohr teilte die instinktive Abneigung vieler Kollegen gegen die internen Ermittler nicht. Was sie taten war wichtig – und schwierig. Niemand arbeitete mit ihnen zusammen, wenn er es nicht musste. Sich gegen die eigenen Leute zu stellen, egal, ob als Zeuge, Ermittler oder jemand, der einen kriminellen Kollegen anzeigte, fühlte sich immer an wie Verrat – auch wenn man es eigentlich besser wusste. Außerdem war man vielleicht irgendwann mal selbst darauf angewiesen, von seinen Kollegen gedeckt zu werden. Darum wollte man mit diesen Leuten so wenig wie möglich zu tun haben. Die Internen gehörten einfach nicht dazu.

Der junge Mann, der ihr die Tür öffnete, hatte sich gestylt, als wollte er das unterstreichen. Er sah aus wie die FBI-Agenten in amerikanischen Fernsehserien – glattrasiert, stoppelkurzes blondes Haar, dunkler Anzug, weißes Hemd mit dunkler Krawatte, polierte schwarze Schuhe. Sogar seine ausdruckslose Miene passte. Dohr knipste ihr strahlendstes Lächeln an und streckte ihm die Hand entgegen. Er ging in die Falle. Er hatte einen kurzen formellen Handschlag erwartet. Stattdessen hielt sie seine Hand fest, bis sie in seinen Augen sah, dass sie ihn aus dem Gleichgewicht gebracht hatte. Sie ließ seine Hand los. Er räusperte sich, stellte sich als Kriminalobermeister Thielen vor und forderte sie auf, ihm zu folgen.

Die Räumlichkeiten hatten bis vor kurzem offensichtlich einem anderen Zweck gedient. Der geschwungene Empfangstresen im Eingangsbereich war außer Betrieb. Der dunkelrote Teppichboden wirkte abgenutzt. Sie passierten eine Reihe geschlossener Türen mit neuen Schildern: FK Amtsdelinquenz, Amtsdelikte I, Amtsdelikte II, Korruptionsermittlungen, Korruptionsprävention, Auswertung und Analyse, FK Operative Maßnahmen.

»Sie sind noch nicht lange hier, oder?«

Der junge Kollege zögerte. Wahrscheinlich überlegte er, ob er vertrauliche Informationen preisgab, wenn er darauf antwortete.

»Seit sechs Monaten. Vorher war das hier eine Modelagentur. Haben einen betrügerischen Konkurs hingelegt.« Er hielt vor einer Tür. Konferenzraum II. »Bitte.«

»Danke.« Sie legte die Hand auf die Klinke.

»Viel Glück.« Es klang, als meinte er es.

Stellrecht saß am entfernten Ende eines meterlangen Konferenztisches aus exotischem Holz und starrte auf ihre Personalakte. Das hagere Gesicht des knapp Fünfzigjährigen mit den hochgezogenen Brauen und den herabhängenden Mundwinkeln zeigte den gleichen selbstgerechten Ausdruck, den sie von früheren Vernehmungen schon kannte. Aber diesmal war da noch etwas anderes – Genugtuung.

Das ging nun gar nicht. Sie spürte, wie die Anspannung verschwand und sich der Knoten in ihrem Magen löste. Sie wandte sich direkt an den Mann neben ihm. »Einen wunderschönen guten Tag, Herr Doktor Ebers. Ich gratuliere.«

Polizeidirektor Dr. Jost Ebers, Leiter des gesamten Dezernats, verstand sofort, was sie meinte. Er war zehn Jahre älter als Stellrecht und wirkte im Gegensatz zu seinem verbissenen Mitarbeiter geradezu tiefenentspannt. Seine gleichmäßig verteilte Körperfülle hatte etwas Beruhigendes. Politisch hervorragend vernetzt und mit Gespür für die medialen Auswirkungen interner Ermittlungen, war er bestens geeignet, Skandale zu entschärfen und das Ansehen der Polizei zu schützen.

»Sie haben recht, die Aussicht ist nicht schlecht. Aber die Lage hat auch Nachteile. Was meinen Sie, wie oft meine Frau mich bittet, ihr doch was Nettes von nebenan mitzubringen.«

Stellrecht verzog sein Gesicht zu einem säuerlichen Grinsen.

Dohr lächelte. »Einmal im Jahr sollten Sie ihr die Freude machen.«

»Nur einmal?«

»Am Hochzeitstag. Daran erinnern sich Frauen. Besser als an Geburtstage oder an Weihnachten.«

Ebers dachte einem Moment nach, dann nickte er. »Guter Tipp. Werde ich mir merken.« Er machte eine einladende Geste. »Bitte – nehmen Sie doch Platz, Frau Hauptkommissarin.«

Einer der Stühle war abgerückt worden und offenbar für sie gedacht. Sie setzte sich. »Sehr freundlich, Herr Polizeidirektor.«

Er wandte sich an Stellrecht. »Warum haben wir die Kollegin hergebeten?«

Stellrecht nahm auf seinem Stuhl Haltung an. Dohr kam ihm zuvor. »Eigentlich hatte ich angerufen. Es geht um Polizeihauptmeister Walter Keunert.«

Stellrecht fixierte sie. »Ich dachte, wir besprechen das lieber persönlich, Herr Dr. Ebers.«

Das konnte sie sich vorstellen. Erstens redeten die Internen über ihre Fälle nicht gern am Telefon. Zweitens musste es ihm einen Heidenspaß gemacht haben, sie herzuzitieren.

»Ich habe erfahren, dass Sie gegen Keunert ermittelt haben. Ich wüsste gern, was ihm vorgeworfen wurde. Möglicherweise trägt das zur Klärung seines Suizidmotivs bei.«

Stellrecht fuhr auf. »Wollen Sie andeuten, wir hätten Keunert auf dem Gewissen?«

Ebers legte besänftigend die Hand auf den Arm seines Untergebenen. »Das hat die Hauptkommissarin nicht behauptet. Haben Sie doch nicht, Frau Dohr. Oder?« Der drohende Unterton war hauchfein, aber trotzdem nicht zu überhören.

Doch Dohr hatte nicht vor, das Dezernat so einfach vom Haken zu lassen. »Die Motive bei einem Suizid sind oft komplex. Sie bauen sich über längere Zeit auf. Am Ende kann der kleinste Anlass die Tat auslösen.« Wie zum Beispiel eine interne Ermittlung.

»Wenn unsere Ermittlungen etwas mit Keunerts Tod zu tun hatten, dann weil er ein korrupter Polizist war«, erklärte Stellrecht kategorisch.

»Also sind Ihre Ermittlungen beendet?«

Die Männer schwiegen. Schließlich sagte Stellrecht: »Für Ihren Bericht brauchen Sie kein Motiv.«

»Schließen Sie ihn ab, Frau Dohr. Sie haben Wichtigeres zu tun«, sagte Ebers.

»Die Aufklärungsquote bei Kapitalverbrechen in Ihrem Haus ist nicht gerade eindrucksvoll.«

Stellrecht sah sie an, als wäre das ihre Schuld. Ihre eigene Quote war gut, das musste er wissen, er hatte ihre Akte vor sich. Er wollte sie nur in die Enge treiben. Ein bisschen Gegendruck konnte nicht schaden. »Es gibt keine Zeugen. Da bleiben Zweifel. Vielleicht war es ein Unfall.«

»Sind Sie noch ganz bei Trost?« Stellrecht sprang auf. »Der Mann ist ein paar Stunden vorher von einer Brücke gesprungen! Sie waren dabei!«

Dohr hielt seinem Blick stand. »Trotzdem. Vielleicht wurde er vom Dach gestoßen. Es könnte eine Mordermittlung werden.«

»Setzen Sie sich, Stellrecht. Ich habe keine Lust, zu Ihnen hochzuschauen.« Ebers klopfte auf die Sitzfläche neben sich. Genauso gut hätte er sagen können: Platz!

Stellrecht setzte sich. Er starrte Dohr an. »Wie kommt es eigentlich, dass Sie erst den Einsatz auf der Brücke vermasseln und dann für die Ermittlungen in Keunerts gelungenem Suizid zuständig sind? Zufall? Oder wollen Sie Ihr Versagen vertuschen? Vielleicht sollten wir uns das mal genauer anschauen.«

Ein Frontalangriff. Blitzschnell scannte sie ihre Erinnerungen. Hatte ihr Weg den von Keunert schon mal gekreuzt? Nein, da war nichts. Sie hatte sich nichts vorzuwerfen. Dennoch kam es nie gut, wenn ein Einsatz von der internen Abteilung untersucht wurde. »Bitte, das steht Ihnen frei.«

Ebers nickte Stellrecht auffordernd zu. »Nun sagen Sie's ihr schon.«

Widerwillig gehorchte Stellrecht. »Korruption, Vorteilsnahme im Amt«, sagte er. Nach der Peitsche jetzt das Zuckerbrot. Was sollte das?

»Keunert hat also Geld genommen. Von wem? Was hat er dafür getan? Ein paar Knöllchen verschwinden lassen?« Natürlich nicht. Es ging es um etwas Größeres, sonst würde Ebers nicht hier sitzen.

»Wir können keine Details herausgeben. An Sie schon gar nicht.« Stellrecht strich mit der flachen Hand über die Akte und versuchte, Dohr mit seinem Blick aufzuspießen.

»Es ist ein bisschen mehr.« Eberts sprach ganz ruhig. »Er soll Informationen über Ermittlungen, Razzien und so weiter ans Milieu geliefert haben.«

»Keunert? Der ist auf der Wache in Homberg.« Sie merkte, dass sie von dem Toten in der Gegenwartsform sprach.

»Bis vor zwei Jahren war er bei der City-Wache. Er hat da immer noch beste Kontakte.«

»Wie sind Sie auf ihn gekommen? Ein Tipp? Aus der Truppe?«

Stellrecht schüttelte warnend den Kopf. Ebers zögerte kurz, dann sprach er weiter. »Ein abgehörtes Telefonat.«

»Sie haben Keunert abgehört?«

Die Männer schwiegen.

»Gibt es andere Beweise?«

Stellrecht nahm sein Trommeln wieder auf. »Er ist gesprungen. Das ist ein Schuldeingeständnis.«

»Nur wenn er von den Ermittlungen wusste.«

»Seien Sie doch nicht so stur, verdammt noch mal!« Ebers fuhr sich mit der Hand durch die Haare. »Sogar Sie haben davon gehört! Von wem übrigens?« Ebers' Ton hatte an Schärfe zugelegt.

»Ich würde meinen Informanten vorerst gern schützen.«

»Sie trauen uns nicht, wollen aber, dass wir unsere Betriebsgeheimnisse vor Ihnen ausbreiten? Ich bitte Sie!« Langsam wurde auch Ebers sauer.

»Haben Sie Keunert vernommen?«

Ebers und Stellrecht schwiegen.

»Aber Sie wissen noch nicht, an wen er geliefert hat?«

»Vielleicht suchen wir ja seine Komplizen. Oder seine Komplizin.« Demonstrativ schlug Stellrecht ihre Akte auf.

»Im Ernst? Wollen Sie sich unbedingt lächerlich machen?«

Ebers hob beschwichtigend die Hände. »Jetzt beruhigen wir uns erst mal wieder.« Er seufzte. »Sie wissen doch, wie das läuft, Frau Dohr.«

Stellrecht war noch nicht bereit lockerzulassen. »Wir ermitteln hier nur gegen korrupte Kollegen, was auch in Ihrem Interesse sein sollte.« Er ließ den Satz in der Luft hängen. Sie konnte ihn selbst ergänzen: falls Sie nicht mit drinhängen.

Der Polizeidirektor stand auf. »Wenn das alles ist.«

Der junge Kollege hatte vor der Tür des Konferenzzimmers auf sie gewartet. Kein Besucher durfte sich unbeaufsichtigt in den Räumlichkeiten bewegen. Er begleitete sie zum Ausgang.

»Super, dass ihr an Keunert rangekommen seid. Wir müssen für jede Abhörgenehmigung seitenlange Begründungen schreiben.« Eine beiläufige Bemerkung unter Kollegen.

Thielen nickte. »Uns machen die Staatsanwälte auch das Leben schwer.«

»Hauptsache, es hat geklappt.«

Thielen öffnete ihr die Tür. »Glück gehabt. Ab und zu kommt von den rumänischen Kollegen auch mal was Brauchbares.«

Das war einfach gewesen. Sie stieg in den Aufzug. Die Frau im Spiegel sah erschöpft aus.

Die rumänischen Kollegen. Was zum Teufel ging da vor sich?

20

Gomorrha lag nur einen Steinwurf von der kleinen Kirche entfernt. Bauer parkte auf der gegenüberliegenden Straßenseite vor einem Erotik-Center. Die zweihundert Jahre alte, schlichte weißgekalkte Marienkirche blickte auf das Karree heruntergekommener Mietshäuser, in dem sich ein Sexbetrieb an den nächsten reihte. Eingekeilt zwischen mehrspurigen Verkehrsadern, einer Hochtrasse und verschiedenen architektonischen Hässlichkeiten wirkte die Kirche wie eine schneeweiße Wolke, die sich verflogen hatte. Aber vielleicht war sie hier ja genau am richtigen Ort.

Sein Privathandy summte. Er las die SMS seiner Frau. *Noch nichts?* Er tippte die Antwort. *Noch nichts.* Nina hätte vor einer Stunde anrufen sollen. Direkt nachdem sie aufgestanden waren, hatte sich Sarah durch diverse Newsticker gegoogelt. Ihre schlimmsten Befürchtungen hatten sich bestätigt. In der Nacht waren Gruppen von Demonstranten bis zum Zaun vorgedrungen, es war zu schweren Auseinandersetzungen mit der Polizei gekommen. Vergeblich hatte sie versucht, Nina auf dem Handy zu erreichen. Auf ihre zehnte SMS hatte Nina endlich reagiert. *Melde mich in einer Stunde. Versprochen*, gefolgt von einem halben Dutzend Herz-Emojis. Das war jetzt zwei Stunden her.

Auf der Straße kickten drei halbwüchsige Jungen, keiner von ihnen älter als zehn, einen verrosteten Blecheimer herum. Trotz des Wetters trugen sie kurze Hosen, ihre Beine und Gesichter waren so dreckverschmiert wie ihre abgetragenen Sweatshirts. Kinder, die auf der Straße spielten, mit Schrott, den sie irgendwo gefunden hatten. So etwas hatte er schon lange nicht mehr gesehen.

Er angelte sich das Päckchen mit den holländischen *stroopwafels* vom Rücksitz und zog den Schlüssel aus dem Zündschloss. Er war kaum ausgestiegen, da standen sie schon vor ihm und sahen ihn herausfordernd an.

»Du ficken gehen?«

Bauer brauchte einen Moment, bis er begriff, was der Junge gesagt hatte.

»Du ficken, wir aufpassen dein Auto.«

Der Sprecher war einen halben Kopf kleiner als seine beiden Kumpane.

»Hier oft Auto zerkratzt. Drei Euro wir passen auf ein Stunde. Zwei Stunde fünf Euro.«

Bauer war verblüfft. Er hatte so etwas schon mal erlebt, allerdings in Florenz, während eines Italienurlaubs. Eine Bande kleiner Jungen hatte ihnen mit der gleichen Masche gegenübergestanden. Er hatte ihnen die geforderten zwei

Euro gegeben und es als italienische Folklore verbucht. Aber hier, in seiner eigenen Stadt?

Der Anführer der Dreierbande hielt seinem Blick stand. Da war nichts von Scham oder Unsicherheit. »Drei Euro.«

Bauer lächelte. »Ich sag euch was.« Er holte einen Fünfeuroschein aus dem Portemonnaie. Eine schmutzverkrustete Hand streckte sich ihm entgegen. Er zog den Schein zurück. »Ich bleibe bestimmt keine Stunde.«

»Schnellficker«, konstatierte der Junge rechts hinter dem Wortführer.

»Aber wenn ihr meine Windschutzscheibe saubermacht, kriegt ihr trotzdem fünf.«

Die Jungen verständigten sich mit einem kurzen Blick. »Okay.«

Bauer riss den Schein in der Mitte durch und gab dem verblüfften Jungen eine Hälfte. »Andere Hälfte nachher.« Der Junge schaute konsterniert auf den halben Schein. Dann sah Bauer ein breites Grinsen und eine Zahnlücke.

»Cool.« Die Hand schloss sich.

»Cool«, erwiderte Bauer.

»He, ihr kleinen Mistkröten! Lasst meinen Freund in Ruhe!« Die stämmige Frau im Blaumann war aus dem Haus gekommen. Sie stellte den Farbeimer ab. Ihr Alter war schwer zu schätzen. Sie konnte Ende vierzig sein, aber auch Anfang sechzig. Aber die Art, wie ihre kurzgeschnittenen grauen Haare kampflustig vom Kopf abstanden und sie die Fäuste in die Hüften stemmte, sagte, dass mit ihr nicht gut Kirschen essen war.

Das einstöckige Häuschen, vor dem sie stand, lag am Anfang eines schäbigen, von jeder Modernisierung vergessenen Sträßchens. Zwischen den heruntergekommenen Mietshäusern mit den bröckelnden Fassaden stach das

Häuschen durch aufgemalte bunte Phantasieblumen heraus. In den beiden Fenstern hingen Plakate, über der Tür stand in geschwungener Neonschrift »Freilauf e. V.«.

Die Frau zog ein Päckchen Tabak aus der Brusttasche ihres farbbeschmierten Overalls und begann, sich eine Zigarette zu drehen. Der Wortführer nickte seinen Freunden zu. Die minderjährigen Schutzgelderpresser ließen Bauer stehen, und als wäre nichts gewesen, verwandelten sie sich wieder in drei kleine Jungs, die auf der Straße mit einem rostigen Eimer Fußball spielten.

Bauer überquerte die Straße.

Die Frau schob ihren Tabak zurück in die Tasche und streckte Bauer eine nachlässig von angetrockneten Farbresten befreite Hand entgegen. »Hallo, Herr Pfarrer.«

»Hallo, Alva.« Er nahm die ausgestreckte Hand, schüttelte sie nicht, sondern hielt sie einfach nur fest. Die unzähligen feinen Fältchen in ihrem Gesicht waren noch da, ebenso das Lachen um ihren Mund, die große Traurigkeit in ihren Augen – und ihre Kraft. Bauer bewunderte sie für diese Kraft. Sie gab Alva die unglaubliche Widerstandsfähigkeit, mit der sie mehr als dreißig Jahre im Geschäft überstanden hatte, ohne vor die Hunde zu gehen. Der Rest genügte, um anzupacken und zu kämpfen, wo es nötig war.

Sie rieb mit dem Zeigefinger über die dünne Narbe, die von ihrem rechten Ohr über ihre Wange lief, wie immer, wenn sie sich über etwas freute. Ein Reflex. Er erinnerte sie daran, dass glückliche Momente von einer Sekunde auf die andere in ihr Gegenteil umschlagen konnten.

»Sie sehen gut aus. Fit scheinen Sie auch zu sein. Wie man hört, schwimmen Sie jetzt im Rhein.«

Er ließ ihre Hand los. »Sehr witzig.« Er deutete auf die bemalte Fassade. »Sie renovieren?«

»Wir sind fast fertig. Zorica und Radka helfen mir, zwei Mädchen aus Bulgarien. Sie kommen ab und zu vorbei. Die Blumen waren ihre Idee.«

»Wo sind sie jetzt?«

Alva nickte in Richtung Vulkanviertel. »Arbeiten im Laufhaus. Da brauchen sie ab und zu mal Abwechslung.« Sie zog die Zigarette hinter ihrem Ohr hervor und zündete sie an.

»Wollten Sie nicht aufhören?«

Statt zu antworten, gab sie die Frage zurück. »Lohnt sich nicht mehr. Und Sie?«

»Sie kennen meinen Deal mit dem Chef.« Er deutete hinauf zur grauen Wolkendecke. »Wie geht es Ulyana?«

Ulyana hatte sie zusammengeführt. Er war noch Pfarrer in Hooghuysen gewesen, einer ländlichen Gemeinde am Niederrhein, als Alva ihn angerufen hatte. Sie redete nicht lange um den heißen Brei herum. Sie sei dreißig Jahre Prostituierte gewesen, hatte sie ihm erklärt. Jetzt habe sie eine Prostituierteninitiative ins Leben gerufen. Sie helfe Frauen auszusteigen, berate aber auch Frauen, die ins Gewerbe einsteigen wollten, damit sie wussten, worauf sie sich einließen.

Sie suchte eine Zuflucht für eine ihrer Klientinnen, die gegen albanische Menschenhändler ausgesagt hatte. Die Männer waren freigesprochen worden. Sie würden sich rächen. Ulyana musste abtauchen. Von der Polizei und der Staatsanwaltschaft hatte sie keine Hilfe zu erwarten, das Zeugenschutzprogramm war ein schlechter Witz. In ihrer Verzweiflung war sie in Alvas Büro aufgetaucht. Alva hatte herumtelefoniert. Bei allen offiziellen Stellen war sie abgeblitzt, niemand betrachtete sich als zuständig. Dann hatte sie eine Idee.

Sie rief evangelische und katholische Pfarrer an, vorwiegend in ländlichen Gemeinden. Ihre Erfahrung war enttäuschend gewesen. Bei ukrainischen Prostituierten stieß Nächstenliebe schnell an ihre Grenzen. Bauer war ihr zwölfter Versuch. Bauer hatte kein Problem mit ukrainischen Prostituierten. Die Sache habe allerdings einen Haken, fuhr Alva fort. Alva hatte Ulyana einen falschen Pass besorgt.

Ihre Offenheit hatte Bauer beeindruckt. Er hatte der jungen Frau in seiner Gemeinde ein möbliertes Zimmer und einen Aushilfsjob besorgt. Er hatte Alva noch ein paarmal in ähnlichen Fällen geholfen, zuletzt vor vier Jahren. Seitdem hatten sie sich nicht mehr gesehen.

Alva wurde wütend. »Es ist zum Kotzen! Von den Frauen sind achtzig Prozent Ausländerinnen. Sie sollen gegen Zuhälter und Menschenhändler aussagen. Das ist lebensgefährlich, jeder weiß das. Aber Bleiberecht oder vernünftiger Zeugenschutz? Null, nada. Ich rate den Frauen mittlerweile davon ab auszusagen.« Sie nahm einen tiefen Zug, dann warf sie die halbgerauchte Zigarette auf die Straße.

»Aber Ulyana geht es gut?«

Alva nickte. »Ja. Alles okay. Sie ist umgezogen und arbeitet jetzt als Sexualbegleiterin. Keine Sorge. Hat nichts mit Escort zu tun. Gibt's in Holland schon seit zwanzig Jahren.« Sexualbegleiter kümmerten sich um Menschen mit schweren Behinderungen. Hatten die nicht auch ein Recht auf Berührung und Sexualität?

Bauer stimmte ihr zu. »Wird Freilauf immer noch angefeindet?«

Alva holte wieder den Tabak aus der Tasche und drehte sich eine neue Zigarette. »Bloß von den Altfeministinnen. Für die sind wir immer noch ein rotes Tuch.« Sie zündete die Zigarette mit einem dunkelroten Dupont-Feuerzeug an.

Alva hatte sich nie als Opfer gesehen. Nicht mal, als sie für einen besonders brutalen Zuhälter gearbeitet hatte. Von ihm hatte sie die Narbe, aber sie hatte sich freigekämpft. Sie war allerdings nicht so naiv zu glauben, jede Frau hätte so viel Kraft wie sie.

»Wie geht es Nina? Sie muss jetzt – wie alt sein? Vierzehn?«

»Fünfzehn.«

Sie sah ihm sofort an, dass ihn beim Gedanken an seine Tochter etwas belastete. »Probleme?«

»Deauville. Sie ist hingefahren, ohne unser Wissen.«

Alva verstand sofort. »Das ist gut und nicht gut.«

»Das Gute daran kann meine Frau im Moment leider überhaupt nicht sehen. Und mir fällt es, ehrlich gesagt, auch immer schwerer.« Er spürte, wohin das führen würde. Aber er war nicht gekommen, um sich Ratschläge zu Ehe- und Erziehungsproblemen zu holen. Nicht, dass es nicht schon vorgekommen wäre. Und Alvas Ratschläge waren immer klug und hilfreich gewesen. »Mein Besuch hat einen Grund, Alva.«

»Das habe ich mir schon gedacht.«

»Sie sollen mir einen Gefallen tun.«

»Nur raus damit. Ich schulde Ihnen mehr als einen.«

Er hielt ihr die *stroopwafels* hin. »Ich hoffe, die mögen Sie immer noch.«

Er erzählte ihr von Walter Keunert, von Annette und Tilo. »Keunert soll gute Beziehungen gehabt haben. Vielleicht zu gute.«

Alva deutete hinüber zum Vulkanviertel. »Da drüben?«

Er zuckte mit den Achseln. »Möglich.«

»Derselbe Typ, der mit Ihnen von der Brücke gesprungen ist? Und ein paar Stunden später springt er vom Parkhausdach. Muss hart für Sie sein.«

Er sagte nichts.

Eine Frau in hautengem Top, Minirock und High Heels, behängt mit großformatigem Modeschmuck, alles in Neonfarben, überquerte die Straße. Ihr blondierter Zopf tanzte hin und her, als sie betrunken auf Alva zustöckelte.

»Augenblick.« Alva ließ Bauer stehen und ging ihr entgegen. Die Frauen sprachen miteinander. Die junge Frau schüttelte energisch den Kopf, dabei verlor sie fast das Gleichgewicht. Alva streichelte ihr über den Arm und verschwand in den Räumen der Initiative. Kurz darauf kam sie wieder heraus. Er sah, dass sie der jungen Frau eine Handvoll Kondome in die Handtasche schob. Die junge Frau bedankte sich mit einem kurzen Nicken und stakste davon.

»Pass auf dich auf, Schatz«, rief Alva ihr nach und kehrte zurück zu Bauer.

»Sie ist jung.«

»Zu jung.«

Dem war nichts hinzuzufügen. Bauer wechselte das Thema. »Keunert hat einen Sohn. Ungefähr so alt wie meine Tochter.«

»Dem wollen Sie helfen, schon klar. Aber wie? Sein Vater hat ihn im Stich gelassen. Das können Sie auch nicht mehr ändern.«

»Vielleicht hat er das ja gar nicht.«

Für Alva musste niemand zwei und zwei zusammenzählen. »Sie glauben, jemand hat nachgeholfen? Warum sind Sie dann hier und nicht die Polizei?«

»Es ist nur so ein Bauchgefühl.«

»Ah, Ihre berühmte Intuition.«

»Sie sollen sich mal umhören. Über Keunert. Ob da was dran ist.«

»Klar, kann ich machen. Aber inwiefern hilft das dem Jungen?«

Er schwieg.

»Indem Sie aus einem Loser einen Helden machen? Viel Glück dabei.«

Als sich Bauer verabschiedete, fiel Alva etwas ein. »Apropos – Sie können mir auch einen Gefallen tun. Es geht um Aurica Dacianu. Die während der Razzia vor zwei Wochen gestorben ist. Der junge Polizist soll geheult haben wie ein Schlosshund.«

Das war Bauer neu. Als er am Einsatzort eingetroffen war, hatte Keunert sich schon um Vogt gekümmert. Vogt stand unter Schock, das hatte Bauer gesehen, aber geweint hatte er nicht. Im Gegenteil, er hatte nur teilnahmslos auf seine blutigen Hände gestarrt.

»Ganz so war es nicht.«

»Na ja, die Mädchen übertreiben gern«, fuhr Alva fort. »Jedenfalls wollen Auricas Verwandte sie nach Hause holen. Aber der Leichnam wird nicht freigegeben. Ich kriege einfach nicht raus, warum. Können Sie da was machen?«

Er überlegte. »Soweit ich weiß, ist die Ermittlung abgeschlossen. Sie ist aus dem Fenster gefallen.«

»So was musste ja irgendwann passieren.« Alva klang traurig und resigniert. »Sie hat getrunken.«

»Der junge Polizist dachte, sie sei vielleicht gesprungen.«

Alva schüttelte entschieden den Kopf. »Nicht Aurica. Sie war zwar meistens betrunken, aber sie hat gut gearbeitet und viel verdient. Sie wollte noch zwei oder drei Jahre anschaffen und dann zurück nach Hause und eine Schneiderei aufmachen. Ich wette, sie hätte aufgehört zu trinken, sobald sie nicht mehr angeschafft hätte.«

»Sie kannten sie gut?«

»Eigentlich nicht. Ich habe sie ein paarmal auf meiner Runde gesehen.«

Alva besuchte regelmäßig die Bordelle und den Straßenstrich. Sie redete mit den Mädchen und Frauen, hörte sich ihre Geschichten, Nöte und Sorgen an und offerierte ihre Hilfe.

»Wir haben kaum zehn Worte gewechselt. Aber ihre Freundin Lacrima hat mir einiges erzählt.«

»Ich sehe mal, was ich tun kann.«

Sie umarmten sich, und Bauer ging. Wenn es etwas über Walter Keunerts Beziehungen zum kriminellen Milieu gab, würde Alva es herausfinden.

Seine Windschutzscheibe war sauber. Der Chef der Gang stand wie aus dem Boden gewachsen neben ihm. Bauer gab ihm die andere Hälfte des Geldscheins. Der Junge rannte zurück zu seinen Komplizen.

Einem Impuls folgend schlenderte Bauer am Kirchenzaun entlang bis zu dem kleinen Tor. Es stand offen. Manchmal beneidete er die Katholiken. Gerade jetzt hätte er gern eine Kerze angezündet. Für Walter Keunert, für seine Frau, für Aurica, Lacrima, das Mädchen im neonfarbenen Top, das er verscheucht hatte, die kleinen Schutzgelderpresser, für Tilo, Nina, Alva ... Die Kirche war abgeschlossen. Es kam ihm falsch vor. Gerade hier, einen Steinwurf entfernt von den Einsamen und Abgestumpften, die durch das neonstrahlende Gomorrha irrten.

Als er den Motor startete, signalisierte sein Privathandy eine SMS von seiner Frau. Nina hatte sich gemeldet. Es war alles in Ordnung. Sie hatte vergessen anzurufen, weil sie mit ein paar Franzosen im Pfarrhaus Protestlieder gesungen hatte.

21

Bauer fand Büscher in der winzigen Kaffeeküche des KK 11. Die Augen des Todesfallermittlers waren gerötet. Ein Niesanfall schüttelte ihn. Die Kamillenblüten, die er aus der Teepackung gelöffelt hatte, flogen in alle Richtungen.

»Gesundheit«, sagte Bauer.

Der Oberkommissar winkte ab. »Das ist der verdammte Köter.« Er klang, als hätte er eine Wäscheklammer auf der Nase. Unglücklich schaute er auf die verstreuten Kamillenblüten, dann auf den Löffel in seiner Hand.

»Allergisch gegen Hundehaare?«

»Gegen meine Schwägerin. Ihr gehört das Vieh.« Er löffelte eine neue Portion Blüten aus der Teepackung, diesmal direkt in eine Tasse. »Meine Frau lädt ihre Schwester aus Leipzig ein, und die bringt, ohne zu fragen, ihre haarende Töle mit.«

Büscher schüttete heißes Wasser aus dem Wasserkocher in die Tasse. »Glauben Sie mir, keine Hunderasse haart mehr als ein verfluchter Cockerspaniel.« Er rührte den Aufguss um. »Sie wollen zu mir, Herr Pfarrer?«

Bauer bejahte. Sein Anliegen war schnell erklärt. Der Oberkommissar hatte die Todesermittlung bereits abgeschlossen und seinen Bericht an die Staatsanwaltschaft weitergeleitet. Die Sache war einfach gewesen. Die siebenundzwanzigjährige Aurica Dacianu war aus dem Fenster eines von ihr gemieteten Zimmers im vierten Stockwerk des Bordells in der Charlottenstraße auf die Straße gestürzt.

Sie war an den Folgen des Sturzes verstorben. Anzeichen für Fremdeinwirkung hatte Büscher nicht gefunden. Die Obduktion hatte nichts Auffälliges ergeben.

»Dann hat die Staatsanwaltschaft den Leichnam freigegeben?«

»Müsste sie eigentlich.« Büscher nahm einen Schluck von seinem Kamillenaufguss. Er verzog das Gesicht. »Meinen Sie, das Zeug hilft?«

Bauer zuckte mit den Achseln. »Mit Allergien kenne ich mich nicht aus. Tut mir leid.«

Büscher schaute unschlüssig in die Tasse. »Da haben Sie Glück.« Er goss den Inhalt in den Ausguss. »Wenn die Verstorbene keine Angehörigen in Deutschland hat, kann es mit der Freigabe dauern. Aber ich kann mal für Sie nachhören und ein bisschen Druck machen.«

»Das wäre nett. Haben Sie eine Idee, wieso die Frau aus dem Fenster gefallen ist?«

Mit Todesverachtung goss sich Büscher aus einer Glaskanne einen eingekochten Kaffeerest in die Tasse. »Keine Zeugen. Anscheinend war sie allein im Zimmer.«

»Sie hatte keinen Freier? Um die Zeit?«

»Haben ihre Kolleginnen jedenfalls ausgesagt.« Büscher nippte an seinem neuen Getränk. Angewidert spuckte er es zurück in die Tasse. Er sah Bauer entschuldigend an. »Sorry.«

»Sie haben also keine Zweifel?«

Büscher sah Bauer irritiert an. »Zweifel? Woran?«

»Dass es ein Unfall war?«

Büscher überlegte. »Im Milieu weiß man das nie genau. Aber was sollen wir machen? Die Frauen reden nicht. Die Osteuropäerinnen schon gar nicht. Die haben zu Hause alle Familie.«

»Vielleicht war sie betrunken.«

»Oder high. Haben wir zuerst auch gedacht. Darum die Obduktion. Aber wir haben nichts gefunden. Keine Drogen, sehr wenig Alkohol. Kaum zu glauben.« Ein erneuter Niesanfall schüttelte Büscher.

22

Er saß an der Kante der Plattform, seine Beine baumelten über dem Abgrund. Zehn Meter unter ihm das tiefe Becken. Kein Wasser mehr darin, nur Müll, verwelktes und vermodertes Laub und Unkraut, das sich darauf angesiedelt oder durch die Risse im Beton gekämpft hatte.

Sein Vater war in diesem Becken geschwommen, hatte hier Pokale gewonnen. Damals war er der Beste gewesen. Kein Feigling, kein Loser. Ein Gewinner! Alle hatten ihm zugejubelt, und er hatte das schönste Mädchen abbekommen – seine Mutter.

Tilo setzte die Flasche an. Er achtete darauf, nicht durch die Nase zu atmen. Beim ersten Schluck hatte er einen Hustenanfall bekommen und fast alles wieder ausgespuckt. Mit Tomaso trank er manchmal Wodka, den der olle Sobotta ihnen am Büdchen besorgte – gegen eine Beteiligung. Harter Alkohol war also nichts Neues für Tilo. Der unbarmherzige Geschmack dieses Whiskeys schon. Nach der Hustenattacke fühlte sich sein Rachen an, als hätte jemand darin einen Autoreifen angezündet und mit Desinfektionsmittel gelöscht. Aber wenn er vorsichtig schluckte und nicht durch die Nase atmete, war es genau das richtige Getränk. Es machte den Körper warm und stark, räumte den Kopf auf und ließ den feuchten Herbstwind, der hier oben pfiff, einfach abprallen.

Es war leicht gewesen, in das alte Bad hineinzukommen. Zwar war der Haupteingang zugemauert, und die Drehkreuze am Ausgang waren verschweißt und mit Stacheldraht gesichert worden. Aber den Schleichweg von der Kleingartenanlage her gab es noch immer. Er führte durch Unterholz und dorniges Gestrüpp bis an den Zaun zur Liegewiese. Tilo war am Maschendraht entlanggestrichen und hatte das Loch gesucht. Schon früher hatte es irgendwo immer eins gegeben. Gerade groß genug für Kinder, die so mutig waren hindurchzuschlüpfen, um sich von dem Geld, das die Eltern für den Eintritt spendiert hatten, ein Eis oder ein Pappschälchen Pommes zu kaufen. Mit geübtem Blick hatte er die Stelle gefunden, an der die Maschen aufgeschnitten worden waren und nur von einem senkrecht hineingesteckten dünnen Rundeisen zusammengehalten wurden. Tomaso hatte dafür immer Schweißelektroden genommen, die er seinem Vater klaute. Tilo hatte eine Weile gebraucht, um sich durch den engen Schlitz zu zwängen. Das lag nur zum Teil an der verletzten Hand. Er war größer und breiter geworden. Nicht so wie Özgür natürlich, aber er war auch kein Kind mehr.

Tilo stellte die Flasche ab, atmete den medizinischen Nachgeschmack aus und zog die Pistole wieder aus seinem Hosenbund. Sie lag nun noch schwerer in seiner Hand. Er hatte das Magazin eingesetzt. Vorher hatte er die eingestanzten Bezeichnungen gegoogelt. Die Waffe war eine *Browning HP*. Das Modell gab es schon seit über achtzig Jahren, kaum eine Pistole war weiter verbreitet. HP stand für *High Power*. Das gefiel Tilo. Auf YouTube fand er Dutzende Videos über die Browning HP. Er wusste nun, dass man das Magazin einsetzen musste, bevor sich der Hammer spannen ließ, und dass er durchladen musste. Dazu bewegte man den Schlitten erst nach hinten und dann wieder nach vorn. So wurde eine Patrone aus dem Magazin ins Patronenlager geführt. Danach war die Pistole schussbereit.

Das Durchladen stellte sich Tilo knifflig vor. Er konnte ja nur mit dem Daumen und dem kleinen Finger seiner linken Hand greifen. Zeige- und Ringfinger hatte der Arzt zusammen mit dem gebrochenen Mittelfinger auf die Schiene getapt. Doch die Pistole war gut geölt, der Schlitten glitt ganz leicht nach hinten und schnellte von selbst wieder vor.

Nun war der Hammer gespannt. Tilo nahm die Waffe hoch. Diesmal hielt er sie mit ausgestreckten Armen. Den Abzug ließ er unberührt. Er brachte Kimme und Korn in eine Linie mit Hochhaus Nummer 6 des Hagenshofs, ahmte das Geräusch eines Schusses nach und imitierte den Rückstoß. Dann machte er einen Schwenk über die halbe Stadt bis zum Landschaftspark, nahm die Schlote der Hochöfen ins Visier und schoss gespielt einen nach dem anderen ab.

Sein Vater hatte ihm von der Zeit erzählt, als die Öfen noch glühten und die Schornsteine noch rauchten und bei Westwind morgens eine feine Ascheschicht wie dunkler Schnee auf dem Wasser im Mercator-Bad lag. Tilo hatte das immer für ein Märchen gehalten. Genau wie die Geschichte von dem Jungen, der aus Versehen von der falschen Seite des Zehners gesprungen war. Sein Vater war ja nie in dem Schwimmbad gewesen, hatte Tilo geglaubt. Jetzt wusste er es besser.

Er legte sich zurück auf den kalten Beton und zielte in den Himmel. Er fand nichts, worauf er anlegen konnte. Keine Wolke, kein Flugzeug, nur endloses Grau. Seine Arme wurden schwer, der gebrochene Finger schmerzte. Er ließ die Pistole sinken.

Sein Vater hatte geweint. Im Krankenhaus. Er war blass geworden, als er den gebrochenen Finger gesehen hatte, und wollte wissen, was passiert war. Tilo erzählte von dem Mann, der sich wie ein Boxer bewegt und gefragt hatte: »Du Rechtshänder?« Da fing sein Vater an zu weinen. Die Tränen liefen aus seinen Augen, Tilo hatte das bei ihm noch nie gesehen, und er entschuldigte sich, Tilo hatte keine Ahnung, wofür, und dann war er einfach weggegangen. Für immer. Ohne Erklärung.

»Wenn einer weint, ist ein anderer schuld«, hatte sein Vater früher gesagt, wenn es auf dem großen Spielplatz in der Siedlung Streit gab und er nach dem Dienst dazugekommen war. Im Sandkasten flößte eine Uniform noch Respekt ein. Schnell hatte er den Schuldigen gefunden, ihn ernst ermahnt und die Kontrahenten wieder versöhnt. Dann nahm sein Vater Tilo an der Hand, und sie gingen zusammen nach Hause. Die Hand seines Vaters war groß und warm und roch nach Seife. Damals war Tilo stolz gewesen, einen Polizisten zum Vater zu haben. Spätestens nach der Grundschule war es uncool geworden.

Kalte Tropfen flossen in seine Ohren. Verdammt, er hatte sich geschworen, nicht zu heulen. Tilo setzte sich auf, blickte hinunter auf das verdreckte Becken, die verwilderte Liegewiese, die verrammelten Umkleiden. Er suchte ein Ziel.

»Vielleicht ist er ja gar nicht gesprungen«, hatte der Polizeipfarrer gesagt. Vielleicht war ein anderer schuld.

Da entdeckte Tilo die Ratte. Sie schnüffelte vor einer Stufe zwischen den aufgeplatzten Kacheln der Beckenumrandung nach Nahrung. Tilo hob die Pistole und legte den Finger an den Abzug. Die Ratte stöberte etwas auf, Früchte von den Bäumen vielleicht, Bucheckern oder Kastanien.

Für einen Augenblick stand sie still, nur ihre Schnauze bewegte sich. Tilo zielte sorgfältig.

Dann drückte er ab.

23 Bauer kam ohne Trost. Wie am Morgen fuhr er auf den Parkplatz hinter dem Büdchen. Der rote Smart stand auch wieder dort. Und wieder ließ Annette Keunert ihn nicht in die Wohnung. Immerhin reagierte sie diesmal auf sein Klingeln.

»Gehen Sie! Lassen Sie mich in Ruhe! Ich werde kein Wort mehr mit Ihnen reden«, schnarrte es aus der Sprechanlage.

»Das akzeptiere ich. Aber bitte lassen Sie mich mit Tilo sprechen.«

»Wozu?«

Eine gute Frage. Was wollte er dem Jungen sagen? Dass er morgens seine Mutter verfolgt hatte? Dass es Gerüchte gab, die seinem Vater Korruption unterstellten? »Ich mache mir Sorgen um Ihren Sohn. Ich möchte ihm helfen.«

»Indem Sie rumerzählen, mein Mann wäre ermordet worden?«

Das hatte Bauer nie behauptet. Auch wenn er es inzwischen glaubte.

»Sie machen alles nur noch schlimmer!«

»Bitte, Frau Keunert ...«

»Tilo ist nicht da, verdammt! Verschwinden Sie endlich! Lassen Sie meinen Jungen in Ruhe, lassen Sie uns in Ruhe, sonst zeige ich Sie wegen Belästigung an!«

Mit einem Knacken verstummte die Sprechanlage. Er wandte sich ab. Der Himmel hing reglos über dem Wohnpark. Fast wünschte sich Bauer, die Ausläufer des atlantischen Sturmtiefs würden endlich eintreffen und ihn aufreißen. Wo sollte er Tilo suchen? Wo hingen die Jugendlichen vom Hagenshof ab? In fast jedem Viertel gab es so einen Ort, in Problemvierteln erst recht.

»Wieso wollen Sie das wissen?« Die Büdchenbesitzerin musterte ihn argwöhnisch.

Bauer hielt ihrem Blick stand. »Ich bin auf der Suche nach dem Sohn von Walter Keunert.«

»Tilo ist einer von den guten Jungen.« Es klang wie eine Warnung. »Davon gibt's hier nicht so viele.«

»Wissen Sie, wo ich ihn finden könnte? Zu Hause ist er nicht.«

»Wozu auch, wenn sein Vater nicht mehr da ist?«

»Hat er sich gut mit ihm verstanden?«

»Natürlich nicht! Er ist fünfzehn. Sie haben wohl keine Kinder?«

»Eine Tochter. Im selben Alter.«

»Dann sind Sie entweder einer von den Männern, die ihre Frauen mit der Erziehung alleinlassen. Oder Sie fragen solchen Blödsinn, um mich zum Reden zu bringen.«

»Verzeihen Sie, ich habe mich nicht vorgestellt.« Er hielt ihr die Hand hin. »Mein Name ist Bauer. Ich bin Polizeiseelsorger. Ich habe Frau Keunert die Nachricht vom Tod ihres Mannes überbracht, und nun versuche ich, mich um den Sohn zu kümmern.« Ilse hatte einen festen Händedruck. Er hatte nichts anderes erwartet.

»Polizeiseelsorger«, wiederholte sie nachdenklich. »Sind Sie der Irre, der von der Brücke gehüpft ist?«

Bauer nickte. Offenbar verkaufte Ilse ihre Zeitungen nicht nur.

»Und der Polizist? War das Walter?«

»Ja.«

Sie überlegte einen Moment. Dann deutete sie die Straße hinunter. »Versuchen Sie es auf dem Basketballplatz. Vor der Kurve links rein. Wenn Tilo nicht da ist, fragen Sie Tomaso, das ist so ein Schmächtiger mit dunklen Locken, oder Özgür, der ist das Gegenteil. Die beiden sind mit Tilo befreundet.«

»Danke.«

»Ich hoffe, Sie finden ihn«, sagte Ilse. »Jungs in dem Alter rutschen hier schnell ab. Auch die guten.«

Der Basketballplatz lag wie ein verrosteter Käfig in der Grünanlage. Auf der Lehne einer Bank am Rand des Spielfelds saßen zwei Mädchen, vielleicht vierzehn Jahre alt. Ihre Tops waren zu tief ausgeschnitten, ihre Jacken zu kurz, ihre Gesichter zu stark geschminkt. Sie wurden von drei Jungen umlagert. Aus einem Bluetooth-Lautsprecher schallte Sprechgesang. *Ich trag nicht 'ne Teflon-Weste, um zu reden / Du weißt, meine Schwäche ist die Knete / Ich halt dir die Beretta an die Schläfe / Das letzte Mal im Leben.* Nach jeder Zeile hörte man das Durchladegeräusch einer Pistole, am Ende des Refrains ertönte ein Schuss.

Ein schmächtiger Junge mit dunklen Locken warf einsam Körbe. Vielleicht mochte er keinen Gangsta-Rap.

»Tomaso?«

Der Ball prallte am Ring ab und ging daneben.

Der Junge drehte sich ärgerlich um. »Alter!«

»Tut mir leid«, sagte Bauer. »Weißt du, wo ich Tilo finden kann?«

Tomaso musterte ihn noch misstrauischer als zuvor die Büdchenbesitzerin. »Und wenn?«

Bauer erklärte, wer er war.

»Macht der Typ Ärger?« Einer der anderen Jungen kam heran. Er war muskelbepackt und schien bereit, den schmalen Tomaso jederzeit zu verteidigen.

»Du musst Özgür sein«, sagte Bauer.

Der Junge blieb verdutzt stehen. Dann fuhr er Tomaso an. »Du sagst dem Typ meinen Namen? Wie soll ich ihm jetzt aufs Maul hauen? Der verpfeift mich doch!«

»Das war ich nicht, Mann!« Tomaso wandte sich an Bauer. »Woher wissen Sie, wie wir heißen?«

»Die Frau am Büdchen war so nett.«

Tomaso schüttelte ungläubig den Kopf. »Die Alte ist nicht nett. Schon gar nicht zu jemandem von der Polizei.«

»Fuck«, entfuhr es Özgür, »der Typ ist ein Bulle?«

»Quatsch! Pfarrer.«

»Hä?«

»Bitte, Jungs, es ist wirklich wichtig, dass ich Tilo finde«, mischte Bauer sich ein. »Sein Vater ist gestorben.«

»Wissen wir«, sagte Özgür. »Der Loser hat die Flatter gemacht. Vom Parkhaus.«

»Hat Tilo mit euch darüber geredet?«

»Wir haben ihn heute noch gar nicht gesehen«, behauptete Tomaso.

Bauer überlegte, ob er ihm glauben sollte. »Und gestern?«

»Wusste er es doch selbst noch nicht.«

»Ich war gestern Morgen bei ihm zu Hause und habe die Todesnachricht überbracht.«

»Im Ernst?« Tomaso blickte ihn ungläubig an. »Krass!«

»Was ist krass?«

»Er hat kein Wort gesagt, null! Er hat die ganze Pause nur von den Polacken gequatscht.«

»Von welchen Polacken?«

»Die wollten ihn fertigmachen, vorgestern Abend, nach unserem Match. Wir hatten hier gespielt, zwei gegen zwei.« Tomaso zögerte. »Er ist dann allein abgezogen. Wir sind noch ins Kino.«

»Warum habt ihr Tilo nicht mitgenommen?«

»Weil er ein verdammter Arsch war«, schnaubte Özgür.

»Worum ging es?«

»Nichts Wichtiges«, relativierte Tomaso. »Er war einfach mies drauf. Er ist wohl gleich nach Hause. Da haben ihn zwei Typen angemacht. Einen hat Tilo umgehauen.«

»Wer's glaubt«, zweifelte Özgür.

»Hallo? Er hat dem Wichser eine aufs Kinn gedonnert. Hat sich sogar den Finger dabei gebrochen«, gab Tomaso zurück.

Bauer kannte eine andere Version der Geschichte. »Und woher wisst ihr, dass sein Vater gestorben ist?«

»Facebook. Alle haben Tilo getextet. Er hat locker hundert Kommentare. Aber er hat nicht einen gelikt. Auf WhatsApp antwortet er auch nicht.«

Bauer schwieg.

»Sie glauben doch nicht, dass er irgendeinen Scheiß macht?« Tomaso bemühte sich, beiläufig zu klingen.

Bauer holte einen Kuli aus seiner Jacke, nahm die Hand des Jungen und schrieb seine Mobilnummer darauf. »Wenn du etwas von ihm hörst, rufst du mich an! Auch mitten in der Nacht. Okay?«

Der Junge nickte. In seinen Augen sah Bauer die Sorge, die er selbst hatte.

24

»Sie wollen, dass ich eine Fahndung einleite?« Verenas Unmut war über die Freisprechanlage deutlich zu hören. »Auf welcher Grundlage?«

Bauer setzte den Blinker und wechselte von der A3 auf den Ruhrschnellweg. »Polizeidienstvorschrift. *Unter Fahndung versteht man die Suche nach Personen, die Straftaten begangen haben, die vermisst werden, suizidgefährdet sind, oder als Zeugen benötigt werden.*«

»Danke, ich kenne die PVD.« Nun klang sie gereizt.

»Hören Sie, ich will Sie nicht belehren. Aber der Junge ist in einer psychischen Extremsituation. Niemand hat ihn heute gesehen. Einer seiner Freunde hat Angst, dass er *irgendeinen Scheiß macht* – wörtliches Zitat. Was brauchen Sie noch?«

»Eine Vermisstenanzeige von seiner Mutter.«

»Sie will nicht mehr mit mir reden.«

»Wahrscheinlich nerven Sie sie genauso wie mich.«

»Ich will nur ...«

»... dem Jungen helfen, das habe ich schon verstanden«, unterbrach ihn Verena. Dann änderte sich ihr Ton. »Haben Sie bei Ihrer Schnüffelei sonst noch was rausgefunden?«

»Nur dass Tilo verschwunden ist.«

»Und über seinen Vater?«, fragte sie beiläufig. »Hat zufällig jemand erwähnt, dass Keunert Verbindungen nach Rumänien hatte?«

»Rumänien? Wie kommen Sie darauf?«

»Kann ich Ihnen nicht sagen. Geben Sie mir die Namen von Tilos Freunden.«

»Tomaso und Özgür. Nachnamen habe ich leider nicht.«

»Weil Sie ein Amateur sind. Ich melde mich.«

Sie legte auf. Bauer wusste, sie würde seine Sorge ernst nehmen und sich selbst ein Bild machen. Wenn sie zur selben Einschätzung kam wie er, würde sie tun, was in ihrer Macht stand. Vielleicht sogar ein bisschen mehr. Er konnte im Moment nur abwarten.

Er überquerte die Rheinbrücke, auf der er vor gerade mal achtundvierzig Stunden mit Keunert gestanden hatte. Die Erinnerung an den Sprung, das Gefühl, durch die Dunkelheit auf etwas schwarz Schimmerndes zuzustürzen, war noch frisch. Ausfahrt Nummer 11, seine Ausfahrt, wenn er nach Hause fuhr. Das Haus würde leer sein. Sarah hatte Probe, sie sang Sopran im Hafenchor. Man hatte sie auch im Polizeichor gewollt. Sie hatte abgelehnt. Sie legte Wert auf Distanz zu seiner Arbeitswelt.

Die Ausfahrt kam näher. Er nahm den Fuß nicht vom Gas. Wenn er weiterfuhr, wäre er nach vierzig Kilometern in Venlo. Die Niederrheinlandschaft zog vorbei. Sauber abgezirkelte Felder, ein Mosaik aus Grün- und Brauntönen bis zum Horizont. Weitere Ausfahrten. 9, Moers-Zentrum. 6, Kerken. 4, Wachtendonk. Ausfahrt Nummer 2, die vorletzte, Straelen.

Plötzlich wusste er, wo er hinwollte. Er verließ die Autobahn und fuhr auf der L 221 nach Norden weiter. Vor Straelen bog er nach Osten ab, passierte grüne Wiesen, Äcker mit dunklen Böden, Pappelalleen, Kopfweiden, einsame Gehöfte, aufgeräumte Dörfchen, tausend Jahre alte Städtchen, alles getaucht in das matte Herbstlicht, das es so nur am Niederrhein gab.

Die Landstraße wurde schmaler, der Verkehr spärlicher. Hooghuysen. Im Schritttempo rollte er die Hauptstraße hinunter. Alles wirkte wie frisch aufgeräumt, nirgends Müll, jedes Haus sauber und gepflegt, kein Mensch auf der Straße. Als hätten die Einwohner ein letztes Mal Großputz gemacht und wären dann weggezogen.

Die kleine Kirche lag am Dorfausgang. Eine niedrige weißgekalkte Mauer umgab das Grundstück mit dem Pfarrhaus und dem Gemeindesaal. Dahinter lagen Pferdekoppeln und Felder. Bauer parkte neben einem mitgenommenen alten Volvo Kombi mit zwei Aufklebern an der Heckscheibe: *Hospiz-Netzwerk e.V.* und *German Chan Association*. Auf der Ladefläche war auf einer Schlafmatte ein Armeeschlafsack ausgerollt.

Alles schien unverändert. Sogar das Schild neben dem schmiedeeisernen Tor – *Evangelische Christusgemeinde Hooghuysen* – war noch da. Und mit ihm das Gefühl unzähliger endloser Gemeindenachmittage mit dünnem Filterkaffee, Butterkuchen und engherzigen, um seine Aufmerksamkeit buhlenden alten Frauen. Es so zu sehen war ungerecht, das wusste er.

Die Flügel des Kirchenportals standen offen. Direkt daneben hatte jemand einen Flyer an der Wand befestigt. Unter einer Titelzeile aus chinesischen oder japanischen Schriftzeichen stand *Chan-Zentrum, Morgenmeditation 6:00–7:30, Abendmeditation 19:20–22:00, täglich außer mittwochs. Jeder ist willkommen.*

Er stieg die drei Stufen hinauf und trat in die Kirche. Sie war leer, so kam es ihm zumindest vor. Die Bestuhlung war verschwunden. Dann bemerkte er im Halbdunkel die beiden Reihen schwarzer Sitzmatten. Sie waren akkurat links und rechts entlang der Wände aufgereiht. Auf jeder lag ein rundes schwarzes Kissen.

Herbstlicht fiel durch die schmalen Bleiglasfenster. Es war zu schwach, um die farbigen Lichtflecken auf den Steinboden zu werfen. Nina hatte sie geliebt. Sie hatte im Sommer darauf immer *Himmel und Hölle* gespielt. Während andere Kinder ihre Hüpfkästchen mit Kreide auf die Dorfstraße zeichneten, hatte die Sonne sie für Nina in den Altarraum gemalt. Er erinnerte sich an das Schützenfest. Die Erwachsenen hatten im Festzelt gefeiert. Da fiel ihm auf, dass die Kinder plötzlich verschwunden waren. Bauer hatte das Klackern der Wurfsteine gehört und sie in der Kirche gefunden. Nie schien ihm ein Gotteshaus besser genutzt worden zu sein als von den Kindern, die auf den farbigen Lichtmustern herumhüpften. Es war eine der schönsten Erinnerungen an seine Zeit als Gemeindepfarrer. Es war ein Idyll gewesen. Zu schön, um wahr zu sein. Er hatte es nicht ausgehalten. Darum hatte er zusätzlich die Aufgabe als Notfallseelsorger übernommen.

Jemand hatte das einfache Holzkreuz aus der Apsis entfernt, aber der Granitaltar war noch da. Jetzt stand darauf eine Buddhastatue aus dunkelbraunem Holz, etwa einen Meter hoch, links und rechts von ihr je ein Kerzenleuchter, davor eine Keramikschale, in der abgebrannte Räucherstäbchen steckten. Seine Kirche war zu einem buddhistischen Tempel geworden.

Auf den Fliesen vor dem Altar lag eine weitere Sitzmatte mit einem schwarzen Kissen. Davor stand ein niedriges Tischchen mit einer Klangschale aus Messing und einigen weiteren Gegenständen, deren Funktion er nicht kannte. Das leuchtend rote medizinballgroße Holzobjekt neben dem Tisch schien eine Trommel zu sein, zumindest deutete der armlange Schlegel, der aus dem Objekt ragte, darauf hin.

Er wollte gerade wieder gehen, als eine dunkel gekleidete gedrungene Gestalt in Schlosserhose und blauer Arbeitsjacke aus der Sakristei trat. Sie trug eine Vase mit spätblühenden Wildblumen zum Altar, legte die Hände vor der Brust zusammen und verbeugte sich. Als sie sich umdrehte, erkannte er, dass es eine Frau war. Schon die zweite in Handwerkerkluft heute. Sie war klein und dick, ihr Kopf kahl rasiert, ihr Gesicht fast rund. Sie musterte ihn ohne Überraschung, als wäre er ein regelmäßiger Gast. »Sie können gern mit uns sitzen.«

Er sah sich um. Wen meinte sie mit ›uns‹? Sie deutete auf das Kissen in der rechten Reihe, das dem Altar am nächsten war. Dann ging sie zur Eingangstür, schloss sie und verschwand wieder in der Sakristei. Unschlüssig betrachtete er das Meditationskissen. In ›seiner‹ Kirche als Gast behandelt zu werden, zudem von einer Fremden, die wie selbstverständlich seine Sakristei benutzte, war irritierender als alle Buddhas, Gongs und Räucherstäbchen zusammen. Aber warum nicht?

Er zog die Schuhe aus, stellte sie hinter die Matte und ließ sich mit übergeschlagenen Beinen auf dem Kissen nieder. Sofort wusste er, dass er es in dieser Position keine zehn Minuten aushalten würde. Er meditierte nicht zum ersten Mal, aber für die christliche Meditation brauchte man keinen Lotussitz. Schließlich fand er eine Position, von der er hoffte, sie eine Viertelstunde durchhalten zu können. Er wartete. Das Tageslicht wurde bereits schwächer, die Stille im Kirchenschiff tiefer.

Der helle Ton eines Messinggongs ließ ihn auffahren. Er musste eingenickt sein. Auf dem Altar brannten nun die beiden Kerzen. Von einem Räucherstäbchen stieg ein Rauchfaden auf. Die Frau saß in aufrechter Haltung auf dem Kissen vor dem niedrigen Tischchen. Sie trug jetzt ein schmuckloses schwarzes, in der Taille gebundenes Gewand mit weiten Ärmeln. Ihr Blick schien auf dem Boden vor dem Tischchen zu ruhen. Sie schlug die Klangschale zum zweiten Mal an, dann ein drittes Mal. Der Ton verklang.

Sie schaute auf und sah ihn an. Demonstrativ streckte sie ihre Wirbelsäule und zog das Kinn an. Wortlos zeigte sie ihm, wie er die Hände ineinanderlegen und seinen Blick etwa einen Meter vor sich auf dem Boden ruhen lassen sollte. Sie wartete, bis er seine Position gefunden hatte. Dann ergriff sie den armlangen Schlegel. Ohne hinzusehen, schlug sie zuerst langsam, dann immer schneller auf die Schlitztrommel. Die dunklen Töne ließen Bauers Solarplexus vibrieren. Abrupt endete der Rhythmus. Sie nahm eine kleine, an einem Stab befestigte Glocke vom Tisch und schlug sie dreimal mit einem dünnen Metallstab an. Als auch hier der letzte Ton verklungen war, begann sie, auf Englisch einen Text zu rezitieren. Der Titel klang chinesisch oder japanisch. Ihre Stimme hörte sich an, als käme sie direkt aus ihren Eingeweiden.

Er versuchte nicht, dem Inhalt zu folgen, aber eine Textzeile hallte in seinem Geist wider: *Form is emptiness – emptiness is form.* Er hatte keine Ahnung, was das bedeuten sollte. Die Rezitation brach ab. Stille. Drei weitere Schläge auf die Klangschale. Ihr Ton schwebte klar und hell durch den Raum.

»Meditation, forty minutes. Make your mind bright!« Ihre Stimme dröhnte durch das Kirchenschiff.

Zehn Minuten, dann kam der Schmerz. Zuerst in den Knien, dann zwischen den Schulterblättern und schließlich in den verdrehten Fußgelenken. Er änderte seine Position minimal. Der Schmerz verschwand – und war kurz darauf wieder da. Er wiederholte die Prozedur, mit dem gleichen Ergebnis. Jede Veränderung verschaffte ihm höchstens für zwei Minuten Erleichterung. Er begriff, dass er dem Schmerz nicht ausweichen konnte. Nicht, ohne die Meditation abzubrechen. Vielleicht war es ja genau das, worauf es ankam: nicht auszuweichen. Statt vor dem Schmerz zu fliehen, begann er, ihn zu beobachten.

Irgendwann wurde ihm bewusst, dass er den Schmerz schon seit einer Weile vergessen hatte. Das Geräusch seines eigenen Atems, das feine Knarren, mit dem das Gebälk, die Kirchentür, das vielleicht irgendwo deponierte Gestühl auf die abendliche Temperaturveränderung reagierten, tröpfelten in die Stille. Die Gedanken wurden weniger, die Abstände zwischen ihnen größer, bis es ihm vorkam, als trieben sie auf einem breiten, trägen Strom vorbei.

Der erste helle Ton der Klangschale schreckte ihn auf. Beim dritten Schlag hatte er zurückgefunden. Es war bereits Nacht, durch die Fenster fiel nur noch spärliches Mondlicht. Er hätte nicht sagen können, wie lange er auf dem Kissen gesessen hatte.

Ein Rascheln. Mit einer einzigen fließenden Bewegung erhob sich die Frau. Sie drehte sich zum Altar und verbeugte sich mit zusammengelegten Händen. Dann wandte sie sich zu ihm um. Sie nickte ihm zu. Seine Unterschenkel waren eingeschlafen, schwankend kam er auf die Beine. Sie legte ein zweites Mal die Hände zusammen und verbeugte sich vor ihm, wie sie es vor der Buddhastatue getan hatte. Automatisch erwiderte er die Geste. Dabei verlor er beinah das Gleichgewicht. Sie wandte sich wieder dem Altar zu und blies die Kerzen aus.

Als sich seine Augen an die Dunkelheit gewöhnt hatten, stand sie in der Tür zur Sakristei, nur eine dunkle Gestalt, ihr Gesicht ein heller Fleck.

»Gute Nacht, Herr Pfarrer.« Sie verschwand in der Sakristei. Wie um ihm den Weg zu weisen, flammte über der Kirchentür ein Notlicht auf.

Woher wusste sie, wer er war? Er zog seine Schuhe an

und trat ins Freie. Die Herbstluft strich kühl über sein Gesicht. Als er den Motor startete, summte sein Handy. Eine Nachricht von Alva. Auf dem Display stand eine Adresse im Vulkanviertel. Und ein Name: Sascha Zabel.

25

Die Häuser leuchteten wie die Lichtflecken auf dem Boden der Kirche. Noch am Morgen hatte Bauer an jeder Ecke des Viertels Müll gesehen. Nun verschwand der Dreck im Licht der Neonreklamen, die den heißesten Sex und die schönsten Mädchen versprachen.

Er fuhr langsam die Straße entlang. In den späten Abendstunden herrschte Hochbetrieb. Keine Frauen auf den Bürgersteigen, nur Männer, die meisten von ihnen jung. Die Rentner kamen tagsüber, oft schon vormittags, wenn die Clubs gerade öffneten und nichts los war. Dann guckten die Mädchen nicht so genau auf die Uhr, ließen sich manchmal sogar noch auf ein Gespräch ein, ohne die zusätzliche Zeit zu berechnen.

Die Navigations-App seines Handys verkündete, dass er sein Ziel erreicht hatte. Über dem Eingang des Hauses stand in Leuchtschrift *Club Natascha.* Unmittelbar davor entdeckte Bauer zwischen einem Mercedes und einem Ferrari eine Lücke. Der Passat passte nicht ganz hinein. Bauer stellte den Wagen halb auf dem Bordstein ab.

Er stieg aus und nickte dem Mann zu, der ihn beim Einparken beobachtet hatte. Er war mittelgroß, hatte die Figur eines aus der Form geratenen Kampfsportlers und stand rauchend ein paar Schritte weiter an der Hauswand vor einer Metalltür. Er zeigte keinerlei Reaktion auf Bauers Gruß.

»Ich bleibe nicht lange«, rief Bauer ihm zu. »Wenn der

Wagen stört: Hinter der Scheibe liegt ein Zettel mit meiner Handynummer.«

Der Mann antwortete nicht. Bauer wandte sich dem Eingang zu. Seine Augen blieben an einem großen dunklen Fleck auf dem Bürgersteig hängen. Die Erinnerung traf ihn mitten in der Bewegung. Er stoppte abrupt.

Er hatte das Haus nicht wiedererkannt. Es war nicht beleuchtet gewesen, als er vor zwei Wochen aus dem Streifenwagen gestiegen war. Genau hier hatte Keunert mit seinem Kollegen Vogt gestanden, vor dem zerschmetterten Körper einer jungen Prostituierten: Aurica Dacianu. Sie hatte in diesem Haus gearbeitet, war aus dem obersten Stock gestürzt. Genau hier vermutete Alva den Mann aus dem Milieu, zu dem Keunert Kontakt gehabt hatte: Sascha Zabel.

Die Gedanken schwirrten durch Bauers Kopf. Er versuchte, sie zu ordnen, in Zusammenhang zu bringen, aus den Teilen ein Ganzes zu machen. Es gelang ihm nicht. Vielleicht gab es gar kein Puzzle. Vielleicht existierten nur Einzelbilder, die nichts miteinander zu tun hatten. Vielleicht war er selbst die einzige Verbindung.

Die Automatiktür öffnete sich. Ein Junggesellenabschied flutete aus dem Bordell, keiner der Männer schien älter als fünfundzwanzig. Alle trugen die gleichen T-Shirts mit der Aufschrift: GUT ZU VÖGELN. Sie nahmen Bauer in ihre Mitte wie einen alten Freund. Eine Wolke aus Aftershave, Alkohol, Schweiß und Testosteron hüllte ihn ein. Er löste die Arme, die auf seinen Schultern lagen. Mehrstimmiges Grölen begleitete ihn, als er geradewegs auf den Bordelleingang zusteuerte. Kurz bevor er ihn erreichte, blickte er zur Seite. Der Raucher beobachtete ihn noch immer. Er hatte nun ein Handy am Ohr. Bauer trat durch die Automatiktür.

Ein kurzer Gang, rot ausgeleuchtet. An den Wänden

Schaukästen mit Plakaten, Werbung für eine *Happy Hour* mit Getränken zum halben Preis, für Junggesellenpartys mit *Flatrate* und für den *Special Monday* mit Seniorenrabatt.

Die nächste Tür war dick gepolstert. Bauer zog sie auf. Hitze und Musik schlugen ihm entgegen. Auf einem Podium im Zentrum des Raums bewegte sich eine junge Frau im Rhythmus eines Popsongs. Sie setzte ihren perfekten Körper in Szene. Nur die Tätowierung auf ihrer Schulter passte nicht zu ihrer Performance. Das Tattoo zeigte einen Heiligen vor einem Schragenkreuz. Der Überlieferung nach war der Apostel Andreas, einer der ersten Jünger Jesu, an ein solches Diagonalkreuz geschlagen worden.

An den Wänden gab es Nischen mit Sitzecken und eine lange Theke. Frauen ließen sich von Männern Sekt spendieren. Es wurde geflirtet und getrunken wie in jedem anderen Club. Diesen jedoch besuchte keine der Frauen zu ihrem Vergnügen, keine trug mehr als Dessous, keine war älter als dreißig, und wenn eine von ihnen tanzte, dann an der Stange in der Mitte des Podiums.

Außer der Tür, durch die Bauer hereingekommen war, gab es zwei weitere. Eine war beleuchtet und führte *Zu den Zimmern*. Die andere lag hinter einem Vorhang versteckt. Bauer sah sie nur, weil ein Mann dahinter hervorkam. Er hatte ein Handy am Ohr und ähnelte dem Raucher auf der Straße wie ein jüngerer Bruder. Er sah sich suchend um, entdeckte Bauer und steckte das Handy ein.

Das Gefühl, erwartet zu werden, beschlich Bauer. Doch außer Alva konnte niemand ahnen, dass er herkommen würde. Er ging auf den Mann zu.

»Guten Abend. Mein Name ist Bauer, ich bin Polizeiseelsorger. Können Sie mir sagen, wo ich Herrn Zabel finde? Sascha Zabel?«

Wortlos hielt der Mann den Vorhang auf und deutete auf die Eisentür dahinter. Bauer zögerte verdutzt. Er hatte erwartet, erst einmal abgewiesen oder zumindest nach seinem Anliegen gefragt zu werden. Da bemerkte er, dass ein Mädchen an der Bar ihn beobachtete. Selbst so stark geschminkt wirkte sie nicht älter als sechzehn. Sie hielt ihre Sektschale ungeübt am Stiel. Wollte sie ihm mit ihrem Blick etwas sagen, oder bildete er sich das nur ein?

»Bittä«, sagte der Mann hinter ihm und deutete ungeduldig auf die Tür. Bauer drehte sich noch einmal zu dem Mädchen um. Nun kümmerte sie sich um ihren Kunden, als hätte sie nie etwas anderes getan. Vermutlich war sie betrunken oder auf Drogen, und ihr Blick hatte ihn deshalb irritiert. Bauer öffnete die Tür und trat hindurch.

Eine Betontreppe führte hinunter in den Keller. Der Mann blieb dicht hinter ihm. An den Wänden stapelten sich Kartons mit Spirituosen. Nach wenigen Metern kreuzte ein weiterer Gang.

Bauer sah über die Schulter. »Rechts? Links? Geradeaus?«

Der Mann wies mit einem Kopfnicken nach links.

»Warum gehen Sie nicht vor? Das wäre einfacher.«

Der Mann wiederholte seine Geste. Bauer ging weiter. Im folgenden Flur gab es mehrere Türen, eine stand offen. Kurz davor zwängte sich der Mann an Bauer vorbei.

»Chef?«, fragte er in den Raum, dann winkte er Bauer heran.

Im kahlen Kellerraum stand ein Mahagonischreibtisch auf einem dicken Perserteppich. Bis auf einen Laptop war der Tisch leer. Dahinter saß ein kantiger Mittvierziger. Sein Anzug passte perfekt, der Stoff schien jeden Lichtstrahl zu schlucken.

Bauer trat ein. »Guten Abend. Herr Zabel?«

»Ja. Und wer sind Sie?«

»Mein Name ist Bauer. Ich bin Polizeiseelsorger.« Meist löste er eine Reaktion aus, wenn er sich so vorstellte – Interesse, Überraschung, manchmal Ablehnung. Zabels Miene zeigte nichts davon. Sie zeigte gar nichts. Bauer fuhr fort: »Haben Sie eine Minute für mich Zeit?«

»Sonst wären Sie nicht hier unten. Was kann ich für Sie tun?«

Es ging zu einfach. Bauer war nun sicher, dass Zabel ihn erwartet hatte. Auch wenn das unmöglich war. »Ich würde gern mit Ihnen über einen Ihrer Bekannten reden. Walter Keunert.«

»Keunert? Sagt mir nichts.«

»Er war Polizist.«

»War?«

»Er ist vom Parkhaus in der Altstadt gestürzt.«

»Davon habe ich in der Zeitung gelesen. Ein Name stand dort allerdings nicht.«

»Sie kannten ihn also nicht?«

»Hat er in der City-Wache gearbeitet?«

»Bis vor ein paar Jahren.«

»Dann könnte es sein, dass ich ihm schon begegnet bin. Ihre Kollegen kommen ja ab und zu vorbei.«

»Gibt es so oft Razzien in Ihrem Club? Es ist doch Ihr Club?«

»Einer davon. Aber so habe ich das nicht gemeint.«

»Wie denn?«

»Polizisten machen einen harten Job. Manchmal brauchen sie Entspannung. Die City-Wache ist nur fünf Minuten von hier.«

Zabel klang wie ein Finanzbeamter. Nur strahlte er etwas anderes aus. Er war gefährlich, daran hatte Bauer nicht den leisesten Zweifel. Aber warum redete Zabel überhaupt mit ihm? Bauer versuchte, ihn aus der Deckung zu locken. »Herr Zabel, es besteht der Verdacht, dass Keunert korrupt war. Er soll einen Kontakt im Milieu gehabt haben. Ich habe gehört, dass Sie dieser Kontakt sind.«

»Waren. Er ist tot.«

»Richtig: waren. Waren Sie es? Haben Sie ihn geschmiert?«

»Nein. Ich kannte den Mann nicht. Sie haben etwas Falsches gehört. Ihre Minute ist jetzt um.«

Bauer betrachtete das Gespräch noch nicht als beendet. »Keunert war tatsächlich hier, vor nicht mal zwei Wochen. Da lag eine Frau draußen auf der Straße. Sie war aus einem Fenster im obersten Stock Ihres Clubs gestürzt.«

»Nicht aus dem Fenster. Sie hatte ein Zimmer im Dachgeschoss, mit einem Austritt. Das Geländer entspricht den Vorschriften. Ich lasse es trotzdem erhöhen. Solche Unfälle kann ich nicht gebrauchen. Sie schaden meinem Geschäft.« Zabel gab dem Mann, der an der Tür wartete, einen Wink. Der Angesprochene trat zu Bauer und fasste ihn am Oberarm. »Sie können durch den Nebeneingang raus. Er zeigt Ihnen den Weg.« Zabel wandte sich seinem Laptop zu.

»Danke für Ihre Zeit. Schönen Abend noch.«

Zabel reagierte nicht. Der Mann schob Bauer aus dem Raum, den Gang entlang auf eine Treppe zu und die Stufen hinauf zu einer massiven Eisentür. Er öffnete sie mit einem Schlüssel, dann stieß er Bauer hinaus.

Bauer stolperte auf den Bürgersteig. Die Tür schloss sich mit einem Rums. Sein Oberarm fühlte sich taub an. Er ging zu seinem Wagen. Am Kotflügel lehnte der Raucher.

Doch nun hielt er keine Zigarette in der Hand, sondern etwas metallisch Glänzendes. Ein Butterflymesser. Geübt ließ er es aufschnappen. Bauer blieb stehen. Der Mann holte aus und rammte die Klinge in den Vorderreifen. Die Luft entwich mit lautem Zischen.

»Hey!«, rief Bauer ungläubig.

Der Mann trat zum Hinterreifen und zerstach ihn ebenfalls. Dann ging er davon. Bauer löste sich aus seiner Starre. Der Mann verschwand in der nächsten Einfahrt. Bauer rannte hinterher und kam auf den kleinen, dunklen Parkplatz einer Hinterhofwerkstatt. Hier ging es nicht weiter. Bauer hörte ein Geräusch hinter sich. Er fuhr herum.

In einer Nische neben der Einfahrt stand der Mann. Er wollte gar nicht weglaufen. Er nahm die Fäuste hoch und kam mit pendelndem Oberkörper aus der Ecke. Rechtsausleger. Mit denen hatte Bauer schon in seiner aktiven Zeit Probleme gehabt. Er überragte den Mann, hatte bestimmt die größere Reichweite. Aber er war nicht im Training. Sein Gegner schon, auch wenn er nicht so aussah. Das merkte Bauer nach wenigen Sekunden. Es wurde ein kurzer Kampf. Nach dem ersten Kopftreffer schmeckte Bauer noch das Blut in seinem Mund. Den zweiten sah er nicht einmal kommen.

Die Welt wurde einfach nur schwarz.

26

Polizei. Das erste Wort hatte sie klar verstanden. Das zweite nicht. Der Mann hatte es direkt an das erste gehängt, und es klang wie *Seelsorger*.

Ein Geistlicher. Aber ganz sicher war Mariana nicht. Denn Lacrima tanzte an der Stange. Sie wollte die Musik immer extra laut. Um alles um sich herum vergessen zu können, behauptete sie. Doch es gab noch einen anderen Grund, so viel hatte Mariana schon verstanden. Die erhöhte Lautstärke erregte die Aufmerksamkeit der Männer, lenkte ihre Blicke auf Lacrimas Auftritt, und Lacrima lenkte die Blicke auf ihren Körper. Mehr Blicke, mehr Kunden, mehr Geld.

Lacrima brauchte jeden Schein, den ihr die Männer in den Slip steckten. Die Nachricht hatte sie am Morgen erreicht: Ihre Mutter konnte sich nicht mehr um den kleinen Andrej kümmern. Sie hatte endlich einen Operationstermin bekommen. Ob die OP noch helfen würde, wusste niemand. Lacrima musste zurück nach Rumänien und selbst für ihren Sohn da sein. So schnell wie möglich. Mit so viel Geld wie möglich.

Mariana hätte sofort mit ihrer Freundin getauscht. Es machte Lacrima nichts aus, unter den schwitzenden Männern zu liegen. Das sagte sie zumindest. Sie sagte auch, dass Mariana sich daran gewöhnen würde. Doch Mariana wusste, dass sie das nicht tun würde. Niemals.

»Du kannst nicht weg«, hatte Lacrima ihr zugezischt. Das war nach Marianas erstem Kunden gewesen. Sie war auf dem Bett sitzen geblieben, bis er das Zimmer verlassen hatte. Dann war sie aufgestanden, auf den Flur gegangen, die Treppe hinunter und quer durch die Bar. Sie wäre einfach auf die Straße hinausmarschiert, wenn Lacrima sie nicht aufgehalten hätte.

»Du kannst nicht weg!«, zischte Lacrima durch die Zähne und lächelte dabei Radu an, der misstrauisch von der Bar herübersah. Wie ein Schraubstock umschlossen ihre Finger Marianas Handgelenk. Sie zog sie in eine der Sitznischen. »Du kommst nicht mal bis zur nächsten Straßenecke!«

»Ich bin schnell.«

»Radu ist schneller. Wo willst du überhaupt hin? Du kennst hier niemanden. Du hast keine Kleider. Der Boss hat deinen Pass. Egal, wie weit du läufst, seine Männer werden dich finden! Und wenn nicht, gehen sie zu deiner Oma. Dann muss sie für dich büßen! Willst du das?«

»Aber dich lässt er weg? Das hast du doch gesagt! Warum schickt er seine Männer nicht zu deiner Mutter?«

»Weil ich dafür bezahle!«

»Wie viel?«

»Sehr viel. Und nicht nur Geld.«

»Was denn sonst?«

Lacrima sah sie mit einem seltsamen Blick an. »Hast du das immer noch nicht kapiert?«

Da begriff Mariana: Sie selbst war Teil des Preises. »Du hast mich verkauft?«

»Ich muss mich um meinen Sohn kümmern! Ich hatte keine andere Wahl! Das habe ich dir doch schon gesagt!«

»Warum ich? Ich war deine beste Freundin!«

Lacrima starrte auf die roten Samtpolster der Sitze.

Mariana gab sich die Antwort selbst. »Weil du wusstest, ich würde kommen. Weil du wusstest, dass ich dir vertraue.« Fassen konnte sie es dennoch nicht. »Du bist ein schlechter Mensch, Lacrima. Dafür kommst du in die Hölle.«

»Ich scheiß auf deine Hölle! Du solltest mir dankbar sein! Was wäre denn aus dir geworden in deinem Kackloch von Dorf? Nichts! Weil da nichts ist! Die Beine hättest du trotzdem irgendwann breitgemacht. Für irgendeinen Typen, der auch nichts ist und nichts hat. Hier machst du das Gleiche und kannst dafür alles haben, was du willst. Also tu nicht so, als wärst du ein beschissener Engel!«

»Ich hoffe, du musst hierbleiben«, sagte Mariana böse. »Ich hoffe, der Boss lässt dich nicht weg!«

»Oh doch, das wird er!«

»Du hast gesagt, er kann mit uns machen, was er will. Du hast gesagt, er kann uns sogar verkaufen! Oder einfach töten!«

»Mich nicht. Ich habe eine Lebensversicherung.«

»Was soll das heißen?«

»Das geht dich einen Dreck an!«

Lacrima war davongestürmt. Mariana hatte ihr hinterhergeschaut. Dann war Radu gekommen und hatte Mariana zu einem Kunden geschubst. Ihrem zweiten. Da hatte sie noch gezählt.

Heute zählte sie nicht mehr. Die Männer nicht, die Drinks nicht. Die Bar war voll von Männern in gleichen T-Shirts oder mit gleichen albernen Hüten. Donnerstags gab es eine Flatrate für Junggesellenabschiede.

Der Sekt machte es einfacher. Mariana trank ihn wie Wasser. Der Typ, der ihn spendiert hatte, fummelte an ihrem Hintern herum. Sie beobachtete den Mann, der mit Radu sprach und der vielleicht Polizist war. Oder Geistlicher. Oder beides? Gab es in diesem Land Geistliche nur für die Polizei?

Sie griff nach ihrem Glas. Sie wusste immer noch nicht so recht, wie sie es an dem dünnen Stiel festhalten sollte. Sie leerte es in einem Zug. Da blickte der Polizist oder Pfarrer sie an. Er starrte nicht auf ihre Brüste oder ihren durchsichtigen Slip. Er sah in ihre Augen. Er hatte ein gutes Gesicht. Am liebsten wäre sie aufgesprungen und zu ihm gelaufen. Aber da war Radu. Und der Kunde, der sie schon angezahlt hatte – mit dem Sekt. Nun wollte er mit ihr aufs Zimmer.

»Ich muss vorher nur noch mal für kleine Königstiger.« Er grinste sie an.

Automatisch lächelte Mariana zurück, obwohl sie die Redewendung nicht verstand.

»Bin gleich wieder da«, fügte er hinzu.

Sie sah, dass er zur Toilette ging. Sie blickte wieder zur versteckten Tür. Der Mann und Radu waren verschwunden.

Der Barmann stellte die Musik leiser. Lacrima kam vom Podium und kletterte auf den freien Barhocker neben Mariana. Dabei verzog sie das Gesicht. Sie hatte Schmerzen – seit sie mit dem Mann, den sie den *Teufel* nannte, auf dem Zimmer gewesen war. Aber sie hatte nicht mit Mariana darüber reden wollen. Und nun redeten sie überhaupt nicht mehr.

Lacrimas Tanz zeigte Wirkung, mehrere Männer drängten zu ihr. Sie flirtete, trieb den Preis in die Höhe. Mit zweien von ihnen einigte sie sich. Sie schwang sich vom Hocker, wieder zuckte es in ihrem Gesicht. Bevor sie mit den beiden aufs Zimmer ging, drehte sie sich schnell zu Mariana um.

»Es tut mir leid.«

Sie sagte es so leise, dass Mariana sich fragte, ob sie es wirklich gehört hatte oder es sich nur wünschte.

Dann kam ihr Kunde vom Klo zurück.

27

Wieder das Gefühl zu fallen. Plötzlich ein gleißendes Licht. Mit ihm der Schmerz. Er explodierte mitten in seinem Kopf.

»Herr Bauer? Hören Sie mich? Herr Bauer!«

»Machen Sie das Licht aus!«, stöhnte er.

»Sofort – wenn Sie stillhalten und die Augen auflassen.«

Der Lichtstrahl bohrte sich durch seine Pupillen erst in die linke, dann in die rechte Gehirnhälfte. Danach wurde er abgeschaltet.

»Sehen Sie meinen Finger? Folgen Sie ihm, ohne den Kopf zu bewegen!«

Bauer versuchte es. Der Kopfschmerz wurde davon nicht besser.

»Wie heißen Sie mit Vornamen?«

»Martin.«

»Sind Sie verheiratet?«

»Ja.«

»Wann ist Ihr Hochzeitstag?«

»Nächsten Monat. Am achtundzwanzigsten.«

»Und was ist heute für ein Tag?«

»Ein ganz beschissener.«

Der Notarzt lächelte. »Ich glaube, eine Hirnschädigung kann ich ausschließen.«

»Ich definitiv nicht!« Im Scheinwerferlicht des Rettungswagens kam Verena Dohr heran. Einen Moment befürchtete Bauer, sie würde über ihn hinwegtrampeln. »Was zum Teufel machen Sie hier?«

»Darf ich erst einmal aufstehen?«

Der Notarzt mischte sich ein: »Vorher möchte ich mir noch die Wunde ansehen.«

»Welche Wunde?« Bauer setzte sich auf. Und fasste sich stöhnend an den Hinterkopf. Seine Haare fühlten sich feucht an, seine Finger waren rot, als er sie betrachtete.

»Richie?«, rief der Notarzt einem von zwei Sanitätern zu, die mit einer Bahre bereitstanden. »Leuchtest du mir mal?«

Der Angesprochene trat hinzu und grinste. »’n Abend, Herr Pfarrer. Was macht der Dünnschiss?«

Derselbe Sanitäter hatte ihn am Rheinufer versorgt. Bauer versuchte zu lächeln. »Da hatte ich wohl Glück.«

»Das können Sie gut gebrauchen. Sie scheinen einen echt gefährlichen Job zu haben.«

Bauer blickte zu Verena und verzichtete auf eine Erwiderung.

Im Schein der Taschenlampe untersuchte der Notarzt die Wunde an seinem Hinterkopf. »Wir nehmen Sie mit. Ich muss das nähen.«

»Können Sie es nicht gleich hier tackern?«, mischte Verena sich ein. »Macht unser Vereinsarzt auch immer.«

»Fußball?«, fragte der Notarzt.

»Schlimmer: Handball«, kam Bauer Verena zuvor und sah sie fragend an. »Haben wir es eilig?«

»Ich will nicht, dass Sie der Presse in die Arme laufen. Die ist garantiert auf dem Weg.«

»Wie kommen Sie darauf?«

»Ich sehe sogar schon die Schlagzeile: *Pfarrer nach Puffbesuch verprügelt.*«

»Die Zöllner und Huren kommen eher ins Himmelreich als ihr.[5]*«*

»Ein Bibelspruch? Sonst fällt Ihnen nichts mehr ein?«

»Die Stripperin in dem Club hatte ein Heiligentattoo«, rechtfertigte sich Bauer.

»Erzählen Sie das den Reportern, die freuen sich über jedes pikante Detail.«

Sie hatte recht. Er sah den Notarzt an. »Haben Sie so einen Tacker?«

»Sicher. Tut aber weh.«

»Das hält er aus«, entschied Verena.

Ein Passant hatte die Schlägerei gesehen und die Polizei gerufen. Einer der Beamten hatte Bauer erkannt und die

Hauptkommissarin informiert, von der er wusste, dass sie mit dem Seelsorger befreundet war.

»Befreundet?«, hakte Bauer nach.

»Seine Worte, nicht meine«, stellte Verena klar. »Aber davon abgesehen ist er ein guter Mann.«

Danach konzentrierte sie sich auf die Straße und überließ ihn den Gedanken, die in seinem schmerzenden Schädel kreisten. Gehörte der Schläger zu Zabel? Hatte er mit dem anderen Mann, der ihm ähnlich sah, telefoniert und ihn, Bauer, angekündigt? Aber wozu? Die Männer hatten nicht wissen können, wer er war oder was er wollte. Alva hatte seinen Namen bestimmt nicht erwähnt, als sie sich in seinem Auftrag nach Keunerts Kontakt umgehört hatte. Dennoch war Zabel kein bisschen befremdet gewesen, dass ein Polizeipfarrer ihm Fragen nach einem toten Polizisten stellte.

Bauer konnte nicht sagen, ob Zabel vorbereitet gewesen oder nur abgebrüht war, und auch nicht, ob er Keunert gekannt hatte. Zu den meisten Menschen fand Bauer Zugang, las Gefühle in ihren Gesichtern, aus der Körperhaltung und der Stimme, erspürte Dinge, die sie zu verstecken suchten. In Zabels Miene hatte er nichts gefunden. Er hatte nur die Gefahr gespürt, die von diesem Mann ausging. Und die hatte Zabel ihn spüren lassen wollen.

Verena Dohr hielt vor Bauers Haus. Sie sah kein Licht. In der Einfahrt stand der Wagen seiner Frau. »Sie haben Glück. Sie bekommen eine Galgenfrist.«

Er sah sie irritiert an.

Verena wies auf die dunklen Fenster. »Ihre Frau schläft schon. Sie müssen ihr erst beim Frühstück erklären, wo Sie sich die Beule geholt haben.« Bauers Lächeln geriet ziemlich schief. Er nahm Anlauf, um etwas zu sagen. Sie wollte nichts hören. »Wir reden morgen, okay?«

»Okay.« Er stieg aus.

Sie sah ihm nach. Er schloss die Tür auf, winkte ihr noch zu und verschwand im Haus. Er machte kein Licht. Er würde im Dunkeln zu seiner Frau ins warme Bett schlüpfen.

Verena fühlte, wie die Traurigkeit heranschlich, und trat aufs Gas. Doch schon nach wenigen hundert Metern, an der Einmündung Rheindeichstraße, wusste sie nicht mehr weiter. Sie rollte auf die Ampel zu. Die war längst ausgeschaltet, blinkte nur noch warnend. Es war kein Auto zu sehen, dessen Vorfahrt Verena hätte achten müssen. Trotzdem hielt sie an. Sie blickte auf die Uhr. Kurz vor Mitternacht. Wenn sie links abbog, konnte sie in fünfzehn Minuten zu Hause sein, ein Glas Rotwein trinken und ins Bett fallen. Aber ihr Bett würde leer sein. Elmar spielte keine Gigs vor 22:00 Uhr und nie kürzer als zwei Stunden. Was nicht bedeutete, dass er dann fertig war. Der Absacker danach gehörte für ihn ebenso zum Auftritt wie der Wodka davor. Wann hatte sie ihn eigentlich das letzte Mal spielen sehen? Nicht zu Hause, wenn er übte, vor Publikum, wenn er sich die Seele aus dem Leib blies, wenn er seine Trompete zum Weinen brachte, zum Lachen, zum Flüstern, zum Schreien. Sie musste lange überlegen. Es war über ein Jahr her. Eine Jam-Session in Den Haag, mit Jazzgrößen aus ganz Europa. Sie hatten einen Kurzurlaub drangehängt. Am Tag waren sie kiten am Strand von Scheveningen, in den Nächten hatten sie sich geliebt.

Lautes Hupen riss Verena aus ihren Gedanken. Ein Lkw stand hinter ihr. Er kam nicht vorbei. Eilig legte sie den Gang ein – und bog rechts ab.

Fünf Minuten später fuhr sie zwischen zwei alten Brückentürmen hindurch und holperte über Kopfsteinpflaster durch die engen Gassen von Ruhrort. Sie ließ ihr Auto an dem Lokal vorüberrollen. Hundertfünfzig Jahre lang war dort eine Eisenwarenhandlung gewesen. Dann hatte die Familie das Geschäft aufgegeben. Jahrelang stand es leer – ein Normalzustand im Viertel. Dann übernahm eine Kulturinitiative den Laden, riss die deckenhohen Regale heraus, schlug den Putz von den Wänden, wo er bröckelte, fegte einmal durch und füllte die Räume mit Musik und Kunst abseits des Mainstreams. Seitdem war der Club mit dem kaputten Charme zu Elmars Stammlocation geworden.

Verena sah im Vorbeifahren durch die breite Fensterfront. Das Konzert schien gerade beendet zu sein. Eine richtige Bühne gab es nicht, nur ein kleines Podest, eine Stufe hoch. Dort stand noch die dreiköpfige Band, umringt von ihren Fans. Es war nur ein kurzer Blick, aber sie entdeckte ihren Freund auf Anhieb. Das war schon immer so: Egal, wie viele Menschen ihn umgaben oder wie weit weg er war, sie fand ihn.

Verena parkte den Wagen. Sie betrat das Lokal. Elmar stand, ins Gespräch vertieft, mit dem Rücken zu ihr. Einen Schritt, bevor sie ihn erreichte, drehte er sich plötzlich um. Sein Gesicht ließ keinen Zweifel daran, dass ihr die Überraschung gelungen war. Im nächsten Moment umfasste er sie, wirbelte sie einmal im Kreis herum, stellte sie wieder auf den Boden und küsste sie leidenschaftlich auf den Mund. Lachend rang Verena nach Luft.

Dann sah sie seine Pupillen. Es war nicht nur die Musik, die durch seine Adern rauschte. Da wusste sie, wie der Abend enden würde.

28 Als sie nach nur drei Stunden Schlaf auf dem Sofa erwachte, fühlte sie sich wie ausgewrungen. Sie kannte das schon. Darauf lief es am Ende immer hinaus. Sie hatte Elmar in einem Dutzend Kneipen beim Abstürzen zugesehen, ihn dann nach Hause bugsiert, eine Stunde lang versucht, ihn zum Entzug zu überreden, sich sein Blabla vom kreativen Prozess angehört und dass er jederzeit aufhören könne, und war dann ausgelaugt auf dem Sofa eingeschlafen. Während sie den halben Tag brauchen würde, um zu sich selbst zurückzufinden, würde sich Elmar kaum an die Nacht erinnern. Sie suchte nach der Traurigkeit. Das Gefühl hatte sie nach diesen selbstzerstörerischen Nächten sonst tagelang begleitet, aber jetzt war da nur eine große Müdigkeit. Sie sah es glasklar: Der Mann, mit dem sie zusammenlebte, war ein Junkie, und sie war seine Co-Abhängige.

Sie zog sich leise an und fuhr ins Präsidium. Wie sie da hineingeraten war, fragte sie sich schon lange nicht mehr. Elmar war oft auf Tournee, und sie hatte ihre Arbeit. Sinnlose Tötungsdelikte wie das des Türken aus Marxloh, ehemals Stahlarbeiter, perfekt integriert, Besitzer eines bescheidenen Mietshauses, der es nicht mehr ertragen hatte, dass die bulgarischen Großfamilien im abrissreifen Nachbarhaus ihren Müll immer in seinen Hof warfen. Statt Löcher für die neue Wäscheleine zu bohren, hatte er mit seiner Bohrmaschine einen arbeitslosen Vater von sieben Kindern erschlagen. Es fiel ihr nicht schwer, sich vorzustellen, dass jemand einen Punkt erreichte, an dem ihm eine sinnlose Gewalttat als einzige Option erschien.

Ihre Gedanken begannen, sich im Kreis zu drehen. Da öffnete sich die Tür einen Spalt weit, und eine Hand mit einem Pappbecher schob sich herein. *Röstissimo* stand in roter Schnörkelschrift auf dem hellblauen Karton. Kaffeeduft breitete sich im Raum aus. Hauptkommissarin Dohr liebte den Cappuccino in dem hellblauen Pappbecher. Das war genau die Portion Trost, die sie heute brauchte.

»Kommen Sie schon rein.«

Bauer stellte den Becher vor sie hin. »Für Sie.«

Sie hätte den schwulen Ex-BWL-Studenten, die ihre coole kleine Rösterei nicht in Düsseldorf, wo sie eigentlich hingehört hätte, sondern – Gott wusste, warum – im Dellviertel aufgemacht hatten, nicht dankbarer sein können. Nur dass Bauer jetzt selbstzufrieden zuschaute, wie sie an dem wunderbaren Cappuccino nippte, ärgerte sie. Nach dem, was er sich vergangene Nacht wieder geleistet hatte, war sein Anspruch auf Selbstzufriedenheit vorerst verfallen.

»Harte Nacht gehabt, Frau Dohr?«

Typisch Bauer. Ihm war fast der Schädel eingeschlagen worden, und er fragte, ob sie schlecht geschlafen hatte. Er schob den Besucherstuhl an die kurze Seite ihres Schreibtischs und setzte sich.

»Wollen Sie kuscheln, Herr Pfarrer?«

»Ich komme von der Werkstatt, die neuen Reifen sind schon drauf.«

Na schön. Sie schlug die Akte zu. »Tut's noch weh? Hoffentlich.«

»Die Aspirin wirken schon.«

»Und was sagt Ihre Frau zu Ihrer nächtlichen Eskapade?«

»Ich hatte noch keine Zeit, sie auf den neuesten Stand zu bringen.«

»Dazu sage ich jetzt mal nichts.«

»Seien Sie ein bisschen nett. Ich bin hier, um mich zu bedanken.«

»Großartig.« Sie nippte vorsichtig an dem Pappbecher.

Der Kaffee war noch heiß. Genau richtig. Sie sah Bauer herausfordernd an. »Ist das alles? Der Kaffee? Ich habe Ihnen die Presse vom Hals gehalten. Ich habe für Sie den ADAC gerufen. Ich habe Sie nach Hause gefahren. Mal wieder.«

Bauer dachte kurz nach. Dann sagte er: »Okay, ich schulde Ihnen was.«

»Na also, geht doch.« Sie nahm einen großen Schluck. »Sie wollen anscheinend unbedingt auf der Titelseite landen. Und Lutz neue Munition liefern, um Sie abzuschießen. Sie haben mir doch mal von Ihrer Schlägerei auf dem Schützenfest erzählt.«

»Ich habe versucht, eine Schlägerei zu stoppen.«

»Sie haben jemanden ausgeknockt. Was meinen Sie, was die Presseheinis daraus machen können, wenn sie das mit Ihrer Aktion letzte Nacht verknüpfen?«

»Ich war das Opfer! Schon vergessen?«

»Geschenkt. Aber freuen Sie sich nicht zu früh. Vielleicht tauchen Sie ja noch auf YouTube auf. Kann man heutzutage nie wissen.«

»Darum kümmern wir uns, wenn es so weit ist.« Bauers Miene wurde ernst. »Haben Sie was von Tilo gehört?«

Sie nickte. »Seine Mutter hat angerufen. Er war heute Nacht nicht zu Hause, aber ...«

»Das habe ich befürchtet!«

»... aber das macht er öfter. Schläft bei Freunden, ohne Bescheid zu sagen.« Sie benutzte den beruhigenden Ton, mit dem sie aus traumatisierten Verbrechensopfern einigermaßen zusammenhängende Aussagen herausholte.

Er hatte es gemerkt. Er zog die Augenbrauen hoch. »Keine Angst, ich drehe nicht durch. Ich will nur, dass Sie die Sache ernst nehmen.«

Sie wusste, was er meinte, und er hatte recht. Aber es

gab bisher noch keinen Grund, Tilo zur Fahndung auszuschreiben. »Keine Sorge, das tue ich. Wenn der Junge auf unserem Radar auftaucht, erfahren Sie es als Erster.« Hoffentlich tauchte er nicht als Todesfall auf, dachte sie.

Zeit umzuschalten. Bauer war sein Anliegen losgeworden, nun war sie dran. »Und jetzt will ich wissen, was Sie im Vulkanviertel getrieben haben.«

»Wieso? Ich habe da geparkt, und jemand hat versucht, mein Auto aufzubrechen.«

»Jetzt hören Sie schon auf! Das war kein Autoaufbruch. Der Kerl hat Ihre Reifen zerstochen. Also, was hatten Sie da zu suchen?« Sie ließ ihn nicht aus den Augen. Sie wusste, er würde sie nicht direkt anlügen. Die zehn Gebote bedeuteten ihm etwas. Bei kleinen Notlügen war sie sich da allerdings nicht so sicher. Er würde versuchen, sich herauszuwinden. Oder schweigen.

Bauer schwieg.

»Sie haben sich irgendwelchen Ärger eingehandelt, und Sie sagen mir jetzt, wieso.«

Bauer dachte nach. Dann sagte er: »Besser nicht. Sie würden sich bloß ärgern.«

Sie wartete, ob noch etwas kam, aber es kam nichts. Na schön, dann eben anders.

»Gut. Dann sehen wir uns jetzt Fotos an.«

»Was denn für Fotos?«

»Leute aus dem Milieu, in dem Sie sich rumgetrieben haben. Vielleicht erkennen Sie Ihren Autoknacker ja wieder.« Sie trug die Ironie so dick auf, wie sie konnte.

»Wenn Sie meinen, aber es war dunkel.«

Sie rief die entsprechende Datenbank auf. Dann drehte sie den Monitor in seine Richtung. »Und denken Sie an das achte Gebot.«

Er klickte sich durch die Datenbank. Sie ließ ihn nicht aus den Augen. Sie erkannte seine Reaktion, noch bevor er den Mund aufmachte. Valeriu Kiriacescu, ein Rumäne. Das Gesicht des Mannes auf dem Foto sah aus, als wäre das Leben wie ein Panzer darüber weggerollt. Der Dreiundfünfzigjährige hatte laut Datei eine glücklose Karriere als Boxer hinter sich, offensichtlich mit ein paar Kämpfen zu viel. Er hatte zwei mehrjährige Haftstrafen abgesessen und einige weitere Verfahren aus Mangel an Beweisen überstanden. Außer ein paar Körperverletzungen hatten alle mit bandenmäßigem Autodiebstahl, Zigaretten- und Drogenschmuggel oder Mädchenhandel zu tun. Der Mann war Berufsverbrecher. »Sie haben ihn wiedererkannt, oder?«

»Er könnte es sein. Wie gesagt, es war dunkel.«

»Tun wir mal so, als wäre er unser Mann, okay? Er ist Profi. Wenn er Reifen zersticht, dann weil ihn jemand dafür bezahlt. Mir ist schon klar, dass es um Keunert geht. Also noch mal: Wem haben Sie auf die Füße getreten?«

Bauer sah nicht so aus, als würde er etwas sagen.

»Ich habe was gut bei Ihnen, schon vergessen?«

Bauer zögerte.

»Okay. Ich werde es Ihnen leichter machen.« Sie erzählte ihm von ihrem Besuch in der Landeshauptstadt. Als sie den Tipp der rumänischen Kollegen erwähnte, horchte Bauer auf.

»Was war das für ein Tipp?«

»Wollten sie mir nicht sagen. Aber darum geht's nicht. Das hier ist eine ernste Sache. Ich hoffe, Sie begreifen das. Es geht nicht mehr nur um den Jungen. Wenn ich Ärger mit den Internen kriege, ist das mein Privatvergnügen. Aber mit dem LKA ist nicht zu spaßen.«

Bauer nickte. Dann erzählte er ihr alles. Er hatte versucht, auf eigene Faust herauszufinden, ob Keunert tatsächlich korrupt gewesen war. Das hatte sie schon befürchtet. Er hatte einen Tipp bekommen, von wem, wollte er nicht sagen. Das war kein Problem, solange sie die Person nicht als Zeugen brauchte. Dann war er einfach so ins Vulkanviertel spaziert und hatte einen der kriminellen Bordellbetreiber gefragt, ob er Hauptwachtmeister Keunert bestochen habe. Total verrückt. Die Zeiten, als Männer Gottes unantastbar gewesen waren, waren lange vorbei.

»Es war übrigens das Bordell, in dem Ihre Kollegen diese Razzia gemacht haben, die, bei der die Frau aus dem Fenster gestürzt ist.«

Sie sah ihn ungläubig an. »Zabels Laden? Sie waren bei Sascha Zabel?«

»Ja. Warum?«

»Sie haben keine Ahnung, wer Zabel ist, oder?«

»Er betreibt ein Bordell.«

»Ein Bordell? Er ist einer der mächtigsten Player im Viertel! Er ist seit Jahren hinter dem unbebauten Grundstück ganz vorn an der Ecke her.«

»Noch ein Bordell? Dafür kriegt er nie die Baugenehmigung.«

Dohr sah ihn an, als käme er von einem anderen Stern. »Machen Sie Witze? Was glauben Sie, wieso das Vulkanviertel überhaupt noch existiert? Sobald er das Grundstück hat, gehört ihm über kurz oder lang das ganze Viertel. Das ist Monopoly. Was hat er gesagt?«

Bauer dachte einen Moment lang nach. »Gar nichts.«

Jemand klopfte an die Tür, offensichtlich nur pro forma, denn im selben Moment ging die Tür schon auf, und Kriminalobermeister Karman kam herein. »Oh, Sie haben Besuch.«

Bauer wandte sich um. »Hallo.«

Auf Karmans Gesicht erschien sein bekanntes Feixen. »Ah, der Herr Pfarrer.« An Dohr gewandt sagte er: »Sie wollen wohl beichten, Frau Hauptkommissarin.«

Eine als Scherz getarnte Respektlosigkeit. Karman war ein Chauvi und absolut von sich selbst überzeugt. Er ging allen weiblichen Kolleginnen mit seinen doppeldeutigen Bemerkungen auf die Nerven, überschritt aber nie die Grenze zur sexuellen Belästigung. Sie warf ihm einen Blick zu, der einen Schneeball hätte frieren lassen. »Evangelische Pfarrer nehmen keine Beichten ab. Gehört zur Allgemeinbildung, Herr Karman.«

Karman war immun gegen Sarkasmus. »Schade, wo Beichten doch von allen Sünden reinwaschen soll. Hier.« Er hielt ihr einen Computerausdruck hin. Als sie keine Anstalten machte, ihn entgegenzunehmen, legte er ihn vor Bauer auf die einzige noch freie Stelle auf dem Schreibtisch. »Die Liste der Fahrzeuge aus dem Parkhaus. Fünfundzwanzig. Mit Halterangaben. Ein paar habe ich schon erreicht. Haben natürlich nichts gesehen.«

Karman war effizient, das musste man ihm lassen.

»Wollen Sie wirklich, dass wir die alle abklappern? Wozu? Keunert ist gesprungen, ob mit oder ohne Zeugen.«

Die Temperatur ihres Blicks erhöhte sich nicht um ein einziges Grad. »Hören Sie auf rumzumeckern. Wenn ich sage, ich will eine vollständige Todesermittlung, dann machen Sie das gefälligst.«

Achselzuckend drehte Karman ab, nicht ohne das letzte Wort zu behalten. »Als ob wir nicht genug richtige Fälle auf dem Tisch hätten.« Die Tür fiel hinter ihm ins Schloss.

»Er ist immer noch sauer, weil nicht er hinter diesem Schreibtisch sitzt, sondern ich.«

Bauer tippte auf die Liste. »Sie halten es also auch für möglich.«

»Was?«

»Dass Keunert ermordet wurde, damit er nicht über die Korruption aussagen kann. Geben Sie's schon zu.«

Sie leerte den Kaffeebecher und warf ihn in den Papierkorb. »Ich gebe gar nichts zu. Zeigen Sie mal.«

Bauer wollte ihr den Ausdruck hinüberreichen. Dabei blieb sein Blick an einem der Autokennzeichen hängen. Er stutzte. »Ich kenne die Autonummer. Ein roter Ferrari. Stand vor Zabels Bordell. SZ-1000. SZ – Sascha Zabel. Der muss ihm gehören.«

Dohr riss ihm die Liste aus der Hand. Sie suchte den Eintrag. »Tatsächlich.« Sie las die Halterdaten. *»Sport & Entertainment Ltd.«* Sie griff nach dem Telefonhörer. »Karman? Wir fahren noch mal zum Parkhaus. Sagen Sie Aast Bescheid.«

Karmans nölige Stimme tönte aus dem Hörer.

»Jetzt quatschen Sie nicht. Und bringen Sie Herwig mit.« Sie knallte den Hörer auf die Gabel. »Ich muss los, tut mir leid.«

Bauer hatte sich wieder gefangen. »Fahren Sie nicht zu Zabel?«

»Später. Ich will vorbereitet sein.«

29

Verena Dohr war Zabel nun auf den Fersen. Erleichtert ging Bauer in sein Büro. Er startete seinen Rechner und rief die Webseite des Wetterdienstes auf. Wenig später blickte er auf seinem Bildschirm in das Auge eines gewaltigen Sturms. Die Wolkenmassen hatten, vom Atlantik kommend, halb Europa überrollt und kreisten in einer zerstörerischen Spirale über dem Kontinent. Das Auge lag gerade über der Keltischen See. Das Satellitenbild auf dem Bürorechner zeigte im Zeitraffer die Sturmfront während der letzten zwölf Stunden. Mit dem Finger auf dem Bildschirm verlängerte Bauer die gekrümmte Bahn des Orkans. Er würde an der Südwestspitze Englands vorbeischrammen, auf den Nordzipfel der Normandie prallen, über das Département Manche hinwegfegen, die Küste entlangjagen und am späten Nachmittag Deauville treffen. Die Hauptkundgebung der Globalisierungsgegner sollte um 15:00 Uhr stattfinden. Auf dem offenen Meer erreichte der Orkan laut Angaben der Wetterseite Spitzengeschwindigkeiten von fast zweihundert Stundenkilometern. Über Land schwächte ein Sturm oft ab. Das würde sein Tempo verlangsamen, und er würde den Tagungsort des G-7-Gipfels vielleicht erst am Abend erreichen. Dann wäre die Kundgebung schon vorbei. Und Nina wieder hinter den sicheren Mauern des französischen Pfarrhauses.

Bauer überlegte, seine Tochter per SMS darum zu bitten, gleich dort zu bleiben und das Unwetter abzuwarten. Er verwarf den Gedanken wieder. Er wusste, was Nina antworten würde. »Das bisschen Wind« würde sie auf keinen Fall davon abhalten, die Welt zu retten. Er verließ die Seite des Wetterkanals und loggte sich in seinen Facebook-Account ein. Unter dem Menüpunkt *Freunde* klickte er auf *Familie.* Die Statusmeldungen im nächsten Fenster waren alle von einer Person: Nina. Mehr Familie hatte er auf Facebook nicht. Seine Frau Sarah verweigerte sich dem, wie sie es nannte, *asozialen Netzwerk.*

Nina hatte in den vergangenen drei Tagen Dutzende Fotos hochgeladen. Das letzte war noch keine Stunde alt, ein Selfie von Nina, beim Frühstück mit der Pfarrersfamilie und zwei Mitstreiterinnen. Freundinnen seiner Tochter, Bauer kannte die beiden Mädchen. Alle lachten in die Handykamera. Aber niemand strahlte heller als Nina. Der vertraute Schmerz zog durch seine Brust. Das erste Mal hatte er ihn gespürt, als er seine Tochter nach der Geburt im Arm gehalten hatte. *Bitte, Gott, beschütze sie! Mach mit mir, was du willst, aber beschütze sie!* Die Worte waren von selbst gekommen. Ein Gebet, wie es naiver nicht hätte sein können. Er sprach es noch immer, auch heute.

Danach klickte Bauer sich durch die anderen Bilder. Nina mit ihren Freundinnen im Pfarrhaus, Transparente malend, Nina mit ihren Freundinnen am endlosen Sandstrand, Nina mit ihren Freundinnen und anderen Jugendlichen am Lagerfeuer. Auf dem letzten Foto lächelte Nina einen Jungen an. Er spielte Gitarre und lächelte zurück. Er hatte ein hübsches Gesicht. Bauer nahm sich vor, das Foto Sarah zu zeigen. Dann würde sie wahrscheinlich nachsichtiger urteilen, wenn ihre Tochter das nächste Mal die Uhr aus dem Blick verlor und verspätet anrief.

Insgesamt vermittelten die Aufnahmen eher die Stimmung einer Jugendfreizeit am Meer als die offensive Protesthaltung aktionsbereiter Globalisierungsgegner. Das beruhigte Bauer ein wenig. Vielleicht würde der Sturm ja doch vorbeiziehen.

Er wollte sich eben wieder ausloggen, da kam ihm ein Gedanke. Er tippte *Tilo Keunert* ins Suchfeld ein. Er bekam nur einen einzigen Treffer. Aber er brauchte auch nicht mehr.

Tilos Seite zeigte eine endlose Liste von Beileidsbekundungen. Wie Tomaso gesagt hatte, hatte Tilo keine davon kommentiert oder auch nur gelikt. Stattdessen hatte er ein

Foto gepostet, ein Selfie mit Zigarette, halbleerer Whiskeyflasche und Stinkefinger. Die Kippe hing in seinem Mundwinkel, die Flasche klemmte unter seinem Arm, den Stinkefinger streckte er dem Betrachter mitten ins Gesicht. Über dem Bild stand: *Ich scheiß auf euer Mitleid! Ich scheiß auf euch! FICKT EUCH ALLE!* Für diesen Beitrag hatte Tilo die Zielgruppenoption »öffentlich« gewählt. Bauer glaubte nicht, dass dies aus Unachtsamkeit geschehen war. Der Junge fühlte sich von der ganzen Welt verlassen, also wütete er auch gegen die ganze Welt.

Bevor er den Rechner eingeschaltet hatte, hatte Bauer sich gefragt, wo er Tilo suchen sollte. Er hatte überlegt, noch einmal zum Basketballkäfig zu fahren. Tomaso und Özgür waren seine beste Spur, und Annette Keunert hatte angegeben, dass ihr Sohn öfter bei Freunden übernachtete. Aber nach diesem Post bezweifelte Bauer, dass Tilo noch Freunde hatte. Oder haben wollte.

Der Beitrag war gestern um 15:06 Uhr online gestellt worden – unmittelbar, nachdem das Hassbild entstanden war, vermutete Bauer. Er lud es herunter, öffnete es mit dem einfachen Bildbearbeitungsprogramm seines Rechners und betrachtete es in Bildschirmgröße. Das Foto war draußen aufgenommen worden, im Hintergrund sah er Schlote und Stahltürme. Sie kamen Bauer bekannt vor. Er vergrößerte den Bildausschnitt. Da fiel es ihm ein: Das waren die Hochöfen im Landschaftspark, gesehen aus nordöstlicher Richtung, von einem Punkt aus, der ebenso hoch wie die Baumwipfel liegen musste, die gleich hinter Tilo zu erkennen waren. Die Schlote konnten kaum weiter als einen Kilometer entfernt sein. Denn dann kam die Autobahn, und die war nicht mit auf dem Foto.

Bauer war verwirrt. Ihm fiel nordöstlich des Parks keine

Erhebung ein, von der aus diese Aufnahme möglich gewesen wäre. Er brachte das Foto wieder auf Originalgröße. In der linken unteren Bildecke blinkte der Ansatz eines Stahlrohrs. Was war das? Der Handlauf eines Geländers? Stand Tilo auf einer Aussichtsplattform? Davon gab es einige in der Region, auf alten Fördergerüsten, Abraumhalden oder Hochöfen. Aber keine in dieser Richtung und dieser Entfernung.

Bauer öffnete Google Maps, suchte den Landschaftspark und klickte auf die Satellitenansicht. Er setzte einen Messpunkt auf die Hochöfen. Die Entfernung zum Hagenshof, wo Tilo wohnte, betrug 1,8 Kilometer Luftlinie, und das Haus lag genau östlich, nicht nordöstlich. Außerdem hatten die Balkone an den Plattenbauten keine Stahlgeländer, sondern Betonbrüstungen. Er schwenkte das elektronische Lineal nach Nordosten. In siebenhundertachtundsiebzig Metern Entfernung zu den Hochöfen traf der Messpunkt auf den Emscherschnellweg. Gleich unterhalb der Autobahn lag eine Kleingartenanlage. Und daneben? Was war das? Aus der Vogelperspektive zoomte Bauer hinunter auf das parkähnliche Gelände.

Plötzlich wusste er es. Er hatte es nicht gleich erkannt, weil die Satellitenaufnahme aktuell und das große Becken nicht sommerblau wie in seiner Erinnerung, sondern nur noch eine schmutzige Grube ohne Wasser darin war. Doch nun war er ganz sicher, wo Tilo das wütende Selfie gemacht hatte: im stillgelegten Mercator-Bad. Dort gab es einen Sprungturm. Er war fast so hoch wie das Parkhaus, von dem Tilos Vater in den Tod gestürzt war.

30 Frühschicht, Spätschicht und Nachtschicht? Der Jurastudent saß schon wieder im Kassenhäuschen und las in drei großformatigen Wälzern gleichzeitig. Neben ihm stand eine Thermoskanne, der Tee in der Steingutschale war grün. Aus einem Becher ragten eine Zahnbürste und eine Tube Zahnpasta. Vielleicht hatte der junge Mann keine Wohnung?

Dohr fragte ihn nach dem Ferrari. Er wusste sofort Bescheid. Der stehe jeden Dienstag da, immer um die gleiche Uhrzeit, drei Stunden lang. Der Fahrer? Der Student beschrieb ihn. Zabel. Sie zeigte ihm das Foto, er nickte. Hatte er mal mit dem Fahrer gesprochen? Wusste er, was der Mann in der Gegend zu tun hatte, wohin er ging? Wusste er nicht. Schade. Allerdings ... er verlasse das Parkhaus zu Fuß, immer durch die Ausfahrt, und wende sich draußen nach rechts.

Das war doch schon mal was. Sie schickte Karman, Aast und Herwig los. Sie hatten Fotos, die sie rumzeigen konnten.

»Wenn Sie rausfinden, wo Zabel sich einmal pro Woche drei Stunden lang rumtreibt, rufen Sie mich sofort an.«

»Und was machen Sie?« Karmans Stimme hatte wieder diesen Unterton.

»Ich verschwinde im nächsten Kosmetikstudio. Was denken Sie denn? Abmarsch.«

Im Vulkanviertel war noch nicht viel los. Ein paar Autos parkten vor den Laufhäusern, auf dem großen Parkplatz standen drei Lkws, deren Fahrer zwischen zwei Touren eine schnelle Nummer schieben wollten. Der Fastfoodmüll der Nacht hatte sich entlang der Bordsteinkante gesammelt, ein paar Krähen hüpften zwischen den Essensresten herum, bevor die Straßenreinigung kam und ihnen den Spaß verdarb.

Die tröstende Wirkung des Cappuccinos war bereits verflogen, dazu hatte Karmans Visage gereicht. Entweder Dohr fand einen Weg, ihn auf Linie zu bringen, oder sie musste ihn loswerden.

Sie ging an dem Parkplatz der Hinterhofwerkstatt vorbei. Dieser Rumäne hatte Bauer gezielt hierhergelockt. So sah es jedenfalls auf den ersten Blick aus. Aber warum hatte er das getan? Vorausgesetzt, es traf überhaupt zu. Steckte Zabel dahinter? Warum hätte Zabel sich die Mühe machen sollen? Weil an dem Gerücht über Keunert und ihn etwas dran war? Weil er jedes Gerede im Keim ersticken wollte?

Vor ihr platschte etwas in eine Pfütze und zerstörte das Spiegelbild der grauen Wolkenfetzen. Dohr entdeckte einen schleimigen grünen Fleck auf ihrem Schuh. Taubenscheiße. Sie schaute nach oben. Auf einem Mauervorsprung über der Toreinfahrt hockte ein Taubenpärchen. Sie hätten auch ihren Kopf treffen können.

An der Ecke vor dem Erotik-Shop war ein übergewichtiger Biker in Lederkluft mit der Bierflasche in der Hand auf einer Holzbank eingeschlafen. So sollte es jedenfalls aussehen. Dohr wusste es besser. Der Mann war ein Wachtposten einer Bikergang, die drei Häuser weiter über einem Tacoladen ihr Vereinsheim hatte, leicht zu erkennen an den Überwachungskameras und vergitterten Fenstern.

Vor dem *Club Natascha* blieb sie stehen. Ungefähr hier hatte Bauer geparkt. Kein roter Ferrari weit und breit. Vielleicht war Zabel gar nicht da. Sie hätte anrufen können, aber sie wollte ihm die Überraschung nicht verderben.

Um diese Uhrzeit wirkte das rote Licht in dem Gang

hinter der Automatiktür, als ginge man zu einer Fünfzigerjahre-Teenagerparty. Zabels zweites Bordell lag direkt um die Ecke, eine plüschige Angelegenheit für Kunden, die es kuschlig mochten, das dritte war ein Laufhaus für die Massenabfertigung. Das *Natascha* war Zabels erstes Bordell, hier hatte er immer noch sein Hauptquartier. Hatten die Kollegen von der Sitte jedenfalls gesagt, während ihre Blicke fragten, ob sie etwa in ihrem Revier wildern wollte. Dohr hatte sie beruhigt. Ob sie ihr glaubten, wusste sie nicht.

Sie scannte den Kontaktraum. Es war nicht viel los. Sechs spärlich bekleidete junge Frauen hockten an der Theke und tippten gelangweilt auf ihren Handys herum. Die Poledance-Stange war verwaist. Der Barkeeper polierte Gläser. In einer Nische versuchten zwei Frauen mit starkem osteuropäischen Akzent, einen mürrischen älteren Mann zu überreden, ihnen eine Flasche Champagner zu spendieren. Insgesamt war die Stimmung nicht viel anders als draußen vor der Tür.

Bei Dohrs Eintreten schauten die Frauen an der Bar kurz auf, taxierten sie milde überrascht, hakten sie ab und wandten sich wieder ihren Handys zu. Der Barkeeper machte den vierschrötigen Mann, der allein an einem Tisch eine Rennzeitung studierte, mit einem Zischen auf sie aufmerksam. Er wandte sich um, drückte sich aus seinem Stuhl hoch und rollte auf sie zu wie ein Panzer. Er musterte sie verächtlich. Es war nichts Persönliches, das sah sie. Der Mann verachtete alles und jeden, es war seine Lebenseinstellung. Sie hatte sich in sein Gesicht eingegraben.

Dohr machte keine Anstalten auszuweichen. Bei dem Panzer fiel der Groschen. Er erkannte Bullen, wenn er sie sah. Er gab den Weg frei und zückte sein Handy.

»Der Chef ist unten?« Wo Zabels Büro war, hatten ihr die Kollegen von der Sitte auch verraten.

Der Mann deutete auf einen Vorhang neben der Bar. Er ließ sie die schwere Eisentür selbst öffnen. Er sprach weiter in sein Handy, ohne sie dabei aus den Augen zu lassen. Sie stieg die halb zugestellte Treppe hinunter.

Sie konnte es nicht glauben. Am Fuß der Treppe wartete Valeriu Kiriacescu auf sie. Einfacher ging es nicht. Der Exboxer starrte ihr finster entgegen. Er war offensichtlich nicht so hell wie sein Kollege eine Etage höher. Sie musste ihm ihre Marke zeigen. Widerwillig marschierte er vor ihr her.

Der Kellergang voller Getränkekisten erinnerte sie an ihre erste Wohnung. Einen Tag nach ihrem achtzehnten Geburtstag war sie mit fünf Pappkartons voller Klamotten, Bücher und CDs, einer Matratze und ihrem Kater Moritz ausgezogen. Keinen Tag zu früh. Eine Schulfreundin hatte sie mit ihrem schrottreifen Fiesta abgeholt, direkt nachdem Dohrs Eltern morgens zur Arbeit gefahren waren. Mittags hatte sich Dohr schon im umfunktionierten Partykeller der Eltern des Mädchens eingerichtet. Hinter den Wandpanelen hatte es geschimmelt. Bis heute stieg ihr der Geruch in die Nase, wenn sie Kellerräume wie diese betrat.

Kiriacescu riss eine Tür auf. »Politie!«

Seine Stimme war brüchig. Zu viele Halstreffer, dachte Dohr. Kiriacescu schob sie durch die Tür und lehnte sich in den Rahmen.

Der Raum war ein echtes Loch, drei schlecht verputzte Wände, die vierte gekachelt, darin verrostete eiserne Luken, über deren Zweck Verena nicht weiter nachdachte, weil ein wunderschöner alter *Kashaan* ihren Blick auf sich zog. Der Perserteppich lag auf dem nackten Beton und war mindestens zehntausend Euro wert. Verena kannte sich aus. Sie hatte zwei Jahre beim Einbruchsdezernat gearbeitet. Auf dem Teppich stand ein antiker Schreibtisch. Dahinter saß Zabel, als gehörte ihm die Welt. Obwohl er nur in einem Keller hockte. Sie hatte nicht viele wirklich harte Typen getroffen, Typen, die keinen weichen Kern hatten. Raubtiere, die ohne Vorwarnung attackierten. Gehörte Zabel zu dieser Kategorie?

Der Mann, der ihm gegenübersaß, jedenfalls nicht. Er war schmierig. Die Karos seines Jacketts waren zu groß, der Kragen zu breit, das goldene Panzerarmband zu protzig.

Sie zeigte Zabel ihren Ausweis. »Hauptkommissarin Dohr. Herr Zabel?«

Zabel lächelte süffisant. »Schon wieder eine Razzia?«

Sie deutete auf das Smartphone, das vor Zabel auf dem Tisch lag. »Nein, aber das wissen Sie doch längst, Herr Zabel.«

»Was dann? Hat einer meiner Kunden auf den Bürgersteig gekotzt? Reden Sie mit meinem Geschäftsführer, der ist für so was zuständig.«

Sie wandte sich an den Mann mit den zu großen Karos. »Und wie heißen Sie?«

Er grinste. Er wollte sie zappeln lassen, um seinem Chef zu zeigen, dass er sich von der Polizei nicht herumschubsen ließ. Sie hatte für solche Spielchen keine Zeit.

»Machen Sie keine Welle. Sie sind doch sowieso in unserer Kartei.«

»Robert Gleumes. Zufrieden?« Er sah Zabel fragend an. »Ich gehe rauf.«

»Wieso? Frau Dohr und ich haben keine Geheimnisse. Stimmt's, Frau Dohr?«

»Sie sind witzig, Herr Zabel. Machen Sie einen Comedy-Club auf. Aber vorher sprechen wir noch über Herrn Bauer.«

Zabel tat, als dächte er nach. »Bauer ... Bauer ...«

»Polizeipfarrer Martin Bauer. Er war gestern Abend bei Ihnen. Danach wurde vor Ihrer Tür sein Auto demoliert, und er wurde zusammengeschlagen.«

»Bestimmt ein Betrunkener oder ein junger Kerl, der seine überschüssige Energie noch nicht bei uns losgeworden war. Bedauerlich. Und Herr Bauer schickt Sie her, um sich zu beschweren?«

»Immer noch komisch?« Sie deutete auf Kiriacescu. »Ihr Mitarbeiter hier ... ich weiß nicht, was normalerweise sein Job ist, obwohl ich es mir vorstellen kann. Jedenfalls kann er gut mit dem Messer und seinen Fäusten umgehen.«

»Valeriu war früher Boxer. Er hat immer fair gekämpft. Von einem Messer weiß ich nichts.«

»Er hat Bauers Reifen zerstochen, dann hat er ihn ausgeknockt.«

Zabel wandte sich an Kiriacescu. »Stimmt, was die Hauptkommissarin sagt?«

Kiriacescu zuckte mit den Achseln.

»Was hast du dir dabei gedacht, du Idiot?«

»Ach, kommen Sie, Herr Zabel. Das wissen Sie doch am besten.«

»Sie glauben, ich hätte ihn losgeschickt? Warum sollte ich? Valeriu ist manchmal etwas übereifrig. Wenn jemand auf meinem Parkplatz parkt, zum Beispiel.« Zabel stand auf. »Wenn das alles ist. Ich habe einen Massagetermin. Nicht, was Sie denken. Mein Kreuzbein macht Ärger.«

»Ich wüsste gern, wo Sie sich am Dienstagabend zwischen acht und zehn aufgehalten haben.«

Zabel stutzte. Sie hatte ihn auf dem falschen Fuß erwischt.

»Ich wüsste nicht, was Sie das angeht.«

Es klang, als wäre ein Stahlgitter runtergekracht. Keine Comedy mehr.

»Ihr Ferrari. Er stand zu der Zeit auf Ebene eins im Altstadt-Parkhaus«, erwiderte sie ungerührt. »Genau als Hauptwachtmeister Keunert oben vom Dach gefallen ist. Wo waren Sie?«

»Schon wieder dieser Keunert? Erst der Pfaffe und jetzt Sie?« Zabel war wütend. Mehr als dem Anlass angemessen, wie sie fand. »Ich kenne den Mann nicht!«

»Sind Sie sicher? Wir kriegen das sowieso raus. Also – wo waren Sie?«

Zabel hatte sich wieder im Griff. »Vielleicht hat Richie ihn genommen. Macht er manchmal.«

Zabels Geschäftsführer, der auf seinem Stuhl zusammengesackt war und sich in der Rolle des stummen Zuhörers eingerichtet hatte, setzte sich auf. Sie sah, dass ihm der Sachverhalt absolut neu war.

»Erinnerst du dich, Richie?«

Richie hatte kapiert. »Kann sein. Ich glaube schon.«

Dohr hatte genug. »Schon gut. Schenken Sie sich das Theater. Und eins noch: Bauer ist ein Freund von mir. Also Finger weg.«

31

»Vergessen Sie's! Das schaffen Sie nie.«

Bauer verharrte mitten im Klimmzug, suchte mit den Füßen Halt auf den feuchten Metallrohren des Drehkreuzes, glitt mehrmals ab, fand schließlich einen wackeligen

Stand und blickte sich um. Einer der Skater, die ihn bisher desinteressiert beobachtet hatten, war herangekommen. Die Jungen nutzten die verwahrloste Betonarchitektur des Vorplatzes als Skatepark.

»Das da oben ist Natodraht«, fuhr der Junge fort. »Sie reißen sich nur die Eier ab.«

»Sprichst du aus Erfahrung?«, fragte Bauer und versuchte, nicht so angestrengt zu klingen, wie er war.

Der Junge grinste. »Ich muss meine Kronjuwelen nicht riskieren. Ich weiß, wie man da reinkommt.«

Bauer sprang nach hinten ab. Er schaffte es, einigermaßen geschmeidig zu landen. »Zeigst du es mir?«

Der Skater musterte ihn. »Warum sollte ich?«

»Ich suche jemanden. Einen Jungen in deinem Alter. Warst du gestern auch hier?«

»Ich bin jeden Tag hier.«

»Dann hast du ihn vielleicht gesehen.« Bauer holte sein Handy hervor und zeigte dem Jungen Tilos Facebook-Seite.

»Sorry, der Typ war hier nicht.«

»Das Selfie hat Tilo gestern Nachmittag gepostet. Er hat es auf dem Sprungturm aufgenommen. Also muss er irgendwie ins Bad hineingekommen sein. Vielleicht haben deine Kollegen ihn ja dabei beobachtet.«

»Nicht, wenn er sich auskennt. Was wollen Sie überhaupt von ihm?«

»Er ist letzte Nacht nicht nach Hause gekommen.«

»Sind Sie Bulle?«

»Pfarrer. Polizeipfarrer.«

»So was gibt's?«

»Hör zu, ich muss den Jungen finden. Sein Vater ist vor drei Tagen gestorben.«

Der Skater zögerte kurz, dann bedeutete er Bauer wortlos, ihm zur Kleingartenanlage gleich neben dem alten Schwimmbad zu folgen. Auch sie war hoch umzäunt, nur der Stacheldraht fehlte. Das Zufahrtstor allerdings stand offen. Den breiten Schotterweg dahinter säumten akkurat gesetzte Randsteine. In keiner Fuge entdeckte Bauer auch nur ein Hälmchen Unkraut. Stattdessen bemerkte er die misstrauischen Blicke einiger Kleingärtner, die ihre Parzellen winterfest machten.

Der Skaterjunge grüßte freundlich und grinste Bauer dabei an. »Wenn ich allein hier lang latschen würde, würden die glatt die Bullen rufen. Die machen das nur nicht, weil Sie dabei sind.«

»Wirke ich so vertrauenerweckend?«, scherzte Bauer.

»Schon irgendwie«, gab der Junge ernst zurück und bog auf einen Trampelpfad zwischen zwei Gärten ab. Er endete vor einer dichten immergrünen Stechpalmenhecke. »Hier ist es.«

»Hier ist was?«

»Der Geheimweg ins Schwimmbad.«

»Ich sehe keinen Weg.«

»Fängt gleich hinter dem Gestrüpp an.«

»Das heißt, ich muss da durch?«

»Besser als über den Natodraht.«

Der Skaterjunge zog seine Jackenärmel über die Hände und bog die Äste auseinander. Bauer bückte sich und sah einen engen Tunnel, der durch die meterdicke Hecke führte.

»Wenn Sie da durch sind, wird's einfacher. Immer dem Weg nach, bis Sie an den Zaun kommen, dann daran entlang, bis Sie ein Loch finden.«

»Und wenn es keins gibt?«

»Es gibt immer eins.«

»Na dann: Danke.«

»Schon okay.«

Der Junge zögerte. Bauer fragte: »Ist noch was?«

»Stimmt das mit dem Leben nach dem Tod?«

»Ich glaube, ja. Warum?«

»Mein Opa ist gestorben. Letztes Jahr.«

»Dann wäre es doch schön, wenn du ihm irgendwann wiederbegegnen würdest – auf irgendeine Art.«

Der Skater nickte. »Voll.« Dann fing er verschmitzt an zu lächeln. »Sagen Sie Ihrem Chef, er soll einen Skatepark bauen. Dann kann ich meinem Opa zeigen, wie gut ich geworden bin. Er hat mir das Board geschenkt.«

Bauer erwiderte das Lächeln. »Ich sehe, was ich tun kann.«

Der Junge wurde wieder ernst. »Wir haben gestern auch was Komisches gehört. Kam aus dem alten Bad.«

»Was denn?«

»Es hat ein paarmal geknallt. Joschi meinte, das wären Schüsse. Aber er ist ein totaler Poser, macht immer auf Gangsta.« Dann bog er die Zweige erneut auseinander und sah Bauer auffordernd an. »Was ist jetzt? Das Zeug pikst. Tut schweineweh!«

Den dünnen Stab in den Maschen entdeckte Bauer erst, als er zum zweiten Mal am Zaun entlangstrich. Er zog ihn heraus und schlüpfte auf das weitläufige Areal des alten Mercator-Bads. Als Jugendlicher war er nur ein paar Mal hier gewesen. Der Uettelsheimer See lag viel näher an seinem Elternhaus. Eigentlich durfte man im See nicht baden. Aber es gab einen versteckten Sandstrand, und es kostete nichts.

Das Schwimmbadgelände wirkte wie eine verwaschene Endzeitversion seiner Erinnerung. Die Liegeflächen waren überwuchert, die Wirtschaftsgebäude zugemauert und mit Graffiti übersät, das Dach des Umkleidetraktes war eingestürzt. Nur der Sprungturm sah aus, wie Bauer ihn im Gedächtnis behalten hatte: ehrfurchtgebietend. Bauer stakste durch hüfthohes Gestrüpp auf das tiefe Becken zu. Es war zugemüllt, voller Laub und Äste. Die Beckenumrandung war aufgeplatzt, die Kacheln hatten sich gelöst. An einer Stufe passierte es. Unter seinem Fuß rutschte eine Fliese weg. Er verlor das Gleichgewicht, wollte sich abfangen und fasste in etwas Feuchtes, Zähes. Er richtete sich auf und betrachtete seine Hand.

An seinen Fingern klebte verklumptes Blut.

32

»Frau Dohr!«

Verena Dohr kannte die Stimme. Sie hatte das Foyer beinah durchquert, ein paar Schritte noch, und sie wäre im Aufzug verschwunden. Sie wäre gern weitergegangen, aber diese Option hatte sie nicht.

Sie war von Zabel aus direkt zurück zum Polizeipräsidium gefahren. Unterwegs hatte sie vergeblich versucht, Bauer zu erreichen. Einfache Körperverletzung nach § 223 StGB wurde nur auf Antrag verfolgt. Das hieß, Bauer musste Anzeige erstatten, wenn er wollte, dass Kiriacescu zur Rechenschaft gezogen wurde. Das hatte er bisher noch nicht getan.

»Frau Dohr!«

Sie blieb stehen und drehte sich um. Direktionsleiter Lutz trug zwar Zivil, aber selbst der dunkelblaue Anzug wirkte an ihm wie eine Uniform. Lutz stand nahe der Drehtür, offensichtlich war er auf dem Weg nach draußen.

Er wartete darauf, dass sie das Foyer noch einmal durchquerte und zu ihm kam. Hierarchie war doch eine feine Sache.

Als sie bei ihm war, machte er sich nicht mal die Mühe zu lächeln. Umso besser.

»Wie geht es mit der Schlagbohrer-Sache in Marxloh voran?«

Was sollte die Frage? Ihr vorläufiger Ermittlungsbericht lag auf seinem Tisch. Lutz bestand auf Papier.

»Alles so weit klar. Wir müssen nur noch das mutmaßliche Motiv abklären. Ob da außer dem Müll im Hof vielleicht noch was war.«

»Sie haben ein Geständnis. Was wollen Sie denn noch? Geben Sie den Kram an die Staatsanwaltschaft«, knurrte Lutz ungeduldig.

Sollte er ruhig. Sie würde den Fall ausermitteln. »War es das?«

»Nein. Mir ist da etwas zu Ohren gekommen.« Lutz setzte sich in Bewegung. Er ging zur Drehtür. Ihr blieb nichts anderes übrig, als ihm zu folgen. Wie sie diese Spielchen hasste.

»Sie ermitteln immer noch wegen Keunert?«

Mit einer Handbewegung forderte er sie auf, mit ihm in die Drehtür zu treten. Vielleicht ließ sich daraus irgendwann mal eine sexuelle Belästigung konstruieren, dachte sie boshaft.

»Bestehen irgendwelche Zweifel am Suizid?«

Die Drehtür spuckte sie zurück ins Freie. Lutz steuerte seinen reservierten Parkplatz an.

»Wie klären nur noch ein paar Details.«

»Verkaufen Sie mich nicht für blöd, verdammt noch mal! Sie suchen nach Verbindungen ins kriminelle Milieu!«

Woher wusste er das? Von den Internen? Oder hatte er einen Spitzel in ihrer Abteilung? Karman?

Sie kamen bei Lutz' Dienst-BMW an.

»Das ist so gut wie erledigt«, log sie.

»Das will ich hoffen. Wenn dieser Pfarrer dahintersteckt, kriegen Sie echten Ärger. Der treibt sich für meinen Geschmack sowieso ein bisschen zu oft bei Ihnen herum.« Lutz wartete ihre Antwort nicht ab. Er stieg ein und fuhr davon.

Es war also Karman.

Aast und Herwig warteten schon ungeduldig im Besprechungszimmer. Sie hatten einen verstaubten Videoplayer auf dem Konferenztisch aufgebaut und einen alten Monitor, dessen Kunststoff schon Risse hatte. In der Asservatenkammer ausgeliehen, erklärte Herwig grinsend, der einzige Ort im Haus, wo es so ein Ding noch gebe. Er wedelte mit einer abgestoßenen Videokassette. »Sie werden staunen, Chef!«

Herwig war wie Aast Kriminalobermeister. Keiner von den beiden sägte an ihrem Stuhl. Noch nicht. Im Gegenteil. Herwig war knapp dreißig und ein echter Teamplayer. Sie wusste, dass der Sonnyboy im Polizeiachter ruderte. Für Leute auf dem Egotrip eindeutig die falsche Sportart. Aast war da anders. Er schlug sich ständig mit Allergien und einer echten Glutenunverträglichkeit herum. Man konnte sehr ungesellig werden, wenn einen ständig Kollegen anmachten, weil man weder Currywurst noch Pommes oder Pizza aß. Vielleicht behauptete er deshalb, dass ihm der Papierkram Spaß machte, den die meisten Beamten hassten.

Jetzt bremste er seinen Kollegen. Sollten sie der Chefin

nicht zuerst mal berichten, wie sie zu der Kassette gekommen waren? Sollten sie. Sie zog sich einen Stuhl heran.

»Wo ist Karman?«

Aast zuckte mit den Achseln. »Noch unterwegs.«

»Weiß er davon?« Sie deutete auf die Videokassette.

»Wir haben ihn informiert«, antwortete Herwig.

»Na schön. Dann legen Sie mal los.«

Aast und Herwig hatten in der Umgebung des Parkhauses Cafés, Kneipen, Kinos, Massagepraxen und Billardsalons abgeklappert – Lokalitäten, in denen man sich einmal pro Woche ein paar Stunden aufhalten würde. Ohne Erfolg. Vielleicht verbrachte Zabel die Zeit ja in einer Privatwohnung? Bei einer Frau? Das hatte Herwig auf die Idee gebracht, die Hotels im näheren Umfeld einzubeziehen. Und – Bingo! – schon hatten sie einen Treffer gelandet.

»Hotel Yvonne. Zwei Ecken weiter, in der Salierstraße.« Herwig strahlte.

»Kenne ich.« Das *Yvonne* war ein unansehnliches dreistöckiges ehemaliges Wohnhaus. Es hätte gut ein Stundenhotel sein können, war es aber nicht.

»Der Concierge war zuerst etwas störrisch, aber wir konnten ihn überreden.« Dohr sah Herwig an, dass es ihm Spaß gemacht hatte.

»Zabel kommt seit Jahren fast jeden Dienstag für ein paar Stunden. Hat immer das Penthouse«, sagte Aast.

»In der Bude gibt's ein Penthouse?«

»Konnten wir auch kaum glauben. Ist von der Straße aus nicht zu sehen. Ein richtiges kleines Liebesnest.«

»Also bringt er Frauen mit?«

Aast und Herwig warfen sich einen Blick zu. »*Eine* Frau«, sagte Aast.

Dohr war irritiert. »Er kommt immer mit derselben?«

Statt zu antworten, schob Aast die Kassette in den Player. »Die haben da ein vorsintflutliches Sicherheitssystem.« Er drückte auf Start. »Sie werden es nicht glauben.«

Ein unscharfes Schwarzweißbild, dem etwas mehr Kontrast gutgetan hätte, erschien auf dem Monitor. Es zeigte von schräg oben den Eingangsbereich des kleinen Hotels: einen Schirmständer, drei altmodische Sessel, einen Aufsteller mit Touristenbroschüren, eine Bodenvase mit künstlichen Blumen. Das Ganze hatte den Charakter eines spießigen Familienhotels der unteren Preisklasse. Niemand, den sie kannte, wäre hier abgestiegen. Personen waren auf dem Monitor keine zu sehen, es hätte genauso gut ein Standbild sein können.

Aast hatte den Zähler im Auge behalten. »2378 – gleich kommt's.«

Ein Schatten fiel auf den nachgemachten Perserteppich. Die gläserne Eingangstür schwang auf. Zwei Personen traten von draußen in die winzige Lobby. Ein Mann und eine Frau. Beide ohne Gepäck. Den Mann erkannte sie auf Anhieb. Zabel. Die Frau hielt ihren Kopf gesenkt. Aber etwas an der Art, wie sie sich bewegte, kam Dohr bekannt vor. Auch die Art, wie sie die Zigarette zum Mund führte ... eine sehr dünne Zigarette. Aast hatte recht – Dohr glaubte es nicht. Dann hob die Frau den Kopf.

33

Der Unterleib war aufgeplatzt. Die Eingeweide hingen heraus. Auf dem Rücken fand er eine weitere Wunde. Doch sie hatte nur die Größe einer Erbse.

Wer oder was hatte dieses Massaker angerichtet? Ein

Tier? Tiere töteten, um zu fressen. Bei der kleinen Leiche waren die Innereien, soweit er das beurteilen konnte, noch vorhanden. Der Todeszeitpunkt lag sicher nicht allzu lange zurück. Er war kein Pathologe, aber er kannte sich mit dem Sterben aus. Die Totenstarre hatte zwar schon eingesetzt, und auch die Blutlache auf den Kacheln wirkte eingetrocknet. Doch unter der geronnenen Oberfläche war es immer noch feucht.

Bauer richtete sich auf. Er war nicht wegen einer toten Ratte hier. Sein Blick glitt am Sprungturm empor, bis er seine Halswirbel knacken hörte. Tilo würde er dort oben nicht mehr finden. Welchen Sinn sollte es also haben, da hinaufzuklettern?

Eine Minute später stieg er von der letzten Sprosse der steilen Metallstiege auf die Zehnmeterplattform. Eine kalte Bö empfing ihn. War das schon ein Ausläufer des Orkantiefs vor Nordfrankreich? Er schaute nach Westen. Doch dort langweilte sich die geschlossene Wolkendecke im selben Grau wie in den Tagen zuvor. Er wandte sich Richtung Südwesten. Die Hochöfen im Landschaftspark wirkten näher als auf Tilos Bild. Bauer holte sein Handy hervor, rief die Foto-App auf und schaltete auf Selfie-Modus. Er suchte am Geländer die Position, die Tilo eingenommen hatte. Dann drückte er auf den Auslöser. Anschließend verglich er sein Foto mit dem von Tilo. Kein Zweifel, der Junge war hier oben gewesen. Doch wo war er jetzt? Wo hatte er geschlafen?

Bauer trat an den Rand der Plattform. Das Becken in der Tiefe wirkte wie ein offener Schlund. Deutlich sah er den aufgerissenen Körper der toten Ratte auf der Umrandung. Zu deutlich. Die Proportionen und Entfernungen verschoben sich. Zum dritten Mal in vier Tagen spürte er den Sog.

Auf der Brücke, auf dem Parkhausdach, nun hier. Brauchte er jedes Mal ein wenig länger, sich davon zu lösen?

Mit einem Ruck drehte er sich zur Seite, griff nach dem Geländer und zog sich weg von der Kante. Er blickte hinab auf die Umkleiden. Durch das zur Hälfte eingestürzte Dach konnte man in das niedrige zugemauerte Gebäude sehen. Oder hineinklettern, wenn man einen Platz zum Schlafen brauchte.

Er kam leichter auf das Dach des Umkleidetrakts als auf den Sprungturm. Zwischen den beiden vermauerten Eingängen zur Männer- und Frauenabteilung hing noch der alte Trinkwasserspender aus Stein. Daneben stand eine brusthohe Eisentonne. Wo der Rost die Farbe nicht weggefressen hatte, leuchtete sie fast noch so blau wie in Bauers Kindheit. Auch das *Schöller*-Logo mit der roten Pfeilspitze auf weißem Grund war noch zu erkennen. Es stand auf dem Kopf. Jemand hatte die Tonne umgedreht, an das Becken des Trinkwasserspenders gerückt und sich so eine Treppe gebaut. Bauer erklomm sie und zog sich an den morschen Sparren der Dachkonstruktion hoch auf die Seitenwand des Gebäudes. Die Dachplatten aus Eternit hatte wahrscheinlich schon der schwere Sturm vor zwei Jahren weggerissen.

Bauer balancierte auf der Mauer bis zu einem Holzbalken, der in den Raum hinuntergebrochen war und die Trennwände der Umkleiden zerschlagen hatte. Dort kletterte er hinunter und stieg über die Trümmer der zerstörten Kabinen hinweg in den Teil des Gebäudes, der noch ein Dach hatte. Je weiter er vordrang, desto dunkler wurde es. Bauer holte sein Handy hervor und aktivierte die Taschenlampen-App. Er kam an eine schwere Feuerschutztür. Sie war unverschlossen. Er zog sie auf. Die rostigen Türscharniere kreischten. Falls Tilo noch hier sein sollte, wusste er nun, dass Besuch kam.

»Tilo? Polizeipfarrer Bauer hier. Ich würde gern mit dir reden.« Bauers Rufen verhallte in der Dunkelheit. Er ging weiter durch einen stockfinsteren Gang, von dem rechts und links Räume abzweigten, einige mit technischen Anlagen oder Regalen, andere sahen aus wie Büros. Da flammte im Schein der Handylampe ein weißes Kreuz auf grünem Grund auf. Ein Erste-Hilfe-Schild. Es war an einer der Türen angebracht. Bauer leuchtete in den Raum hinein. An der Wand stand eine Behandlungsliege. Darauf lagen mehrere Handtücher ausgebreitet mit verblichenem *Mercator-Bad*-Aufdruck. Unter der Liege entdeckte er eine leere Whiskeyflasche, auf einem verrosteten Blechschrank einen Kerzenstummel und einen Rucksack. Den Rucksack hatte Bauer schon einmal gesehen – auf Tilos Rücken, an dem Tag, als er die Nachricht von Walter Keunerts Tod überbracht hatte.

Bauer zündete die Kerze an, schaltete die Lampe an seinem Handy aus und wählte die Nummer von Verena Dohr.

Sie hob nach dem ersten Freizeichen ab. »Hauptkommissarin Dohr.«

»Ich habe Tilo gefunden.« Einen Moment lang hörte er nur das Rauschen der Verbindung. »Verena?«

»Haben Sie schon mit ihm gesprochen?«

»Genau genommen habe ich nur seinen Unterschlupf entdeckt. Aber er kommt wieder, er hat seinen Rucksack ...«

Sie unterbrach ihn. »Bevor Sie mit dem Jungen reden, sollten Sie etwas wissen. Wir haben ermittelt, warum Zabels Ferrari im Parkhaus war. Er steht da jeden Dienstag.«

»Warum?«

»Zabel trifft sich mit einer Frau. Immer im selben Hotel, immer zur gleichen Uhrzeit.«

»Und die Frau ist auch immer dieselbe?«

»Ja. Sie werden es nicht glauben ...«

Die Erkenntnis durchzuckte Bauer. »Annette Keunert!« Plötzlich ergab ihr Verhalten einen Sinn. Dann bemerkte er die erneute Stille am anderen Ende der Verbindung. »Hallo?«

»Woher zum Teufel wussten Sie das?«

»Sie haben es mir gerade gesagt.«

»Habe ich nicht.«

»Aber fast. Den Rest habe ich geraten.«

»Sind Sie sicher, dass Sie es nicht schon vorher wussten und es mir nur verheimlicht haben?«

»Warum hätte ich das tun sollen?«

»Um den Jungen zu schützen? Das wäre doch ein Grund für Sie, oder?«

»Es hätte einer sein können«, sagte er ehrlich. »Aber ich hatte wirklich keine Ahnung.«

»Na toll. Sie sagen mir wenigstens ehrlich, dass Sie mich anlügen würden«, kommentierte Verena. Aber es lag kein Ärger darin. »Glauben Sie, der Junge weiß es?«

»Kann ich mir nicht vorstellen. Nein.«

»Ist das auch geraten?«

»Ja.«

»Gut«, erwiderte Verena. »Werden Sie es ihm erzählen?«

»Ich weiß nicht, ob das nötig ist. Oder gut für ihn.«

»Früher oder später erfährt er es sowieso. Im schlimmsten Fall aus der Presse.«

»Ich glaube, ich würde vorher gern mit seiner Mutter reden. Vielleicht möchte sie es ihm selber beibringen.«

»Blödsinn! Die vögelt einen Puffbesitzer, während ihr

Mann vom Parkhaus springt. Freiwillig macht die den Mund garantiert nicht auf!«

Verenas harschen Ton war Bauer gewöhnt. Die Bitterkeit darin nicht. »Warum ärgert Sie das so?«

»Wenn Eltern ihre Partner betrügen, ziehen sie immer ihre Kinder mit rein, ob sie das wollen oder nicht. Also wenn Sie es Tilo beibringen, dann schonend, okay? Bis dann.«

Sie legte auf, bevor er antworten konnte. Als hätte sie schon zu viel gesagt. Bauer steckte nachdenklich sein Handy weg und setzte sich auf die Liege. Die Auflage war weicher, als er erwartet hatte. Das Kerzenlicht machte den kleinen Raum fast gemütlich. Ein paar Tage konnte man es hier aushalten. Bauers Blick fiel auf den Rucksack. Er griff danach. Er war schwer, obwohl er leer aussah. Bauer öffnete die Schnalle.

Das Kreischen der Feuerschutztür hallte durch den dunklen Gang. Eilig legte er den Rucksack zurück auf das Blechschränkchen und setzte sich wieder auf die Liege. Er hörte Schritte, sie wurden langsamer und stoppten dann. Tilo musste den Lichtschein entdeckt haben, der durch die offene Tür auf den Gang fiel.

Bauer rührte sich nicht von der Stelle. »Tilo? Hier ist Bauer. Der Polizeiseelsorger. Ich war vor drei Tagen bei euch. Ich habe deiner Mutter die Nachricht überbracht. Vom Tod deines Vaters.«

Keine Antwort.

»Ich will dich hier nicht wegholen oder so was«, rief er. »Ich will nur sehen, ob es dir gutgeht.«

Ein Kopf schob sich in den Türausschnitt. Tilo.

»Keine Angst«, sagte Bauer, »ich bin allein.«

»Ich habe keine Angst«, erwiderte Tilo und kam herein.

Er trug eine volle Einkaufstüte zum Blechschrank, stellte sie ab, nahm den Rucksack an sich und fuhr mit der Rechten hinein, ohne Bauer aus den Augen zu lassen. Als er ertastet hatte, was er suchte, entspannte sich die Miene des Jungen ein wenig. Aber die Hand ließ er im Rucksack, den er vor sich hielt wie einen Schild.

»Was wollen Sie hier?«

»Habe ich schon gesagt: Nachsehen, wie es dir geht.«

»Wie haben Sie mich gefunden?«

»Über deinen Post auf Facebook.«

»Da habe ich nicht reingeschrieben, wo ich bin.«

»Ich habe den Sprungturm erkannt.«

»Der ist gar nicht mit auf dem Foto.«

»Du stehst auf der obersten Plattform. Man sieht die Hochöfen im Landschaftspark. Der Rest war einfach.«

Tilo konnte seine Bewunderung nicht ganz verbergen.

Bauer deutete auf die Aldi-Tüte. »Ist da auch was zu trinken drin?«

»Und wenn?«

»Wäre es sehr nett, wenn du mir einen Schluck anbieten würdest. Ich habe einen Riesendurst.« Bauer spekulierte darauf, dass unter all der Wut und Verachtung ein höflicher Junge steckte.

Doch Tilo schnaubte nur. »So einen Dreck trinken Sie eh nicht.«

»Wieso? Was hast du denn eingekauft?«

»Aldi-Cola.«

»Also meine Tochter liebt das Zeug. Sie findet es sogar besser als Pepsi.«

»Ohne Scheiß?«

»Ohne Scheiß. Und ich vertraue Nina. Sie ist so alt wie du. Also, gibst du mir was ab?«

Nach kurzem Zögern zog Tilo seine Hand aus dem Rucksack. Bauer fühlte Erleichterung. Vorher hatte er Bedrohung verspürt. Weder das eine noch das andere konnte er begründen.

Tilo holte eine Plastikflasche aus der Tüte und reichte sie Bauer. »Sorry, Gläser habe ich nicht.«

»Darf ich aus der Flasche trinken?«

»Klar.«

Bauer nahm einen großen Schluck. »Schmeckt wirklich gar nicht schlecht.« Er hielt Tilo die offene Flasche hin. Wieder zögerte der Junge. Dann ergriff er sie und trank.

Das war ein Anfang. Aber nicht mehr. Der Tod des Vaters hatte Tilos Familie zerstört. Er hatte nur noch seine Mutter. Was würde passieren, wenn Bauer das Bild, das der Junge von ihr hatte, auch noch kaputtmachte? Bauer hatte keine Ahnung. Er konnte nicht einmal raten.

34

Annette fingerte eine ihrer langen dünnen Zigaretten aus der Schachtel. Dohr griff nicht ein, obwohl das Rauchen im gesamten Gebäude verboten war. Die Frau des toten Polizisten brauchte Nikotin? Sollte sie haben. Vielleicht brachte sie das in Plauderstimmung. Dohr schob ihr die Porzellanschale hin, in der bei Besprechungen immer die geschmacksneutralen Kekse lagen, die nie jemand aß.

Nachdem die Videoaufzeichnung durchgelaufen war, hatte Dohr sofort Annette Keunert angerufen. Dass Lutz den Suizid eines Polizeibeamten am liebsten ohne viel Aufsehen ad acta legen wollte, war ihr egal. Dass die Ehefrau des Verstorbenen regelmäßig Schäferstündchen mit einer örtlichen Unterweltgröße hatte und ihr Mann ausgerechnet vom Dach des Parkhauses gefallen war, in dem ihr Liebhaber seinen Ferrari abstellte, erforderte nach Dohrs Dafürhalten zumindest ein paar Nachfragen. Vor allem, wenn der Verstorbene im Verdacht gestanden hatte, aus dem Milieu geschmiert zu werden.

Überraschenderweise hatte sich Annette Keunert sofort bereit erklärt, im Kommissariat vorbeizuschauen. Sie sei zufällig ganz in der Nähe. Im Hintergrund waren Stimmen und die Geräusche auf Hochtouren arbeitender Föne zu hören.

Dann hatte Bauer angerufen. Es ging um den Jungen. Bauer hatte Angst, dass Tilo von der Affäre erfuhr. Es würde ihm zu seinem kaputten Männerbild nicht nur das passende Frauenbild vermitteln, es könnte ihn auch zu einer Dummheit verleiten, glaubte Bauer. Dohr wusste genau, was er meinte. Nicht, was die Dummheit betraf. Aber mit kaputten Frauen- und Männerbildern kannte sie sich aus. Vielleicht hatte sie darum so heftig auf Karmans dämliche Bemerkung reagiert.

Als der Oberkommissar im Besprechungsraum zu ihnen gestoßen war, war ihm der Frust anzusehen gewesen. Vermutlich ärgerte ihn, dass nicht er, sondern die Kollegen einen Volltreffer gelandet hatten. Während sie mit Bauer telefonierte, saß er da, die Beine übereinandergeschlagen, und verströmte Missgunst und Abschätzigkeit. Nachdem sie aufgelegt hatte, schüttelte er mitleidig den Kopf. »Tilo ... ich höre immer Tilo. Was geht uns der Bengel an? Seit Ihr Pfarrer ständig hier aufkreuzt, kommt man sich vor wie auf der Sozialstation.«

»Warum halten Sie nicht einfach mal die Schnauze, Karman, wenn Sie schon keine Ahnung haben.« Falls er bisher nur vermutet hatte, was sie von ihm hielt – jetzt wusste er es. Das Dumme war bloß – Karman hatte durchaus Ahnung. Er war zwar zynisch, verschlagen und nachtragend, aber er war auch intelligent und ein kompetenter Ermittler.

Karman verzog keine Miene. »Ich gehe in die Kantine. Kommt jemand mit?«

Die Frage richtete sich eindeutig nicht an sie. Er manövrierte die jüngeren Kollegen in einen Loyalitätskonflikt. Ein Test. Für den Kampf um ihren Stuhl.

»Gehen Sie ruhig.« Loyalität testen konnte sie auch.

Aast und Herwig zögerten.

»Ihr könnt ja nachkommen«, sagte Karman, ausnahmsweise ohne höhnischen Unterton.

Schlau, dachte Dohr. Karman agierte langfristig. Nur nichts erzwingen. Die Blicke der Jüngeren kreuzten sich. Sie wusste, was die beiden dachten. Sie hätte das Gleiche gedacht: Was für ein Scheiß. Und: War sie die Richtige für den Posten?

Annette Keunert fischte ein goldenes Feuerzeug aus ihrer gefälschten Louis-Vuitton-Handtasche. Sie ließ es aufschnappen, hielt die Flamme an die Spitze ihrer Zigarette und nahm einen Zug, der auch noch die letzten Spitzen ihrer Bronchien mit Nikotin versorgte.

Sie waren allein im Besprechungsraum. Sie hatte Annette Keunert persönlich beim Empfang abgeholt. Sie waren im Aufzug nach oben gefahren, schweigend bis auf eine schmeichelhafte Bemerkung, die Dohr über Annette Keunerts Friseurbesuch gemacht hatte. Neue Haarfarbe, neue Frisur, so zelebrierten Frauen nach dem Ende einer Beziehung gern den Neuanfang.

»Wie geht es Ihnen, Frau Keunert?«

»Keine Ahnung. Wahrscheinlich beschissen. Ich warte

immer noch drauf, dass mein Mann freigegeben wird. Der Bestatter muss schließlich planen.« Annette Keunert klang gereizt. Sie schnipste den schmalen Aschekegel grob in Richtung Porzellanschälchen. Sie verfehlte es um mehrere Zentimeter.

Der Bestatter. War Keunerts Frau wirklich so tough, oder hielt sie sich nur die Gefühle vom Hals?

»Ich kümmere mich darum, Frau Keunert.«

Die Frau zuckte mit den Achseln. Sie gab wohl nicht viel auf Dohrs Versprechen.

»Na gut. Und was wollen Sie?«

Dohr schaltete um, von Defensive auf vorsichtigen Angriff. »Es geht um Folgendes: Bei routinemäßigen Ermittlungen zum Tod Ihres Mannes ...«

Annette Keunert fuhr hoch. »Sie ermitteln immer noch? Wieso denn? Walter ist gesprungen und fertig!«

»Möglich, aber für meinen Bericht muss das schon hieb- und stichfest sein. Sie hatten uns erzählt, dass Sie mit einer Freundin beim Italiener waren.«

Annette Keunert drückte die halbgerauchte Zigarette auf dem Porzellan aus. Dann sah sie Dohr trotzig an. »Und weiter?« Mechanisch griff sie nach ihrer Zigarettenschachtel.

»Ist es nicht vielmehr so, dass Sie sich zu der Zeit mit einem Mann getroffen haben?«

Annette Keunert erstarrte. Sie brauchte mehrere Sekunden, bis sie antwortete. »Wie kommen Sie denn auf den Quatsch?« Ihre Empörung klang nicht echt.

»Bitte, Frau Keunert, kein Grund zur Aufregung. Im Grunde geht uns das gar nichts an ...«

»Da haben Sie verdammt recht! Wollen Sie behaupten, dass ich lüge?«

Dohr ließ drei Sekunden verstreichen, dann sagte sie: »Ja.«

Annette Keunert sprang auf. »Das ist eine Unverschämtheit! So was muss ich mir nicht bieten lassen. Ich beschwere mich bei Direktor Lutz.«

»Tun Sie das«, erwiderte Dohr. »Aber vorher sollten Sie sich das ansehen.« Sie aktivierte den Monitor. Annette Keunert war schon auf dem Weg zur Tür. Sie blieb stehen. Heutzutage war praktisch niemand mehr in der Lage, sich dem zu entziehen, was sich auf einem Bildschirm abspielte. Zu sehen war ein Standbild – Zabel mit Annette Keunert in der Hotellobby.

»Das sind doch Sie, oder?« Eine rhetorische Frage.

Annette Keunert sagte nichts.

»Sie betreten das Hotel Yvonne. Mit einem Mann. Nicht Ihr Ehemann. Wie praktisch jede Woche um die gleiche Zeit. Jedes Mal für etwa drei Stunden.«

Annette Keunert konnte ihren Blick nicht von dem Bild abwenden. »Das geht Sie einen Scheiß an.« Sie war weiß geworden.

Dohr blieb ruhig. »Wer ist der Mann?«

»Dazu muss ich nichts sagen.«

»Dann sage ich es Ihnen. Der Mann heißt Sascha Zabel. Ihm gehören drei Bordelle im Vulkanviertel. Er ist eine Größe im kriminellen Milieu, und Ihr Mann war Polizeibeamter. Deshalb muss uns das interessieren.« Sie ließ den Satz einen Moment lang wirken.

Annette Keunert verharrte wie erstarrt zwischen Konferenztisch und Tür. Ein Reh im Scheinwerferlicht eines heranrasenden Lastwagens.

»Wie lange geht das schon mit Ihnen beiden?«

Keine Antwort.

»Wo haben Sie sich kennengelernt? Und wie? Warum setzen Sie sich nicht wieder?«

Als hätte Dohr einen Zauberbann von ihr genommen, stöckelte Annette Keunert unsicher zurück zu ihrem Stuhl, setzte sich dann aber doch nicht, sondern hielt sich nur an der Lehne fest.

»Ich kann mir das nicht richtig vorstellen. Ihre Welten überschneiden sich nicht gerade.«

»Das war zufällig. In einem Café, in der Stadt. Welches, weiß ich nicht mehr ... Doch, warten Sie, im Café Schwan.«

Dohr wusste vom ersten Wort an, dass sie log. Aber Annette Keunerts schauspielerisches Selbstvertrauen schien zu wachsen.

»Er hat mich angesprochen. Und dann haben wir uns verabredet.« Jetzt setzte sie sich doch. »Von den Bordellen wusste ich nichts. Er hat gesagt, er ist in der Gastronomie. War mir auch egal.«

Bis hierhin war alles gelogen. Mal sehen, wie es eine Ebene tiefer aussah. »Warum haben Sie das getan? Sie sind verheiratet, Sie haben einen Sohn.«

Annette Keunerts Blick schweifte in die Ferne, aus dem Fenster, direkt ins Leere. Dohr war sicher, dass sie in diesem Moment wirklich über die Frage nachdachte. Vielleicht ließ sie die ganze Affäre vor ihrem inneren Auge vorbeiziehen.

»Das ist kompliziert«, sagte sie kaum hörbar, mehr zu sich selbst.

Jetzt sagte sie die Wahrheit.

Ein Ruck ging durch ihren Körper, sie richtete sich auf, dann fügte sie laut und bestimmt hinzu: »Aber eigentlich ist es auch ganz einfach. Ich habe mich gelangweilt.«

Lüge. Vielleicht hatte sie sich mit einem Unterwelttypen

eingelassen, um ihrem Mann etwas heimzuzahlen? Er hatte es vermutlich nicht mal geahnt, aber viele Frauen zogen aus heimlicher Rache eine Menge Befriedigung. Männer waren da anders. Sie wollten im Auge ihres Gegners sehen, dass sie ihn erledigt hatten. Die meisten jedenfalls.

Dohr beschloss, die Richtung der Befragung zu ändern. »Weiß er, dass Ihr Mann bei der Polizei ist?«

Annette Keunert musterte sie prüfend. Sie war nicht dumm. »Nein. Er hat mich nie gefragt. Werfen Sie mir irgendwas vor, oder kann ich jetzt gehen?« Sie stand wieder auf.

Dohr blieb sitzen. »Als Polizistenfrau müssten Sie doch verstehen, dass das Ganze, wie soll ich sagen, etwas merkwürdig aussieht. Wir zerbrechen uns den Kopf, warum Ihr Mann sich getötet hat. Und stoßen auf das hier.« Sie deutete auf den Monitor. »Was sollen wir denken? Zum Beispiel: Ehemann findet raus, dass seine Frau fremdgeht. Er ist nicht der Typ, der sich wehrt, sondern eher selbstzerstörerisch. Er springt vom Dach. Wusste Ihr Mann von Ihrer Affäre?«

»Nein!«

Dohr nickte. »Vielleicht. Das weiß man nie. Jeder macht Fehler. Kannte Ihr Mann Sascha Zabel?«

»Auf keinen Fall!«

Die Antwort kam wie aus der Pistole geschossen. »Sind Sie sicher? Vor kurzem haben wir in einem von Zabels Bordellen eine Razzia durchgeführt. Ihr Mann war dabei.«

»Davon weiß ich nichts.« Dohr konnte förmlich zusehen, wie sie sich wieder in ihre Empörung hineinsteigerte. »Das kommt von diesem Pfaffen, stimmt's? Der seine Nase in Sachen steckt, die ihn nichts angehen.«

»Komisch«, sagte Dohr ruhig. »Genau davor hat ihn Ihr

Liebhaber gewarnt. Zehn Minuten später wurde Herr Bauer zusammengeschlagen.«

»Was rennt der Kerl auch überall rum und erzählt, mein Mann wäre gar nicht gesprungen.«

»Das ist nicht der Grund, warum Herr Bauer bei Herrn Zabel war. Er wusste nicht, dass Sie ein Verhältnis mit dem Mann haben. Aber wo Sie es schon selbst ansprechen – so ein eifersüchtiger Liebhaber könnte auf die Idee kommen, den Ehemann der Geliebten aus dem Weg zu räumen.«

Das Entsetzen, das in ihren Augen aufblitzte, war echt.

»Zabels Ferrari stand übrigens in dem Parkhaus.«

»Was ja wohl strunzdämlich wäre, wenn er Walter vom Dach hätte werfen wollen.«

»Da haben Sie recht. Wahrscheinlich Zufall. Das Parkhaus ist ja nur zwei Straßen vom *Yvonne* entfernt. Ist Herr Zabel irgendwann mal kurz weggegangen, während Sie da oben im Penthouse waren? Vielleicht Zigaretten holen?«

»Brauche ich einen Anwalt?« Sie funkelte Dohr an. Wie nur fälschlich Beschuldigte funkeln konnten. Oder halbwegs gute Schauspieler.

»Aber nein, wieso denn? Ich will einfach nur herausfinden, warum Ihr Mann das getan hat.«

»Dann noch viel Spaß dabei!« Annette Keunert stöckelte zur Tür, riss sie auf und knallte sie hinter sich zu.

Sie hatte erstaunlich lange durchgehalten. Dohr hatte sich schon oft gewundert, dass Verdächtige oder Zeugen nicht einfach zur Tür hinausspazierten. Ihrer Theorie nach hatten die meisten Menschen das tiefsitzende Bedürfnis, sich zu rechtfertigen und recht zu behalten.

Und jetzt? Dohr betrachtete das Bild auf dem Monitor. Die Frau eines toten Polizisten auf dem Weg in ihr Liebesnest, zusammen mit dem Gangster, der ihren Mann möglicherweise bestochen hatte. Dohr hatte den Korruptionsverdacht nicht erwähnt. Sie wusste nicht, warum. Instinkt? Nicht nur Bauer verfügte über so etwas. Aber das entscheidende Wort lautete hier wohl ›kompliziert‹.

35

Alles lief gut. Bis Tilo das Foto hervorholte.

»Hier, sehen Sie? Mein Vater! Und er steht auf dem Scheiß-Siegerpodest!«

Der Junge auf dem alten Foto strahlte über das ganze Gesicht. Er war glücklich, ein Gewinner. Die Aufnahme bestätigte, worauf Bauer auf der Brücke sein Leben gewettet hatte: dass Keunert ein guter Schwimmer war. Gewesen war. Tilo schien diese Tatsache völlig neu zu sein. Doch warum ärgerte sich der Junge so darüber?

»Ich habe früher auch ein paar Pokale gewonnen«, sagte Bauer ein wenig ratlos. »Beim Boxen. Und ich habe meiner Tochter bestimmt nicht von jedem erzählt.«

»Aber Ihre Tochter weiß, dass Sie mal geboxt haben.«

Bauer nickte. »Mache ich immer noch, wenn ich Zeit habe.«

»Ich wusste nicht mal, dass er schwimmen konnte!«

»Er war nie mit dir im Tiefen?«

»Er war nie mit mir im Schwimmbad!«

»Du hast eben gesagt, ihr wärt im Sommer jeden Tag hergekommen.«

Tilo nickte. »Ich und meine Mutter. Mein Vater ist nie mitgekommen. Nicht ein einziges verficktes Mal! Nicht mal, als ich ihm versprochen habe, vom Zehner zu springen. Dabei wollte ich das nur für ihn machen. Wissen Sie, was er gesagt hat?«

»Ich habe keine Ahnung.«

»Er ist total ausgerastet! Er hat's mir verboten! Ich habe das nicht gecheckt. Ich checke es immer noch nicht. Sie vielleicht?«

Bauer schwieg nachdenklich. Das alte Schwimmbad lag nur fünf Fahrradminuten von Keunerts Wohnung entfernt. In seiner Jugend konnte Tilos Vater auch nicht viel weiter weg gewohnt haben. Sonst wäre er nicht Mitglied im *Mercator SV* gewesen. Der Vereinsname zierte das Siegerpodest. Welchen Grund hatte Keunert gehabt, das Bad als Erwachsener zu meiden?

»Du glaubst, es hat etwas mit dir zu tun«, überlegte Bauer, »doch das muss es nicht.«

»Er hat gesagt, ich darf nicht auf den Sprungturm. Niemals! Klar hatte das was mit mir zu tun.«

»Vielleicht wollte er dich nur beschützen.«

»Wovor? *Ich* wollte nicht von 'nem verdammten Parkhaus springen.«

Bauer konnte die Bitterkeit in Tilos Worten fast schmecken. »Ich habe keine Ahnung. Trotzdem hatte er offensichtlich Angst um dich.«

»Ja, weil er ein beschissener Feigling war! Wissen Sie, was ich gemacht habe? Ich bin ins Schwimmbad gefahren, auf den blöden Turm geklettert und runtergejumpt – obwohl er es mir verboten hatte. Ich bin nämlich nicht feige!«

»Das war dein Vater auch nicht. Kennst du die Rheinbrücke Neuenkamp? Die ist ein Ende höher als der Sprungturm.«

»Und?«

»Er ist da runtergesprungen. Vor vier Tagen. Um mich aus dem Fluss zu ziehen.«

Tilo sah ihn ungläubig an. »Sie verarschen mich doch!«

»Er hat mir das Leben gerettet«, erwiderte Bauer. »Stand sogar am nächsten Tag in der Zeitung. Du kannst es googeln.«

Tilo wandte sich ab. Der Junge glaubte ihm, Bauer sah, wie es in ihm arbeitete. Die Wut war noch da, ebenso die Verbitterung. Doch wohin nun damit? Einen Feigling zu verachten, ihn zu hassen, weil er sich aus dem Staub gemacht hatte, das war leicht. Aber einen Helden?

Tilo sprang auf. »Fuck!« Ein Tier im Käfig. »Fuck, fuck, fuck!« Er trat gegen den Blechschrank. Die Schallwelle donnerte durch den engen Raum. Bebend baute sich der Junge vor Bauer auf, schrie ihn an: »Warum hat er sich umgebracht? Warum? Sagen Sie's mir!«

»Ich weiß es nicht.«

»Hat er sich überhaupt umgebracht? Oder hat ihn jemand da runtergeworfen? Hat jemand meinen Vater gekillt?«

Bauer hatte gewusst, dass Tilo diese Frage irgendwann stellen würde, und er hatte sich davor gefürchtet, antworten zu müssen. Doch nun fiel es ihm ganz leicht. »Auch das weiß ich nicht. Aber ich werde es herausfinden. Ich verspreche es dir.«

Tilo starrte Bauer an. Dann setzte er sich wieder auf die Liege. Sein Atem wurde ruhiger. Er blickte auf das Foto, das er immer noch in der Hand hatte. Schließlich hielt er es Bauer hin und deutete auf ein Mädchen. »Wissen Sie, wer das ist?«

»Hm ... Darf ich?«

»Klar.«

Bauer nahm das Foto, drehte es ins Licht der Kerze. Er kannte das Gesicht. Aber nicht so. Er schätzte das Mädchen auf fünfzehn, vielleicht sechzehn Jahre. Es stand zwischen zwei anderen Jungen am Bildrand und strahlte den

Sieger auf dem Podest an. Nein, es himmelte ihn an. Es war verliebt. Annette Keunert hatte sich sehr verändert.

»Das ist meine Mutter.«

Bauer nickte. »Das passt.«

»Wozu?«

»Zu dem, was die Büdchenfrau mir über deine Eltern erzählt hat: Es war eine Jugendliebe.«

»Liebe? Am Arsch! Die haben sich doch nur angehasst. Meine Mutter hat rumgezickt wegen der Kohle, und mein Vater hat gar nicht mehr geredet. Er hat sich von meiner Mutter immer nur fertigmachen lassen.« Er deutete auf das Bild. »Ich hätte nie gedacht, dass sie das ist. So hat sie ihn nie angeguckt, nie!«

»Damals schon.«

»Und was ist dann mit ihr passiert?«

»Das Leben?« Eine Antwort, die nicht reichte. Bauer wusste das. Und Tilo spürte es.

»Das ist doch nur Gelaber! Wenn er sie verprügelt hätte. Hat er aber nicht, das hätte ich mitgekriegt. Vielleicht hat er sie ja betrogen.«

Es war eine Frage. Bauer schwieg.

»Oder sie ihn«, fuhr Tilo fort. »Sie hat ihm dauernd vor den Latz geknallt, was für ein Schlappschwanz er ist. Vielleicht hat sie sich ja einen anderen gesucht.«

Tilos Blick bettelte um Widerspruch. Bauer atmete durch. »Ich glaube nicht, dass es so einfach ist.«

Er hätte dem Jungen ebenso gut seine Faust in den Magen rammen können.

»Scheiße«, keuchte Tilo. »Sie hat echt einen anderen?!«

»Selbst wenn, solltest du sie nicht gleich verurteilen.«

»Hat mein Vater sich deswegen umgebracht?«

»Ich weiß noch nicht, warum dein Vater ...«

»Wer ist der Kerl? Sie wissen es, oder?« Tilo war wieder aufgesprungen.

»Ich kann dir dazu wirklich nichts sagen. Hör zu, Tilo ...«

Der Junge stürzte zu seinem Rucksack. Bauer ebenfalls. Doch seine Hand griff ins Leere. Tilo sprang zur Tür. Bauer erwischte ihn an der Jacke. Der Junge wirbelte herum. Bauer sah den Rucksack heransausen. Er duckte sich weg. Etwas Hartes streifte seine Schläfe. Bauer taumelte zurück. Das Kreischen der Feuerschutztür mischte sich mit dem Rauschen in seinen Ohren. Als er wieder klar sehen konnte, war er allein. Der Junge war fort.

Der Rucksack auch.

36

Bonnie und Clyde ließen die Flossen hängen. Sie dachten gar nicht daran, sich auf die Mückenlarven zu stürzen, die Direktionsleiter Lutz aus einem Plastikdöschen in das Aquarium schüttelte. Es war ein Statement: Vergiss es, wir tanzen nicht nach deiner Pfeife. So kam es jedenfalls bei Verena Dohr an. Vielleicht projizierte sie aber auch nur ihre innere Haltung auf die beiden.

»Moment noch.«

Lutz hatte sie von seiner Sekretärin in sein Büro zitieren lassen. Ein sicheres Zeichen, dass es ernst war. Sie würden nicht über Aquaristik plaudern.

Sein Büro lag eine Etage über dem K 11. Im Vorzimmer bewachte Frau Sebald wie ein Zerberus den Zugang zu ihrem Chef. Das hatte sie schon getan, als Lutz noch Leiter der Polizeiinspektion 1 gewesen war. Bei seiner Versetzung hatte er sie mitgenommen. Alle paar Jahre machte das Gerücht die Runde, Lutz und sie hätten eine heimliche Affäre. Dohr glaubte nicht daran. Lutz würde niemals seine Karrierechancen gefährden. Außerdem bestand die Zerbi nur aus Knochen und scharfen Kanten, man konnte sie sich beim besten Willen nicht beim Sex vorstellen.

Mit einem rasiermesserdünnen Lächeln hatte ihr Frau Sebald bedeutet durchzugehen. Im Büro hing die übliche Wanddekoration. Landkarten von Stadt, Kreis und Bundesland, gespickt mit verschiedenfarbigen Pushpins, ein Fahndungsplakat, ein Jahresplaner und ein Organigramm der Polizeibehörden des Bundeslandes, ganz so, als würde hier richtige Polizeiarbeit geleistet.

Eine Wand hatte Lutz für sich selbst reserviert. Gerahmte Urkunden, Auszeichnungen und Fotos, die ihn mit irgendwelchen wichtigen Leuten zeigten. Und hinter Glas zwei Dutzend Gold-, Silber und Bronzemedaillen. Lutz war früher mal eine echte Sportskanone gewesen. Und vermutlich dasselbe Arschloch, das er heute war. Wie Karman.

Lutz gab auf. »Verdammte Biester.« Er ließ sich in seinen Schreibsessel fallen.

Er hatte sich wieder mal beim Rasieren geschnitten. Seine Rasur war immer porentief, seine Gesichtshaut ständig rosig und gereizt. Wie ein gekochter Hummer, dachte Dohr. Sie griff nach dem Besucherstuhl.

»Sie brauchen sich gar nicht erst hinzusetzen. Das hier machen wir kurz und schmerzlos.«

Kurz und schmerzlos. In seinem Fall bedeutete das gewöhnlich das Gegenteil.

»Sie wissen, warum Sie hier sind?«

Sie zuckte mit den Achseln. »Könnte ich nicht behaupten.«

»Weil Sie nicht tun, was man Ihnen sagt.«

»Ich weiß nicht, was Sie meinen, aber ...«

Lutz unterbrach sie mit einer schneidenden Handbewegung. »Ich habe es Ihnen klar und deutlich gesagt. Sie sollen diese Keunert-Sache endlich abschließen.«

»War das offiziell? Das war mir nicht bewusst.«

Lutz musterte sie schief. »Wollen Sie mich verarschen? Sie lassen drei Ihrer Leute sinnlos durch die Gegend rennen, statt dass sie ihre Arbeit machen. Für einen Suizid!«

Dohr wollte antworten, aber Lutz würgte sie erneut ab.

»Sie verschwenden – um nicht zu sagen, missbrauchen – wertvolle Ressourcen des K 11! Weil Sie dieser unsägliche Polizeipfarrer vor sich hertreibt. Als würde es nicht reichen, dass er Keunerts Frau belästigt!«

Sie protestierte.

Lutz schlug mit der flachen Hand auf den Tisch, dass sein Tee aus der Tasse schwappte. »Was Sie sagen, interessiert mich nicht! Ich war von Anfang an dagegen, Sie mit einer Leitungsposition zu betrauen. Sie sind dafür ungeeignet. Warum? Weil Sie bewährte polizeiliche Routinen nicht respektieren.«

»Vielleicht hat meine Aufklärungsquote den Ausschlag gegeben.«

»Darauf kommt es nicht an. Wann kapieren Sie das endlich? Eine so große Behörde muss funktionieren wie ein Uhrwerk.«

»Und wir sind die Zahnrädchen?«

»Ihren Sarkasmus können Sie sich sparen. Diese Keunert-Ermittlung wird beendet, und damit meine ich, sofort. Dann konzentrieren Sie sich wieder auf Ihre echten Fälle.«

Auf dem Weg zur Tür stoppte sie Lutz' Stimme. »Ignorieren Sie ruhig weiter meine Anweisungen. Ich würde mich freuen. Dann kriegen Sie ein Disziplinarverfahren an den Hals und sind Ihren Posten los. Ich kann den sofort neu besetzen. Das war's.«

Das Vorzimmer war leer, Frau Sebald verschwunden. Ihr schmallippiges Lächeln hatte sie mitgenommen.

Karman hatte gute Arbeit geleistet. Ein Bein ihres Stuhls hatte er definitiv angesägt. Benommen blieb sie vor dem Aufzug stehen. Dann überlegte sie es sich anders. Eine grüne Metalltür führte ins Treppenhaus. Es roch nach Farbe und Baustaub. Richtig, die Renovierung. Wozu? Kaum jemand nahm die Treppe.

Sie erreichte den ersten Treppenabsatz. Sie blieb stehen. Musste stehen bleiben. Sich neben dem Pappschild mit der Aufschrift *Frisch gestrichen!* an die Wand lehnen. Zum Glück war das neue Uringelb schon getrocknet.

Dohr war wütend. Nicht auf Lutz, vorerst. Auf sich selbst. Weil sie es zuließ, dass er machte, dass sie sich wieder so fühlte wie damals. Die Direktorin des Ursulineninternats hatte mit ihr das gleiche Spielchen gespielt. Sogar die verhärmte Schwester im Vorzimmer, deren Blick in einem das letzte Fünkchen Lebensfreude erstickte, hätte eine Doppelgängerin der Sebald gewesen sein können.

Sie hatte oft bei der Direktorin antanzen müssen. Mit Beginn der Pubertät meist wegen des unpassenden Umgangs, mit dem sie im Ort gesehen worden war. Drei harmlose Punks mit Sicherheitsnadeln und rotgefärbten Irokesen, die in der spießigen Provinzstadt auf verlorenem Posten vor sich hin rebellierten. Schädlicher Umgang, der ihr unter Androhung des Rauswurfs aus der Schule strengstens untersagt wurde. Genauso kam sie sich jetzt vor. Nur diesmal war ein Polizeiseelsorger ihr schädlicher Umgang. Natürlich hatte sie gewusst, welche Mitschülerin sie verraten hatte. Genau wie heute.

Sie holte Zigaretten und Feuerzeug aus der Tasche. Ihr Blick fiel auf den nagelneuen Rauchmelder an der Decke. Noch so ein Verräter. Es war ihr egal. Sie zündete die Zigarette an und nahm einen tiefen Zug. Sie blies den Rauch in die Luft und wartete auf das Heulen der Sirene. Aber der Rauchmelder blieb stumm. Lutz wollte ihren Skalp, Karman ihren Posten. Und sie lieferte den beiden die Munition dazu. Diese Freude würde sie ihnen ab jetzt nicht mehr machen.

Immer wieder wanderte sein Blick zur Aldi-Tüte im Fußraum vor dem Beifahrersitz. Sie schien ihn anzutreiben. Sein Fahrtempo lag durchgängig zwanzig Stundenkilometer über der Geschwindigkeitsbegrenzung. Er war schon in der Drehtür, als er merkte, dass er die Tüte vergessen hatte. Er lief zurück. Wenn er recht hatte, passierte möglicherweise etwas Schreckliches, und das musste er verhindern. Wenn er sich irrte, blamierte er sich vermutlich bis auf die Knochen.

Mit großen Schritten steuerte er Richtung Aufzug. Monsignore Vaals, der gerade aus der Kantine kam, rief ihm etwas zu. Bauer signalisierte ihm mit einer Kopfbewegung, dass er es eilig hatte. Beide Aufzüge befanden sich laut Anzeige in den oberen Stockwerken. An der Tür zum Treppenhaus hing ein Pappschild: *Kein Durchgang*. Er riss die Tür auf.

Das Treppenhaus war bis zum zweiten Stockwerk mit Plastikfolie ausgelegt. Ein Maler stand auf einem mobilen Gerüst und strich mit einer Rolle die Decke. Sein Kollege verquirlte mit einem Rühraufsatz auf einer Bohrmaschine gelbe Farbe in einem Plastikeimer.

»Hey, hier geht's nicht durch!«

Der Mann hatte recht. Das mobile Gerüst blockierte die Treppe. Fast. Bauer quetschte sich zwischen den Metallstreben hindurch. Den gelben Streifen auf seinem Jackett würde er schon wieder rauskriegen.

»Sind Sie nicht ganz dicht, Meister?«

Bauer hastete die Treppen hinauf. Als er, ohne anzuklopfen, in ihr Büro stürmte, stand sie rauchend am offenen Fenster. Das war ungewöhnlich.

»Sie haben mir gerade noch gefehlt.« Es klang weder ironisch noch scherzhaft, nur erschöpft.

»Ich brauche Ihre Hilfe, jetzt sofort! Sie müssen sich das ansehen!« Er wollte zu ihr gehen, ihr die Tüte in die Hand drücken, aber sie kam ihm mit erhobenen Händen entgegen.

»Nein.«

Ihr kategorischer Ton irritierte ihn für einen Moment.

»Ich habe mit Tilo gesprochen.«

»Immer noch Keunert? Immer noch Tilo? Der Fall ist abgeschlossen.« Sie ging an ihm vorbei und öffnete die Tür, die er hinter sich geschlossen hatte.

»Ich bin nur für Tötungsdelikte zuständig. Und das war eine Selbsttötung. Der Rest interessiert mich nicht. Tut mir leid.«

»Hier, sehen Sie!« Er öffnete die Aldi-Tüte.

Dohr fuhr angeekelt zurück. »Mein Gott! Das ist ja widerlich! Es reicht! Finden Sie jemand anderen, dem Sie auf die Nerven gehen können!« Sie schob ihn aus dem Zimmer und schlug die Tür zu.

Ratlos stand er mit seiner Aldi-Tüte auf dem Flur des KK 11. Er begriff nicht, was passiert war, aber er hatte verstanden, dass sie es ernst meinte. Langsam ging er zum Aufzug. Karman kam ihm entgegen.

Er deutete auf die Tüte. »Werden Sie so schlecht bezahlt?« Er grinste.

»Was?«

»War nur 'n Witz.«

Warum hatte es sich dann nicht wie einer angehört? Karman verschwand in seinem Büro. Was jetzt? Die Tüte schien immer schwerer zu werden. Dann eben ohne Dohr. Er sah auf die Uhr. Die Unter-zwölf-Jährigen mussten heute ihre Haken, Jabs und Uppercuts ohne ihn trainieren.

37

Sie nannten ihn *Kleiner.* Sie hatten keine Ahnung. Sie hätten sich in die Hosen gepinkelt, wenn sie gewusst hätten, wie gefährlich er war.

»Das ist eine furchtbare Sache, Kleiner. Unser Beileid!«

Sobotta stank nach Bier und altem Schweiß und legte ihm seine feuchte Hand auf die Schulter. Einen Moment war Tilo drauf und dran, in den Rucksack zu greifen.

Er ließ es, weil Sobottas Saufkumpan, den alle den Großen Iwan nannten, sagte: »War guter Mann, dein Vater. Wirklich guter Mann«, und es auch so meinte. Das sah Tilo an den Tränen in seinen Augen. Er schämte sich. Für ihn war sein Vater nur noch ein erbärmlicher Feigling gewesen. Aber ein Feigling riskierte doch nicht sein Leben, um das eines anderen zu retten! Tilo hatte keine Ahnung, warum der Pfarrer von der Brücke gesprungen war. Der Akku seines Handys hatte aufgegeben, bevor er den ganzen Artikel hatte lesen können. Doch eins wusste er nun: Sein Vater war dem Pfarrer hinterhergesprungen. Sonst wusste Tilo gar nichts mehr. Nichts passte noch zusammen. Niemand war so, wie er geglaubt hatte.

Seine Mutter hatte seinen Vater betrogen. Scheißegal war er ihr gewesen. Sie fickte einen anderen. Vielleicht hatte sich sein Vater darum umgebracht. Vielleicht hatte er sich auch gar nicht umgebracht. Vielleicht hatte der andere ihn gekillt, um bei seiner Mutter freie Bahn zu haben.

»Komm, Kleiner, trink ein Bier mit uns!« Sobotta kaute auf den Wörtern rum wie auf einem alten Kaugummi. Um diese Zeit hatte er schon gut getankt.

»Ist er noch zu klein für Bier«, wandte der Große Iwan ein und wischte sich verstohlen die Tränen aus den Augenwinkeln.

»Wer seinen Vater verloren hat, ist für nichts mehr zu klein«, widersprach Sobotta und wandte sich in Richtung Büdchenfenster. »Ilse? Ein Pils für den Kleinen.«

Die Besitzerin tauchte aus den Tiefen ihres Kiosks auf. »'n Abend, Tilo. Lange nicht gesehen.«

»Hallo, Frau Bertz.« Tilo mochte die Büdchenfrau. Als er noch kleiner gewesen war, hatte er auch immer ein wenig Angst vor ihr gehabt. Sie war anders als die meisten Erwachsenen. Sie hatte nichts gegen Kinder, tat aber auch nicht so, als würde sie sie mögen, nur weil sie Kinder waren. Wenn sie jemanden nicht leiden konnte, machte sie keinen Hehl daraus, egal, wie alt oder jung derjenige war.

»Willst du eine Cola?«, fragte sie.

Tilo hatte das Gefühl, sie mochte ihn auch.

»Der Junge kriegt ein Bier«, mischte Sobotta sich ein. »Geht auf mich.«

»Bei mir kriegt er nur Cola.«

»Er ist sechzehn. Mit sechzehn darf man Bier trinken. Steht im Jugendschutzgesetz.«

»Er ist fünfzehn, du Klugscheißer, und ich habe mein eigenes Jugendschutzgesetz.«

»Was ich habe dir gesagt, Klugscheißer?«, grinste der Große Iwan.

Prompt fing er sich einen strengen Blick von Ilse ein. »Wenn hier jemand die Gäste beschimpft, dann ich! Verstanden?«

Der Große Iwan nickte eilig. Ilse wandte sich wieder Tilo zu und sah ihn fragend an. Das Cola-Angebot war ihre Art, Mitgefühl zu zeigen. Tilo wollte kein Mitgefühl. Er wollte wissen, wer oder was seinen Vater getötet hatte.

»Ich habe keinen Durst«, sagte er. Es klang barscher, als er gewollt hatte. Doch sie war nicht beleidigt. Sie nickte nur. Tilo hatte das Gefühl, als könnte sie in ihn hineinschauen. Und in den Rucksack, der von seiner Schulter hing. Tilo zog ihn an seine Brust und verschränkte die Arme davor. Auf einmal fühlte er sich gar nicht mehr gefährlich. »Ich muss nach Hause.«

»Deine Mutter hat dich gesucht. Und ein Pfarrer von der Polizei.«

»Hab schon mit ihm geredet.«

»Gut. Mach keinen Blödsinn, ja?«

Tilo ging eilig davon.

»Arme Junge«, sagte der Große Iwan hinter ihm.

»Fang bloß nicht wieder an zu flennen, du russische Heulsuse«, erwiderte Ilse.

Tilo hörte seine Mutter, bevor er sie sah.

»Diese Kommissarin hat mich behandelt, als hätte ich Walter umgebracht! ... Ich will mich nicht beruhigen, ich will dich sehen, sofort! ... Natürlich nicht! Oder glaubst du ernsthaft, ich komme in deinen Puff? ... Wo am Innenhafen? ... Du meinst den Altstadtpark ... Mit dem Auto zwanzig Minuten, schätze ich ... Bis gleich.«

Sie war vom Haus her durch die Grünanlage gekommen. Tilo beobachtete, wie sie auflegte, ihr Handy in die Tasche steckte und eilig auf den Parkplatz neben dem Büdchen abbog. Dann kam er wieder hinter dem Gebüsch hervor. Zwanzig Minuten. Viel länger würde er mit dem Fahrrad auch nicht brauchen.

Sein Puls hämmerte und schickte kleine Schmerzwellen durch seine geschiente Hand, als er vom Rad stieg. Er kettete es an das polierte Ufergeländer. Seit ein paar Jahren war alles poliert im Innenhafen. Die Gebäude am gegenüberliegenden Ufer machten auf Großstadt. Glas und Stahl und komische Formen und dazwischen einer der riesigen alten Speicher aus Backstein.

Der schmale Park zog sich an der Uferpromenade entlang. Tilo schlenderte auf der Uferseite vorbei und spähte in die Grünanlage. Es wurde schon dunkel, aber dies war eine der Vorzeigeecken der Stadt, es wurde nicht mit Strom gespart, alles war gut ausgeleuchtet.

Er musste nicht lange suchen. Es war weder die Jahreszeit noch das Wetter für Paare auf Parkbänken. Er entdeckte nur ein einziges. Einen Mann im schwarzen Anzug und eine Frau in einer cremefarbenen Lederjacke. Die Frau war Tilos Mutter. Der Mann hatte den Arm um sie gelegt. Sein Gesicht war ganz nah an ihrem. Er redete auf sie ein. Sie starrte vor sich hin. Tilo ließ einen Träger von der Schulter gleiten und ertastete mit der Rechten durch den Stoff des Rucksacks das kantige Metall. Das gab ihm ein kaltes, gutes Gefühl.

Der Mann erhob sich und hielt seiner Mutter die Hand hin. Sie nahm sie, ließ sich von ihm hochziehen, umarmen und küssen. Dann trennte sich das Paar. Seine Mutter ging durch den Park davon. Der Mann sah ihr kurz nach, dann drehte er sich um und kam auf das Ufer zu. Mühsam unterdrückte Tilo den Impuls, sich Deckung zu suchen. Das wäre auffälliger gewesen, als einfach stehen zu bleiben. Außerdem kannte der Mann ihn ja gar nicht. Und wenn doch? Wenn seine Mutter ihm Fotos gezeigt hatte? Aber warum hätte sie das tun sollen? Weil sie vertraut gewirkt hatte mit diesem Mann, vertrauter als mit seinem Vater! Der Mann war nur noch zwanzig Schritte entfernt. Tilos Hand glitt in den Rucksack. Der Mann trat auf die Uferpromenade. Nun war er nicht mehr weiter weg, als die Ratte es gewesen war. Tilo fasste den Griff der Browning. Da bog der Mann ab und ging in entgegengesetzter Richtung am Ufer entlang.

Erst jetzt merkte Tilo, dass er aufgehört hatte zu atmen. Er sog die Luft ein. Sie schmeckte ölig. Er ließ die Waffe los, zog seine Hand aus dem Rucksack, verschloss und schulterte ihn wieder.

Dann ging er dem Mann hinterher.

38

»Herzinfarkt, würde ich sagen.« Dr. Jürgens drehte den Rattenkadaver in der Edelstahlschale mit dem Skalpell auf den Rücken.

Medizinerhumor. Bauer wartete.

Der hochaufgeschossene Rechtsmediziner zuckte mit den Achseln. »Was soll ich sagen? Jemand hat sie abgeknallt.«

»Und womit?«

Jürgens rückte seine Brille zurecht und sah sich den Kadaver noch einmal an, diesmal etwas genauer. »Jedenfalls nicht mit einem Luftgewehr. Ein großes Kaliber, könnte eine Neun-Millimeter gewesen sein.«

»Und wie lange ist das her?«

Jürgens stocherte mit dem Skalpell in der Eintrittswunde. »Höchstens vierundzwanzig Stunden. Verraten Sie mir, worum es hier geht?«

»Lieber nicht.«

Jürgens grinste säuerlich. »Ist wahrscheinlich auch besser. Ich kann nämlich nichts für mich behalten. Deshalb bin ich Rechtsmediziner geworden. Die ärztliche Schweigepflicht hätte mich umgebracht.« Er warf das Skalpell in die Edelstahlschale.

»Danke. Ich halte Sie schon lange genug von der Arbeit ab.« Bauer stülpte die Aldi-Tüte auf links und packte die tote Ratte.

»Lassen Sie mal, Herr Pfarrer. Um die kümmern wir uns.«

Es war fast dunkel, als er den Hagenshof erreichte. Aus dem Verkaufsfenster der Trinkhalle schimmerte Licht durch die nur noch dünn belaubten Bäume. Es fiel warm auf die Gesichter der abendlichen Trinker, die ihre Bierflaschen hoben.

Er fand eine Parklücke, stellte den Motor ab und stieg aus. Die Luft war kühl und roch nach feuchtem Laub. Tilo würde frieren, wenn er draußen übernachtete. Den Trinkern schien der Jahreszeitenwechsel nichts auszumachen, sie trugen weder Jacken noch Pullover.

Er musste an Weihnachten denken. Er würde seine Runde durch die Abteilungen machen. Sarah würde die Tanne im Garten schmücken. Nina würde wieder zu Hause sein, Deauville wäre nur noch eine böse Erinnerung. Eine heile

Familie, in der sich niemand das Leben nahm oder mit einer geladenen Pistole durch die Nacht irrte.

Er wollte nicht schon wieder hier sein, mit einer Nachricht, die vermutlich auch noch das zerstören würde, was von dieser Familie geblieben war. Aber er hatte keine Wahl. Er hatte das alles losgetreten, jetzt musste er versuchen, das Schlimmste zu verhindern.

Er drückte gegen die Haustür, sie war zu. Mist. Wenn Annette Keunert seine Stimme durch die Gegensprechanlage hörte, würde sie gar nicht erst aufmachen. Eine rundliche kleine Frau mit Kopftuch und bodenlangem dunkelblauen Mantel rettete ihn. Stoisch schleppte sie prall gefüllte Plastiktüten vom nahegelegenen Lidl-Markt heran. Sie schloss auf. Als er ihr die Tür aufhielt, vermied sie den Blickkontakt. Im Aufzug standen sie schweigend nebeneinander. Hastig stieg sie im sechsten Stock aus. Er überlegte, was er sagen würde. Wie oft schon hatte er herzzerreißende Todesnachrichten überbracht. Aber das hier war anders. Er verstand, dass Annette Keunert ihm vorwarf, er mische sich in ihr Leben ein. Sie hatte recht. Und natürlich war sie wütend. Aber er musste es tun.

Er hatte kaum auf den Klingelknopf gedrückt, da wurde die Tür schon aufgerissen.

»Tilo! Wo bist du gewesen? Ich ...« Annette Keunert verstummte.

Sie musste gerade nach Hause gekommen sein. Ein Arm steckte noch im Ärmel der cremefarbenen Lederjacke, ihre Schuhe lagen abgestreift in der Diele.

»Sie schon wieder? Was wollen Sie?« Ihre Stimme, vor einer Sekunde noch besorgt und erleichtert zugleich, überschlug sich fast.

Er hob besänftigend die Hände. »Frau Keunert, ich ...«

»Brauche ich eine einstweilige Verfügung, um Sie mir vom Hals zu halten? Oder soll ich die Polizei rufen? Ach so, geht ja nicht. Das sind ja Ihre Kumpels.«

Gleich würde sie ihm die Tür vor der Nase zuschlagen. Er drückte gegen das Türblatt. »Ihr Sohn weiß von Ihrer Affäre.«

»Nein.« Der Schock war noch größer, als er erwartet hatte. Das Blut wich aus ihrem Gesicht, sie schien für einen Moment das Gleichgewicht zu verlieren und hielt sich an der Tür fest. »Weiß er, wer …?«

»Ich glaube nicht.«

Die Antwort schien ihr neue Kraft zu verleihen. »Sie Dreckskerl!«

»Ich habe es ihm nicht verraten, Frau Keunert.«

»Lügner!«

»Er wusste es schon.« Eine Halbwahrheit. Das Ganze zu erklären, war im Moment zu kompliziert. Er hatte keine Zeit, sich mit Details aufzuhalten.

»Sie stecken doch mit dieser Kripo-Schlampe unter einer Decke! Am besten rufe ich meinen Anwalt an.« Hektisch suchte sie in den Taschen ihre Jacke nach dem Handy. Sie verhedderte sich in den Ärmeln. »Verdammter Mist!« Sie stand kurz vor einem Nervenzusammenbruch. Gleich würde sie zu weinen anfangen. Sie riss sich die Jacke von der Schulter und schleuderte sie auf den Boden. »Wo ist das verdammte Ding?« Sie sah sich suchend um. Sie hob ihre Handtasche auf und begann, darin herumzuwühlen.

Bauer atmete tief durch. »Hatte Ihr Mann eine Schusswaffe in der Wohnung?«

Sie fuhr hoch, ihr Handy in der Hand. »Warum?«

»Ich glaube, Ihr Sohn läuft mit einer geladenen Pistole durch die Gegend.«

Einen Moment lang sagte sie nichts. Sie sah ihn an, als würde sie darauf warten, dass er sagte, er hätte einen Witz gemacht. Dann schüttelte sie mechanisch den Kopf.

»Aber Walter hat sie immer … Mein Gott!« Sie rannte den Flur hinunter ins Schlafzimmer. Er folgte ihr. Sie kniete vor der Kaufhauskopie eines englischen Sekretärs. Sie riss die Türen auf, einer ihrer Fingernägel brach ab. Sie merkte es nicht einmal, sondern starrte nur auf die Stelle, wo kein Staub lag, weil dort etwas Rechteckiges gestanden hatte.

»Der Koffer ist aus Blech oder was weiß ich. Er ist immer abgeschlossen.« Sie schaute hilflos zu ihm auf.

»Vielleicht hat Ihr Mann ihn woanders verstaut?«

Sie zuckte mit den Achseln. Alle Kraft schien sie verlassen zu haben. »Im Keller?« Sie glaubte es selbst nicht. Sie stand langsam auf.

»Setzen Sie sich doch erst mal.«

Als wäre sie froh, dass ihr jemand sagte, was sie tun sollte, ließ sie sich in einen rotweißgestreiften Sessel fallen. Ihr Handy lag auf dem Boden. Er glaubte nicht, dass sie immer noch einen Anwalt anrufen wollte. Er bückte sich, um es aufzuheben. Ganz hinten unter dem Bett schimmerte etwas. Er zog den Metallkoffer hervor. Annette Keunert riss ihn ihm aus der Hand. Sie drückte auf den Öffnungsmechanismus, der Deckel sprang auf. Der Koffer war mit schwarzem Schaumstoff ausgekleidet. Die Vertiefungen für die Pistole und das Ersatzmagazin waren abgerundet. Sie hätten harmlos gewirkt, fand Bauer – wenn sie nicht leer gewesen wären.

39 Dieser Mann hatte seinen Vater ermordet.

Noch im Park war es nur eine Möglichkeit gewesen, eine wütende Ahnung. Wie ein Schatten folgte Tilo dem Mann. Er ging schnell und ohne sich umzublicken, vorbei an der alten Hubbrücke, die Tilo als Kind fasziniert hatte, weil der komplette Mittelteil an vier Ziegeltürmen waagerecht in den Himmel schwebte, wenn Lastkähne durchfahren wollten. Vorbei auch an der Marientorschleuse, wo der Innenhafen endete und polierter Stahl wieder rostigem Eisen wich, dann ging er unter dem Zubringer zur A 40 hindurch, mit seinen sechs Spuren und zwei Auffahrten und zahllosen nach Urin stinkenden Betonpfeilern, und mitten hinein in den übelsten Teil der Stadt: das Vulkanviertel.

Tilo war noch nie hier gewesen. Özgür schon. Er prahlte immer damit, wie er seine Jungfräulichkeit an zwei Huren verloren hatte. Den Dreier kaufte Tilo ihm nicht ab, den Besuch im Puff schon. Auch Tilo hatte darüber nachgedacht. Nicht weil er eine Anleitung gebraucht hätte. Er wusste, wie es funktionierte, er hatte ein Smartphone und schon alles gesehen, in allen Details und Abartigkeiten. Was er sich aber nicht vorstellen konnte, war, Sex mit einer Frau zu haben, die er nicht einmal kannte, auf der kurz vorher noch ein anderer Typ geschwitzt hatte, die vielleicht komisch roch oder viel älter war und die ihn gar nicht mochte. Und noch viel unvorstellbarer war die Aussicht, dass eins von den schönen Mädchen, deren Haare dufteten und deren Haut schimmerte, besonders im Sommer, dass so ein Mädchen sich jemals für ihn interessieren könnte. Trotzdem würde Tilo nicht in den Puff gehen. Lieber würde er als Jungfrau sterben.

›Müllhalde‹ hatte sein Vater das Viertel genannt. Nicht wegen dem Dreck. Wegen der Menschen. Menschenmüll an jeder Ecke. Jahrelang hatte er hier Dienst geschoben. Irgendwann hatte er es nicht mehr ausgehalten und sich von der City-Wache wegversetzen lassen. Doch da war er selbst schon völlig kaputt gewesen.

Der Mann, dem Tilo folgte, marschierte durch die Straßen, als ob sie ihm gehörten. Mit Handschlag begrüßte er Typen, deren bloßer Anblick einen scharfen Schmerz durch Tilos gebrochenen Finger jagte. Der Mann zeigte keine Spur von Angst oder auch nur Unsicherheit. Die finstersten Türsteher begegneten ihm mit Respekt, sogar mit Unterwürfigkeit. Ob er Polizist war wie Tilos Vater? Nein, nicht wie sein Vater. Ein gewöhnlicher Beamter hätte sich diesen Anzug nie leisten können. Das Auftreten auch nicht. Der Mann spielte in einer anderen Liga. War er ein Business-Boss aus einem der Stahl- und Glaspaläste am Innenhafen? Die waren es gewohnt, Menschen herumzuschubsen, und garantiert auch skrupellos genug, Sex lieber zu kaufen, als Zeit in eine Beziehung zu investieren. Aber halt, der Mann hatte ja so etwas wie eine Beziehung. Er vögelte Tilos Mutter. Schon am Telefon hatte sie nicht gewirkt, als würde sie ihn erst seit gestern kennen. Wer war dieser Mann? Und was machte er hier?

Der Mann überquerte die Straße, steuerte auf ein Haus zu. An der Fassade leuchtete die Neonsilhouette einer Frau mit riesigen Brüsten. Vor dem Eingang parkte ein Ferrari. Im Vorbeigehen strich der Mann über das Heck des Sportwagens wie über den Hintern einer Geliebten. Der Wagen gehörte ihm.

Tilo war stehen geblieben. Er wartete darauf, dass der Mann im Bordell verschwand. Aber er lief am Eingang vorbei. Tilo hastete über die Straße. Zwischen dem italienischen Sportwagen und einem Oberklasse-Mercedes hindurch glitt er auf den Bürgersteig. In dem Moment blieb der Mann stehen, zog etwas aus der Tasche und drehte sich halb um. Mit einem Satz verschwand Tilo im Eingang des Bordells. War er entdeckt worden? Er spähte um die Ecke. Der Mann schloss eine Nebentür auf, die Tilo noch nicht bemerkt hatte, und verschwand im Gebäude.

Tilo trat wieder auf den Bürgersteig. Nein, dieser Mann war kein Business-Boss aus dem Innenhafen. Er wollte auch keinen Sex kaufen. Er *verkaufte* ihn. Der Mann war ein beschissener Zuhälter.

Auf einmal sah Tilo alles vor sich. Es war wie in einem der Gangsta-Rap-Songs, auf die Özgür stand. Der Zuhälter und sein Vater waren alte Feinde. Todfeinde. Sein Vater hatte in dem Drecksviertel aufräumen wollen und den Zuhälter eingelocht. Der Zuhälter hatte Rache geschworen: *Erst ficke ich deine Bitch, bis ich sie winseln höre, dann ficke ich dich, nehm dir dein' letzten Rest Ehre.* Er hatte sich an Tilos Mutter rangemacht, hatte seinen Vater auf das Parkhausdach gelockt und ihn runtergeworfen, damit es wie ein feiger Selbstmord aussah. Er hatte Tilos Vater wirklich alles genommen: die Frau, das Leben, die Ehre.

»Na, Kleiner, Sparschwein geschlachtet?«

Tilo fuhr herum. Hinter ihm kam ein Besucher aus dem Bordell. Die Halbglatze glänzte im Neonlicht, über dem Bierbauch spannte das Hemd, zwischen den Knöpfen quoll behaarte Haut hervor.

»Ich war damals auch nicht älter als du, und ich hab's nie bereut. Also trau dich ruhig, Kleiner!«

Wieder *Kleiner*, wieder nach Bier stinkender Atem, wieder eine feuchte Männerhand auf seiner Schulter. Hart schlug Tilo sie weg. Erst ein verdutzter Blick. Dann Zornesfalten. Aber Tilo war schneller. Noch bevor die Falten die glänzende Stirn auch nur halb hochgeklettert waren, stand er vor dem Hurenficker, ganz dicht, die Rechte im Rucksack.

»Fass mich noch ein Mal an, und ich mach dich alle«, sagte Tilo leise.

Der Dicke wich zurück. Unsicherheit flackerte in seinen Augen. Ein kurzes Zögern, dann ging er, schimpfend zwar, aber dicht an der Hauswand und mit ängstlichen Blicken über die Schulter. Tilo sah ihm nach, genoss die Macht, dann überquerte er die Straße.

Er bezog Posten im dunklen Eingang einer Spielothek. Die Leuchtreklame über dem Eingang war zersplittert, der Schriftzug *Neueröffnung* im Schaufenster längst verblasst. Tilo wartete. Etwas glühte in ihm. Gleichzeitig fühlte es sich kalt an. So etwas hatte er noch nie gespürt. Aber er wusste, was es war: Hass.

40

»Ich will mit dieser Frau nichts zu tun haben!«

»Diese Frau« war Verena Dohr. Annette Keunert bestand darauf, mit Lutz zu sprechen. Nur mit Lutz. Na schön. Er rief den Direktionsleiter aus dem Auto an. Es war schon spät, aber Lutz war noch im Haus. Wenn Polizeiseelsorger Bauer so dringend zu ihm wolle, werde er seinen Bowlingabend natürlich sausen lassen. Der Sarkasmus ätzte, aber Bauer war trotzdem froh.

Annette Keunert sagte während der ganzen Fahrt kein Wort. Sie saß vornübergebeugt, angespannt, ohne die Rückenlehne zu berühren. Alle zwei Minuten aktivierte sie ihr Handy und ließ es Tilos Nummer wählen. Dann starrte sie wieder vor sich hin. In die Vergangenheit? Vielleicht suchte sie dort nach den falschen Entscheidungen, die sie an diesen Punkt geführt hatten. Vielleicht lief in ihrem Kopf aber auch ein Katastrophenfilm in Endlosschleife, in dem ihr Leben zusammenbrach und ihren Sohn unter sich begrub. Vielleicht betete sie.

Er fuhr Richtung Stadtzentrum. Hinter Meiderich schwang sich die Autobahn in die Höhe. In Dunkelheit und Schweigen isoliert, glitten sie über den größten Binnenhafen Europas hinweg. Im Westen blinkten die Positionslichter der Baukräne und Schornsteine. Irgendwo da unten irrte Tilo herum.

Alles war in der Schwebe. Die Hilflosigkeit war kaum zu ertragen. *In limbo* nannten das die Engländer. In der mittelalterlichen Theologie bezeichnete der *Limbus* eine Art weichgespülte Vorhölle. Sie war reserviert für die Seelen, denen der Himmel ohne eigene Schuld verwehrt blieb, wie zum Beispiel Säuglinge, die ungetauft gestorben waren.

Tilo war ohne Schuld. Noch.

Als sie aus dem Mercator-Tunnel kamen, sagte Annette Keunert etwas. Sie sprach leise, mehr zu sich selbst. Er musste nachfragen. Sie sah ihn an, als überlegte sie, ob es sich lohnte zu antworten. Dann sagte sie: »Manchmal würde ich gern an Gott glauben.« Sie wandte den Blick schnell wieder ab, als bereute sie, ein intimes Geheimnis verraten zu haben.

Er ließ einen Motorradfahrer passieren, der ihn mit hohem Tempo rechts überholte, setzte den Blinker und wechselte selbst auf die rechte Spur. »Es ist nicht wichtig, ob Sie an Gott glauben. Gott glaubt an Sie.«

Irritiert schaute sie auf. Etwas von ihrer Anspannung löste sich, sie ließ sich gegen die Rückenlehne sinken.

Lutz war gereizt. Hinter ihm glitten Bonnie und Clyde unruhig zwischen ihren Wasserpflanzen und künstlichen Felsen umher, als übertrüge sich die Stimmung des Direktionsleiters auf sie. Er begrüßte Annette Keunert freundlich, für Bauer rang er sich nur ein widerwilliges Kopfnicken ab. Immerhin bot er ihnen beiden Stühle an.

Ohne Einleitung berichtete Bauer zum zweiten Mal von seiner Begegnung mit Tilo. Lutz hörte mit unbewegter Miene zu. Sein erster Kommentar bezog sich auf Zabel. Er wusste schon von Annette Keunerts Affäre. Irgendwelche Implikationen für Keunerts Suizid interessierten ihn nicht, die Ermittlung sei endgültig beendet, verkündete er. Annette Keunert nickte dankbar. Mit einem Seitenblick auf Bauer fügte er hinzu, er werde nicht zulassen, dass jemand das Ansehen eines verdienten Kollegen in den Schmutz ziehe.

Vor allem nicht das Ansehen deiner Behörde, dachte Bauer. Er verlor die Geduld. »Können wir jetzt über Tilo sprechen? Er sucht jemanden, dem er die Schuld geben kann. Da sollten wir Zabel nicht ausklammern.« Er sah, dass Annette Keunert schon das Gleiche gedacht hatte.

»Von was für einer Waffe reden wir hier?«, fragte Lutz.

»Einer Browning. Vermutlich mit Ersatzmagazin.« Bauer sah Annette Keunert fragend an.

Sie zuckte mit den Achseln. »Ich habe sie mir nie angesehen.«

»Hat Ihr Mann die Waffe angemeldet?« Bevor Annette Keunert antworten konnte, winkte Lutz ab. »Ist jetzt egal. Und Sie denken, Ihr Sohn, äh ... Tilo könnte damit etwas vorhaben?«

Sie schüttelte halb ratlos, halb verzweifelt den Kopf.

»Tilo ist ein guter Junge, aber seit sein Vater ...« Ihre Stimme erstarb.

Bauer übernahm. »Er ist kein irrer Amokläufer, wenn Sie das meinen. Er ist nur verstört, aus der Bahn geworfen. Und vermutlich allein.«

Lutz wirkte unentschlossen.

»Aber ich glaube, dass er die Waffe ausprobiert hat. Jemand hat einen Schuss gehört. Im Mercator-Bad. Und ich habe eine tote Ratte gefunden.«

»Sie glauben, der Junge hat auf sie geschossen? Haben Sie die Ratte obduziert?« Es war ironisch gemeint.

»Nein, ein Fachmann.«

»Wer?«

»Das spielt keine Rolle. Er meint, es war eine Neun-Millimeter.«

Lutz klang fast triumphierend, als er sagte: »Mann, Bauer, Sie stecken wirklich bis zum Hals in der Scheiße! Ihr Oberkirchenrat wird sich freuen.«

Bauer platzte nun endgültig der Kragen. »Wollen Sie wirklich darüber palavern, wie Sie mich loswerden? Oder wollen wir vielleicht über den verzweifelten Jungen reden, der da mit einer geladenen Pistole durch die Stadt läuft?«

Sein Ausbruch schien Lutz zur Vernunft zu bringen. Er straffte sich. Als er sprach, hatte seine Stimme einen anderen Klang. Er tat nicht mehr nur so, als wäre er Polizist, er war einer. »Rufen Sie zu Hause an, Frau Keunert. Vielleicht ist er ja wieder da.«

Annette Keunert tat, was er sagte.

»Haben Sie irgendeine Idee, was Tilo vorhat? Wo er hinwill?« Kein Unterton.

»Nein. Außer vielleicht zu Zabel.«

»Gut. Dann müssen wir mit allem rechnen. Auch mit einem Amoklauf.«

Bauer widersprach. »Tilo läuft nicht Amok!«

»Sie müssen schon entschuldigen, dass ich mich nicht auf Ihr Urteil verlasse.«

Annette Keunert ließ ihr Handy sinken und schüttelte wortlos den Kopf. Lutz nickte. »Ich brauche ein Foto. Sie haben bestimmt eins in Ihrem Portemonnaie.«

»Nur ein Babyfoto. Aber zu Hause ...«

»Gehen Sie auf seine Facebook-Seite«, sagte Bauer.

Lutz nahm den Hörer von der Gabel, wählte aber noch nicht. »Ich leite eine Großfahndung ein. Und Sie sprechen mit niemandem über das hier. Ich will nicht, dass die Presse Wind davon kriegt.« Er nahm Bauer ins Visier. »Das gilt vor allem für Sie. Wo Sie doch so gern im Rampenlicht stehen.«

Bauer sparte sich die Antwort. Lutz wandte sich wieder an Annette Keunert. »Gehen Sie nach Hause. Ich melde mich, sobald wir etwas haben. Und Sie, Herr Bauer, sollten sich vielleicht mal wieder Ihren eigenen Aufgaben widmen.«

Es war spät. Trotzdem fuhr Bauer nicht sofort nach Hause. Tilo war seine eigene Aufgabe. Die wichtigste, die er im Moment hatte.

Im Flur im Parterre brannte die Notbeleuchtung. Um diese Zeit verdiente der Raum der Stille seinen Namen wirklich. Nur wenige Geräusche drangen von draußen herein, dafür etwas Licht von den Straßenlaternen. Er nahm die Bibel in die Hand. Er würde beten. Für Tilo. Aber vorher gab es noch etwas anderes, was er tun konnte. Die Nummer war noch in seinem Handy gespeichert. Sie gehörte einem Einsatzleiter beim SEK.

Der Hauptkommissar war nicht überrascht, Bauers Stimme zu hören. Sie kannten sich gut. Der Beamte hatte bei einem Banküberfall mit Geiselnahme auf einen der Täter geschossen, der Mann saß jetzt im Rollstuhl. Daraufhin hatte der Hauptkommissar Bauers Rat gesucht. Sie hatten sich mehrmals getroffen, immer auf einem anderen Autobahnparkplatz. Der Mann hatte nicht riskieren können, dass Kollegen oder Vorgesetzte davon erfuhren. Nicht, wenn er beim SEK bleiben wollte.

Bauer hatte Glück, der Mann hatte Bereitschaft. Er erklärte ihm kurz, worum es ging.

»Ein Fünfzehnjähriger?«

»Ja.«

Am anderen Ende der Leitung herrschte einen Moment lang Schweigen. Dann: »Es gab zu viele Amokläufe von Jugendlichen.«

»Ich weiß«, sagte Bauer. »Ich bitte Sie nur darum, mir sofort Bescheid zu geben, wenn Sie wissen, wo er ist. Ich kann mit ihm reden. Bevor es eskaliert. Bevor Sie loslegen.«

»Wir haben eigene Verhandlungsspezialisten.«

»Geben Sie mir trotzdem eine Chance.«

Wieder Stille.

»Der Sohn eines Kollegen?«

»Ja.«

»Ich sehe, was ich tun kann.«

Bauer wollte sich bedanken, aber die Verbindung war schon unterbrochen. Das machte nichts. Jetzt konnte er beten.

41

Für einen winzigen Moment fühlte es sich an wie früher. Plötzlich waren sie wieder zwei Mädchen mit Zahnlücken, die Sommerkleider trugen, einander an beiden Händen fassten und sich immer schneller drehten, bis die

Welt verschwamm und die Finger sich anfühlten, als würden sie aus den Gelenken reißen. Doch keine von ihnen ließ los. Schwindelig fielen sie zusammen ins warme Gras und machten sich fast in die Höschen vor Lachen.

Lacrima war ins Zimmer gestürmt, obwohl Mariana noch einen Kunden dagehabt hatte. Er zog sich gerade wieder an. Lacrima beachtete ihn nicht. Sie umarmte Mariana und tanzte mit ihr durch den Raum.

»Nach Hause, nach Hause, ich fahre heut nach Hause!«, sang sie.

Typisch Lacrima. Sie dachte keine Sekunde an andere. Sie freute sich, also musste Mariana sich auch freuen. Als wäre plötzlich alles vergessen. Für diesen einen Augenblick war es das sogar.

Lacrimas Worte hatten an Mariana genagt. Es gab keine Zukunft in Rumänien. Für niemanden. Mariana wollte nicht enden wie ihre Mutter. Die war nach Bukarest gegangen, um Arbeit zu finden, und nie zurückgekommen. Als Vierjährige hatte Mariana nicht verstanden, was passiert war. Erst viel später hatte der Großvater ihr von dem Viertel hinter dem Nordbahnhof erzählt, von dem Loch im Boden und von den Kanalmenschen, die unter der Stadt lebten. Nein, nicht lebten, die dort verreckten. Bei manchen ging es schnell. Marianas Mutter war abgestürzt und in die Hölle gefallen.

Sie hatte sich ein paar Wochen nicht gemeldet. Marianas Opa hatte sich auf die Suche gemacht. Er war ein großer Mann, passte kaum durch das Loch. Die Straßenkinder, die in den Eingeweiden der Stadt aufwuchsen, mussten an ihm ziehen. Und er musste dafür zahlen. An *Bruce Lee*, so nannte sich der König dieser Unterwelt. Für Geld half er Marianas Opa, seine Tochter zu finden. Sie hing an der Nadel, spritzte etwas, das die Kanalmenschen *Pflanzendünger* nannten. Eine synthetische Billigdroge, die einen gesunden Menschen binnen weniger Wochen in einen Zombie verwandelte. Die Tochter drehte durch, als ihr Vater sie fand. Sie hielt ihn für einen Dämon. Sie war übersät mit Wunden, die sie sich selbst beigebracht hatte. Sie starb in seinen Armen.

So hatte es der Großvater Mariana auf seinem Sterbebett erzählt. Da war sie zwölf gewesen. Er war als gebrochener Mann aus Bukarest zurückgekommen, hatte nur noch auf den Tod gewartet. Doch sein Herz schlug sieben Jahre lang weiter, bis es endlich stehenblieb.

Sie hatte kein Bild von ihrer Mutter. Am Tag der Beerdigung ihres Großvaters hatte Mariana alle Fotos verbrannt. Die Erinnerung war lange vorher verblichen.

Ganz gleich, was Lacrima getan hatte, sie war ihrem Sohn eine bessere Mutter. Sie war auch weggegangen, aber sie hatte ihn nicht im Stich gelassen. Sie hatte Geld verdient. Nun brauchte sie der kleine Andrej, nun würde sie wieder heimgehen.

Mariana verdiente jetzt auch Geld. Radu sammelte den größten Teil ein, trotzdem behielt sie an einem Tag mehr übrig, als ihre Großmutter für eine ganze Woche hatte. Und sie wohnte in einem Zimmer mit Heizung und Bad und warmem Wasser. Vielleicht konnte sie sich ja doch an die Männer gewöhnen? Sie hatte in Rumänien schon mit Jungen geschlafen. Mit zweien. Es hatte auch keinen Spaß gemacht.

Der Sommermoment mit Lacrima war vorbei, als Mariana sah, wie der Kunde seine Socken überstreifte. Die meisten Männer behielten sie an. Von heute an würde sie froh darüber sein. Ein Pilz hatte seine Zehennägel zerfressen.

Als der Mann sich auf sie legte, hatte Mariana ihre Knie bis an die Ohren hochgezogen. Er hatte überrascht gelächelt, es wohl für einen Ausdruck ihrer Lust gehalten. Dabei hatte sie nur den Gedanken nicht ertragen, dass seine Füße sie berührten.

Lacrima lachte Mariana an. Aber unter dem Strahlen auf ihrem Gesicht lag etwas Dunkles – Angst. Mariana bemerkte Radu erst jetzt. Er wartete an der Tür. Der Kunde drückte sich an ihm vorbei.

»Lass mich dich küssen«, sagte Lacrima und zog Mariana an sich.

Mariana bekam feuchte Schmatzer auf beide Wangen. Sie spürte, wie ihr etwas in die Hand geschoben wurde.

»Versteck es«, raunte Lacrima. Dann löste sie sich von ihr und sprach wieder laut. »Wünsch mir Glück!«

»Wo willst du hin?«

»Habe ich doch gesagt: nach Hause. Aber erst möchte der Boss mir noch Lebewohl sagen.«

Mariana fühlte Lacrimas Angst, als wäre es ihre eigene. »Sagst du mir auch noch Lebewohl?«

»Ich gehe doch nicht ohne eine Umarmung von meiner besten Freundin!« Lacrimas Blick verriet mehr als ihre Worte. Vor allem würde sie nicht ohne das gehen, was sie Mariana heimlich zugesteckt hatte.

»Komm jetzt«, knurrte Radu. »Der Boss sitzt bestimmt schon in seinem Büro.«

»Und? Heute kann er ruhig auf mich warten«, erwiderte Lacrima mutig. »Ist ja das letzte Mal.« Dann drehte sie sich zu Mariana um. »Bis nachher.«

Radu zog die Tür zu. Mariana zählte bis dreißig. Erst dann holte sie hinter ihrem Rücken hervor, was sie dort versteckt hielt: ein Handy. Es war Lacrimas größter Schatz.

Nicht, weil das Apfel-Logo die roségoldene Rückseite zierte, sondern wegen der darauf gespeicherten Fotos von ihrem Sohn. Bekommen hatte sie es vom Boss. So belohnte er die Mädchen für gute Arbeit. Er spendierte sogar die Telefonverträge.

Lacrima reichte ihr Handy bei fast jedem Essen herum. Die Mädchen bestellten immer Pizza oder Döner oder beim Chinesen und aßen in der kleinen Küche hinter der Bar. Alle mussten sich die neuesten Bilder vom kleinen Andrej ansehen, auch Mariana.

Aber es musste noch etwas anderes auf dem Handy sein. Es war nicht schwer zu erraten, was: die *Lebensversicherung*, von der Lacrima gesprochen hatte. Mariana sah sich nach einem Versteck um. Sie konnte das Handy nicht mit sich herumtragen, Radu wusste, dass sie keins besaß. Ihr Blick fiel auf den Korb für Schmutzwäsche. Eine alte Frau holte die Wäsche jeden Morgen ab und brachte sie am nächsten Tag sauber wieder mit. Aber bis zum Morgen war es noch lang. Mariana wickelte das Handy in einen Slip. Dann zog sie das Bett ab. Den Slip mit dem Handy legte sie zuunterst in den Korb, die Bettwäsche stopfte sie darüber. Sie bezog das Bett neu und ging hinunter in die Bar.

Es war Marianas erster Abend an der Stange. Sie hatte nicht tanzen wollen. Doch Lacrima hatte ihr klargemacht, dass es keine gute Idee wäre, sich zu weigern, und am Vormittag mit ihr geübt. Mariana durfte sich die Musik aussuchen. Ihr war nur ein Song eingefallen. Sie hatte ihn auf dem Weg vom Flughafen im Autoradio gehört. Das schien ewig her zu sein.

Lacrima fand den Pharell-Williams-Song zu schnell für einen Poledance. Sie hatte ihn trotzdem laufen lassen. Offenbar hatte sie immer noch ein schlechtes Gewissen.

Mariana trat an die Stange auf dem Podium in der Mitte. Die Blicke der Männer klebten auf ihrer nackten Haut. Der Barkeeper drehte die Lautstärke hoch. Mariana fing an, sich zum Rhythmus zu bewegen. Lacrima hatte ihr verboten, die Augen zu schließen. Sie tat es trotzdem. Die Stange gab ihr Halt, sie ließ sich von der Musik davontragen. Ob sie ihre Brüste und ihren Hintern so präsentierte, dass sie die Lust der Männer weckte, war ihr egal. Die Männer waren ihr egal. Drei Minuten lang dachte sie nicht daran, wo sie war. Sie tanzte, wie Millionen anderer Mädchen zu diesem Song tanzten. Nach ihrem Auftritt warteten die Männer an der Bar auf sie. Sie konnte sich einen aussuchen. Nach dem zweiten Auftritt war es genauso.

Eine Stunde später verklang der Song zum dritten Mal. Sie schlug die Augen auf. Diesmal stand ein Mann direkt vor ihr, so dicht, dass sie zurückschreckte. Er starrte sie gierig an. Das kannte Mariana schon. Aber da war noch etwas anderes in seinem Blick. Es lauerte im Schatten und wartete darauf, sich auf sie zu stürzen. Plötzlich wusste sie es: Das war Lacrimas Stammkunde. Das war der Teufel.

Sie wollte zurückweichen, aber die Stange stoppte sie. Er kam näher. Sie drehte den Kopf zur Seite, spürte seinen Atem auf der Wange. Er roch nach Menthol. Sie wagte nicht, sich zu bewegen. Er hielt ihr einen Fünfzigeuroschein vor die Nase.

»Ich will, dass du für mich tanzt.«

Er schob ihr den Schein in den Slip. Sie spürte seine Finger, zuckte heftig zurück, schlug mit dem Steißbein gegen die Metallstange und stöhnte auf. Der Mann kicherte, packte ihr Handgelenk, zog sie in eine Nische und setzte sich.

»Tanz!«

Lacrima hatte gesagt, dass man für einen Lapdance

zehn oder zwanzig Euro bekam, je nach Tageszeit. Der Mann hatte ihr fünfzig gegeben, obwohl sein Anzug, seine Schuhe und seine Armbanduhr billig wirkten.

»Du tanzt jetzt, verdammt!«

Er schrie nicht, stand nicht auf, hob nicht seine Hand. Trotzdem war Mariana sicher, dass er sie schlagen würde, wenn sie nicht tat, was er wollte. Sie begann, sich vor ihm zu bewegen. Seine Miene entspannte sich. Er holte eine kleine verbeulte Blechdose aus der Tasche. Sie war mit einem verblichenen roten Stern und den Worten *Cuba Libre* bedruckt und enthielt ein weißes Pulver. Er nahm etwas davon zwischen Daumen und Zeigefinger und sog es in beide Nasenlöcher. Ein Ruck ging durch seinen Körper. Er befahl Mariana mit einer Geste, näher zu kommen.

Sie wandte ihm ihren Hintern zu und ließ ihr Becken kreisen, wie Lacrima es ihr gezeigt hatte. Da packte er Mariana an beiden Armen und riss sie hinunter auf seinen Schoß.

»Ich will dich ficken«, zischte er in ihr Ohr.

Marianas Kehle schien auf einmal zu eng für die deutschen Wörter. Sie nickte, versuchte aufzustehen, doch er hielt sie fest.

»Zimmer«, presste sie hervor.

Er schüttelte den Kopf. »Nein. Hier. Jetzt.«

Er bog ihre Arme auf dem Rücken zusammen, bis ihre Ellenbogen aneinanderstießen. Mariana schrie auf, einige der anderen Männer und Mädchen blickten irritiert herüber, doch er ließ nicht los.

»Ganz schön wild«, rief er laut in die Runde. »Eine russische Raubkatze!«

Die Männer lachten, die Mädchen guckten eilig weg, der Barkeeper stellte die Musik lauter. Danach beachtete sie niemand mehr. Er hielt ihre Arme eisern mit einer Hand fest. Die andere spürte Mariana unter sich. Der Mann nestelte an seiner Hose. Mariana wand sich.

»Zimmer«, flehte sie, »bitte in Zimmer gehen.«

Wieder riss er sie zurück. »Halt still!«

»Lass sie los«, hörte Mariana eine andere Stimme. Der Boss stand vor der Nische.

Mariana spürte, wie sich der Griff lockerte. Mit einem Ruck machte sie sich los und sprang auf.

»Scheiße, was soll das? Ich will jetzt ficken!« Auch der Teufel schnellte hoch. Einen Moment glaubte Mariana, er würde auf den Boss losgehen.

Der wich nicht zurück. »Du hast gerade ein ganz anderes Problem.«

»Was für ein Problem?«

»Sitzt in meinem Büro. Komm!« Der Boss wandte sich zum Gehen. Sein Blick fiel auf Mariana. »Steh nicht rum! Such dir einen anderen Kunden!«

Mariana verdrückte sich an die Bar. Sie beobachtete, wie der Boss mit dem Mann durch die versteckte Tür in den Keller verschwand. Dort war das Büro. Im Büro hatte der Boss auf Lacrima gewartet, um sie zu verabschieden. Das war eine Stunde her.

Der Barmann stellte unaufgefordert ein Glas Sekt vor ihr auf die Theke. Mariana blickte auf. Ein schmächtiger junger Mann mit einer Basecap auf dem Kopf prostete ihr schüchtern zu. Sie stürzte den Sekt in einem Zug hinunter.

Dann ging sie zu Radu. »Ist Lacrima noch beim Boss?«

Radu schüttelte den Kopf.

»Ist sie oben und packt?«

Wieder schüttelte Radu den Kopf.

»Wo ist sie dann?«

»Weg.«

»Wie, weg?«

»Nach Hause. Zum Flughafen. Mit meinem Bruder.«

Mariana starrte Radu an.

Er schubste sie zurück. »Du hast Kundschaft.«

Mariana stolperte gegen die Theke.

»Hoppla!« Der junge Mann mit der Basecap fing sie auf. Er lächelte.

Sie musterte ihn. Er war kaum größer als sie selbst und trug Lederjacke und Jeans. Sie nahm seine Hand und ging mit ihm auf ihr Zimmer. Sie half ihm beim Ausziehen, legte seine Kleider sorgfältig beiseite und schob ihn unter die Dusche. Dann griff sie in den Wäschekorb und holte Lacrimas Handy hervor.

42 Noch ein paar hundert Meter, dann war er endlich zu Hause. Spätestens hier begann sich die Anspannung normalerweise zu lösen, die sich den Tag über in ihm angesammelt hatte. Heute nicht. Die idyllische Atmosphäre in den baumbestandenen Sträßchen der Zechensiedlung kam ihm unwirklich vor.

Tilo war ihm die ganze Fahrt über nicht aus dem Kopf gegangen. Er sah ihn vor sich, tief verletzt und bitter, ohne die mentalen Ressourcen, die Geschehnisse einzuordnen und zu relativieren, mit der alterstypischen Absolutheit und Ungeduld, in der Hand die Pistole seines Vaters. Er hatte auf eine Ratte geschossen. Würde er auch auf einen Menschen schießen? Was, wenn er von Polizisten gestellt wurde? Die Vorstellung war Bauer unerträglich. Tilo war fast noch ein Kind. *Der Sohn soll nicht tragen die Schuld des Vaters.*[G]

Er parkte am Straßenrand und stieg aus. In der Küche brannte kein Licht, aber aus dem Wohnzimmer fiel ein Schein durch die geöffnete Zimmertür. Wahrscheinlich saß Sarah auf dem Sofa und las. Er schloss auf und trat in die Diele.

Das Wohnzimmer war leer. Auf dem Sofatisch stand ein Teller, darauf eine Scheibe Mehrkornbrot mit Frischkäse, Radieschen und Sojasprossen. Sarah hatte nur einmal abgebissen. Sonderbar. Ihr Lieblingssandwich überlebte in der Regel maximal zwei Minuten. Die Flasche Primitivo neben dem Teller war bereits zur Hälfte geleert.

Im Keller startete die Waschmaschine. Wusch Sarah um diese Zeit etwa Wäsche? Das hatte sie noch nie getan. Sie legte Wert darauf, die Wäsche im Garten auf der Leine zu trocknen, und wusch sie deshalb nicht mitten in der Nacht.

Er sah auf die Uhr. Er hatte das Büro von Lutz vor einer Stunde verlassen. Seit er mit dem Einsatzleiter vom SEK telefoniert hatte, waren knapp vierzig Minuten vergangen. Er setzte sich und schaltete den Fernsehapparat ein. Natürlich war es noch zu früh. Es konnte noch keine Nachrichten über Tilo geben, selbst wenn etwas passiert war. Er zappte sich durch die Kanäle.

Plötzlich stand Sarah neben dem Sofa. Er hatte sie nicht kommen hören, sie trug die Lammfellpantoffeln, die er ihr zum Geburtstag geschenkt hatte.

»Hast du es auch schon gesehen?« Ihre Stimme klang wie rostiges Eisen.

»Was meinst du?«

»Ist das dein Ernst?!« Sie riss ihm die Fernbedienung aus der Hand.

Sie hatten Satellitenfernsehen. Nach ein paarmal Umschalten war sie bei France 24, dem französischen Nachrichtenkanal. Das Laufband am Fuß des Fernsehbildes annoncierte eine Sondersendung, so viel Französisch konnte er noch. Über den Bildschirm flackerten verwackelte Bilder aus Deauville, von Auseinandersetzungen zwischen Polizeieinheiten und Demonstranten am Zaun und auf den zum Zaun führenden Landstraßen.

Nina.

Sarah schien es nicht zu merken, aber das änderte nichts an der erschütternden Erkenntnis: Er hatte seine Tochter vergessen. Wegen Tilo.

Vor seinen Augen liefen dramatische Szenen ab, die ständig wiederholt wurden. Während die Sturmböen der Schlechtwetterfront Regen vom Himmel peitschten, attackierten ein paar hundert schwarzgekleidete Vermummte den Zaun. Der Schwarze Block. Kleine Teams versuchten, den Zaun mit Seitenschneidern zu durchtrennen, während ihre Mitkämpfer sie mit Latten und Molotowcocktails gegen die Spezialeinheiten verteidigten. Es stand von vornherein fest, dass sie gegen die gepanzerten CRS-Männer mit ihren Schilden, Knüppeln, CS-Gas-Kanonen und Wasserwerfern keine Chance hatten. Aber sie würden ein Zeichen setzen.

Es folgten Bilder, die vor dem Unwetter aufgenommen worden waren. Normale Demonstranten, junge Leute, bürgerlich gekleidete Männer und Frauen, darunter viele ältere Menschen, wurden von Beamten der *Gendarmerie nationale* durch die engen Gassen der Altstadt von Deauville gejagt und zusammengeknüppelt.

Der Kommentator berichtete von Hunderten von Demonstranten, die man festgenommen und auf umliegende Gefängnisse und Polizeikasernen verteilt hatte. Er verglich das Geschehen mit dem G-8-Gipfel in Genua 2001 und stellte einen Zusammenhang zu den bevorstehenden Parlamentswahlen her. Die amtierende Regierung wolle mit ihrem harten Vorgehen dem Front National bei der inneren Sicherheit anscheinend den Wind aus den Segeln nehmen.

Bauer starrte auf den Bildschirm. Seine Augen suchten Nina. Vielleicht steckte sie mitten in diesem Hexenkessel. An irgendeiner Stelle hatte er etwas falsch gemacht, hatte seiner Tochter einen Impuls mitgegeben, der sie in diese Situation gebracht hatte. »Vielleicht ist sie ja nicht dabei.« Eine lahme Selbstbeschwichtigung. Wo sollte sie sonst sein?

»Ich habe sie gesehen.« Sarahs Stimme hatte jetzt nur noch eine Farbe: Angst. »Ihren Parka. Den wir zusammen gekauft haben. Sie wurden in einen Polizeitransporter getrieben wie Vieh.«

»Diese Parkas gibt es tausendmal.« Während er es sagte, spürte er, wie die Angst auch von ihm Besitz ergriff.

»Glaubst du, ich erkenne meine eigene Tochter nicht? Sie war bei so einer Attac-Gruppe. Sie wurden eingekesselt!«

Während er durch die Stadt gefahren war und nur an Tilo gedacht hatte, hatte seine Frau hier gesessen und nach dem kleinsten Hinweis gesucht, dass es ihrer Tochter gutging.

»Begreifst du endlich, was du angerichtet hast?«

Das tat er.

»Sie wusste ganz genau, dass du hinter ihr stehst. Ihr Vater, der mit Selbstmördern von Brücken springt. Was für ein Vorbild.«

Sarah hatte sich nicht von der Stelle gerührt. Er griff nach ihrer Hand. Aber sie zog sie zurück. Sie drückte auf die Fernbedienung. Der Bildschirm wurde schwarz. Sie hatte sich entschieden. »Wir holen sie.«

Sie hatte recht. Sie mussten nach Deauville fahren und Nina nach Hause holen, auch wenn sie ihre Eltern dafür hassen würde. Er musste Tilo dem SEK überlassen.

Er hatte mit seiner Antwort zu lange gewartet. »Wenn du Wichtigeres zu tun hast, fahre ich allein.«

Jetzt waren andere Farben da – Enttäuschung und Bitterkeit.

»Wir fahren zusammen.« Er stand auf und griff nach seiner Jacke.

»Jetzt sofort?«

»Nein. Wir brauchen vor Ort einen Ansprechpartner. Jemanden, der uns hilft, sie zu finden. Verena Dohr kennt bestimmt ein paar französische Polizeioffiziere von ihren Workshops zur grenzübergreifenden Ermittlungsarbeit. Ich fahre zu ihr.«

Sarah sah ihn einen Moment lang unschlüssig an, dann nickte sie. Sie ließ es sogar zu, dass er sie umarmte.

43

Tilo stand in der Dunkelheit des Hauseingangs, beobachtete das Bordell auf der anderen Straßenseite und stellte sich vor, wie der Mörder seines Vaters herauskam. Er stellte sich vor, wie er die Pistole aus dem Rucksack zog, wie er dem Mann ins Gesicht schoss, das ganze Magazin abfeuerte, bis sein Kopf aussah wie der Leib der toten Ratte.

Tilo hatte auf die Ratte gezielt, aber er hatte nicht damit gerechnet, sie zu treffen. Er hatte abgedrückt, und sie war zerplatzt. Ihr Schrei gellte bis hinauf auf den Sprungturm. Als er völlig außer Atem bei ihr ankam, zuckte es noch in dem blutigen Brei, der aus ihr heraushing. Er sah das winzige Herz, sah, wie es schlug und wie es aufhörte zu schlagen. Eine heiße Welle stieg in seiner Kehle hoch, und er fing an zu weinen. Wegen einer verdammten Ratte.

Bei dem Zuhälter würde er nicht heulen. Er würde ihm eine einzige Frage stellen: *Hast du meinen Vater getötet?* Er würde sie mit der Pistole in der Hand stellen. Der Zuhälter würde antworten, er würde die Wahrheit sagen, er würde Todesangst haben, sich vielleicht sogar in die Hosen machen, und dann würde Tilo abdrücken, und es würde sich gut und richtig anfühlen, da war er ganz sicher.

Tilos Magen knurrte. Er hatte den ganzen Tag noch nichts gegessen. Ob er sich schnell etwas holen sollte? An der Straßenecke hatte er einen Dönerladen gesehen. Aber was, wenn der Zuhälter ausgerechnet dann herauskam? Dann würde er es nicht mal mitkriegen. Verdammt! Tilo wusste nicht, was er machen sollte.

Ein kleiner Mann mit einer Basecap stürzte aus dem Bordell. Er rannte über die Straße. Seine Lederjacke und seine Jeans schlotterten um seinen Körper. Er lief barfuß und so schnell, dass die Basecap herunterfiel. Plötzlich wehten lange Haare hinter ihm her. Nein! Das war kein Mann. Das war ein Mädchen! Das schönste, das Tilo je gesehen hatte. Es stürmte genau auf ihn zu. Tilo stand da, verborgen im Eingang, und starrte es an, bis das Mädchen um die Ecke schoss und gegen ihn prallte. Noch im Fallen versuchte Tilo, sie aufzufangen. Zusammen landeten sie auf dem Boden. Er rappelte sich hoch, wollte ihr aufhelfen, doch sie schlug und trat blind nach ihm.

»Ich tu dir nichts!«, rief er. »Ich tu dir nichts!«

Sie sah ihn an. Tilo erschrak, so viel Angst lag in ihrem Gesicht. Im nächsten Moment klammerte sie sich an ihn.

»Hilf mir!« Sie flüsterte es nur. »Bitte!«

Ihr Blick sagte ihm, woher die Gefahr kam. Er spähte

um die Ecke. Ein Mann kam über die Straße wie ein Boxer aus seiner Ecke. Es war der Mann, der Tilo den Finger gebrochen hatte.

Tilo zuckte zurück. Das Mädchen sah ihn immer noch an. Ihre Augen flehten. Tilos Herz wollte sich aus seiner Brust hämmern. Er linste erneut um die Ecke. Der Boxer war keine zehn Schritte mehr entfernt. Tilo fasste in den Rucksack und riss seine Hand wieder heraus. Das Mädchen starrte auf die Pistole. Tilo drückte es in den Schatten. Dann fuhr er mit der Waffe im Anschlag um die Ecke.

Der Boxer blieb perplex stehen. Vier Schritte vor Tilo.

»Hau ab!«, schrie Tilo.

Der Boxer musterte ihn nachdenklich.

»Verpiss dich!«, schrie Tilo.

Der Boxer schüttelte langsam den Kopf. Dann machte er einen Schritt. Tilo bewegte die Browning nur einen Zentimeter und riss den Abzug durch. Die Kugel zischte am Kopf des Boxers vorbei und durchschlug die Windschutzscheibe eines geparkten Wagens. Der Boxer erstarrte. Tilo zielte wieder genau zwischen seine Augen, in denen nun die gleiche Unsicherheit flackerte wie zuvor bei dem Dicken. Er streckte seine bandagierte Linke auffordernd in den Schatten des Eingangs, fühlte die zarten Finger des Mädchens an seinem Handgelenk. Das Mädchen achtete auf seine Verletzung, wollte ihm nicht weh tun. Tilo spürte ein Stechen in seiner Brust. Es war schön und schlimm zugleich. Er zog das Mädchen hinter sich und ging langsam mit ihr rückwärts. Er zielte die ganze Zeit auf den Boxer. Der rührte sich immer noch nicht.

Als sie endlich die Straßenecke erreichten, drehte Tilo sich zu dem Mädchen um. »Lauf!«

44

Es hatte angefangen zu nieseln. Die Scheinwerfer der entgegenkommenden Fahrzeuge spiegelten sich im Asphalt der Landstraße. Das Bild eines jungen Mädchens im Parka schob sich darüber. Gepanzerte CRS-Männer stießen es zusammen mit anderen harmlos aussehenden Jugendlichen in einen fensterlosen Polizeitransporter. Sich vorzustellen, dass seine freundliche, hilfsbereite, arglose Tochter dieses Mädchen war, drehte Bauer den Magen um.

Das Navi forderte ihn auf, an der nächsten Kreuzung rechts abzubiegen. Eine überdimensionale winkende Erdbeere auf einer Stange lud zum Besuch eines Hofladens ein. Er war noch nie bei Verena Dohr zu Hause gewesen. Erst jetzt wurde ihm klar, dass sie praktisch auf dem Land wohnte, mitten im Ruhrgebiet, gerade mal fünf Kilometer vom sozialen Brennpunkt Marxloh entfernt.

Er fuhr durch den Weiler und bog ab. Zu beiden Seiten der vielfach geflickten Landstraße erahnte er in der Dunkelheit Viehweiden und gepflügte Äcker. Wie ein Zauberkreis schienen sie den Weiler gegen die ihn umgebenden Neubausiedlungen, Golfplätze und Autobahnen abzuschirmen. Er hielt nach dem Haus mit der Nummer 208 Ausschau.

Was würde er tun, wenn sein Bekannter vom SEK jetzt anriefe? Umkehren, um Tilo zu retten? Oder durfte ihm Nina wichtiger sein? Notärzte mussten bei Massenunfällen oft entscheiden, welchen Schwerverletzten sie zuerst versorgten. Dafür gab es Regeln. Triage nannten das die Mediziner. Für ihn gab es keine Triage. In der Bibel würde er vergebens danach suchen.

Die schwarzen Ziffern der Hausnummer waren auf den Kacheln, mit denen ein früherer Besitzer die Fassade abwaschbar gemacht hatte, gut zu erkennen. Das freistehende Haus lag dicht an der Straße. Eine Tanne überragte die mit einem Eisentor verschlossene Einfahrt. Bauer stellte den Wagen ein paar Meter weiter in einer von Traktorreifen ausgefahrenen Ausbuchtung im Seitenstreifen ab.

Das einstöckige Haus war vermutlich kurz nach dem Krieg hochgezogen worden. Es hatte weder Charakter noch Charme. In so einem Haus lebte man nur, wenn man nach dem Tod der Eltern übriggeblieben war und keine Phantasie und keine Kraft hatte fortzugehen. Oder wenn man es gekauft hatte, um es nach eigenen Vorstellungen umzubauen, und nie dazu gekommen war. Oder wenn einem alles egal war. Die Hauptkommissarin passte in keine dieser Kategorien.

Sie kam im Trainingsanzug an die Tür. Wenn sie überrascht war, ihn zu sehen, ließ sie es sich nicht anmerken. »Kommen Sie rein.« Sie machte die entsprechende Handbewegung und trat beiseite, soweit es die schmale Diele zuließ. Sie wirkte erschöpft.

Die Größe des Wohnzimmers überraschte ihn. Offensichtlich hatte jemand ein paar Wände herausgerissen. Die niedrige Decke ließ einen beinah den Kopf einziehen. Die Wände wirkten kahl, trotz des meterhohen Fotos von einem tropischen Wasserfall. Der Raum war sparsam mit Designerstücken möbliert, die nicht zusammenpassten. Auf dem weißgestrichenen Dielenboden stapelten sich Bücher, in einer Ecke türmten sich Notenblätter neben zwei Trompeten auf Ständern. Er erinnerte sich, dass Dohrs Freund Musiker war. Mehr wusste er nicht über ihn. Die Hauptkommissarin vermied es, über ihren Lebensgefährten zu sprechen.

Der Raum strahlte keinerlei Geborgenheit aus. Er wirkte ratlos, als hätte ihn jemand eingerichtet, der seine Mitte verloren hatte. Auf einem Couchtisch aus Chrom und Glas standen eine Flasche Four Roses und ein altmodisches Whiskeyglas. Verena Dohr machte eine einladende Geste in Richtung eines unbequem aussehenden Plastikstuhls.

»Mögen Sie Bourbon?«

»Nein danke.« Er setzte sich.

Dohr blieb abwartend stehen.

»Ich bin nicht wegen Tilo hier.«

Die gespannte Vorsicht wich aus ihren Zügen. Sie ließ sich zwischen zerknautschte Kissen fallen, die nicht zur Farbe des Ledersofas passten.

»Ich brauche Ihre Hilfe.« Er schilderte ihr, worum es ging. Sie hörte schweigend zu.

»Sarah hat Angst. Ich auch. Sie will sofort losfahren und Nina zurückholen.«

»Sie nicht?«

»Doch. Aber wir brauchen jemanden vor Ort, am besten bei der Polizei, der uns helfen kann, Nina zu finden.«

Dohr nickte. »Sehe ich auch so. Auf Leute, die ihre Kinder suchen, haben die gerade gewartet. Und wie soll ich Ihnen helfen?«

Er nickte. »Sie machen doch immer diese Fortbildungen mit Kollegen aus der EU. Waren da nicht auch mal Franzosen dabei? Von der Gendarmerie oder der CRS?«

Sie dachte nach, dann nickte sie. Ihr Handy lag vor ihr auf dem Tisch. »Mal sehen.« Mit gerunzelter Stirn scrollte sie durch ihre Kontakte.

»Er muss ja nicht selbst in Deauville sein, aber vielleicht kennt er jemanden.«

Sie stoppte bei einem Namen. »Oder sie. Ich versuch's.« Sie ließ ihr Handy eine Nummer wählen. Bauer hörte eine Frauenstimme, offenbar eine Mailboxansage. In erstaunlich gutem Französisch bat Dohr um Rückruf, es sei dringend, die fünfzehnjährige Tochter eines engen Freundes sei in Deauville verloren gegangen. Ein enger Freund. Das hatte er gar nicht gewusst.

Dohr beendete die Verbindung. Im selben Augenblick summte ihr Handy. »Das ist sie.« Sie schaltete auf Lautsprecher. Er verstand nicht alles, sein Französisch war nicht gut genug. Aber er erkannte den Tonfall. Kein Geplauder alter Bekannter, sondern der sachliche Klang einer polizeilichen Einsatzbesprechung bei einer akuten Notlage. Dohr bedankte sich, dann legte sie auf.

»Alles mitgekriegt?«

»Nein.«

»Okay. Das war Catherine Boyer. Sie ist bei der RAID, *Recherche Assistance Intervention Dissuasion*, eine Anti-Terror-Spezialeinheit. Sie selbst ist nicht in Deauville, aber einige ihrer Kollegen. Sie wird versuchen, einen ihrer Einsatzleiter vor Ort zu erreichen. Kann aber etwas dauern.«

»Wie lange?«

»Geben Sie ihr bis morgen Mittag. Falls Sie Sarah so lange bremsen können.«

»Ich versuche es. Danke.«

»Sie können ja so lange Ihr Französisch auffrischen.« Sie lächelte. »Trinken Sie ein Glas mit?«

»Ein andermal. Ich fahre besser zurück.« Er stand auf.

Dohr erhob sich aus den Polstern. »Machen Sie sich nicht verrückt. Vielleicht ist sie das gar nicht in dem Fernsehbeitrag. Vielleicht ist nur ihr Handy kaputt. Sie kriegen Nina schon heil wieder.« Sie legte ihm die Hand auf die Schulter. Das hatte sie noch nie getan. Hoffentlich behielt sie recht.

Sie traten in den Flur.

»Haben Sie etwas von der Fahndung gehört?«

Er sah förmlich, wie ihr Gitter herunterrasselte. »Jetzt doch noch Tilo Keunert? Sie können einfach nicht aufhören, oder? Herrgott noch mal. Meinen Sie, das hilft dem Jungen, wenn Sie wirklich rausfinden, ob Keunert korrupt war oder nicht?« Sie öffnete die Haustür. »Für mich ist der Fall erledigt.«

Die Dunkelheit war wie eine Wand.

»Aber für Tilo nicht. Er läuft mit einer geladenen Pistole durch die Stadt. So weit hätte es nicht kommen müssen.« Es klang wie ein Vorwurf. Das war nicht seine Absicht gewesen. Seine Stimme wurde weicher. »Ich sollte da sein, wenn sie ihn finden, aber ich muss mich um Nina kümmern. Ich kann nur beten, dass er da lebend rauskommt.«

Dohr zog die Augenbrauen hoch. »Versuchen Sie, mir Schuldgefühle zu machen, damit ich das auch noch für Sie übernehme?«

Er drehte sich zu ihr um. »Ja.« Er umarmte sie kurz. »Danke.«

Sarah war auf dem Sofa eingeschlafen. Er rüttelte sie sanft. Sie öffnete die Augen und war sofort hellwach. Er musste ihr alles haarklein berichten. Welche Worte hatte diese Catherine genau gewählt? Hatte sie alarmiert geklungen? Hoffnungsvoll? Gleichgültig? Hatte etwas Unausgesprochenes mitgeschwungen? Er antwortete geduldig, bis es schließlich nichts mehr zu mutmaßen oder zu interpretieren gab.

Sie seufzte. »Gut. Wir machen es, wie du sagst. Wir warten bis morgen Mittag. Vielleicht meldet sich die Frau ja früher. Aber wenn wir bis dahin nichts hören, fahre ich los.«

»Wir fahren los«, sagte er.

Diesmal war sie es, die ihn heranzog. Eng umschlungen lagen sie auf dem Sofa, reglos, hörten einfach nur dem Atem des anderen zu, spürten seinen Herzschlag. Irgendwann schliefen sie ein. Gegen drei wachte Sarah auf. Sie zogen um ins Schlafzimmer. Aber er bekam kein Auge mehr zu.

Als Bauer gegangen war, kehrte Verena Dohr zurück auf ihr Sofa. Sie fühlte sich beschissen. Sie füllte ihr Glas, stand wieder auf, suchte ihre Zigaretten. Gewöhnlich rauchte sie hier nicht, schon wegen Elmar. Kein Suchtverhalten im Haus.

Sie hätte jetzt nicht in Bauers Haut stecken wollen. In ihrer eigenen aber auch nicht. Sie war unfair gewesen. Bauer war nicht schuld daran, dass der Junge mit einer Pistole durch die Gegend lief. Bauer wollte ihm helfen. Es war nur so, dass sie in letzter Zeit immer öfter diese Momente hatte, in denen sie sich fragte, ob man überhaupt jemandem helfen konnte. Oder ob man nur ein bisschen herumstocherte, und was dabei herauskam, war dann Glückssache. So gesehen machte Bauer es genau richtig.

Und sie? Sollte sie sich damit abfinden, dass die Tilos dieser Welt nicht ihre Sache waren? Plötzlich bekam sie keine Luft mehr. Sie stand auf und riss das Fenster zum Garten auf. Die Dunkelheit über der Pferdekoppel war wie eine Drohung. Manchmal kam sie sich in dem Haus vor wie in einer Isolationszelle.

Elmar würde heute Nacht nicht nach Hause kommen.

45

Der durchdringende hohe Ton in seinem rechten Ohr war nach dem Aufwachen sofort da gewesen. Die Schmerzen in der rechten Hüfte auch. Die kamen seit ein paar Jahren pünktlich zum Herbstanfang. Beides hatte er bei seiner jährlichen arbeitsmedizinischen Untersuchung natürlich für sich behalten. Trotzdem hatten sie ihm einen Termin für eine Zweituntersuchung gegeben. Kein gutes Zeichen.

Wenn ihr Schiff im Heimathafen lag, ankerte es neben dem Schulschiff am Hebeturm im Fiskushafen. Horst Janssen hatte zu Hause geschlafen – wenn man das Schlaf nennen konnte – und war mit dem Fahrrad gekommen. Er lehnte sein Fahrrad an den Eisenpoller und schloss es ab. Er mochte es nicht, wenn es auf seinem Weg zur Arbeit noch dunkel war.

Zu ihrem Einsatzort waren es heute nur ein paar Kilometer flussaufwärts. Auf der Brücke der Solidarität hatte ein Lastwagen Stahlträger verloren. Einige davon waren im Rhein gelandet. Dort konnten sie je nach Lage Frachtschiffen und Yachten locker den Rumpf aufschlitzen. Die würden sie heute bergen.

Der Handlauf der Gangway war kalt und noch feucht vom Tau. Kalle Oster, der Jüngste der Mannschaft, hockte in der Kombüse, schlürfte seinen ungenießbaren Kaffee und löffelte Cornflakes mit Milch, ohne den Blick von der Sportseite der Bild zu nehmen.

»Mahlzeit.«

»Mahlzeit. Irgendwas los gewesen?«

Kalle schüttelte den Kopf. Er hatte an Bord übernachtet. Das machten sie reihum. Als Schiffswache. Es gab immer wieder abenteuerlustige Nachtschwärmer, die sich Europas einziges Tauchglockenschiff mal genauer ansehen wollten.

»Eurer steht da.« Kalle deutete auf die Glaskanne unter der Kaffeemaschine. Das Wasser lief noch durch, Kaffee tropfte aus dem Filter, aber die Kanne war schon fast voll. Janssens Becher lag in der Spüle. Er machte sich nicht die Mühe, ihn abzuwaschen. Kam ja doch wieder Kaffee rein.

Wenn er mit jemandem sprach oder vor der Glotze hockte, merkte er den Tinnitus nicht so. So viel Glück hatte er mit der Hüfte nicht. Als er sich Kalle gegenüber an den Tisch setzte, war er wieder da, der stechende Schmerz. Er verzog das Gesicht.

»Alles okay?« Anscheinend konnte Kalle durch die Zeitung sehen.

»Bloß die Scheißhüfte.«

Kalle schlug die Zeitung mit angewiderter Miene zu, faltete sie mehrmals, bis sie so klein war wie eine Zigarettenschachtel. »Drecksblatt.« Gekonnt warf er sie in den offenen Mülleimer. »Warst du nicht gestern beim Check? Was haben sie gesagt?«

»Ich muss noch mal hin.«

»Scheiße.«

Konnte man laut sagen. Bei Frühverrentung würde er noch unter Hartz IV landen. Er sah sich schon mit einem Hackenporsche durch die Stadt schlurfen und in Mülleimern nach leeren Flaschen stochern. Er überlegte, ob er dem jungen Kollegen sagen sollte, was los war. Irgendjemandem musste er es ja mal sagen. Bloß nicht seiner Frau. Die würde sich nur aufregen.

Kalle kapierte es nicht. »Frührentner? Ist doch cool.« Er sah auf die Wanduhr, dann angelte er unter dem Tisch nach seinen Arbeitsschuhen. Sicherheitsschuhe mit Stahlkappen waren Vorschrift.

»Spinnst du?«

»Wieso? Du hast doch den Schrebergarten. Da kannste schön grillen, Pilsken dazu und auf Sky Bundesliga gucken.«

»Und den ganzen Tag meine Alte vor der Nase. Da laufe ich irgendwann Amok.«

»Die ist doch tagsüber auf Arbeit. Wo war die? Bei der Sachtleben?«

»Freigestellt.«

»Scheiße.«

»Nee, wenn die mich kaputtschreiben, häng ich mir die Ankerkette um den Hals und spring über Bord.«

»Und wir dürfen dich rausfischen. Na, danke.«

Zehn Minuten später war die Mannschaft vollzählig, Schiffsführer, Einsatzleiter, Maschinist und drei Matrosen. Mehr ging nicht, es gab nur sieben winzige Kajüten. Aber heute würden sie alle abends wieder zu Hause sein, bis auf Kalle.

Eine halbe Stunde später setzte Kapitän Arne Nowak den Kahn unter der Brücke der Solidarität mitten im Fahrwasser fest. Die beiden anderthalb Tonnen schweren Anker ratterten in die Tiefe.

Janssen, Kalle und Löffler hockten sich in der Druckluftschleuse auf die Bank. Werner Keil, der es zum Schleusenwärter gebracht hatte, schloss die fünfundzwanzig Zentimeter dicke Stahltür. Janssen macht den Job seit fast zwanzig Jahren, aber das kreisrunde Schott gab ihm immer noch das Gefühl, in einem U-Boot eingesperrt zu sein. Man gewöhnte sich an alles. Von wegen. Aber wenn sie erst mal unten waren und an der Arbeit, vergaß er das beklemmende Gefühl in der Brust. Wie den Scheißtinnitus.

Keil öffnete das Ventil, die Druckluft aus der Taucherglocke strömte langsam in die Schleuse. Heute würden sie in sieben Meter Tiefe arbeiten. 1,7 Bar. Es dauerte knapp vier Minuten, bis sie sich daran gewöhnt hatten. Janssen schluckte dreimal, um den Druck im Innenohr auszugleichen. Das Pfeifen blieb.

Keil drehte das Schwungrad und drückte das Schott auf. Nacheinander stiegen sie die steile Eisentreppe hinunter. Das fünfzehn Meter lange Schachtrohr war eng. Janssens Alte hätte nicht durchgepasst. In der Tauchglocke angekommen, nahmen sie rund um die knapp zwanzig Quadratmeter große Bodenöffnung ihre Plätze auf dem Laufgitter ein. Keil gab nach oben durch, dass alles klar war. Im Steuerhaus drehte Nowak das schwergängige Schwungrad, die Glocke senkte sich. Der erhöhte Luftdruck verdrängte das Wasser, die Flusssohle kam näher. Vielleicht würde es ja gar nicht so schlimm mit seiner Alten. Händchenhalten vor der Laube. Das wäre mal was.

Unter ihnen strömte und gurgelte Rheinwasser mit fünfundzwanzig Stundenkilometern durch, darunter sah man den Flusskies. Die Strömung riss ihn mit. Er knallte gegen die Tauchglocke und veranstaltete einen Höllenlärm. Sie konnten sich nur noch schreiend verständigen. Die Luftfeuchtigkeit lag jetzt bei hundert Prozent. Es war heiß. Der Temperaturunterschied zwischen dem Inneren der Glocke und dem kalten Rheinwasser führte dazu, dass immer ein feuchter Dunst in der Luft hing. Kein Wunder, dass alle Glockenarbeiter regelmäßig beim Betriebsarzt antanzen mussten.

Seine Frau hatte ihn bei einem Ausflug nach Holland mal in so einen botanischen Garten geschleppt. Eine Minute im Tropenhaus hatte ihm gereicht.

»Aber guck doch mal die schönen Orchideen, Horst!«, hatte sie ihm hinterhergerufen.

Der Schiffsführer hob die Glocke ein paar Zentimeter

an. Mit langen Eisenstangen begannen die Männer vom umlaufenden Laufgitter aus, den Grund nach größeren Objekten abzutasten, die zu einer Gefahr für die Schiffe werden konnten. In diesem Fall die vom Lkw gefallenen Stahlträger.

Zuerst fanden sie nichts. Das hatte Janssen auch nicht erwartet. Der Rhein riss zwar ständig Kies mit sich, aber so schnell würde er die Stahlträger nicht zudecken. Keil gab das Signal. Nowak versetzte die Glocke um vier Meter nach Backbord.

Nach drei Stunden hatten sie die Stelle immer noch nicht gefunden. Vielleicht mussten sie morgen noch mal herkommen. Wieder stieß Janssen mit seiner Stange in den Kies. Er spürte einen Widerstand. Metall, das sagte ihm seine jahrelange Erfahrung. Er gab Keil das Zeichen. Keil griff nach dem Hörer des Bordtelefons. Nowak senkte die Glocke um weitere zwanzig Zentimeter und setzte sie ab. Tonnenschwer grub sie sich in den Kies. Das letzte Wasser floss ab. Bis auf die Feuchtigkeit, die auf den Flusskieseln schimmerte, lag die Flusssohle trocken vor ihnen.

Janssen und Kalle griffen sich jeder eine der Schaufeln, die an der Wand hingen. Nach ein paar Minuten hatten sie das Objekt zur Hälfte freigelegt. Kalle hörte auf zu schaufeln.

»Ach du Scheiße.«

Das Ding war gut anderthalb Meter lang und eindeutig kein Stahlträger. Jemand hatte etwas Längliches in eine dicke weiße Plastikplane gewickelt und mit einem Abschleppseil verschnürt. Das Ganze sah aus wie eine riesige, fette weiße Made. Die Männer standen da und starrten es an. Janssen stieß mit seiner Stange dagegen. Es gab nach. Was man da eingewickelt hatte, war weich.

Alle dachten das Gleiche, aber keiner sprach es aus.

Kalle brach das Schweigen. »Bestimmt bloß ein Teppich.« Der Ton seiner Stimme sagte etwas anderes.

Janssen wusste, dass es kein Teppich war.

Nowak hatte auf dem Monitor im Steuerhaus zugesehen. Seine Stimme tönte aus dem Lautsprecher. »Jetzt macht schon.«

Janssen nahm den Seitenschneider von der Wand.

»Das sollten wir vielleicht lieber nicht ...«, sagte Keil unsicher.

Janssen durchtrennte das Abschleppseil und schnitt am unteren Ende des Pakets ein Loch in die Plane. Etwas Metallisches wurde sichtbar.

»Das is 'ne Hantel! Fünfzehn Kilo!« Kalle klang erleichtert.

Die Hantel rutschte aus dem Loch, das Janssen geschnitten hatte, und gab den Blick auf zwei zierliche blauverfärbte Frauenfüße frei.

Kalle kotzte seine Cornflakes in den Kies.

Sich kaputtschreiben zu lassen war vielleicht doch keine so schlechte Idee, schoss es Janssen durch den Kopf.

46

Blind schlug er die Bibel auf, sein Daumen ließ die Seiten fliegen, sein Zeigefinger kreiste über dem Buch. Dann stieß er nieder.

Im Schein der Küchenlampe las Bauer die Textstelle, die er getroffen hatte. Im nächsten Augenblick ärgerte er sich über sich selbst. Warum spielte er dieses Spiel? Eine dumme Frage. Er kannte den Grund. Es war derselbe, aus dem er Gott Versprechen gab, die mit Zigaretten zu tun hatten.

Bauer versuchte, sich einzureden, dass sein Glaube manchmal zu weit ging und dann Aberglaube daraus wurde, ein naiver Ritus, der nichts zu bedeuten hatte. Es funktionierte nicht. Er hatte Zuversicht in *Gottes Wort* gesucht, er hatte sich *Ihm* anvertraut, sich in *Seine Hände* gegeben. Die Worte waren nun in der Welt. Bauer hatte sie verlangt, er hatte sie bekommen, und sie würden ihn den ganzen Tag begleiten, ob er es nun wollte oder nicht.

Bibelroulette nannte er scherzhaft das Verfahren, seine ganz persönliche Tageslosung auszuwählen. Heute war es kein Scherz. Es war ein Versuch, das Unkontrollierbare unter Kontrolle zu bekommen. Er konnte dem Sturm keinen Einhalt gebieten. Weder dem, der über seine Tochter hereingebrochen war, noch dem, der in Tilo wütete. Bauer wünschte, sein Finger wäre auf Vers 39, Kapitel 4 des Markusevangeliums gelandet: *Jesus stand auf, bedrohte den Sturm und sagte zum See: »Schweig! Sei still!« Da legte sich der Wind, und es trat völlige Stille ein.* Dann hätte er seine abergläubische Aktion keine Sekunde in Frage gestellt. Er hätte die Hoffnung und die Stärke aus den Worten mit nach oben genommen, sich wieder zu seiner Frau gelegt und neben ihr auf den Morgen gewartet. Womöglich hätte er sogar noch ein wenig Schlaf gefunden. Dazu war es nun zu spät.

Bauer blickte auf die alte Küchenuhr: Viertel nach fünf. Selbst wenn Hauptkommissarin Verena Dohr schon wach war, es hatte keinen Sinn, sie anzurufen. Sie würde sich bei ihm melden, sobald ihre französische Kollegin auch nur den kleinsten Hinweis darauf hatte, was mit Nina geschehen war. Kriminaldirektor Lutz dagegen würde ihn garantiert nicht informieren, wenn es etwas Neues über Tilo gab. Nachrichten aus Deauville und von Verena konnte Bauer auf seinem Handy überall empfangen. An den aktuellen Stand der Großfahndung nach dem Jungen kam er nur über das Intranet auf seinem Bürocomputer.

Bauer riss ein Blatt von der Küchenrolle und suchte einen Stift. Vergeblich. Ninas Schulrucksack stand im Flur unter der Garderobe. Er holte ihre Federtasche hervor, einen grauen Stoffbeutel mit Reißverschluss. ›Schlampermäppchen‹ hatte man das früher genannt. Seines war aus Leder gewesen und ebenso wild bemalt wie das seiner Tochter, mit coolen Sprüchen, Bandnamen, Anarcho- und Peace-Zeichen. Nur Blumen hatte es auf seinem Mäppchen nicht gegeben, dafür etwas, das mit viel gutem Willen als Zebra durchging, und das MSV-Logo.

Plötzlich fiel ihm ein, dass Ninas Schule gar nicht informiert war. Die Lehrer mussten davon ausgehen, dass seine Tochter seit fünf Tagen schwänzte. Warum hatte sich niemand gemeldet? Der Vertrauenslehrer, das Sekretariat, der Schuldirektor ... Dann begriff er, dass Sarah sich wahrscheinlich längst darum gekümmert hatte. Bestimmt hatte sie ihre Tochter schon am ersten Tag entschuldigt. Er hatte fünf Tage gebraucht, um überhaupt darauf zu kommen.

Er ging zurück in die Küche. Mit Bleistift schrieb er auf das Küchenpapier: *Halte es nicht mehr aus. Im Büro komme ich besser an Infos.* Er schrieb nicht, an welche. Nur noch dies: *Küsse dich.* Er legte das Blatt mitten auf den Küchentisch und ließ das Licht brennen. Dann verließ er das Haus und zog leise die Tür hinter seinem schlechten Gewissen zu.

Der Passat parkte vorm Haus. Die Luft schmeckte salzig, war kalt und schnell. Sie wehte aus Westen heran und rüttelte das Herbstlaub von den Ästen der alten Bäume. Den Himmel konnte Bauer nur erahnen, nicht einmal ein Schimmer von Dämmerung drang durch die Schwärze. Zefanja hatte es gut beschrieben: *Ein Tag des Zorns ist dieser*

Tag, ein Tag der Angst und der Bedrängnis, ein Tag des Sturms und der Verwüstung, ein Tag des Dunkels und der Finsternis, ein Tag der Wolken und der schwarzen Nacht.[7]

Bei seinem Bibelroulette war Bauer im Alten Testament gelandet, in den Büchern der Kleinen Propheten. Beim Gerichtstag des Herrn.

Der Türöffner summte, bevor er seinen Schlüssel zücken konnte. Bauer winkte dem uniformierten Beamten hinter der Panzerglasscheibe zu und bekam ein müdes Nicken als Antwort. Die letzten zwanzig Minuten der Nachtschicht waren die längsten.

Im Korridor vor seinem Büro glomm die Notbeleuchtung. Er drückte den Lichtschalter. Klirrend flammten die Neonröhren auf. Er bog in die Teeküche ab. Kapselkaffee mied er nicht erst seit Ninas Appellen gegen diese Umweltsauerei. Aber die Kantine hatte samstags geschlossen, und seine Kaffeemaschine war immer noch kaputt.

Mit einem dampfenden Becher *Caffè Crema Grand Classé* betrat er sein Büro. Er knipste die Schreibtischlampe an und startete den Rechner. Dann öffnete er das Fenster. Der Wind drückte es ihm entgegen. Wieder glaubte er, das Meer zu riechen, salzige Gischt auf seinem Gesicht zu spüren. Fast wäre er nach draußen gerannt, in sein Auto gesprungen und mit Vollgas losgefahren. Er holte sein Handy hervor. Keine Meldungen. Auch nicht auf seinem Diensthandy. Es scherte ihn nicht mehr, wie unsinnig es sein mochte oder ob er Verena wecken würde, er schickte ihr eine SMS. *Neuigkeiten?* Die Antwort kam innerhalb von Sekunden. *CB hat Mann vor Ort noch nicht erreicht. Lage unübersichtlich. Kann dauern.*

Er sah hinaus auf den Parkplatz. Laub wirbelte durch die Lichtkegel der Laternen. Bauer atmete durch. Mit chaotischen Zuständen in Deauville hatte er gerechnet. Die Behörden hatten schon am Abend eine Nachrichtensperre verhängt. Kurz darauf waren die Mobilfunknetze im gesamten Département ausgefallen. Sturmschäden, hieß es offiziell. Aber die Protestbewegung organisierte sich über Smartphone und soziale Medien. Bauer vermutete, wie auch der Experte von CNN, eine gezielte Abschaltung. Ein Wunder, dass die französische Kommissarin überhaupt durchgekommen war.

In der Textnachricht an seine Frau sparte Bauer das Chaos aus: *Dohr in Kontakt mit Kollegin. Sie wird Nina finden.* Auch Sarah war schon wach: *Hoffentlich.* Bauer schloss das Fenster wieder, setzte sich an seinen Rechner und startete den Intranet-Browser.

Die Alarmfahndung lief noch. Eine Streife hatte das alte Mercator-Bad angefahren, das Gelände abgesucht und Tilos Aldi-Einkäufe gefunden. Hinweise auf den Verbleib des Jungen: keine. Meldungen von anderen Streifen: keine.

Die neuesten Mitteilungen poppten auf. Der Deutsche Wetterdienst hatte eine Unwetterwarnung ausgegeben. Das Sturmtief aus Frankreich würde am Nachmittag das Rheinland und Teile des Ruhrgebiets treffen. Für das Bundesligaspiel Gladbach gegen Köln wurden zwei weitere Hundertschaften bereitgestellt. Zweihundert Wochenenden ruiniert. Die Polizei NRW schob einen Überstundenberg vor sich her. Er war 3,6 Millionen Dienststunden hoch. Am Ende des Tages würden es ein paar tausend mehr sein. Die Beamten opferten ihr Privatleben, ihre Beziehungen, ihre Familien. Warum? Warum saß er hier? Warum war er nicht mit seiner Frau auf dem Weg zu seiner Tochter?

Er griff in seine Jackentasche und holte das Foto hervor, das Keunert als jugendlichen Sieger zeigte. Er schob die Tastatur beiseite, legte das Bild auf die Tischplatte und betrachtete es. Digitale Fotos auf elektronischen Bildschirmen zeigten nur das, was sie abbildeten, in immer gleicher Qualität. Die alte Fotografie erzählte eine Geschichte, die in die Vergangenheit führte. Jeder Kratzer auf der Linse, jeder Staubpartikel hatte Spuren hinterlassen. Winzige, helle Flecken lagen wie ein gerade noch zu erahnender Sternenhimmel über dem Bild, das dreißig Jahre lang gealtert war. Trotzdem spürte man noch die Hitze des Sommers, die Kraft des Siegers, die Unbeschwertheit der jugendlichen Zuschauer.

Bauer holte eine Leselupe aus dem Schreibtisch. Sein Vorgänger hatte sie vergessen und nie abgeholt. Er steckte den Stecker ein und knipste die integrierte Beleuchtung an. In der Vergrößerung war die Verliebtheit, mit der Annette Keunert ihren späteren Mann ansah, noch deutlicher. Auch die beiden Jungen, zwischen denen sie stand, blickten in Walter Keunerts Richtung.

Der eine reckte wie Keunert jubelnd den rechten Arm hoch, formte allerdings mit der Hand die *mano cornuta*, die gehörnte Hand, ein Symbol für den Teufel. Im Ruhrgebiet nannte man diese Geste schlicht *die Pommesgabel*. Bauer ging nicht davon aus, dass der Junge Satanist war. Vielleicht hatte er nur die Finger für das Victory-Zeichen verwechselt. Oder er war Heavy-Metal-Fan und zeigte seine Freude über den Sieg seines Freundes mit dem üblichen Szenegruß. Sein Gesicht konnte Bauer nicht erkennen. Die Sonne fiel von der Seite ein, sie hatte einen Reflex im Objektiv des Fotoapparats verursacht. Der Kopf des Jungen zerfloss in einem Lichtkranz. Satansgruß und Heiligenschein.

Das Gesicht des zweiten Jungen war deutlich zu sehen.

Bauer nahm es ebenfalls unter die Lupe – und stutzte. Es kam ihm bekannt vor. Der Junge trug Badeshorts, sein schlanker Körper strahlte die Spannkraft einer Stahlgerte aus. Er stand rechts neben Annette Keunert. Sein linker Arm verschwand hinter ihrem Rücken.

Annette klatschte Beifall. Sie trug einen gelben Bikini. Doch was war das an ihrer linken Seite, knapp oberhalb der Hüfte? Eine Körnung im Film, ein Fehler im Fotopapier? Wieder nahm Bauer die Lupe zu Hilfe. Nein, das war eine Hand! Annette mochte Walter anhimmeln, aber der Junge rechts neben ihr hatte seinen Arm um sie gelegt. Sie war seine Freundin.

Erneut betrachtete Bauer sein Gesicht. Plötzlich war er hellwach. Er zog die Tastatur heran. Über das Intranet hatte er Zugriff auf die Akten der Direktion Kriminalität. Er tippte einen Namen ein. Sekunden später hatte er die Akte zu dem Namen auf dem Schirm. Sie war umfangreich. Es hatte etliche Ermittlungen gegen den Mann gegeben, aber nur eine Gefängnisstrafe, fünf Jahre wegen schwerem Raub. Abgesessen hatte der Täter drei davon, von 1997 bis 2000. Dann war er aufgrund einer aussichtsreichen Sozialprognose vorzeitig entlassen worden.

Bauer scrollte bis zum ersten Ermittlungsverfahren, einem Autodiebstahl aus dem Jahr 1992. Der Wagen war ein Ferrari gewesen, der Täter hatte noch nicht einmal einen Führerschein besessen. Zusammen mit der alten Akte hatte man ein Foto des damals Siebzehnjährigen eingescannt. Er sah haargenau so aus wie der Junge, der seinen Arm um Annette gelegt hatte.

Sein Name lautete: Sascha Zabel.

47

»Versuchen Sie, mir Schuldgefühle zu machen, damit ich das auch noch für Sie übernehme?«

Wenigstens war Bauer ehrlich gewesen. Es hatte funktioniert. Schon früh am Morgen hatte sie mit Catherine telefoniert, aber die hatte ihren Kollegen in Deauville noch nicht erreicht. Ob sie schon packten? Oder jagte Bauer noch auf der Suche nach Tilo durch die Stadt?

»Ich wette einen Kasten Pils, dass das der schrägste Fundort ist, an dem Sie je waren.«

Sie kannte den Polizeihauptmeister, der an der Gangway auf sie wartete. Seine Frau war eine Mannschaftskollegin beim PSV und eine ganz passable Deckungsspielerin.

Dohr hatte schon eine Menge ungewöhnliche Tat- und Fundorte gesehen, mehr, als sich der Kollege wahrscheinlich vorstellte. »Abgemacht.«

Sie hatte kaum mit beiden Füßen das Deck betreten, da holte er die Gangway ein, der Schiffsdiesel drehte hoch, das Streifenboot der Wasserschutzpolizei löste sich vom Kai und steuerte die Hafeneinfahrt an. Dohr stand zusammen mit Dr. Jürgens von der Gerichtsmedizin und Sylvia Kühne von der Spurensicherung an der Reling des Polizeiboots und verfolgte, wie der Kapitän sie längsseits zu dem merkwürdigen Schiff brachte, das mitten in der Fahrrinne ankerte. Nur zwei Kollegen, ein Rumpfteam. Sie hatte sich gewundert. Für mehr sei am Fundort kein Platz, hatte Lutz sie informiert, als er ihr telefonisch den Marschbefehl gegeben hatte.

Ein Frachtschiff mit niederländischer Flagge kämpfte sich stromaufwärts. Auf dem Oberdeck parkte ein VW Tuareg. Eine korpulente Frau mit rosigem Gesicht hängte hellblaue Bettwäsche auf eine Leine. Die Laken flatterten im Fahrtwind. Auch kein schlechtes Leben.

Dr. Jürgens und Sylvia standen mit je einem Handkoffer, ihrer Minimalausrüstung, wie zwei Touristen am Bug und starrten auf das Wasser. »Auch den kürzeren Strohhalm gezogen?«, hatte Dohr die beiden begrüßt. Keiner mochte Wasserleichen.

Jürgens war bleich und sah sehr unglücklich aus. Er hatte kaum ein Nicken zustande gebracht.

Sylvia hatte breit gegrinst. »Tag, Rena. Ich habe mich freiwillig gemeldet.« Sylvia war Anfang dreißig, Adrenalinjunkie und hätte eigentlich in die GSG 9 gehört.

Das Manöver war fast beendet. Die Schiffe standen jetzt parallel zueinander in der Strömung und berührten sich fast.

Der Polizeihauptmeister stellte sich neben sie und genoss seinen Wissensvorsprung. »Da müssen Sie rüber. Tauchglockenschiff Carl Strat. Einmalig in Europa. Heimathafen Duisburg.«

Der Rhein gurgelte braungrün zwischen den Schiffsrümpfen hindurch. Wieso war Dohr das Schiff noch nie aufgefallen, wenn es so berühmt war? Was war ein Tauchglockenschiff überhaupt? Vielleicht hatte es mit dem merkwürdigen Aufbau zu tun, einer offenbar beweglichen meterdicken Röhre, die vom Heck aus in steilem Winkel im Wasser verschwand.

»Gleich dürfen Sie im Rhein spazieren gehen – direkt auf dem Grund.«

Bei Dohr fiel der Groschen. Von der Tauchglocke aus suchten sie den Grund ab, dabei hatten sie die Leiche gefunden. Vielleicht hatte der Polizeihauptmeister recht. Jedenfalls toppte der Fundort schon mal die Röhre der Wasserrutsche, in die Mitglieder der Borussenfront einen übergewichtigen Schalke-Fan geschubst hatten. Der Mann war auf halber Strecke steckengeblieben und ertrunken. In die Regionalnachrichten würden sie es hiermit auf jeden Fall schaffen. Vielleicht hatte ein Besatzungsmitglied schon ein Foto im Internet gepostet.

Es war so weit. Vom gut zwei Meter höheren Deck des Tauchglockenschiffes ließ jemand ein Seil mit Karabinerhaken herunter. Jürgens und Sylvia befestigten ihre Ausrüstung daran, alles wurde hochgezogen. Der Polizeihauptmeister deutete auf die Leiter an der Bordwand, die sich im Wellengang auf und ab bewegte. Sylvia wartete nicht auf weitere Anweisungen. Im richtigen Moment packte sie die Leiter und klettert katzengewandt das halbe Dutzend Sprossen hinauf. Die ausgestreckte Hand des Matrosen im Blaumann ignorierte sie und schwang sich an Bord.

»Gehen Sie zuerst, Dr. Jürgens. Dann kann ich Sie auffangen.«

Jürgens näherte sich zögernd der Öffnung in der Reling. So verunsichert hatte Dohr ihn noch nie gesehen. Seine unangreifbare Autorität hatte sich in Luft aufgelöst.

»Soll ich doch zuerst?«

Er schüttelte den Kopf.

»Wir können die Leiche auch ohne Sie raufholen, und Sie knöpfen sie sich dann vor.«

Er schüttelte erneut den Kopf, diesmal wie ein zum Tode Verurteilter, der auf seine Begnadigung verzichtete. Beim dritten Versuch gelang es ihm, die Leiter zu packen und einen Fuß auf die untere Sprosse zu setzen. Weiter kam er nicht. Der Polizeihauptmeister machte dem Spiel ein Ende, indem er Jürgens mit einem Stoß ganz auf die Leiter beförderte. Jürgens packte die helfende Hand und wurde an Bord gehievt.

Dohr hatte kein Problem mit der Leiter. In einem Handballtor brauchte man überdurchschnittliche Reflexe und musste beweglich sein. Wie Sylvia verzichtete sie auf die Hilfe des vierschrötigen Matrosen. Er meinte es bestimmt nett, aber solche Situationen erinnerten sie immer an Fünfziger-Jahre-Filme, in denen Männer in zu großen Anzügen Frauen in Cocktailkleidern die flache Hand in den Rücken legten, um sie sanft, aber bestimmt irgendwohin zu dirigieren.

Sylvia schlich bereits erwartungsvoll um eine schwere Stahltür herum, durch die man offensichtlich in die Röhre gelangte. Dohr hatte es nicht so eilig, nach unten zu kommen. Sie litt eigentlich nicht an Klaustrophobie, bekam im Aufzug kein Herzrasen und keine Schweißausbrüche, wenn sich die Flugzeugtüren schlossen. Aber das hier sah verdammt eng aus.

Dr. Jürgens stand immer noch an der Stelle, an der ihn der Matrose deponiert hatte, und schaute sehnsüchtig zum Ufer. »Ich würde ja an Land schwimmen, aber die Idioten fischen mich bestimmt raus.«

»Seekrank?«

»Wenn schon, dann flusskrank. Aber nein – ich bin Klaustrophobiker.«

Jetzt begriff sie, warum sie Jürgens noch nie in der Nähe des Aufzugs gesehen hatte.

»Warum tun Sie sich das hier dann an? Wir müssen nicht alle da runter. Die Leiche war praktisch in einer mit Steinen gefüllten Waschmaschine. Vielleicht kommt sie aus der Schweiz. Wenn es mal äußere Spuren gab, sind die längst weg.«

Jürgens musterte sie skeptisch. »Warum sind Sie dann hier?«

Eine gute Frage. Sie hätte Jürgens und Sylvia alles überlassen und sich später die Fotos ansehen können. Aber irgendwie wäre ihr das nicht ... angemessen vorgekommen. Sie war es dem Opfer schuldig, hier zu sein, vom ersten Moment an.

»Meinen Sie, ich will, dass meine Mitarbeiter sich für den Rest meiner Tage hinter meinem Rücken über mich lustig machen?«

Das leuchtete ihr ein. Ein Mann von der Besatzung – sie fragte sich, ob man ihn als Matrosen bezeichnete – öffnete die schwere Tür, indem er ein Schwungrad drehte. Dohr war davon ausgegangen, dass sie in der Röhre einfach eine Treppe runtersteigen würden. Stattdessen wurden sie alle zusammen in eine enge Druckkammer mit einem zentimeterdicken runden Stahlschott gepfercht. Aneinandergequetscht wie die Sardinen in der Dose hockten sie auf einer Bank. Der Mann, der das Schott geöffnet hatte, war mit ihnen in der Kammer. Er stellte sich als Werner Keil vor, verantwortlich für das Ein- und Ausschleusen. Außer ihm durfte niemand das Druckluftventil bedienen. Darüber hatte es unter der Besatzung einen kurzen Streit gegeben. Ein älterer Mann, der aussah, als litte er an chronischen Schmerzen, hatte protestiert. Schließlich hätten sie, die Glockenarbeiter, die Leiche gefunden und seien für den sachgemäßen Transport an die Oberfläche zuständig. Ein jüngerer Kerl, den die anderen Kalle nannten, hatte ihm beigepflichtet, aber bei ihm klang es, als ginge es darum, wer in der Achterbahn vorn sitzen durfte.

Der Kapitän hatte die Sache mit einem Machtwort beendet. Nach einer ersten Begutachtung der Leiche würden der ältere Arbeiter und sein junger Kollege sie unter Sylvia Kühnes Aufsicht bergen. Ein umständliches Verfahren, zusätzlich durch den nötigen Aufenthalt in der Druckkammer in die Länge gezogen.

Dohrs Handy summte. Sie war überrascht, in der Druckkammer Empfang zu haben. Vielleicht weil die Tür noch offen war. Eine Textnachricht von Catherine. Sie hatte ihren Kollegen noch immer nicht erreicht, würde es aber weiter versuchen. Dohr überlegte, ob sie Bauer anrufen sollte. Nur um ihm das zu sagen? Sie steckte das Handy wieder ein.

Der Schleusenwärter verriegelte das Schott und betätigte das Ventil. Während der Druck stieg, fütterte er sie ungerührt mit Anekdoten über das Spezialschiff, als wären sie auf einer Sightseeingtour. Jürgens ließ das Manometer neben dem Schwungrad nicht aus den Augen. Seine gepflegten Fingernägel krallten sich in seine Oberschenkel, sein Atem wurde immer flacher. Dohr hielt sich die Nase zu und machte den Druckausgleich, wie sie es bei einem Tauchkurs am Roten Meer gelernt hatte.

Als das Manometer 1,7 Bar anzeigte, schloss der Schleusenwärter das Ventil und öffnete ein zweites Schott. Jürgens entspannte sich etwas, aber nur, bis er die Eisentreppe sah, die in der engen Röhre steil nach unten führte. Sylvia war sofort auf den Beinen. Am liebsten hätte sie sich an dem Mann vorbeigedrängelt, um als Erste unten zu sein.

Schließlich hatten es alle geschafft. Benommen von der feuchten Hitze und dem Lärm der Flusskiesel, die gegen die Glockenwand schlugen, standen sie auf dem Laufgitter. Sie starrten schweigend auf den feucht schimmernden Flussgrund und den Menschen, den jemand in Plastikfolie gewickelt, mit einer Eisenhantel beschwert und im Rhein versenkt hatte. Der Polizeihauptmeister hatte recht, das hier war der bizarrste Auffindeort, an dem Dohr je gestanden hatte. Er würde seinen Kasten Pils bekommen.

»Falls der Schiffsführer die Glocke anhebt, sollten Sie unbedingt auf dem Laufgitter stehen und sich festhalten. Andernfalls reißt die Strömung Sie sofort weg.« Der Schleusenwärter musste schreien, um das Getöse der Kiesel zu übertönen. Er machte ein Gesicht, als hätte er so etwas schon mal gesehen.

»Wie tief sind wir?«, schrie Sylvia zurück. Der Schleusenwärter hob sieben Finger.

Eine Sirene heulte auf. Die drei Besucher fuhren zusammen. Der Schleusenwärter winkte ab. Er griff nach dem Hörer des an der Wand befestigten Telefons, sprach kurz hinein, dann wandte er sich an sie. »Der Kapitän will nur wissen, ob bei Ihnen alles okay ist.«

Dohr und ihre Kollegin hoben die Daumen. Dr. Jürgens reagierte nicht. Er hatte seinen Koffer abgestellt. Jetzt zog er seine Jacke aus und hängte sie neben einem Presslufthammer an einen Haken. Er lockerte seine Krawatte, öffnete dann den obersten Kragenknopf und trat vom Laufgitter. Seine Klaustrophobie schien er vergessen zu haben. Sylvia klappte ihren Koffer auf und nahm ihre Kamera heraus. Ohne auf seine Anzughose zu achten, kniete sich Jürgens in den feuchten Kies. Dohr trat neben ihn. Sylvia begann zu fotografieren.

Die Füße waren klein. Höchstens Schuhgröße sechsunddreißig. Dohrs Magen krampfte sich zusammen. Bitte, lass es kein Kind sein. Nicht heute.

Als hätte er ihre Gedanken gelesen, sagte Jürgens: »Reste von Nagellack. Druckstellen, vermutlich von Pumps.«

Kein Kind. Wenigstens das.

Jürgens rief dem Schleusenführer etwas zu, der Mann sah ihn fragend an, Jürgens wiederholte es lauter. »Haben Sie den Leichnam umgedreht?«

Der Mann trat neben ihn, um nicht schreien zu müssen.

»Nur die Plane aufgeschnitten. Hätte ja auch ein vergammelter Perser sein können. Ein Teppich, meine ich.« Er zeigte auf die Hantel, die jetzt auf dem Laufgitter lag. »Die war unten mit eingewickelt. Um sie zu beschweren, würde ich sagen.«

Jürgens' arroganter Blick teilte ihm wortlos mit, er solle das Schlussfolgern lieber den Profis überlassen. Jürgens wandte sich an Dohr. »Ich glaube kaum, dass die KTU dafür eine Software hat.«

Sie wusste, woran er dachte. Eine Software, die berechnete, wie weit die Strömung ein »Paket« von gegebener Form und bekanntem Gewicht transportieren würde. Wenn sie einen ungefähren Todeszeitpunkt hatten, ließe sich damit berechnen, wo die Tote in den Fluss geworfen worden war.

Jürgens sah Sylvia fragend an. »Fertig?« Sie zuckte mit den Achseln. Was konnte sie hier schon tun? Auffindesituation und Fundort waren bedeutungslos. Wenn es außen am Paket Spuren gegeben hatte, dann hatte der Fluss sie ausgelöscht. Vielleicht fanden die Kollegen von der KTU ja irgendwas auf der Innenseite der Plastikfolie. Aber das musste nicht hier unten geschehen.

Jürgens war zu dem gleichen Ergebnis gelangt. »Wir machen das oben. Heben wir sie auf das Gitter.«

Dohr signalisierte dem Schleusenwärter, was sie vorhatten. Jürgens wickelte die aufgeschnittene Plane wieder um die Füße. Der Schleusenwärter griff zu. Dohr und ihre Kollegin packten das andere Ende des Pakets. Sie hoben es an. Im selben Moment flitzten zwei Flusskrebse unter dem Paket hervor und über Dohrs Füße. Vor Schreck lockerte sie ihren Griff, die Plane rutschte ihr aus der Hand, das Paket fiel zurück auf den Kies, und die Leiche rollte auf den Bauch. Jetzt sahen sie, dass die Plane in Höhe der Schulter und des Rückens aufgerissen war. Die Frau unter der Verpackung war nackt. Und jung. Ihr Kopf war durch den Fall aus der Umhüllung gerutscht. Einen Moment lang dachte Dohr, der dunkle Fleck auf ihrer linken Schulter sei das Werk der Flusskrebse. Dann erkannte sie, was es wirklich war.

Sie musste Bauer anrufen.

48

Es war nicht seine Idee gewesen, das Foto umzudrehen. Seine Finger hatten selbständig gehandelt. Nun saß er in seinem Wagen und beobachtete seit einer halben Stunde das kleine Ladenlokal an der Ecke.

Er hatte Annette Keunert sofort angerufen. Sie hatte schon nach dem ersten Freizeichen abgenommen.

»Ja?«

Ein Wort nur, doch Bauer hörte Erschöpfung, Angst und Hoffnung heraus. Sie wartete genauso bang auf Nachrichten von ihrem Sohn wie Sarah und er auf Neuigkeiten von ihrer Tochter. Zum ersten Mal fühlte Bauer sich Tilos Mutter verbunden. Dann meldete er sich mit seinem Namen. Danach spürte er nur noch Feindseligkeit.

Kaum eine Minute später hatte Annette das Telefonat beendet. Die Frage, ob Tilo wissen konnte, wer ihr Liebhaber war, hatte sie vehement verneint. Sie änderte ihre Meinung auch nicht, als Bauer auf die Gefahr hinwies, die Zabel drohte, falls sie sich irrte. Sie war nur wütend geworden und hatte aufgelegt.

Ratlos hatte er mit dem Foto gespielt. Es glitt ihm aus

den Fingern und fiel auf den Tisch, mit der Rückseite nach oben. Da entdeckte er die Schrift. Die Tinte war verblasst, doch die geschwungenen Linien, die der Stift ins Papier gedrückt hatte, noch zu erkennen. Wieder benötigte er die Lupe.

Für Alice. Ihr seid die Coolsten! Nicole.

Bauer hatte keine Ahnung, wer Alice war. Oder wie das für sie gedachte Bild in den Besitz von Walter Keunert gelangt war. Aber er erinnerte sich an Nicole. Annette Keunert hatte den Namen genannt, als er die Todesnachricht überbracht hatte. Er stand sogar auf ihrem Auto: *Nicole's Nails*. Nicole war Annettes Freundin.

Die Fenster des Nagelstudios waren so dunkel wie der Himmel. Der auffrischende Wind hatte es bisher nicht geschafft, die Wolkendecke aufzureißen. *Ein Tag des Dunkels und der schwarzen Nacht.* Bauer zog seine Jacke enger um sich. Wo mochte Tilo die Nacht verbracht haben? Auf der Straße? Und Nina? In einer Zelle? Er kontrollierte beide Handys. Keine neuen Nachrichten.

Er blickte wieder zu dem Nagelstudio. In der Auslage hingen wenige, überraschend gute Fotografien von Händen mit verschönerten Fingernägeln. Die Leuchtreklame über dem Ladeneingang war zersplittert. Aus den noch verbliebenen Klebebuchstaben rekonstruierte Bauer, dass hier ein Grillimbiss pleitegegangen war. Der Fleck an der Hauswand, wo einmal der Schaukasten mit der Speisekarte gehangen hatte, war eine Nuance heller verdreckt als der Rest der Fassade. Oder der Rest des Viertels.

Im Rückspiegel tauchten die Scheinwerfer eines Autos auf. Es rollte vorbei und parkte vor dem Laden. Eine Frau stieg aus. Ihr Kleidungsstil ähnelte dem von Annette Keunert. Sie hielt einen Thermobecher in der Hand. Sie schloss den Laden auf und ging hinein. Licht schien durch die Vorhänge in den Fenstern.

Bauer wartete noch einen Moment, dann stieg er aus und überquerte die Straße. Durch die Ladentür sah er die Frau in der Ecke des Raums vor einem gusseisernen Ofen knien. Das Feuer brannte schon. Bauer klopfte an die Tür. Erschrocken blickte die Frau in seine Richtung. Er winkte ihr freundlich zu. Zögernd kam sie heran, öffnete die Tür nur einen Spaltbreit.

»Ja?« Ihr Misstrauen war unübersehbar.

Er lächelte. »Guten Morgen. Mein Name ist Bauer. Ich bin Polizeipfarrer. Sind Sie Nicole? Es tut mir leid, ich weiß Ihren Nachnamen nicht.«

»Polizeipfarrer?« Sie wusste, wer er war.

»Frau Keunert hat Ihnen von mir erzählt, richtig? Nein, warten Sie, das ist wahrscheinlich zu positiv formuliert. Sie hat auf mich geschimpft.«

Da musste Nicole lächeln. »Auch das ist noch sehr nett ausgedrückt.«

Das Lächeln verwandelte sie völlig. Von einem Augenblick auf den anderen passte sie nicht mehr in diesen Laden. Sie gehörte ans Meer. Fühlte sie sich als Fremde in ihrem eigenen Leben? Rührten daher die tiefen Linien um ihren Mund?

Er bemerkte, wie sich ihre Miene wieder verschloss. Er hatte sie zu lange angesehen. »Entschuldigung, ich wollte Sie nicht anstarren. Ihr Lächeln ist nur so ... anders.«

»Anders als was?« Auch ihr Misstrauen schien erneut auf.

»Anders als das hier.« Seine Geste umfasste das ganze Viertel.

Sie zögerte nur noch kurz. Dann bat sie ihn herein.

Hinter ihr lag der Strand. Kein Puderzuckersand mit Palmen, sondern Dünen mit Strandhafer und dahinter das Wattenmeer. Als Tapete, in Schwarzweiß. Die Karibik in Farbe hätte auch nicht zu den Rissen im Putz gepasst. Das Foto öffnete den Raum, es verleugnete ihn nicht.

»Gefällt es Ihnen?«

Er nickte. »Sehr.«

»Habe ich selbst geknipst. Auf Ameland. Da fahre ich manchmal hin. Ist ja nicht weit. Möchten Sie vielleicht einen Tee? Kaffee habe ich leider nicht.«

Er hätte gern am Ofen vor dem grauen Tapeten-Meer gesessen und Tee getrunken. Aber durch die Stadt lief ein Junge mit einer Waffe. Er holte das alte Foto hervor.

»Haben Sie das auch gemacht?«

Überrascht nahm sie ihm das Bild aus der Hand und betrachtete es. »Gott, ist das lange her. Das war in diesem superheißen Sommer. Lassen Sie mich überlegen ... Ich war fünfzehn, also 1992. Wo haben Sie das her?«

»Tilo hat es mir gegeben. Ich muss ihn finden. Dringend.«

»Und Sie glauben, ich kann Ihnen dabei helfen? Oder das alte Bild?«

»Ich weiß es nicht. Ich weiß nur, dass der Junge Antworten braucht.« Er zögerte. Konnte er es ihr sagen? Ja. »Er hat eine Pistole.«

Der Schreck in ihrem Gesicht zeigte, wie sehr sie den Jungen mochte. »Was soll ich tun?«

»Erzählen Sie mir von früher!« Bauer deutete auf das Foto. »Waren Sie damals schon Annettes beste Freundin?«

»Ich wäre es gern gewesen. Aber das kam erst später. Nachdem die Clique kaputtgegangen war. Die sind immer unter sich geblieben. Da kam niemand rein. Und alle haben sie für die Coolsten gehalten. Ich auch.«

Bauer nickte. Sie hatte es auf die Rückseite des Fotos geschrieben. »Wer gehörte zu dieser Clique – außer Annette?«

Sie zeigte auf das Foto. »Walter, Sascha …«

»Sascha Zabel«, unterbrach er sie.

»Genau. Und Chucky natürlich.« Ihr Zeigefinger deutete auf den großen Jungen, dessen Gesicht nicht zu erkennen war.

»Chucky?«

»Alexander Czort. Chucky war sein Spitzname. Wegen der Mörderpuppe.«

Bauer erinnerte sich. »Aus diesem Horrorfilm?«

Sie nickte. »Alexander war völlig durchgeknallt. Ein echter Widerling. Er fand nichts geiler, als Schwächere fertigzumachen und Leute gegeneinander auszuspielen. Früher jedenfalls. Irgendwie muss er die Kurve gekriegt haben. Er ist ein richtig hohes Tier geworden. Bei der Stadt, glaube ich.«

»Und wer ist Alice? Sie haben hinten draufgeschrieben, dass das Bild für sie ist.«

»Annette. Chucky hat sie Alice genannt, wegen seiner Lieblingsband, Alice Irgendwie. So ein Metal-Kram, völlig depri und eigentlich gar nicht ihr Ding. Aber sie fand Alice cooler als Annette.«

Nicole meinte *Alice in Chains*, eine Band aus Seattle, die Anfang der neunziger Jahre ihre größten Erfolge gefeiert hatte. Grunge war auch einmal Bauers Musik gewesen. »Auf dem Foto sieht es so aus, als hätte Sascha Zabel seinen Arm um Annette gelegt.«

»Sie war seine Freundin.«

»Sie himmelt Walter Keunert an.«

»Mit dem war sie auch zusammen.«

»Gleichzeitig?«

»Nein. Obwohl es schon ein paarmal gewechselt hat, als sie alle noch eine Clique waren. Nur mit Chucky ist sie nie gegangen, glaube ich.«

»Aber am Ende hat sie sich für Walter entschieden.«

»Das hat schon noch eine Weile gedauert. Sie und Sascha waren fast zwei Jahre lang ein richtig festes Paar, nachdem die Clique zerbrochen war.«

»Warum ist sie zerbrochen?«

»Ich habe keinen Schimmer. Kurz danach«, sie deutete wieder auf das Foto, »waren die vier plötzlich nicht mehr zusammen unterwegs. Sie hingen auch nicht mehr im Schwimmbad rum. Dabei war das in den Ferien so was wie ihr Wohnzimmer.«

»Und wann sind Sie Annettes Freundin geworden?«

»Im Jahr danach.«

»Hat sie Ihnen mal erzählt, was mit der Clique war?«

»Sie wollte nicht darüber reden. Was vorbei ist, ist vorbei, hat sie gesagt. Ich habe das respektiert. Ich glaube, darum sind wir Freundinnen geworden.« Sie strich über das Foto. »Eigentlich war das der letzte schöne Sommer. Danach wurde alles so ...« Sie suchte ein Wort. »... schwer. Verstehen Sie, was ich meine?«

Er verstand es genau.

»Aber vielleicht sehe ich das auch nur so wegen diesem furchtbaren Unfall«, fuhr Nicole fort.

»Welchen Unfall meinen Sie?«

»Den mit dem Jungen, der vom Zehner gestürzt ist – auf der falschen Seite. Er ist nachts ins Schwimmbad rein, auf den Turm geklettert, hat sich da oben besoffen und wollte dann wohl runterspringen. Aber er war anscheinend so blau, dass er die Richtung verwechselt hat. Er ist übrigens auch auf dem Foto.« Sie deutete auf einen Jungen mit südländischen Gesichtszügen, der als Drittplatzierter neben Walter Keunert auf dem Siegertreppchen stand.

»Wissen Sie, wie er hieß?«

Sie schüttelte den Kopf. »Tut mir leid. Ist das denn wichtig?«

Das fragte er sich auch. Ein Junge war vor mehr als zwanzig Jahren von einem Sprungturm in den Tod gestürzt. Das Foto zeigte ihn mit Walter Keunert, der vor fünf Tagen von einem Parkhaus gestürzt war. Vor zwei Wochen war eine Prostituierte aus dem Dachgeschoss eines Bordells gestürzt. Eine Verbindung zwischen den Todesfällen hätte nur ein Spinner konstruiert, einer wie Rüdiger. Der selbsternannte Wächter aus dem Skulpturenpark hätte *das Böse* verantwortlich gemacht. Und er, Bauer? Was machte er? Warum war er hier und nicht auf dem Weg zu seiner Tochter?

Wieder unterbrach Nicole seine Gedanken. »Glauben Sie, Gott hat so etwas wie einen Plan für uns?«

Bauer schüttelte langsam den Kopf. »Ich glaube, er gibt uns eine Idee. Wenn wir Glück haben, erkennen wir sie. Den Plan machen wir selbst.«

»Dann hatte ich wohl kein Glück.« Sie lächelte schief.

Er spürte ihre Traurigkeit. Aber er war nicht wegen ihr hier. »Wie ist das mit Annette und Zabel auseinandergegangen?«

»Sascha hat es mit dem Gesetz nie so genau genommen. Als Teenie fand Annette das aufregend. Er hat sie mal in einem geklauten Ferrari von der Schule abgeholt. Später ist er immer mehr abgerutscht. Bis sie ihn richtig verknackt haben. Aber da war längst Schluss. Annette hatte versucht, Pläne zu machen, sich eine gemeinsame Zukunft aufzubauen. Dafür war Sascha nicht der Typ.«

»Aber Walter Keunert.«

Sie nickte. »Er war ein guter Mann. Total verliebt in sie, schon immer. Am Anfang waren sie richtig glücklich. Sie haben sich eine Wohnung gesucht und geheiratet. Dann wollte er unbedingt Kinder.«

»Annette nicht?«

»Schon, aber sie hätte auch noch gewartet. Doch dann hat es nicht funktioniert, und plötzlich wurde das Thema auch für sie total wichtig. Sie haben es drei Jahre lang probiert, ohne Erfolg. Irgendwann hat sie es nicht mehr ausgehalten.«

»Wann war das?«

»Das weiß ich noch ganz genau: Silvestermorgen 1999. Ich wollte zur Millenniumsparty nach Berlin und durchs Brandenburger Tor ins neue Jahrtausend tanzen. Da stand Annette vor meiner Tür – heulend. Sie hat gesagt, es wäre aus. Sie hat dann eine Zeitlang bei mir gewohnt.«

»Wie lange? Ein paar Tage? Ein paar Wochen?«

»Eher ein paar Monate. Als sie zurück zu Walter ist, war schon Frühling.«

Bauer überlegte. »Und im nächsten Jahr wurde dann Tilo geboren?«

Sie schüttelte den Kopf. »Noch im selben. Er ist an Heiligabend zur Welt gekommen, ein Christkind.« Sie lächelte. »Er war so ein süßes Baby.«

»Was hat Annette bewogen, zu ihrem Mann zurückzukehren?«

Nicole zögerte. Dann zuckte sie mit den Schultern. »Vielleicht brauchte sie einfach nur mal eine Auszeit.«

»Von der Familienplanung?«

»Ja.«

»Dafür hat es aber dann ziemlich prompt geklappt, als

sie wieder mit ihm zusammen war. Wenn man bedenkt, dass sie es jahrelang vergeblich versucht haben.«

»Manche Geschichten haben eben ein Happy End.« Sie gab ihm das alte Foto zurück und machte sich am Ofen zu schaffen.

»Nur war die Geschichte da nicht zu Ende. Für Tilo ist sie es immer noch nicht.«

Nicole antwortete nicht. Der Ofen schien ihre ganze Aufmerksamkeit zu brauchen.

Schon seit er Zabel auf dem Bild erkannt hatte, strich etwas am Rand seines Bewusstseins entlang. In diesem Moment bekam Bauer es zu fassen – und erschrak. Er blickte auf das Foto. Dann sah er, dass Nicole ihn beobachtete.

Ertappt wandte sie sich ihrem Arbeitstisch zu. »Meine erste Kundin kommt gleich.«

Er ignorierte die Bemerkung. »Das war ein ereignisreiches Jahr für Annette. Erst die Trennung von ihrem Mann, dann die Versöhnung, dann die Geburt ihres Sohnes. Ach ja, und ihr Exfreund ist nach drei Jahren Haft aus dem Knast entlassen worden. Im Januar. Da hat sie noch bei Ihnen gewohnt. Hat sie sich mit Zabel getroffen?«

Nicole bereitete geschäftig ihr Handwerkszeug vor. »Keine Ahnung.«

»Wirklich nicht? Sie sind ihre beste Freundin.«

Da drehte Nicole sich wieder zu ihm um. »Es gibt Dinge, die erzählt man auch seiner besten Freundin nicht.«

»Was aber nicht heißt, dass sie nichts davon weiß. Richtig?«

»Es tut mir leid, Sie müssen jetzt wirklich gehen.«

Diesmal hielt sie seinem Blick stand. Sie würde ihm nicht mehr erzählen. Aber das musste sie auch nicht.

49 Es war reiner Zufall, dass ihm der Schrebergarten von Tomasos Vater einfiel. Sie waren gerannt, bis das Mädchen nur noch hinter ihm hertaumelte. Mit ihrer Hand in seiner fühlte Tilo Kraft für zwei in sich, er hätte die ganze Nacht weiterlaufen können, aber als er sie an der Hebebrücke vorbei hinunter zur Uferpromenade zog, fiel sie hin. Er wollte sie wieder aufrichten, aber ihre bloßen Füße bluteten, und sie begann, so heftig zu weinen, dass ihr ganzer Körper zuckte und er Angst bekam, sie würde ersticken. Er blickte sich um, aber es war niemand mehr hinter ihnen her, sie hatten den Boxer längst abgehängt. Da hockte er sich zu ihr und nahm sie in den Arm, und sie klammerte sich an ihn, und er spürte ihre Tränen an seinem Hals, und das war das schönste Gefühl, das er je gehabt hatte, obwohl es so weh tat, als würde etwas zwischen seinem Bauch und seiner Kehle langsam zerreißen.

Minutenlang hatten sie auf den Pflastersteinen gesessen, und er hatte die Kälte nicht gespürt und den Regen auch nicht und nicht gewagt sich zu bewegen, bis sie ruhiger wurde und wieder aufstehen konnte. Diesmal nahm sie seine Hand. Sie sah ihn an.

»Kannst du mich verbergen?« Sie benutzte seltsame Wörter und rollte manche Laute auf die gleiche Art wie der Große Iwan, aber Tilo fand alles an ihr schön.

»Klar kann ich«, hatte er geantwortet, ohne nachzudenken und ohne auch nur eine Ahnung zu haben, wo er sie verstecken sollte.

Sie gingen langsam am Ufer entlang zu seinem Fahrrad. Sie setzte sich auf die Stange, er fasste mit beiden Armen um sie herum an den Lenker und fuhr los. Er roch den Sommerduft ihrer Haare, und plötzlich tauchte in seinem Kopf das Bild von der Laube auf. Tomasos Vater zog Tomaten in seinem Schrebergarten, weil es hier ja keine vernünftigen gab, und die Mutter weckte sie ein. An jeder freien Wand in der Laube reichten selbstgezimmerte Regale vom Boden bis zur Decke, die Bretter bogen sich unter der Last der Einmachgläser voller *Pomodori pelati*, und der ganze Raum roch auch im Herbst noch nach einem Sommer, wie es ihn hier ebenfalls nicht gab. Als sie noch Kinder gewesen waren, hatten er und Tomaso manchmal dort gespielt. Aber irgendwann war es einfach nicht mehr cool gewesen, am Wochenende mit seinen Eltern im Schrebergarten abzuhängen.

Tiefe Dunkelheit lag über der Kleingartenanlage, als sie ankamen. Das Zufahrtstor war abgeschlossen. Tilo schob sein Rad in die Büsche. Dann wollte er dem Mädchen helfen. Aber sie kletterte, trotz der Verletzungen an ihren Füßen, geschickt wie eine Katze über das Tor. Tilos Versuch, sich lässig darüber zu schwingen, ging völlig daneben. Er blieb hängen und landete bäuchlings auf der anderen Seite. Das Mädchen prustete los, und er hätte sich am liebsten in den Wegschotter gebuddelt. Doch sie zog ihn hoch, und ihr Lachen sprühte nur so, da musste er mitlachen. Es war gar nicht mehr peinlich, sondern nur noch lustig. Kichernd schlichen sie über den Weg, bis Tilo mahnte, leise zu sein. Dabei wäre das gar nicht nötig gewesen. Nirgendwo brannte Licht. An den Sommerwochenenden schliefen die Besitzer manchmal in ihren Lauben, aber so spät im Jahr kamen die meisten nur noch, um ihre Gärten winterfest zu machen. Über Nacht blieb niemand mehr.

Den Schlüssel zur Laube versteckten Tomasos Eltern unter einem Stein neben der Tür. Tilo überlegte, wann er zum letzten Mal hier gewesen war. Es musste über zwei Jahre her sein. Doch drinnen sah alles haargenau so aus, wie er es in Erinnerung hatte, und es roch auch noch so. Nur die Temperatur passte nicht zu dem sonnigen Duft. Zum Glück gab es einen kleinen Ofen und daneben einen Korb mit ein paar Briketts, dünnen Holzscheiten und alten Zeitungen. Tilo entfachte den Ofen. Darin war er gut. Währenddessen strich das Mädchen an den Regalen entlang.

»San Marzano ... Scatolone ... Cuor di Bue ...«

Sie las die Aufkleber auf den Weckgläsern. Tilo wusste, dass Tomasos Mutter nur die Tomatensorten notiert hatte, aber aus dem Mund des Mädchens klangen die Wörter wie die Verheißung einer goldenen Zukunft. Dann merkte sie, dass er sie beobachtete.

»Italienische Sprache und rumänische sind ähnlich, ein bisschen«, erklärte sie. »Bue: Italienisch, Bou: Rumänisch. Deutsch: Ochse.«

»Du kommst aus Rumänien?«, fragte Tilo.

Sie nickte. »Vor fünf Tagen.«

»Und dann kannst du schon so gut Deutsch?« Während er sprach, merkte er, wie dumm seine Bemerkung war. Aber sie schenkte ihm wieder nur ein Lächeln. Dafür machte er sich gern zum Idioten.

»Ich lernte Deutsch auf dem Liceu.«

»Klar, wo sonst«, gab Tilo welterfahren zurück. Er warf ein paar Briketts in den Ofen, wischte sich die Hand ab und hielt sie ihr hin. »Ich heiße Tilo.«

Sie schüttelte sie mit festem Griff. »Mariana.«

»Warum war der Mann hinter dir her?«

Ihr Lächeln erlosch. »Ich wollte nicht sein in diesem ... Haus. Ich bin weggelaufen. Der Mann wollte mich einfangen. Er ist böse.«

»Ich weiß.« Er hob seine bandagierte Hand. »Er hat mir den Finger gebrochen.«

Angst flackerte in ihren Augen auf. »Kennst du ihn?«

»Nein«, versicherte er schnell. »Keine Ahnung, was der Typ gegen mich hatte. Ich hatte ihn nie vorher gesehen. Und danach erst eben wieder, als du da rauskamst und er hinter dir her war.«

»Was hast du gemacht da? Warst du da für ... Sex?«

»Nein! Nein, ganz bestimmt nicht!«

»Warum hast du Pistole?«

Tilo zögerte. Er kannte sie nicht einmal eine Stunde. Aber sie hatte ihm ihr Leben anvertraut, nach nur einer Sekunde. »Ich wollte jemanden erschießen. Ich glaube, ihm gehört das Haus, in dem du ... warst. Er ist schuld am Tod meines Vaters.«

Sie sah ihn lange an. Die Angst verschwand aus ihrem Blick.

»Hast du Hunger?«, fragte er sie.

Sie aßen Tomaten aus dem Glas und Thunfisch aus der Dose. Eine Flasche Rotwein fand Tilo auch. Der Ofen bollerte, es wurde schnell warm, und mit dem Essen und dem Wein fühlte es sich an wie Italien. Er verband ihre Füße mit Bandagen aus einem uralten Erste-Hilfe-Koffer. Sie erzählte von ihrem Dorf und dem Betrug ihrer besten Freundin, er von seinen Eltern und dem Betrug seiner Mutter. Zusammen träumten sie sich an einen fernen Ort, wo niemand sie kannte, wo der Himmel freundlich war und das Leben leicht. Tilo schlug Kampanien vor, weil Tomasos Familie von dort stammte und dort immer noch ein Haus besaß, in einem kleinen Dorf nicht weit vom Meer. Tomasos Eltern verbrachten ihren Sommerurlaub in dem Haus, aber der Sommer war ja vorbei, und nun würde es wieder monatelang leer stehen.

Tilo wollte seinen Freund gleich anrufen, um nach der

Adresse zu fragen. Er war so betrunken von seiner Idee und natürlich auch von dem Wein, dass er im ersten Moment nicht verstand, warum sein Handy nicht funktionierte. Dann fiel ihm ein, dass der Akku leer war und er ihn nicht aufladen konnte, weil das Ladegerät zu Hause lag, wo er nie wieder hinwollte. Er fragte Mariana nach ihrem Handy. Sie holte ein iPhone hervor, aber es war ausgeschaltet. Sie sagte, dass sie den PIN-Code nicht kenne, weil es ihrer Freundin gehöre, und dann fing sie an zu weinen. Nicht so heftig wie an der Brücke, sondern stumm, und das machte Tilo noch mehr Angst. Wieder versuchte er, sie zu trösten, aber etwas Besseres, als ihr über den Rücken zu streichen, fiel ihm nicht ein, und das brachte gar nichts. Die Tränen flossen weiter aus ihren Augen, die groß und dunkel waren wie Chupa Chups mit Colageschmack.

Nach einer Weile fing sie ganz leise an zu reden. Über das, was in dem Haus mit ihr geschehen war und mit ihrer Freundin Lacrima.

»Sie haben sie umgebracht, ich weiß genau«, flüsterte Mariana. »Sie wäre nie gegangen ohne iPhone. Alle Fotos von Sohn darin. Mich werden sie umbringen auch.«

»Werden sie nicht!« Tilos Hass auf den Puffbesitzer wuchs noch, obwohl er sich das nicht hatte vorstellen können. »Hier findet dich keiner.«

»Können wir aber nicht hierbleiben für immer.«

»Wir gehen nach Kampanien. Ich rede morgen mit Tomaso.«

»Ich kann nirgendwohin. Sie haben meinen Pass. Und sie wissen, wo wohnt meine Großmutter. Vielleicht, ich gehe am besten zurück.«

»In den Puff? Nein, das tust du nicht! Das darfst du nicht! Ich finde eine Lösung, ich verspreche es dir!«

Aber sie weinte nur weiter, und Tilo streichelte weiter ihren Rücken, bis sie mit dem Kopf auf seinem Schoß einschlief. Regungslos saß er da, lauschte auf ihre Atemzüge und zählte mit ihnen den Wein aus seinem Kopf.

Er brauchte einen Plan. Mariana musste hier weg. Er *wollte* hier weg. Kampanien war nur eine Idee gewesen. Wenn auch eine ziemlich gute, wie er fand. Aber ohne Pass konnte Mariana nicht reisen. Er hatte einen Kinderausweis, das würde bei einer Kontrolle bestimmt auch Schwierigkeiten geben. Seinen Personalausweis würde er zu Weihnachten bekommen, an seinem sechzehnten Geburtstag. Im Grunde musste er nur zwei Aufgaben lösen, um seine Idee in die Tat umzusetzen: Mariana einen neuen Pass beschaffen und sie die zwei Monate bis Heiligabend verstecken. Aber wie kam man an einen rumänischen Pass, und wo brachte man ein Mädchen sicher unter, hinter dem Männer her waren, die Frauen wie Sklaven hielten und sie vielleicht sogar umbrachten? Er wusste es nicht. Er brauchte Hilfe. Von wem? Der Polizei? Die würden Mariana wahrscheinlich in ihr Land zurückschicken. Wenn ihr überhaupt jemand glaubte. Und er hatte auf jemanden geschossen. Nein, die Polizei war keine Option. Aber wen sollte er sonst fragen? Halt! Er kannte doch jemanden, der es als seinen Job ansah, ihm zu helfen.

Er betrachtete das schlafende Mädchen. Er roch den Duft ihrer Haare. Vorsichtig strich er mit seiner Hand darüber. Vielleicht war das Leben doch nicht nur scheiße. Vielleicht gab es eine Zukunft. Vielleicht konnte er sich sogar darauf freuen.

Als er erwachte, lag er auf dem Boden, Mariana in seinem Arm. Der Himmel vor dem schmalen Fenster in der Rückwand der Laube war immer noch tiefschwarz. Aber nun hörte man nicht nur das Rauschen der nahen Autobahn, sondern auch das der Bäume, die vom Wind durchgeschüttelt wurden. Tilo bettete den Kopf des schlafenden Mädchens sanft auf seiner zusammengerollten Jacke. Leise öffnete er die Ofenklappe. Im Brennraum war noch Glut. Er warf ein Brikett hinein.

Sonst brauchte sein Hirn morgens immer eine ganze Weile, um in Gang zu kommen. Heute nicht. Er hockte sich mit dem iPhone von Marianas Freundin neben den Ofen. Wenn *Touch ID* aktiviert war, hatten sie keine Chance. Aber es war nicht das neueste Modell, und Tilo wusste, dass viele User den Fingerabdruckscanner nicht nutzten, weil sie die Einrichtung zu nervig fanden, weil er zu langsam arbeitete, ihnen die Technik nicht geheuer war oder einfach, weil sie an die PIN-Code-Eingabe gewohnt waren.

Tilo schaltete das Handy ein. Die Zeit, die das System brauchte, um hochzufahren, erschien ihm endlos. Endlich tauchte der Startbildschirm auf – und nach einem Wischen ein Ziffernblock.

»Yes!« Er konnte einen leisen Jubel nicht unterdrücken. Jetzt mussten sie noch den PIN-Code rauskriegen. Tilo zweifelte keine Sekunde daran, dass auch dies gelingen würde. Er hatte einen Plan. Alles würde gut werden.

»Was machst du?« Mariana blinzelte ihn verschlafen an.

»Ich kenne jemanden, der wird uns helfen. Er heißt Bauer. Er ist Polizeipfarrer.«

Plötzlich sah sie hellwach aus. »Es gibt wirklich Pfarrer für Polizei hier?«

Tilo nickte. »Er war bei uns, als mein Vater gestorben ist.«

»Ein Pfarrer war auch in ... dem Haus. Wollte mit Boss sprechen.«

Das überraschte Tilo nicht. »Das war er garantiert. Er ist kein normaler Pfarrer. Aber ich brauche das Handy, um rauszukriegen, wo er wohnt.«

»Ich weiß nicht die Nummern.«

»Wann hat deine Freundin Geburtstag? Viele Leute nehmen einfach das Datum als PIN.«

Mariana nannte die Zahlen, Tilo gab sie ein. Fehlanzeige. Er versuchte es in umgekehrter Reihenfolge. Wieder nichts.

»Hochzeitstage gehen auch oft«, sagte Tilo.

»Sie ist nicht verheiratet.«

»Klar, natürlich nicht.« Wieder ein dummer Gedanke. Sein nächster war schlauer. »Du hast doch erzählt, sie hätte ein Kind. Weißt du, wann es geboren wurde?«

Marianas Augen leuchteten. »Sfântul Andrei! An Tag von heiligen Andreas!«

»Wann ist der?«

»Dreißigster November.«

Tilo brauchte nur Minuten, um Martin Bauers Adresse und Telefonnummer zu googeln. Erst überlegte er, den Pfarrer anzurufen. Aber am Telefon konnte man leichter jemanden abwimmeln.

Eine halbe Stunde später lenkte er sein Fahrrad quer über die leere Hauptverkehrsstraße und bog in eine enge Allee mit restaurierten Arbeiterhäusern ab. Zwischen den alten Bäumen brannten die Straßenlaternen, der Wind trieb den Nieselregen quer durch die Lichtkegel. So früh am Samstagmorgen schliefen die meisten Bewohner der Siedlung noch. Doch die Fenster des Hauses mit der Nummer 28 waren hell erleuchtet. Tilo stieg vom Rad. Seine Finger waren steif vor Kälte, seine Jeans klebte an seinen Beinen, aber er fühlte sich gut. Er war auf dem Weg.

Durch ein Fenster konnte Tilo in die Küche blicken. Eine Frau saß am Tisch. Sie stützte ihren Kopf in beide Hände und starrte auf die Tasse, die vor ihr stand. Tilo drückte den Klingelknopf. Im nächsten Moment hörte er ein Poltern und schnelle Schritte. Die Tür wurde aufgerissen, die Frau starrte ihn an. Sie hatte mit jemand anderem gerechnet, und der Pfarrer war auch nicht zu Hause. Doch als Tilo seinen Namen nannte und erklärte, er brauche dringend Hilfe, bat sie ihn herein. Offenbar hatte ihr Mann von ihm erzählt.

In der Küche war der Stuhl, auf dem sie gesessen hatte, umgefallen. Tilo hob ihn auf. Es war deutlich, dass die Frau gerade selbst ein Problem hatte. Aber darauf konnte er keine Rücksicht nehmen. Er erzählte ihr von Mariana. Er sparte nichts aus, nur seine Pistole und wo die Laube war. Die Frau schien ehrlich erschüttert. Tilo schrieb seine Handynummer auf, damit der Pfarrer ihn anrufen konnte.

»Er ist gerade mit einer Sache beschäftigt, die noch etwas dringender ist als deine«, sagte sie. »Es könnte sein, dass es ein wenig dauert, bis er sich meldet.«

Tilo sah die Sorge in ihrem Gesicht. »Kein Problem. Wir haben Zeit. Niemand weiß, wo wir sind. Und ich muss sowieso erst noch mein Handy aufladen.«

Dann ging er.

Auf dem Rückweg fuhr er bei Tomaso vorbei. Die Mutter öffnete ihm und drückte ihn an sich, als wäre er immer noch ein Kleinkind. Natürlich hatte sie vom Tod seines Vaters gehört, sie vergoss sogar ein paar echte Tränen, bevor sie ihn nötigte, zum Frühstück zu bleiben. Sie beauftragte ihn, Tomaso aus dem Bett zu werfen, und verzog sich geschäftig in die Küche.

Tilo erzählte Tomaso von seinem Kampanien-Plan, aber

nicht von Mariana. Tomaso erklärte Tilo für verrückt, weil das Haus seiner Eltern am Arsch der Welt lag und man sich dort nur zu Tode langweilen konnte. Doch Tilo merkte, dass sein Freund beeindruckt war, und schwor ihn auf Stillschweigen ein. Dann hängte er sein Handy an Tomasos Ladegerät und frühstückte mit der ganzen Familie.

Mit einer Tüte voller reich belegter Tramezzini kehrte er in die Kleingartenanlage zurück. Das Tor stand nun offen. Er stellte sein Rad ordentlich am Fahrradständer ab und betrat die Zufahrt. Er kannte die Leute hier von früher, er hatte keinen Grund, sich zu verstecken.

Dann sah er den Mercedes. Ohne nachzudenken, warf er sich hinter die nächste Hecke. Der schwere Wagen jagte über den Schotterweg wie der Schwarze Reiter durch das Auenland. Zwei Männer saßen in dem Auto. Einen kannte Tilo. Er hatte vor wenigen Stunden auf ihn geschossen.

Tilo hatte die *Herr-der-Ringe*-Trilogie mit seinen Eltern zu Weihnachten im Fernsehen gesehen, in dem Jahr, als er zwölf geworden war. Sein Vater hatte auf die strikte Einhaltung von Altersfreigaben geachtet. Er hatte nicht gewusst, dass Tilo den ersten Teil längst kannte. Er hatte ihn mit Tomaso im Internet geguckt, doppelt illegal, auf *Kino.to*, bevor die Polizei die Rechenzentren gestürmt, die Betreiber verhaftet und die Seite vom Netz genommen hatte.

Dennoch machte Tilo sich wie beim ersten Sehen fast in die Hose, als der Schwarze Reiter auftauchte und die Hobbits sich im Graben neben dem Weg versteckten. Sein Vater, der neben ihm auf der Couch saß, hatte wortlos den Arm um seine Schultern gelegt, wie früher, wenn sie samstags zusammen Sportschau geschaut hatten, und um ein Haar hätte Tilo angefangen zu flennen, dabei gab es überhaupt keinen Grund dafür, außer vielleicht den, dass alles in diesem Moment so viel schöner war als sonst. Es war das letzte Weihnachten gewesen, auf das Tilo sich gefreut hatte.

Der Mercedes fuhr vorbei, Tilo blieb unentdeckt. Als das Auto auf die Straße abbog, sprang er auf und rannte zur Parzelle von Tomasos Eltern. In voller Geschwindigkeit setzte er über den niedrigen Zaun hinweg. Mit zwei Sätzen war er an der Laube. Das Schloss war aus dem Rahmen gesplittert, die Tür nur angelehnt. Unter ihr breitete sich eine hellrote Lache aus.

Tilos Herz setzte aus. Sekundenlang konnte er sich nicht bewegen. Dann drückte er die Tür auf. Der Boden schwamm in einem Meer von Rot und zersplittertem Glas, die Regale waren umgestürzt, das Fenster zerschlagen.

Mariana war nicht mehr da. Sie hatten sie geholt.

50

Der Wind trieb Schwaden von Sprühregen über den weiten Platz vor dem Hauptbahnhof. Bauer hastete auf das angrenzende Medienhaus zu. Im Laufen wählte er Verena Dohrs Nummer. Er landete bei der Mailbox. Das irritierte ihn. Sie würde ihr Handy nicht ausschalten, bevor Nina gefunden war. Und sie gehörte nicht zu den Menschen, die vergaßen, den Akku ihres Telefons aufzuladen. Er versuchte es auf ihrem Privatanschluss. Auch da war nur der Anrufbeantworter. Ihren Dienstapparat ließ er dutzendmal klingeln, dann legte er auf. Er schaffte es gerade noch in die Redaktionsräume der Tageszeitung, bevor Ohnmacht und Angst über ihn hereinbrechen konnten.

Der Chef vom Dienst stand kurz vor der Rente. Er erinnerte sich an den Todesfall im Schwimmbad und geleitete Bauer persönlich ins Archiv, zeigte ihm das Regal mit den Ausgaben des Jahres 1992 und ließ ihn dann allein.

Vorsichtig entfaltete Bauer vergilbtes Papier – und starrte auf das halbseitige Foto eines verhungernden Kindes. Seine Haut hing verdorrt von den zarten Knochen. *Die Katastrophe hat apokalyptische Ausmaße angenommen*, lautete die Textzeile unter dem Bild. Die Hilfslieferung kam zu spät, der kleine Körper konnte die Nahrung nicht mehr aufnehmen. Das Kind würde sterben. Wie die fünfzigtausend Opfer vor ihm und noch Hunderttausende nach ihm.

Bauer erinnerte sich gut an die Tagesschau-Berichte von der Hungersnot in Somalia Anfang der neunziger Jahre. Auch an die Wut, die er als Jugendlicher vor dem Fernseher empfunden hatte. Er spürte sie immer noch, wenn er sah, was Menschen einander, was sie ihren Kindern antaten.

Er blätterte um. Noch ein Bürgerkrieg. Drei Tage hatten die UN-Maschinen die eingeschlossene Stadt Sarajevo wegen schwerer Gefechte nicht anfliegen können. Nun war die Luftbrücke wieder offen. Am Ende der Belagerung würden elftausend Menschen von Heckenschützen und Granatwerfern getötet worden sein, darunter tausendsechshundert Kinder.

Bauer flüchtete zum Sport. Thema in der Bundesligapause: die olympischen Sommerspiele in Barcelona. Die amerikanische Hundertmeterstaffel mit Schlussläufer Carl Lewis hatte den Weltrekord um ein Zehntel auf 37,40 Sekunden verbessert.

Dann endlich der Lokalteil. Was er suchte, stand auf der ersten Seite. Diesmal nur ein einziges totes Kind. Nur. Er wollte nicht bitter werden. Manchmal fiel ihm das schwer. Bauer fand nicht nur einen Artikel. *Der tragische Tod des*

Enzo L. war wochenlang immer wieder Thema im Lokalteil gewesen. Als Bauer fertig war, hatte er das Gefühl, den Jungen und seine Familie zu kennen.

Enzo war nachts in das Schwimmbad eingedrungen. Einen Tag zuvor hatte er beim jährlichen Wettbewerb des Mercator-Schwimmvereins den dritten Platz über fünfzig Meter Freistil errungen. Enzo war der Sohn eines Gastarbeiters. Vater Vittorio war erst 1974 nach Deutschland gekommen, noch nach dem Anwerbestopp. Der *Bundesminister für Arbeit und Sozialordnung* hatte Italien als einziges Land von seinem Erlass ausgenommen. Seine junge Frau Giulia holte Vittorio wenige Monate nach seiner Ankunft nach. Im nächsten Jahr wurde ihr erstes Kind geboren, ein Sohn, sie nannten ihn Enzo. Ihm folgten zwei Schwestern, Maria und Angelina. Als ihr großer Bruder starb, waren die beiden Mädchen elf und dreizehn Jahre alt.

Die Polizei hatte eine Todesfallermittlung durchgeführt. Es gab Indizien, dass Enzo in der Nacht seines Todes nicht allein auf dem Sprungturm gewesen war. Aber der Verdacht hatte sich nicht erhärtet, es fanden sich keine Zeugen. Das offizielle Ergebnis der Untersuchung lautete: *Unfall ohne Fremdeinwirkung.* Zum selben Schluss waren die Ermittler des KK 11 im Fall der Prostituierten Aurica Dacianu gekommen, die auf der Straße vor Zabels Bordell gestorben war. Auch bei Walter Keunerts Tod war ein Fremdverschulden ausgeschlossen worden. Und alle drei Opfer hatten eine Verbindung zu Zabel gehabt. Aber was bedeutete das? Bedeutete es überhaupt etwas?

Bauer hieb auf die Tischplatte. Er drehte sich im Kreis. Er brauchte einen Ermittlungsansatz. Aber er hatte weder Strategien noch Routinen, auf die er hätte zurückgreifen können. Er war kein Polizist.

Sein Diensthandy summte. Verena Dohr. Eilig ging er ran. »Ich habe versucht, Sie zu erreichen. Wo waren Sie?«

»Abgetaucht. Auf den Grund des Rheins.«

»Bitte?«

»Später. Ich brauche Sie in der Pathologie. Am besten sofort.«

Sein Herz setzte aus. »Wegen Nina?«

»Was? Nein! Da habe ich noch nichts Neues. Es geht um etwas völlig anderes. Ich möchte, dass Sie sich etwas ansehen. Kommen Sie einfach her, ja?« Sie legte auf, ohne seine Antwort abzuwarten.

Eine blauschwarze Wolke lag über dem heiligen Andreas.

»Livores – Leichenflecken.« Dr. Jürgens drückte mit dem Ballen darauf. Als er seine Hand wieder wegnahm, war ein Teil der Wolke verschwunden und das Schragenkreuz klar zu erkennen. »Vor zwölf bis sechzehn Stunden hat sie noch gelebt.«

Die Leiche lag bäuchlings auf dem Seziertisch. Der Rücken war dunkel verfärbt, bis auf eine Hautpartie am Gesäß. Auch an den Schulterblättern zeichneten sich zwei helle Stellen ab. Eine tote Tänzerin mit Engelsflügeln.

»Geht's ein bisschen genauer?«, fragte Verena Dohr den Rechtsmediziner.

»Gern. Ich berechne Ihnen den Todeszeitpunkt auf eine Stunde genau. Sie müssen nur rausfinden, wann sie in den Fluss geworfen wurde, wo sie vorher gelegen hat und wie warm es dort war.«

»Sonst noch was?«, schnaubte Verena.

Jürgens schüttelte grinsend den Kopf. »Danke, die Temperatur des Rheins haben mir freundlicherweise die Kollegen von der Wasserschutzpolizei schon übermittelt.«

»In der Tauchglocke waren Sie nicht so witzig.«

Bauer hatte keine Ahnung, worum es ging, aber die Spitze in Verenas Bemerkung war nicht zu überhören. Jürgens verzichtete auf eine Erwiderung. Bauer musterte den Rechtsmediziner. Er wirkte blass. »Was war in der Glocke?«

»Wenig Platz«, antwortete Jürgens knapp. »Wenn das Blut nicht mehr durch die Adern gepumpt wird, sinkt es ab, schwerkraftbedingt – wie alle anderen Körperflüssigkeiten auch. Daher die Hautverfärbung. Nur an den Auflagestellen, wo das Gewicht die Gefäße komprimiert, passiert das nicht. Unser Opfer hat mindestens die letzten zehn Stunden auf dem Rücken gelegen.«

»Dann hatten die Täter im ungünstigsten Fall kaum zwei Stunden Zeit, die Leiche zu entsorgen«, überlegte Verena. »Und die Sorgfalt, mit der sie verpackt wurde, zeugt nicht gerade von Panik. Spricht für Profis.«

»Sie gehen von mehreren Tätern aus?«, fragte Bauer.

»Zumindest bei der Beseitigung. Die Kriminaltechniker glauben, dass die Leiche von der Brücke geworfen wurde. Das Leichenpaket mit den Hanteln muss ganz schön schwer gewesen sein, und das Geländer ist ziemlich hoch. Aber es gibt keine Schleifspuren an der Plastikverpackung.«

Bauer sah wieder zu dem toten Mädchen. Ihr Profil schien seltsam verschoben.

Jürgens bemerkte seinen Blick. »Frakturen von Nasenbein und Jochbein.«

Verena horchte auf. »Kann das post mortem passiert sein, als sie aufs Wasser aufgeschlagen ist?«

»Nein. Die Verletzungen wurden ihr beigebracht, als sie noch lebte. Drei Finger sind ebenfalls gebrochen. Auf der Brust gibt es eine größere Anzahl frischer Brandwunden, vermutlich mit einer glühenden Zigarette beigebracht.«

»Sie ist gefoltert worden?« Verenas Stimme klang rau.

»So muss man das wohl nennen.«

»Können Sie schon etwas zur Todesursache sagen?«

»Unter Vorbehalt. Alles deutet auf eine Fraktur des Dens axis hin – Genickbruch.«

Dann drehte Jürgens den Leichnam um. Die Brüste des Mädchens waren übersät mit roten Wundmalen.

Kurz darauf verließen Bauer und Verena den Sektionssaal. Die Hauptkommissarin stapfte voran durch das Labyrinth der Flure. Ihre Schritte hallten von den Wänden wider. Erst draußen auf dem Parkplatz, kurz vor ihrem Auto, wandte sie sich zu Bauer um: »Sind Sie sicher, dass Sie das Mädchen in Zabels Club gesehen haben?«

»Bin ich.«

»Gut. Ich brauche Ihre Aussage. In zwanzig Minuten in meinem Büro. Ich will noch kurz bei der KTU vorbei. Und keine Sorge, ich habe Ihre Tochter nicht vergessen.«

Sie stieg in ihren Wagen und brauste davon, einen Wirbel aus Regengischt hinter sich herziehend.

Zwölf Minuten später holte Bauer seinen Rechner aus dem Ruhezustand. Er scrollte durch die neuesten Intrapol-Meldungen. Keine über Tilo. Er atmete auf.

Die Unwetterzentrale hatte ihre Warnung aktualisiert und von Rot auf *Violett* heraufgesetzt. Rot stand für *starkes Unwetter*, Violett für *extremes Unwetter*. Die höchste Warnstufe. Bauer wollte den Intrapol-Browser schon schließen, um sich auf den Webseiten der Nachrichtensender über die Lage in Deauville zu informieren, als ihm ein Straßenname ins Auge fiel. Die Straße lag im Vulkanviertel. Ein Pkw-Besitzer hatte in den frühen Morgenstunden die Polizei zu seinem geparkten Wagen gerufen. Die Windschutzscheibe wies ein Loch auf. Der Mann hielt es für ein Einschussloch. In der Kopfstütze des Wagens hatten die Beamten eine Kugel gefunden.

Bauer riss den Hörer vom Telefon und wählte die Nummer der City-Wache. Die Streifenbeamten, die den Vorfall während der Nachtschicht aufgenommen hatten, waren nicht mehr im Dienst. Er ließ sich ihre Privatnummern geben. Unter der ersten bekam er nur die Mailbox. Bei der zweiten hatte er mehr Glück. Polizeikommissarin Katrin Degen meldete sich nach dem dritten Freizeichen.

»Guten Morgen. Polizeiseelsorger Bauer hier. Ich hoffe, ich habe Sie nicht geweckt …«

»Herr Bauer! Quatsch, ich bin noch beim Frühstück. Was für eine nette Überraschung«, klang es fröhlich aus dem Hörer.

Bauer zögerte. »Entschuldigen Sie, ich habe ein ganz schlechtes Namensgedächtnis. Kennen wir uns?«

»Nicht wirklich. Es ist auch schon ein paar Jährchen her. Sie haben mich gesegnet, bei meiner Graduierungsfeier in der Salvatorkirche.«

Zusammen mit Monsignore Vaals leitete Bauer jedes Jahr den ökumenischen Abschlussgottesdienst für die frischgebackenen Kommissare und Absolventen der Fachhochschule für öffentliche Verwaltung.

»Ich weiß sogar noch Ihren Segenswunsch: *Sei stark und sei mutig! Lass dir keine Angst einjagen, lass dich nicht einschüchtern, denn dein Gott steht dir bei, wo du auch bist.*[8] Oder so ähnlich.«

»Genau so.« Es überraschte ihn, welchen Eindruck die Worte aus dem Buch Josua hinterlassen hatten.

»Der Spruch hat mich seitdem immer begleitet. Haben Sie gut ausgesucht!«

»Danke.« Bauer schämte sich im Stillen dafür, wie kleingläubig er manchmal war.

»Aber Sie rufen bestimmt nicht an, um mir einen guten Morgen zu wünschen.«

Bauer fragte nach dem Einschussloch. Die Polizeikommissarin lieferte einen lückenlosen Bericht. Der Wagen hatte gegenüber dem *Club Natascha* geparkt – Zabels Bordell.

»Wir haben die Türsteher und die, ähm, Anwohnerinnen befragt. Niemand hat etwas gesehen, niemand hat einen Schuss gehört. Nur dem Besitzer der Dönerbude an der Ecke ist etwas Ungewöhnliches aufgefallen.«

»Und was war das?«

»Zwei Jugendliche, gegen 23:00 Uhr, die weggerannt sind, als wäre – ich zitiere – der Teufel hinter ihnen her.«

»Zwei?«

»Ja, ein Junge und ein Mädchen, so sechzehn, siebzehn Jahre alt. Das Mädchen war angeblich barfuß.«

»Wovor sind sie davongelaufen?«

»Das hat der Zeuge nicht gesehen. War wahrscheinlich nur ein pubertierendes Pärchen, das sich im Puffviertel einen Satz rote Ohren geholt hat.«

»Wie kommen Sie darauf, dass die beiden ein Paar waren?«

»Laut Aussage des Dönerbudenbesitzers hielt der Junge das Mädchen an der Hand. Aber wie gesagt, es gibt keinen Hinweis darauf, dass die beiden etwas mit dem Einschussloch zu tun haben. Es gab auch sonst keine Meldung über Ärger im Milieu. Ich vermute ja, dass einer der Luden mit seiner neuen Knarre rumgeprahlt und sich dabei ein Schuss gelöst hat. Oder etwas in der Art. Wir haben das Projektil jedenfalls in die Kriminaltechnik verbracht. Aber samstagmorgens um fünf war da natürlich noch niemand.«

Bauer bedankte sich, wich einer Frage nach dem Grund seines Interesses an dem Vorfall freundlich aus und beendete das Gespräch. Zwei Mausklicks später hatte er die Durchwahl der Kriminaltechnischen Abteilung auf dem Monitor. Der Beamte, den er nach endlosem Klingeln ans Telefon bekam, klang nicht halb so ausgeschlafen wie die Polizeikommissarin nach der Nachtschicht.

»Das Projektil aus dem Vulkanviertel? Muss warten. Wir sind hier nur in einer Notbesetzung. Und auch nur wegen diesem Mordfall. Schräge Sache! Wissen Sie, was ein Tauchglockenschiff ist?«

Bauer kam eine Idee. Er sah auf die Uhr. Die zwanzig Minuten waren um. Wenn Verena ihre Zeitvorgabe einhielt, wartete sie jetzt in ihrem Büro auf ihn. Er riskierte es. »Genau darum geht es. Hauptkommissarin Dohr war doch gerade bei Ihnen ...«

»Bis vor fünf Minuten. Sie wollte schon Ergebnisse und hat Druck gemacht – wie man sich das an einem Wochenende so wünscht.«

»Die Kugel ist ein wichtiges Indiz im Tauchglockenfall.« Vielleicht war das ja nicht einmal gelogen. Vielleicht hing wirklich alles zusammen.

»Das hat sie gar nicht erwähnt.«

»Sie hat es vergessen. Darum rufe ich ja an.«

»Sie lässt Sie anrufen? Den Polizeipfarrer?«

»Es ist Wochenende. Wir arbeiten hier auch nur in Notbesetzung. Ich hätte mich ja geweigert, aber Sie kennen doch die Dohr! Ein Nein ist für die keine Antwort.«

»Mir müssen Sie das nicht erzählen«, seufzte der Kriminaltechniker.

Eine Minute später legte Bauer auf. Er kannte nun das Kaliber der Kugel, die im Vulkanviertel eine Autoscheibe durchschlagen hatte: neun Millimeter.

Bauers Bürotür flog auf.

»Verdammt, wo stecken Sie? Ich brauche Ihre Aussage! Die KTU hat Spuren von Mehl gefunden. Auf der Folie, in die das Mädchen eingewickelt war. Wissen Sie, was das heißt?«

Bauer hatte keine Ahnung.

»Das heißt, ich hole mir einen Durchsuchungsbeschluss! Vielleicht kriege ich sogar einen Haftbefehl – für Sascha Zabel!«

Bauers Privathandy summte. Die Nummer des Anrufers war unterdrückt.

»Bauer.«

»Der Junge hat sein Handy eingeschaltet. Wir haben eine Ortung. Wir rücken aus. Jetzt.«

Das SEK war auf dem Weg zu Tilo.

51

Eine Sturmbö trieb Regenschwaden und zerfledderte Werbeblättchen durch die Vulkanstraße. Die Überwachungskamera, die den Eingangsbereich des *Club Natascha* auf Sascha Zabels Computerdisplay brachte, zitterte. Die Wetterheinis hatten mit ihrer Sturmwarnung anscheinend richtiggelegen. Zabel drückte auf die Tastatur. Das Bild teilte sich. Zwei weitere Kameras zeigten die Straße in beide Richtungen. Sie war wie leer gefegt. Wieder ein Tastendruck. Jetzt waren in acht Einstellungen die Flure des Laufhauses zu sehen. Wie ausgestorben. Mit dem nächsten Tastendruck kehrte er zurück in den *Club Natascha*, diesmal zu einer Weitwinkeleinstellung der Bar. Sechs Mädchen langweilten sich am Tresen mit zwei Männern, die trostlos in ihre Biere starrten. Sie trugen Windjacken einer holländischen Spedition.

Zabel wandte sich wieder den Papieren auf seinem Schreibtisch zu. Kompliziertes Zeug von seinem Anwalt. Über einen Strohmann auf Jersey oder in Lettland eine Scheinfirma zu gründen war nicht ganz so einfach, wie er es sich vorgestellt hatte. Aber es musste sein, wenn ihm Chucky das begehrte Eckgrundstück Vulkanstraße 1 zuschustern sollte. Er würde zuerst ein Hotel bauen, ganz harmlos, und es dann nach und nach in ein Edelbordell umwandeln. Falls Chucky es nicht doch noch vermasselte. Chucky war schon in seiner Jugend ein Soziopath gewesen. Aber seit er auf Crystal Meth war, wurde es schlimmer. Immer öfter verlor er die Kontrolle. Wenn der Grundstücksdeal durch war, musste er ihn loswerden, so oder so.

Eine Bewegung auf dem Bildschirm weckte Zabels Aufmerksamkeit. Jemand war hereingekommen. Jemand, der nicht hier sein sollte. Kurz darauf ging die Tür auf, und Annette stand im Türrahmen.

»Sascha ...«

Er hieb auf eine Taste. Bildschirmfüllend erschien das Foto eines Elefantenbullen, der aussah, als wollte er den Betrachter jeden Moment niedertrampeln. »Bist du verrückt, hier aufzukreuzen? Was willst du?«

Die paar Schritte vom Auto bis zum Hauseingang hatten die Arbeit ihres Friseurs zunichtegemacht. Sie war ungeschminkt, die Retro-Jogginghose klebte an ihren Beinen. Eine Frau, der man die vierzig ansah. Was war es bloß, das ihn an sie band? Der Sex konnte es nicht sein. Er konnte dreimal am Tag besseren haben, wenn er wollte. Er wusste es nicht. Aber es war ihm egal. Selbsterforschung war etwas für Loser, das hatte er im Knast gelernt.

Sie sah ihn schweigend an. Ein Blick, den er nicht mal nach Walters Tod an ihr gesehen hatte, eine Mischung aus Panik und Resignation. Sie war wegen Tilo gekommen.

Aber Tilo war bereits da gewesen. Er hatte auf Valeriu geschossen. Er hatte den Rumänen nicht treffen wollen, aber immerhin. Dann war er mit Mariana abgehauen. Zabel konnte sich keinen Reim darauf machen. Darum hatte er Valeriu zuerst auch nicht geglaubt. Und jetzt war Annette hier und sah aus, als hätte sie ein Gespenst gesehen. Er ging um den Schreibtisch herum. Sie war kreidebleich. Er packte ihren Arm.

»Du tust mir weh!«

Er drückte sie in den Besucherstuhl. »Nun rede schon!«

»Das gibt blaue Flecken.« Sie rieb sich den Arm. »Die Polizei sucht Tilo.«

Sie griff nach der Zigarettenschachtel auf dem Schreibtisch und zog mit zitternden Fingern eine Zigarette heraus. Ihr Blick irrte über die Tischplatte. Er holte das Feuerzeug unter dem Papierstapel hervor und gab ihr Feuer. Sie nahm einen tiefen Zug. Wie eine Ertrinkende, die es ein letztes Mal an die Oberfläche geschafft hatte.

»Was hat er angestellt?«

»Nichts!« Sie klang empört. »Er hat Walters Pistole. Sie lag unten in der Kommode ... nicht seine Dienstwaffe ... Ich wollte das Ding nie in der Wohnung haben ...« Ihre Stimme verlor sich im Nichts.

Plötzlich fuhr sie auf, als hätte sie einen Adrenalinstoß bekommen. »Du musst weg, Sascha! Nur bis das vorbei ist.« Ihre Stimme bekam etwas Flehendes. »Bitte!«

»Er weiß von uns?«

Plötzlich wirkte alles an ihr müde. »Keine Ahnung. Vielleicht.« Selbst der Zug an der Zigarette schien sie Kraft zu kosten. Sie ließ die angerauchte Zigarette in den Aschenbecher fallen.

Er überlegte kurz, dann sagte er: »Er war schon hier.«

Sie riss die Augen auf.

»Keine Sorge. Ist nichts passiert.« Wozu sie mit den Details aufregen? »Er ist nur ein Kind, Annette.« Er versuchte, seiner Stimme einen beruhigenden Ton zu geben, aber sie stieg nicht darauf ein.

»Vielleicht gibt er dir die Schuld, Sascha ...«

»Dass Walter gesprungen ist? Und deshalb will er mich erschießen? Das ist doch Quatsch. Er konnte seinen Vater nicht mal leiden.«

»Sein Vater ...« Sie stoppte mitten im Satz.

»Was?«

»Du musst weg, Sascha.«

Er spürte, dass sie etwas anderes hatte sagen wollen. »Wovor hast du mehr Angst – dass ihm etwas passiert oder mir?«

»Sascha – bitte!«

Er zog zwei Zigaretten aus der Schachtel, steckte beide in den Mund, zündete sie an und schob Annette eine zwischen die Lippen. Wie damals, als sie zum ersten Mal zusammen gewesen waren. Seitdem war es ihr Ritual nach dem Sex.

»Meine Jungs suchen ihn schon.«

»Nein!«

Sie sprang auf, aber er drückte sie sanft zurück auf den Stuhl. »Keine Sorge. Sie sollen ihm nur sein Spielzeug wegnehmen. Damit er sich nicht selbst weh tut.«

Ihre Nägel bohrten sich in sein Handgelenk. »Versprichst du mir das?«

Er verringerte den Druck auf ihre Schulter. »Sie tun ihm nichts.«

»Versprich es mir!«

Er löste ihre Finger von seinem Handgelenk. An zwei Stellen trat Blut aus der Haut.

Sie hielt ihn mit ihrem Blick fest. »Weil du ... du musst wissen ...« Sie brach ab.

Da war es wieder, das, was sie ihm sagen wollte. Sie schüttelte den Kopf. Sie hatte es sich anders überlegt.

»Nichts. Schon gut.«

Wie sie wollte. Er zuckte mit den Achseln.

Ein rhythmisches Klopfen, lang-kurz-kurz-lang, die Tür flog auf. Czort, genannt Chucky, schnaufte herein. »Dreckswetter. Habt ihr das Handy von der Schlampe?« Er klopfte den Regen von seinem Übergangsmantel und wischte sich die Tropfen von der Halbglatze. Eine kurze, stämmige Gestalt in einem nichtssagenden, etwas zu großen Anzug und mit einer geschmacklosen, schief sitzenden Krawatte. Ein unauffälliger Mann um die vierzig, Typ Versicherungsvertreter. Bis auf das Lächeln. Das Lächeln war sein Markenzeichen. Ein halbes Lächeln, so schief wie seine Krawatte, nur die rechte Gesichtshälfte schien mitzumachen. Erstaunlicherweise weckte es bei den meisten Menschen Vertrauen.

Chucky hatte es ihm irgendwann mal erklärt. »Wenn du dich in meiner Partei zu gut anziehst, bist du sofort verdächtig. Das verdanken wir unserm Genossen der Bosse.«

Damit musste er wohl richtigliegen, denn er kam bei der sogenannten Basis gut an. Alle vier Jahre gewann er seinen Wahlkreis, und das, ohne sich übermäßig anzustrengen. Für seine Wähler war er einer von ihnen. Die perfekte Fassade für den Soziopathen, der er in Wirklichkeit war. Aber warum riskierte er es, am helllichten Tag hier aufzukreuzen?

Czort las seine Gedanken. »Entspann dich. Bei dem Wetter lassen die braven Bürger ihre Jalousien runter und beten, dass ihnen der Himmel nicht auf den Kopf fällt.«

Er sprach schnell und mit nervöser Energie. Ein Blick in seine Pupillen, und Zabel wusste Bescheid. Der Stadtrat und ehemalige Leiter des Stadtentwicklungsdezernats, Überlebender mehrerer Skandale, war wieder auf Crystal Meth. Wie meistens in letzter Zeit. Erstaunlich, dass man es ihm noch nicht ansah.

»Trotzdem.«

»Ich bin volkstümlicher als Reiner Calmund! Dass ich mich hier rumtreibe, nimmt mir niemand krumm. Also, was ist? Hast du es?«

Erst jetzt registrierte er die Anwesenheit der Frau, die mit dem Rücken zu ihm vor Zabels Schreibtisch saß. »Neuzugang? Bisschen alt, oder?«

Annette stand auf und drehte sich um. »Hallo, Chucky.« Der verächtliche Unterton war unüberhörbar.

»Alice ...? Das glaube ich jetzt nicht. Was machst du denn hier?«

»Ein Höflichkeitsbesuch.« Ihre Stimme war kühl.

»Mann, das gibt's doch gar nicht. Das muss glatt fünfzehn Jahre her sein. Oder wie lang haben wir uns nicht gesehen?«

Sie wandte sich Sascha zu. »Ich warte oben.« Ohne Czort eines weiteren Blickes zu würdigen, stand sie auf.

»Offenbar nicht lange genug«, sagte Czort und verzog die Hälfte seines Gesichts. Dann rief er ihr nach: »Tut mir leid, das mit Walter!«

Annette warf die Tür hinter sich zu.

Er griente. »Kann mich anscheinend nicht mehr leiden.« Er zog seinen Mantel aus und warf ihn über die Stuhllehne. »Also? Habt ihr die Schlampe?«

»Die Jungs sind unterwegs.« Valeriu und Radu würden sie finden. Sie würden ihr Lacrimas iPhone abnehmen und sie zurückbringen. Genau zu diesem Zweck schenkte er den Mädchen das iPhone schließlich, nachdem sie Radus Sonderbehandlung und die ersten Tage im Job überstanden hatten. Dann besuchte er sie, sprach freundlich mit ihnen, fand für jede die richtigen Worte. Nicht er war das Monster, sondern Radu. Unglaublich, wie leicht die Mädchen auf so etwas hereinfielen. Zum Schluss schenkte er ihnen das iPhone – »damit du immer mit deiner Familie zu Hause sprechen kannst«. Meist waren sie überrascht und dankbar. Dass er über das Smartphone jederzeit ihren Aufenthaltsort feststellen konnte, kam ihnen nicht in den Sinn.

»Zum Glück sind diese Rumäninnen strohdumm. Dämliche Schlampen.« Czort ging zum Sideboard und goss etwas von Zabels zwanzig Jahre altem Single Malt in ein Glas. »Hast du eigentlich eine Ahnung, warum Walter gesprungen ist? Und dann gleich zweimal?« Er kippte den Inhalt des Glases mit einem Schluck runter.

»Er hatte plötzlich Skrupel. Ich musste Druck machen.«

»Und deswegen bringt er sich um? Idiot.«

»Habe ich auch nicht geahnt. Sonst wäre ich das anders angegangen.«

»Klar. Ist ja auch kontraproduktiv, die Quelle bei der Polizei zu verlieren.« Czort goss sich nach. »Ruf deine Jungs doch mal an.« Er zog seine verbeulte Blechdose aus der Jacke. »Was dagegen?« Eine rhetorische Frage. Er schüttete Crystal Meth auf die Glasplatte des Sideboards. Mit einer ec-Karte der Volksbank Rhein-Ruhr zog er das Häufchen zu zwei schnurgeraden Linien aus. Er nahm einen Fünfeuroschein aus dem Portemonnaie und rollte ihn. Kein Hunderter oder Fünfziger für Czort. Er nannte das ›Klassenbewusstsein‹.

»Manchmal bereue ich es.« Czort bemerkte den verächtlichen Blick nicht, mit dem Zabel zusah, wie das weiße Pulver in Czorts Nasenlöchern verschwand.

»Was?« Czort zog die Nase hoch.

»Dass wir unser wieder über den Weg gelaufen sind. Und ich frage mich, ob das vielleicht gar kein Zufall war, dass du mit deinen Gewerkschaftskumpels hier reinspaziert bist.«

Czort sah auf, sein Gesicht der Inbegriff von Arglosigkeit und Jovialität. »Sascha! Die beiden wollten unbedingt hier rein, ein bisschen Spaß haben. Da konnte ich ja schlecht nein sagen.«

»Schon klar. Wegen diesem Streik.«

»Genau. Ich musste sie bearbeiten, damit sie den Scheiß abblasen. War zu dem Zeitpunkt für die Partei etwas ungünstig.« Er fing Zabels skeptischen Blick auf. »Du glaubst mir nicht? Was soll das? Ich bin's, dein alter Freund Chucky.« Er wischte sich etwas weißes Pulver von der Nase und massierte es in sein Zahnfleisch ein.

»Eben.«

»Warum sagst du so was?«

»Du bringst mich in Gefahr ... Chucky. Unter anderem mit dem Scheiß da.« Er deutete auf die Blechdose. »Das bringt dich noch mal in Teufels Küche. Und dann will ich nicht in der Nähe sein. Du musst damit aufhören!«

»Kann ich jederzeit.« Er steckte die Dose ein. »Ich will aber nicht. Und komm mal runter von deinem hohen Ross. Von wem habe ich das Zeug denn zum ersten Mal gekriegt?«

Es stimmt, dachte Zabel. Bei einem Koksdeal hatte ihm sein Lieferant etwas Crystal dazugepackt – »als Kostprobe«. Czort war zufällig da gewesen. Was gut genug für die Spitzenleute der Grünen war, war auch gut genug für ihn, hatte er gemeint.

»Du verlierst langsam die Kontrolle.«

»Quatsch.« Czort goss sich Whiskey nach. »Außerdem brauchst du mich. Ohne mich kriegst du das Grundstück nie.«

Er fixierte Czort. »Noch habe ich es nicht. Vielleicht hast du mir ja zu viel versprochen.« Er erwartete, dass Czort an die Decke gehen würde, aber der blieb ganz ruhig.

»So was braucht Fingerspitzengefühl, Sascha. Und Zeit. Du kannst den Leuten nicht einfach mit dem Schmiergeld vor der Nase rumwedeln. Du musst sie erst mal weichkochen.«

Zabels Smartphone spielte die ersten Takte einer Arie aus Aida. Er nahm das Gespräch an. »Ja? ... Okay, kommt runter.«

»Haben sie's?« Czorts Augen leuchteten.

»Immer mit der Ruhe.«

Kurz darauf standen Valeriu und Radu vor Zabel. Sie waren vollkommen durchnässt. Radu erstattete Zabel Bericht und tropfte dabei auf den Teppich. Valeriu stand in durchnässten Schuhen stumm neben ihm. *Find My iPhone* hatte sie nach Meiderich geführt. »Viele kleine Datscha und Garten.«

Eine Kleingartenanlage.

Die App war erstaunlich genau. Schließlich hatten sie vor einer Parzelle mit einer Gartenlaube und einem Gewächshaus gestanden. »In Glashaus nur Tomaten. Viele verschieden. In Datscha viel Tomaten in Gläser.«

Czort verlor die Nerven. »Scheiß auf die Tomaten. Was ist mit dem Handy und dem Mädchen?«

Radu ignorierte Czort. Er berichtete nur seinem Boss. »Kein Mädchen. Vorher da gewesen, aber jetzt weg.«

»Na super. Ihr habt sie abhauen lassen. Vielen Dank auch.« Czort trat gegen den Stuhl.

»Was ist mit dem Jungen?«, fragte Zabel.

»Welcher Junge?«, fragte Czort.

Der Rumäne schüttelte den Kopf. »Kein Junge. Nur das.«

Er zog Lacrimas iPhone aus der Tasche und legte es auf den Schreibtisch.

»Bingo!« Czort griff danach, Zabel kam ihm zuvor. Er sah Radu fragend an.

»Drei-null-eins-eins.«

»Du kennst den Code?«, fragte Czort.

»Scheißt Bär in Wald?«, fragte Radu und grinste. »Ist Tag von heilige Andrej. Geburtstag von Sohn.«

Zabel tippte die Zahlen ein. Dann öffnete er den Fotospeicher und klickte sich durch die Bilder. Er fand, was er suchte. Das Foto zeigte Czort mit Aurica auf dem Balkon des *Club Natascha*. Czort holte gerade mit der Hand aus, um sie zu ohrfeigen. Unter dem Foto stand mit Datum und Uhrzeit, wo das Foto gemacht worden war. Zabel schüttelte den Kopf. Chucky war wirklich ein Idiot. Er gab ihm das Handy.

Czort starrte auf das Bild. »Dämliche Schlampe.«

»Lacrima?« Zabel war anzusehen, wie sauer er war.

»Beide. Alle drei.« Czort warf das iPhone auf den Betonboden und trat drauf.

»Wir hätten es auch löschen können«, sagte Zabel beherrscht. »Du schuldest mir sechshundert.« Er nickte Radu und Valeriu zu. »Zieht euch um, und geht was essen.« Die Männer verließen den Raum.

Czort war noch nicht zufrieden. »Was ist mit dem Mädchen?«

Zabel deutete auf das zertrümmerte iPhone. »Du hast, was du wolltest.«

»Und wenn sie das Foto gesehen hat? Wenn sie den Code auch kannte? Diese Weiber erzählen sich doch alles!«

Czort griff wieder nach der Whiskeyflasche. Zabel riss sie ihm aus der Hand und knallte sie auf das Sideboard. »Du lässt sie in Ruhe! Verstanden?«

Czort hatte zu viel Crystal intus, um sich von Zabel einschüchtern zu lassen. »Hier geht es verdammt noch mal um mein Fell, Sascha, und nicht um deins!«

»Wenn die Bullen dir dein Zeug wegnehmen, wie lange dauert es dann wohl, bis du singst wie eine Lerche?«

Czort starrte hasserfüllt zu ihm hoch.

Zabel war noch nicht fertig. »Du bist verrückt. Warst du schon immer. Ständig baust du irgendwelche Scheiße und lässt dann andere hinter dir aufräumen.«

Czorts schiefes Lächeln wurde noch schiefer und verlor jeden Charme. »Dafür bin ich nicht so ein Langweiler wie ihr.«

»Aurica und Lacrima würden das bestimmt anders sehen.«

»Ich bin eben impulsiv. Scheiße, jeder hat Fehler.«

Zabel packte Czort am Aufschlag seines schlechtsitzenden Jacketts. »Du lässt sie in Ruhe. Ich kläre das mit ihr. Und jetzt verschwinde.« Er ließ ihn los und drückte ihm seinen Mantel in die Hand. »Für heute habe ich genug von dir.«

»Mann, bist du beschissen drauf. Bestimmt wegen Alice.« Czort konnte froh sein, dass er schon an der Tür war, sonst hätte Zabel sich auf ihn gestürzt. Czort drehte sich noch mal um. »Da läuft jemand rum, der ein Foto gesehen hat, auf dem ich eine Alte vom Balkon werfe. Fändest du das beruhigend?« Er wartete die Antwort nicht ab.

Czort ging nicht durch die Bar, sondern nahm die Treppe zum Nebeneingang. Vor der Eisentür blieb er stehen. Er zog die Blechdose aus der Tasche, nahm etwas von dem Crystal Meth zwischen Daumen und Zeigefinger und schob es sich ins rechte Nasenloch. »Leck mich doch.« Er trat auf die Straße. Fast hätte ihm eine Bö die Dose aus der Hand gerissen. »Leck mich doch«, wiederholte er.

Annette stand allein am Tresen. Der Barmann hatte ihr eine Tasse von seinem privaten Filterkaffee eingeschüttet und räumte jetzt seine Flaschen und Gläser auf. Die Mädchen waren verschwunden. Die holländischen Lastwagenfahrer auch. Vielleicht waren sie auf die Zimmer gegangen.

»Ist er weg?«

Zabel nickte.

»Dieser widerliche Irre. Das war er damals schon.«

»Ich weiß. Aber er war unterhaltsam.«

»Warum lässt du dich wieder mit ihm ein?«

Mit einem Kopfnicken bedeutete Zabel dem Barmann, sie allein zu lassen. »Räum unten auf.«

Der Mann schnappte sich eine Kiste mit leeren Flaschen, zog den Vorhang neben der Theke beiseite und verschwand in den Keller. Zabel wartete, bis die Tür hinter ihm ins Schloss fiel, dann sah er Annette an. »Er ist nützlich.«

Annette wusste, wen er meinte. Sie schüttelte den Kopf. »Er wird dir Ärger bringen.«

Sie hatte recht. Trotzdem. »Ich sag das nicht noch mal – misch dich nicht in meine Geschäfte ein.«

52 Das SEK hatte den längeren Weg, das verschaffte Bauer zehn Minuten Vorsprung. Doch diese Männer trainierten solche Einsätze Tag für Tag. Sie konnten schneller rennen als er, fuhren besser Auto und hatten Blaulicht. Falls sie über die Straße anrückten. Wenn sie im Hubschrauber kamen, hatte er keine Chance.

Bauer vertraute darauf, dass das Unwetter den Luftweg unpassierbar machte. Er spurtete durch den Hinterausgang auf den Parkplatz. Im Laufen fingerte er seinen Autoschlüssel aus der Tasche und drückte die Fernentriegelung. Er sprang hinters Steuer und jagte den Wagen über die leeren Parkbuchten. Kurz vor der Ausfahrt touchierte er fast den Audi, der auf dem Sonderplatz vor dem Haupteingang parkte. Wieso war Lutz am Wochenende im Präsidium? Die Handy-Ortung! Der Polizeidirektor leitete die Fahndung nach Tilo. Er befehligte mit Sicherheit auch den Einsatz des SEK.

Bauer schlitterte auf die Straße, beschleunigte und musste gleich darauf schon wieder abbremsen. Der Fahrer des alten Opels vor ihm hatte es nicht eilig. Bauer konnte nicht vorbei, gleich neben der Fahrspur verlief die Trasse der Straßenbahn. Allerdings lagen die Schienen nicht im Schotterbett, sondern in Asphalt. Bauer lenkte seinen Wagen über die durchgezogene weiße Linie und überholte. Der Fahrer der entgegenkommenden Straßenbahn klingelte und tippte sich an die Stirn. Vor der Kreuzung Mercatorstraße bogen die Gleise zur nächsten Haltestelle ab. Bauer musste auf die Straße zurück. Er nahm den kürzesten Weg. Über den begrünten Mittelstreifen zog er an den wartenden Linksabbiegern vorbei. Bei der ersten Lücke im Gegenverkehr schlug er das Lenkrad ein. Er hörte Bremsen quietschen, kam aber unbeschadet über die

Kreuzung. Danach floss der Verkehr spärlicher. Bauer gab Vollgas.

Er fuhr genau auf den Stadtwerketurm zu. Der Schornstein war nicht angestrahlt wie nachts, aber an seiner Spitze brannten die Warnfeuer. Wolken zogen schnell und tief darüber hinweg. Vor dem Theater am Marientor kam eine Bö von der Seite. Nur mit Mühe schaffte Bauer es, den Wagen unter Kontrolle zu halten. Er musste langsamer fahren, sonst würde er nicht ankommen.

Auf der Brücke hatte er das Wettrennen um Keunerts Leben aufgegeben und auf Gott vertraut. Er hatte die Gewissheit gespürt, den Polizisten retten zu können. Es war ihm gelungen – aber nur für vier Stunden. Nein, es gab keine Gewissheit.

Kurz vor dem Innenhafen musste er unter der Hochtrasse des Autobahnzubringers durch. Das grüne Licht der Ampel leuchtete ihm entgegen. Fünfzig Meter, bevor er sie erreichte, wechselte das Signal auf Orange. Bauer blieb auf dem Gaspedal. Als die Ampel auf Rot sprang, überfuhr er die Haltelinie und bog mit viel zu hoher Geschwindigkeit ab. Der Wagen rutschte über den nassen Asphalt auf einen Betonpfeiler zu. Bauer umklammerte das Lenkrad, erwartete die Kollision, doch der Knall blieb aus, der Passat schoss um Zentimeter an dem Pfeiler vorbei.

Bauer hatte die Wahrheit gesucht, hatte Bruchstücke davon gefunden und sie wie Dominosteine in eine Reihe gestellt. Er hatte heilen und versöhnen wollen. Doch mit dem letzten Stein, den er aus der Vergangenheit gegraben hatte, würde er alle anderen umstoßen. Wenn für Tilo überhaupt noch etwas heil gewesen war, danach würde auch das kaputt sein.

Nur noch wenige hundert Meter. Er ließ die Seitenscheibe ein Stück herunter. Keine Hubschrauberrotoren, keine Martinshörner. Wenn er zu spät kam, würde der Junge Zabel töten. Oder selbst getötet werden.

Vulkanstraße. Regen und Wind hatten das Viertel leer gefegt. Bauer zwang sich, langsam zu fahren. Er spähte in die Hauseingänge und zwischen die parkenden Wagen. Keine Männer mit Sturmhauben. Vor dem *Club Natascha* parkte der Ferrari. Das Fahrrad fiel Bauer erst auf, als er seinen Passat an den Straßenrand lenkte. Es lehnte an der Hauswand.

Tilo war schon hier.

Bauer hatte die Hand am Türgriff, da klingelte sein Handy. Sarah. Er zögerte einen Moment. Dann nahm er das Gespräch an.

»Sie haben Nina verhaftet!« Sie weinte. »Sie haben die ganze Kundgebung eingekesselt, alle zusammengeknüppelt und dann abtransportiert!«

»Woher weißt du das?« Seine Stimme klang wie die eines Fremden.

»Von dem französischen Pfarrer. Er ist gar nicht mit auf die Demo. Der Mistkerl hat die Kinder allein gehen lassen!« Die Angst machte sie wütend. »Sag was, verdammt noch mal!«

»Ich rufe sofort Verena an.«

»Nein! Wir fahren hin!«

»Sarah, hör zu ...«

»Nein, du hörst zu! Nina ist wahrscheinlich halb tot geprügelt worden!«

»Der Junge von dem Polizisten hat eine Pistole. Er will jemanden umbringen. Jetzt! Ich muss das verhindern.«

»Dann fahre ich ohne dich.«

»Bitte, tu das nicht. Ich komme, so schnell ich kann.«

»Super«, kam es bitter zurück, »dann kannst du dich ja gleich um seine Freundin kümmern.«

»Wessen Freundin?«

»Die von deinem Schützling. Er hat sie hergeschickt. Sie braucht deine Hilfe bestimmt auch viel dringender als deine eigene Tochter.«

»Sarah …« Sie hatte aufgelegt.

Sekundenlang saß er da, jeden Muskel gespannt, aber unfähig, sich auch nur einen Millimeter zu bewegen. Ein blauer Widerschein zuckte über die Häuserfront. Ein dunkler Wagen mit aufgesetztem Blaulicht bog um die Ecke und hielt quer zur Fahrbahn. Bauer blickte in den Rückspiegel. Eine zweite Limousine riegelte die Straße am anderen Ende ab.

Er stieß die Tür auf und sprang aus dem Wagen. Mit einem Satz verschwand er im Eingang zum *Club Natascha.*

Verena Dohr war sauer. Ihr Hauptbelastungszeuge hatte sie im Stich gelassen. Bauer war abgehauen, bevor sie seine Aussage aufnehmen konnte. Die direkte Verbindung zwischen dem Mordopfer aus dem Fluss und Zabels Bordell ließ sich jedoch nur durch seine Beobachtung beweisen. Darüber hinaus hatte sie nur noch ein Indiz. Die Kriminaltechniker hatten die Plane untersucht, in die das Mordopfer verpackt gewesen war, und Anhaftungen auf der Innenseite gefunden. Aber den Zusammenhang hatte sie hergestellt.

»Polysaccharide«, hatte der Cheftechniker erklärt. Er war genervt, weil sie ihn aus dem Wochenende geholt hatte und ihn nun auch noch unter Zeitdruck setzte.

»Mehrfachzucker?«, fragte Verena.

Er sah sie überrascht an. »Da hat ja mal jemand im Chemieunterricht aufgepasst.«

Sie hatte keine Zeit für solchen Kinderkram. »Um welche Art Zucker handelt es sich?«

»Der korrekte Begriff lautet Stärke«, belehrte er sie. Ihr Blick ließ ihn eilig fortfahren. »Mehl. Auf der Plane ist Roggenmehl.«

Seine Antwort hatte in Verenas Kopf eine Gedankenfolge ausgelöst, die mit der Assoziation »Brot« begann und beim richterlichen Bereitschaftsdienst endete: aus Roggenmehl buk man Brot; Brot wurde in Bäckereien gebacken; in Bäckereien gab es Öfen; Öfen wurden früher aus Stein gemauert; alte Steinbacköfen hatten eiserne Klappen. Vor zwei Tagen hatte sie so eine Klappe gesehen – in einem Kellerbüro im Vulkanviertel. Sie wählte die Nummer des diensthabenden Richters.

»Ich brauche einen Durchsuchungsbeschluss. Sofort!« Sie hatte ihn nicht einmal seinen Namen zu Ende sprechen lassen. Sie feuerte die wenigen ihr bekannten Fakten ab, legte die Schlüsse nach, die sie gezogen hatte, und endete mit einem Appell.

»Wann können Sie hier sein?«

»In fünf Minuten?«

»Bis gleich.«

Sie hörte es in der Leitung knacken. Überrascht starrte sie auf den Hörer in ihrer Hand. So einfach hatte sie sich das nicht vorgestellt. Dann sprang sie auf.

Mit dem Durchsuchungsbeschluss in der Tasche rollte sie vierzehn Minuten später ins Vulkanviertel. Unterwegs hatte sie ein Team von der Spurensicherung und Verstärkung vom Kriminaldauerdienst angefordert. Sie bog in die Straße ab, in der Zabels Bordell lag – und trat überrascht auf die Bremse. Ein ziviles Einsatzfahrzeug mit aufgesetztem Blaulicht blockierte die Fahrbahn. Davor stand ein SEK-Beamter in voller Montur. Die Maschinenpistole schussbereit vor der Brust, trat er auf Verenas Wagen zu. Mit einer Geste forderte er sie auf, die Seitenscheibe herunterzulassen.

»Sie können hier nicht durch.«

»Was ist denn los?« Sie zeigte ihren Ausweis.

Er war wenig beeindruckt. »Zugriffseinsatz. Wenden Sie bitte, und fahren Sie weiter!«

Sie blickte an ihm vorbei und entdeckte seine Kollegen. Sie schoben sich an der Wand entlang von beiden Seiten auf den Eingang des *Club Natascha* zu. Vor dem Haus parkten Zabels Ferrari – und ein Passat.

»Scheiße«, entfuhr es Verena.

»Haben Sie nicht verstanden? Sie müssen umdrehen!«

Sie stellte den Motor ab. »Wo ist Ihr Einsatzleiter?«

Der Polizeibulli versteckte sich in der Einfahrt zu dem Hinterhof, in dem Bauer zusammengeschlagen worden war. Sie zog die Schiebetür auf. Lutz sah sie überrascht an. Er hielt ein Funkgerät in der Hand.

»Guten Morgen, Herr Lutz.« Verena nickte dem uniformierten Beamten hinterm Steuer zu, schwang sich auf die Sitzbank und schob die Tür wieder zu.

»Was wollen Sie hier?«

»Sie haben mir die Wochenendbereitschaft aufgehalst, schon vergessen?« Sie hielt ihm den Durchsuchungsbeschluss unter die Nase. »Wir haben heute früh die Leiche einer jungen Frau vom Grund des Rheins geholt. Man hat sie gefoltert und ihr anschließend das Genick gebrochen. Sie hat in Zabels Club gearbeitet. Es gibt Indizien, dass sie auch dort getötet wurde.«

Das passte nicht in den Tagesplan des Polizeidirektors, sie sah es ihm an. »Das muss warten.«

»Finden Sie den Aufmarsch nicht ein bisschen übertrieben für einen Teenager?«

Lutz sah sie kalt an. »Tilo Keunert ist vermutlich im Besitz einer Neun-Millimeter-Pistole. In Winnenden hat ein Teenager mit solch einer Waffe fünfzehn Menschen erschossen.«

Er hatte recht. »Wenigstens haben Sie ihn dazugerufen«, lenkte sie ein. »Er kann den Jungen bestimmt zur Vernunft bringen.«

»Von wem reden Sie?«

»Bauer.«

Er starrte sie an. »Scheiße.«

Plötzlich drang ein Stakkato verzerrter Knallgeräusche aus dem Funkgerät, zusammen mit einer hastigen Männerstimme. »Schusswaffengebrauch im Zielobjekt. Erbitten Anweisungen!«

Da wusste Verena, dass die Lage außer Kontrolle geriet – genau in diesem Moment.

»Zugriff!«, schrie Lutz ins Funkgerät. Seine Stimme überschlug sich. »Zugriff!«

Er schoss das ganze Magazin leer. Die Explosionswellen donnerten durch den Raum, Kugeln schlugen ein, Putz spritzte, Glassplitter und Metallteile flogen umher, die Luft füllte sich mit dem Qualm verbrannter Pulvergase.

Dann ließ Tilo die Pistole sinken, und ein hoher Dauerton bohrte sich durch Bauers Kopf. Er sah den Jungen auf sich zukommen. Im Vorbeigehen hielt Tilo ihm die Pistole hin. Bauer ergriff sie am Lauf. Das Metall war heiß. Wie ferngesteuert ging der Junge auf die nächste Tür zu.

Als Bauer hereingekommen war, hatte Tilo mitten im Club gestanden, die Pistole im Anschlag, den Finger am

Abzug. Zabel saß an der Bar. Annette Keunert umklammerte mit beiden Händen seinen Oberarm. Ihre Miene spiegelte ihre Angst wider und das Entsetzen, sich vor dem eigenen Kind zu fürchten. Tilo schien seine Mutter gar nicht wahrzunehmen.

»Wo ist Mariana?«, hatte er geschrien.

»Nimm die Pistole runter, Junge«, gab Zabel zurück.

»Ich knall Sie ab! Wenn Sie mir nicht sofort sagen, was Sie mit ihr gemacht haben, knall ich Sie ab, ich schwör's!«

»Ich weiß nicht, wo das Mädchen ist.«

»Sie lügen! Ich habe Ihre Männer gesehen, den Typen, der mir den Finger gebrochen hat! Im Schrebergarten!«

»Die Kleine hatte etwas, das ich wiederhaben wollte.«

»Das Handy von ihrer Freundin!«

»Richtig. Meine Männer haben es geholt, das Mädchen ist abgehauen. Ende der Geschichte.«

»Blödsinn! Sie haben sie umgelegt! Wie meinen Vater!«

»Warum hätte ich das tun sollen? Ich wollte nur das Handy. Es liegt in meinem Büro. Willst du es sehen?« Zabel hatte sich erhoben.

»Keine Bewegung, du verdammtes Dreckschwein!« Tilo stieß die Pistole vor. Annette schrie auf.

»Tilo?« Bauer sprach leise, er wollte den Jungen nicht erschrecken.

Doch Tilo hatte ihn längst bemerkt. »Halten Sie sich da raus!«

»Das kann ich nicht.« Er war auf den Jungen zugegangen.

»Blcibcn Sic stchen!«

Bauer ging weiter. Wie auf der Brücke.

»Ich mein's ernst!«

»Ich auch.« Bauer hatte sich in die Schusslinie gestellt,

direkt vor den Lauf, und dem Jungen in die Augen gesehen. »Das Mädchen ist in Sicherheit.«

»Sie wollen nur nicht, dass ich dieses Schwein erschieße!«

»Bitte gib mir die Pistole!«

»Vergessen Sie's!«

Auf einmal war sie wieder da, die Gewissheit. Als wäre sie nie weg gewesen. Bauer hatte nach der Waffe gegriffen. Tilo starrte ihn an und hielt sie fest, aber er drückte nicht ab.

»Tilo, so kann ich nicht mit dir reden. Ich gebe sie dir zurück, ich verspreche es.«

Tilo hatte seinen Griff gelockert. Bauer hatte ihm die Waffe aus der Hand gezogen.

Zabel stieg mit einem Grinsen im Gesicht vom Barhocker. »Nicht schlecht, Herr Pfarrer.«

Bauer hob die Pistole. »Keinen Schritt weiter!«

Zabel stoppte überrumpelt. »Was soll das?«

»Setzen Sie sich wieder hin!«

Bauer sah, wie es in Zabel arbeitete. Der Bordellchef rechnete sich seine Chancen aus, versuchte, die Situation einzuschätzen. Er konnte es nicht. Widerwillig hatte er sich zurück auf den Barhocker geschoben.

Bauer wandte sich Annette zu. »Wollen Sie es Ihrem Sohn sagen?«

Ihr Blick flackerte. »Ich habe keine Ahnung, wovon Sie reden.«

»Doch, das wissen Sie.«

»Was labert ihr?«, fuhr Tilo dazwischen.

»Du darfst ihm nicht glauben«, bettelte Annette ihn an, »egal, was er sagt, glaub es ihm nicht!«

»Dir glaube ich nicht mehr, kein einziges beschissenes

Wort! Du hast Papa betrogen! Mit diesem Dreckskerl! Und er hat ihn umgebracht!« Außer sich war Tilo auf Bauer zugestürzt und hatte nach der Pistole gegriffen. »Ich scheiß auf euer Gelaber! Geben Sie mir die Knarre wieder! Ich knall das Schwein ab!«

Bauer packte Tilo an der Jacke. »Erst hörst du mir zu!«

»Lassen Sie mich los«, brüllte Tilo. »Der Typ ist ein verdammter Mörder!«

»Ja, vielleicht ist er das«, schrie Bauer zurück. »Aber er ist auch dein Vater!«

Die Stille kam wie eine Implosion. Sie sog die Kraft aus Tilos Körper, die Wut aus seinem Gesicht, die Zeit aus dem Raum.

»Er ist dein Vater«, wiederholte Bauer.

»Sie lügen«, entgegnete er schwach.

»Ich sage die Wahrheit. Hier!« Bauer hatte dem Jungen die Waffe in die Hand gedrückt.

»Scheiße«, hörte er Zabel hinter sich.

»Wenn du ihn immer noch erschießen willst, bitte. Aber dann tötest du deinen eigenen Vater.«

Der Junge blickte zu Zabel. Dann zu seiner Mutter. Sie konnte ihrem Sohn nicht in die Augen sehen.

Plötzlich sprang Zabel auf. »Es reicht!«

Da hatte Tilo die Waffe hochgerissen. Zabel hatte sich auf den Boden geworfen. Tilo hatte gefeuert – in die Decke, wieder und wieder, bis die Pistole nur noch klickte.

Bauer beobachtete, wie der Junge in den Keller verschwand. Die Tür fiel hinter ihm ins Schloss, doch durch das Pfeifen in Bauers Ohren drang kein Geräusch. Er blickte auf die Pistole in seiner Hand.

Im nächsten Moment zuckte ein greller Blitz durch den Raum. Bauer war geblendet, spürte einen harten Tritt in seiner Kniekehle. Jemand warf ihn nieder und hebelte die Pistole aus seiner Hand. Ein Knie stieß in seinen Rücken, seine Arme wurden nach hinten gebogen, scharfkantige Fesseln erst um seine Handgelenke, dann um seine Fußgelenke geschlungen und brutal zusammengezogen. Er war vollkommen orientierungslos. Seine Augen erholten sich nur langsam von der Wirkung der Blendgranate. Durch das Pfeifen in seinen Ohren drangen kurze, harte Kommandos. Dann beugte sich eine schwarze Gestalt zu ihm herab.

»Shit! Herr Pfarrer!« Bauer hörte die Stimme wie durch Watte. Sie gehörte seinem SEK-Freund. Er trug eine Sturmhaube. »Was zur Hölle hatten Sie mit der Pistole vor?«

»Der Junge hat sie mir gegeben«, presste Bauer hervor. »Können Sie mich losmachen?«

»Sorry. Wir sind hier noch nicht durch. Versuchen Sie, sich zu entspannen.« Damit hastete er weiter.

Bauer sah sich um. Die Bilder wurden deutlicher. Ein paar Meter entfernt lag Zabel, hinter ihm Annette und neben der Kellertür ein weiterer Mann, alle mit Kabelbinder gefesselt.

»An den Anblick könnte ich mich gewöhnen.«

Er drehte den Kopf. Über ihm das Gesicht von Verena. Die Erleichterung darin passte nicht zu der Begrüßung. Sie holte ein kleines Klappmesser aus ihrer Tasche, ließ die Klinge hervorschnellen und beugte sich zu ihm herunter.

»Stopp!« Kriminaldirektor Lutz kam mit energischen Schritten heran. »Sie fassen hier nichts und niemanden an, verstanden?«

»Das ist Bauer«, erwiderte Verena ungläubig.

Lutz würdigte Bauer keines Blickes. »Die Identität der Verdächtigen zu klären ist nicht Ihre Aufgabe.«

Bevor Verena antworten konnte, trat einer der SEK-Beamten hinzu. »Kellergeschoss gesichert.«

»Haben Sie den Jungen?«, fragte Lutz.

»Negativ. Aber wir haben seine Waffe.«

»Woher wissen Sie, dass es seine ist?«

»Von ihm«, erwiderte der Beamte und deutete auf Bauer.

Jetzt sah Lutz ihn doch an.

53

Tilo stand wie betäubt vor der Eisentür. Sein Körper fühlte sich fremd an, als würde er in einem Neoprenanzug stecken und über den Grund eines schlammigen Sees wandern. Von irgendwoher drang Lärm wie durch eine Watteschicht zu ihm durch.

Er hatte geschossen und war dann einfach gegangen. Der letzte Knall dröhnte immer noch in seinen Ohren. Er war nicht gerannt. Niemand hatte ihn aufgehalten. Vielleicht war er unsichtbar geworden.

»Er ist dein Vater.«

Der Pfarrer hatte die Wahrheit gesagt. Tilo hatte es in den Augen seiner Mutter gesehen. Jetzt kreiste der Satz in seinem Kopf. Er löste weder Gedanken noch Gefühle aus. Er war wie ein Alien hinter Sicherheitsglas, in Quarantäne. Nur einmal war für den Bruchteil einer Sekunde der Gedanke an Mariana aufgeblitzt. War sie tot? Noch etwas, das unter Quarantäne gestellt werden musste.

Er war ganz automatisch auf die nächste Tür zugegangen. Dahinter hatte eine Treppe nach unten geführt. Ein Mann mit einer Sektflasche rannte die Treppe hinauf, an ihm vorbei, als wäre er unsichtbar.

»Er ist dein Vater.«

Unten war er links abgebogen, warum, wusste er nicht. Vielleicht hatte er einen Luftzug gespürt. Wenn man sich in einer Höhle verirrt hatte, folgte man dem Luftzug. Er kannte das aus Indiana Jones.

»Er ist dein Vater.«

Die Quarantäne hielt.

Er hatte sich an Getränkekästen und Kartons mit Sekt und Schnaps vorbeigedrückt. Am Ende des Gangs führte eine Treppe wieder nach oben. Sie endete an der Eisentür. Die Klinke gab nach. Die Tür war nicht abgeschlossen. Er zog sie auf. Eine Bö schleuderte ihm Regen ins Gesicht, riss ihm die Tür aus der Hand und schlug sie gegen das unverputzte Mauerwerk. Er trat auf die Straße. Er war zehn Meter vom Eingang des Bordells herausgekommen. Der Wind zerrte an seiner Jacke. Er zog den Reißverschluss hoch. Dabei sah er etwas Seltsames. Zwei Männer, in Kampfmontur mit Schutzwesten, Brillen, Helmen und Sturmgewehren, die ihren Blick nicht von der Eingangstür des Bordells nahmen. Sie bemerkten ihn nicht mal.

Dann entdeckte er die Limousinen, die an beiden Enden der Straße die Durchfahrt blockierten. Auf ihren Dächern kreisten Blaulichter. Besser, er ging da nicht lang. Er überquerte die Straße und verschwand in der Toreinfahrt des gegenüberliegenden Hauses. Er durchquerte einen Hinterhof. Mehrere Fenster auf der Rückseite hatten rote Gardinen. An einem Fenster stand eine Frau und rauchte. Sie trug nur einen BH. Sie rief ihm etwas zu. Er ging einfach weiter. Er passierte ein weiteres Tor und stand plötzlich wieder auf der Straße. Hier gab es keine Autos mit Blaulicht. Jenseits der nächsten Kreuzung erkannte er die Hochtrasse der Schnellstraße. Da war er hergekommen.

Er erreichte die Kreuzung. Sein Handy läutete. Er blieb

stehen und holte es aus der Tasche. Er kannte die angezeigte Nummer nicht. Er wollte den Anruf wegdrücken, doch irgendetwas sagte ihm, er müsse ihn annehmen. »Ja?«

»Leck mich doch!« Während Czort zurück zu seinem Wagen gestapft war, hatte er laut vor sich hin geflucht. »Leck mich doch« zum Wind, der sich ihm in den Weg stellte, zu den Regentropfen, die am Mantelkragen vorbei in seinen Nacken liefen, vor allem aber »Leck mich doch« zu Sascha. Was bildete sich der Kerl ein, der miese kleine Zuhälter? So eine große Nummer war er gar nicht. Vielleicht hier in der Stadt, aber mehr auch nicht. Czort kam bei seinem Wagen an und trat in die Pfütze, die sich direkt neben der Fahrertür gebildet hatte. Dreckspfütze! Er stieg ein, ließ den Wagen aber nicht an, sondern starrte durch die Windschutzscheibe. Scheißwetter.

Er war nicht wie Sascha. Er dachte weiter, er hatte größere Ziele, Visionen. Das hier würde für ihn nur ein Sprungbrett sein. Es gab so viel Geld, das nicht wusste, wohin, das investiert werden wollte – oder gewaschen. Allein diese Itaker. Die konnten mit ihrer Drogen- und Flüchtlingskohle nicht noch mehr Scheißpizzerien und Eisdielen in die Landschaft pflanzen, vor denen sie sich dann gegenseitig umnieteten. Idioten. Er würde es bis in die Landespolitik schaffen und dann nach Berlin. Und immer auf Posten, wo er dem heimatlosen Geld behilflich sein konnte. Das Eckgrundstück für Zabel war nur ein Testlauf.

Er holte die Blechdose aus der Tasche. Nur ein bisschen nachlegen, um die Drehzahl zu halten. Er nahm eine Prise zwischen Daumen und Zeigefinger und schob sie in sein rechtes Nasenloch. Noch bevor er das Pulver auch durch sein linkes Nasenloch gezogen hatte, spürte er den Rush. Sein Herz begann zu rasen, eine Welle von Euphorie überschwemmte ihn vom Kopf bis in die Zehenspitzen. Er kannte das. Es dauerte nur ein paar Sekunden. Dann kam die Wut. Die hielt manchmal zwei Stunden lang an. Es war eine gute Wut, voller Kraft, er wusste dann, dass er unantastbar war. So wie jetzt.

Er wurde oft unterschätzt. Das war auch gut so. Sascha zum Beispiel. Glaubte, er könnte ihn rumkommandieren. Wollte diese Mariana-Schlampe einfach so rumlaufen lassen. Was das für ihn bedeutete, war seinem ›Freund‹ scheißegal. Der dachte nur an sich, an sein Kapital. Als ob es da, wo die herkam, nicht genug andere gäbe. Rumänenschlampen. Der Nachschub würde nie ausgehen. Er musste was unternehmen.

Leck mich doch!

Es würde nicht schwer sein, die zwei Rumänen zu finden. Sie fuhren für kulinarische Genüsse nicht durch die halbe Stadt. Sie waren Bauernlümmel ohne jede Phantasie. Er bog ab. Hoffentlich warf ihm der Scheißwind keine Scheißdachziegel aufs Auto.

Der Imbiss war ein schmuddeliger Laden mit klebrigen Stehtischen. Bevor Dönerspieße den Currywürsten Konkurrenz machten, war die trostlose Bude eine Institution gewesen. Als es noch okay gewesen war, dass Männer in den Puff gingen. Die Wand mit den Autogrammen vergessener Sportler und den Karikaturen halbwegs bekannter Künstler erinnerte daran.

Valeriu und Radu interessierte das nicht. Sie schaufelten doppelte Portionen Gyros mit Bergen von Zwiebeln in sich hinein. Er aß lieber Französisch und teuer. Natürlich konnte er auch lächelnd eine Currywurst runterwürgen, wenn

Volkstümlichkeit gefragt war. Aber wenn er auf Crystal war, hatte er sowieso keinen Hunger.

Er fragte den Mann mit dem hängenden Gesicht, der gerade leichenblasse Kartoffelschnitze in das sprudelnde alte Frittenfett schaufelte, nach Whiskey. Wortlos stellte er einen Flachmann *Kleiner Feigling* auf den Tresen. Dann eben volkstümlich. Der Mann schien Deutscher zu sein. Man konnte nie wissen, ob man nicht einen Wähler vor sich hatte. Czort gab ihm einen Fünfeuroschein. Dann ging er zu Valeriu und Radu. Sie quittierten seine Anwesenheit mit Grunzlauten und aßen weiter.

»Das geht hier alles auf mich«, verkündete Czort und machte die entsprechende Handbewegung in Richtung des Mannes hinter dem Tresen. »Wenn ihr noch irgendwas wollt, bestellt einfach.«

Radu schaute misstrauisch von seinem Teller auf.

»Bin ich euch schuldig. War scheiße, was ich da vorhin abgelassen habe. Ihr seid Profis. Ihr habt das Mädchen nicht abhauen lassen, weiß ich doch. Sorry, Jungs.« Er zog sich einen selten geleerten und noch seltener gespülten Aschenbecher heran, holte Zigaretten aus der Tasche und steckte sich eine an. Vom Rauchverbot hatte man hier noch nie gehört.

Czort spürte das Misstrauen und die Ablehnung der beiden. Sie mochten ihn nicht. Kein Problem. Damit konnte er umgehen. Ihm genügte, wenn sie taten, was er von ihnen wollte.

»Sauwetter da draußen. Aber wir müssen noch mal los, fürchte ich. Wir brauchen das Mädchen.« Czort sog den Rauch der Zigarette in seine Lungen, schraubte den Deckel von dem Flachmann und nahm einen Schluck. Widerlich.

Radu hatte zu Ende gekaut. »Hat Chef nicht gesagt.«

Czort lachte humorlos. »Muss er das extra? Seit wann dürfen die Mädchen einfach rausspazieren und abhauen?«

Der Rumäne hatte weitere Gyrosfetzen mit seiner Gabel aufgespießt, führte sie aber nicht zum Mund. Czort konnte sehen, wie es in seinem Boxerschädel arbeitete. Er sprach einfach weiter. »Wenn sich das rumspricht, ist euer Chef erledigt. Dann kann er den Laden dichtmachen.«

Radu und Valeriu sahen sich an. Czort hatte wahrscheinlich recht.

»Okay, sie ist euch durch die Lappen gegangen. So was kann passieren. Aber jetzt müsst ihr sie wieder herschaffen. Ich helfe euch.«

Sofort kehrte das Misstrauen zurück. Er war falsch abgebogen. Er verzog sein Gesicht zu einem extraschiefen Grinsen. »Ich will ehrlich sein. Ich will, dass sie wieder arbeitet. Ich stehe auf die Kleine. Eine Stunde mit ihr, und mein Tag hat einen Goldrand.«

Sie sahen ihn verständnislos an.

»Der beste Fick im ganzen Vulkanviertel!«

Radu grinste. Sie hatten verstanden. Czort zückte seine Brieftasche, nahm zwei Fünfhunderter heraus und legte sie auf den Tisch.

»Außerdem freut sich euer Chef bestimmt. Was sagt ihr?« Valerius schwielige Pranke schoss vor, er nahm einen Schein, befühlte das Papier und hielt ihn gegen das Licht.

Czort spielte den Beleidigten. »Hey, der ist echt! Wofür hältst du mich?«

Valeriu sah Radu fragend an.

Radu nickte. »Wie wir sie finden?«

Gute Frage. »Muss ich drüber nachdenken.« Er leerte die kleine Flasche und warf sie in den offenen Mülleimer neben dem Tresen.

»Habt ihr außer dem Handy in der Bude noch was gefunden? Irgendwas, das sie liegengelassen hat?«

Die Männer schüttelten die Köpfe und beugten sich wieder über ihre Teller.

»Keinen Hinweis? Keine Spur? Nichts?« Jetzt quatschte er schon wie ein Tatortkommissar. Scheiße. Aber er musste sie finden. Der Impuls, sich mit seiner Blechdose auf das vermutlich total versiffte Klo zu verziehen, wurde stärker. »Hast du noch mehr von dem Fusel? Dann gib mir noch einen und meinen Freunden auch.«

Der Mann öffnete den Kühlschrank unter dem Tresen. Mitten in der Bewegung hielt er inne.

»Das gibt's nicht!«

»Ist dir der Stoff ausgegangen?«

Der Mann starrte durch die schmierige Fensterscheibe. »Das ist der Junge …«

Czort drehte sich um. Vor dem Imbiss stand ein Halbwüchsiger und sprach in sein Handy. Nichts Besonderes. »Und?«

»Der ist hier gestern mit 'ner Knarre und der Kleinen aus dem *Natascha* vorbeigerannt.«

Tilo ging in sein Handy sprechend langsam weiter. Czort stieß Valeriu an und deutete aus dem Fenster.

»Euer Glückstag. Holt den Wagen!«

»Mariana!« Tilo blieb stehen. Es war, als wäre die Blase geplatzt, die ihn seit dem Schuss umgeben hatte. Sein Herz schlug wieder. »Ich dachte, sie hätten dich erwischt und dich …« Er brach ab. Das spielte jetzt keine Rolle mehr. Er ging langsam weiter.

»Habe ich Auto gehört, dann Valeriu und Radu gesehen.« Mariana sprach gehetzt. »Vor Gartentor. Habe ich hinten Fenster geschlagen und raus. Gelaufen. Immer weiter.«

»Ich war da, Mariana, ich habe sie wegfahren sehen! Wo bist du?«

»Haben wir doch Adresse von Pfarrer gegoogelt. Bin ich hier. Er nicht da, aber Frau sehr freundlich.«

»Geh nicht weg! Ich komme sofort hin! Halbe Stunde, okay?«

»Gut. Ich warte.«

Sie hatte aufgelegt. Tilo starrte auf sein Handy. Zu Fuß oder Bus? Zu seinem Fahrrad konnte er nicht zurück. Geld für ein Taxi hatte er nicht.

Der schwarze Mercedes hielt neben ihm. Die hintere Tür flog auf. Plötzlich war das Gesicht des Mannes, der ihm den Finger gebrochen hatte, direkt vor ihm. Er wollte schreien, aber eine schwielige, nach Tabak riechende Hand legte sich über seinen Mund. Er wurde hochgehoben und auf die Rückbank des Mercedes gestoßen. Ein zweiter Mann packte sein Genick und drückte ihn in den Fußraum.

»Still sein!«

Tilo bäumte sich auf, wollte sich aus dem Griff befreien, da traf ihn ein Faustschlag in die Niere. Sein Widerstand versank in einem Ozean aus Schmerz.

54

»Ich hab es!« Der Wind riss der Beamtin den Beweisbeutel fast aus der Hand.

»Tür zu«, befahl Verena.

Die Beamtin von der Spurensicherung schwang sich zu Bauer auf die Sitzbank und schloss die Schiebetür des Bullis.

»Es lag im Keller, wie er gesagt hat.« Sie deutete auf Bauer. »Der Teppich in diesem Loch ist übrigens ein echter Perser. Dafür zahlt man locker zehn Riesen.«

»Ich denke nicht, dass Zabel ihn bezahlt hat.« Verena begutachtete das zerstörte iPhone in dem durchsichtigen Beutel. »Ob die KT das noch auslesen kann?«

»Die sollen Stollberg dransetzen«, erwiderte die Beamtin. »Wenn da noch jemand was rauskriegt, dann er. Ich muss wieder. Wir sind da unten noch eine Weile beschäftigt.«

Die Beamtin verließ den Wagen.

Verena sah Bauer an. »Wonach soll ich den Techniker suchen lassen?«

Er zuckte mit den Achseln. Seine Schulter knackte. Der Armhebel des SEK-Mannes schien etwas kaputtgemacht zu haben. Bauer versuchte, den Schmerz zu ignorieren. »Keine Ahnung. Aber Zabel war das Handy sehr wichtig. Ich glaube, es gehörte dem Mädchen mit dem Tattoo. Vielleicht hat er sie dafür umgebracht. Darum ist das zweite Mädchen mit Tilo von hier geflohen.«

»Dann ist sie die wichtigste Zeugin in einem Mordfall. Weiß Zabel, wo sie ist?«

Bauer schüttelte den Kopf.

»Dem Jungen haben Sie es auch nicht gesagt?«

»Nur Ihnen.«

Verena dachte nach. Dann nickte sie. »Vermutlich ist die Kleine bei Ihnen am sichersten. Ich lasse das Handy checken. So ein Mädchen zum Reden zu bringen ist praktisch aussichtslos. Aber vielleicht schaffen Sie es ja.«

»Was ist mit Tilo?«

»Die Großfahndung hat Lutz eingestellt. Ohne Waffe ist der Junge keine unmittelbare Bedrohung mehr.«

»Nur noch ein Teenie, dessen Welt eingestürzt ist.«

»Ja. Aber für so etwas sind Sie zuständig.«

»Ich muss nach Deauville. Meine Tochter ist verhaftet worden.« Bauer rutschte von der Bank und zog die Bullitür auf.

Verena hielt ihn zurück. »Woher haben Sie das?«

»Der französische Pfarrer, bei dem Nina untergekommen ist, hat Sarah angerufen. Die ganze Gruppe wurde eingekesselt und abtransportiert.«

»Warum wurde er nicht verhaftet?«

»Er war offenbar nicht dabei.«

»Wie kommt er dann an die Information?«

»Ich habe keine Ahnung, und es interessiert mich auch nicht …«

»Sollte es aber«, unterbrach Verena ihn. »Ohne Hilfe haben Sie keine Chance, zu Ihrer Tochter vorzudringen. Wenn Sie es überhaupt bis Deauville schaffen. Die Stadt ist abgeriegelt.«

»Meine Frau ist wahrscheinlich schon auf dem Weg. Ich werde sie nicht allein lassen!«

Verena überlegte kurz. »Okay. Sie fahren, ich versuche, Catherine zu erreichen. Ich frage sie nach dem Namen ihres Mannes vor Ort und schicke Ihnen eine SMS. Dann haben Sie wenigstens einen Kontakt.«

»Danke.«

Verena verzog keine Miene. »Kommen Sie!«

»Was haben Sie vor?«

»Ich sorge dafür, dass die Sie hier weglassen.« Verena zog ihn mit sich.

Vor Bauers Passat standen mehrere Einsatzfahrzeuge kreuz und quer auf der Straße. Zwei SEK-Beamte führten Zabel in Handschellen aus dem Haus. Polizeidirektor Lutz folgte, als wäre der Bordellchef sein persönlicher Gefangener. Verena blieb abrupt stehen.

Bauer fing einen Blick von Zabel auf. Seine Miene zeigte die antrainierte Härte. Doch Bauer glaubte, noch etwas anderes in dem Gesicht zu sehen. Zabel hatte gerade erfahren, dass er einen Sohn hatte. Vielleicht war es das. Vielleicht hatte Bauer es sich aber auch nur eingebildet, denn schon im nächsten Moment war Zabel in einem Streifenwagen verschwunden.

Lutz hatte sie entdeckt. Er kam zusammen mit dem SEK-Gruppenführer heran und wandte sich an Verena.

»Sie nehmen ihn zur Befragung mit ins Präsidium.« Er deutete auf Bauer, ohne ihn anzusehen. »Finden Sie raus, woher er wusste, dass der Junge hier war.«

Der SEK-Chef sah ausdruckslos an Bauer vorbei.

Auch Verena verzog keine Miene. »Ich habe ihn schon befragt. Gerade, im Bulli. Es war wohl göttliche Eingebung.«

Die Ader an Lutz' Hals pulsierte. Doch als er sprach, klang er ruhig und beinah feierlich. »Sie werden untergehen, alle beide. Dafür sorge ich.«

Lutz marschierte davon. Der SEK-ler nickte Bauer unmerklich zu und folgte dem Polizeidirektor.

Verena wandte sich an die Uniformierten. »Macht die Straße frei! Unser Pfarrer hat's eilig.«

55 Er war kein Held. Das wusste er jetzt. Er war ein Feigling.

Wenn im Film die Guten gefoltert wurden, um sie zum Reden zu bringen, hatte er sich immer vorgestellt, dass er genauso standhaft schweigen würde wie die Filmhelden. Niemand würde ihn kleinkriegen. Die Phantasie hatte sich gut angefühlt. Nur einmal hatte es nicht geklappt. Da wurde dem Helden mit einem Akkubohrer ein Zahn aufgebohrt, ohne Betäubung. Tilo hatte das Bild wochenlang nicht aus dem Kopf gekriegt.

Der Mercedes knallte über eine Bodenwelle. Tilo schrie vor Schmerz auf. Er musste den Brechreiz niederkämpfen. Eingesperrt im Kofferraum des Mercedes war Kotzen keine gute Idee.

Sie waren mit ihm auf ein verwildertes Grundstück im Hafen gefahren. Der Boxer hatte ihn aus dem Wagen gezogen. Er hatte nach Zwiebeln gerochen. Genau wie der andere, der ihn auf den Boden gedrückt hatte. Er hatte ihm die Arme auf den Rücken gebogen und sie festgehalten. Es hatte sich angefühlt, als steckten sie in einem Schraubstock. Der Irre hatte sich ans Auto gelehnt und sich eine Zigarette angesteckt.

Er hatte genau so ausgesehen, wie Mariana ihn beschrieben hatte. Sie hatte ihn den »Teufel« genannt. Das war ihm übertrieben vorgekommen. Der Mann erinnerte ihn eher an den Leiter des Pennymarkts, in dem er und seine Kumpels sich ihren Wodka besorgten, wenn an Ilses Büdchen wegen Krankheit mal wieder die Rollläden unten waren. Aber Mariana hatte recht. Vielleicht war er nicht der Teufel, aber ein sadistischer Irrer auf jeden Fall.

»Wo ist die Kleine?«

Das war also der Moment. Jetzt würde sich zeigen, ob er ein Held war. Er biss die Zähne aufeinander und starrte den Irren, wie er hoffte, verächtlich an.

»Fangt an.«

Er wollte seine Muskeln anspannen, aber die Faust war

schon da. Sie traf ihn in den Magen. Hätte ihn der zweite Mann nicht festgehalten, wäre er zu Boden gegangen.

Der Irre wartete, bis er wieder Luft bekam. »Also?«

»Keine Ahnung.«

Statt des erwarteten zweiten Schlags ließen zwei knochenharte Ohrfeigen seinen Kopf hin- und herfliegen. Lichtblitze explodierten hinter seinen Augen.

»Vielleicht jetzt?« Die kalte Stimme klang beinah vergnügt.

Er versuchte, den Kopf zu schütteln. Ein Fehler. Alles drehte sich. Schemenhaft sah er, wie der Boxer mit der Faust ausholte. Er schloss die Augen, doch der Schlag kam nicht. Er roch Fusel. Er öffnete die Augen. Der Irre stand direkt vor ihm. Irgendetwas stimmte nicht mit seinen Pupillen. »Der Scheiß dauert mir zu lange.«

Der Irre nickte dem Mann zu, der seine Arme festhielt. Der Griff lockerte sich, eine Hand packte sein linkes Handgelenk und schob den Arm nach vorn. Der Irre sah sich interessiert den grau und schmuddelig gewordenen Verband an.

»Handverletzung? Finger gebrochen?«

Er schloss seine Hand um den bandagierten Finger und bog ihn nach hinten. Ein elektrischer Schlag raste Tilos Arm hinauf. Er schrie. Diesmal wartete der Irre nicht, bis er wieder Luft bekam. Von einer Sekunde auf die andere verlor er jede Beherrschung.

»Scheiße! Mach endlich den Mund auf!«

Ohne eine Antwort abzuwarten, drückte er den Finger ganz durch. Es knackte, der trockene Zweig, das kannte Tilo schon. Den glühenden Schmerz auch. Der Irre riss die Hand zu sich heran und drückte seine Zigarette in die Handfläche.

Es wäre nicht nötig gewesen. Er war gerade zum Feigling geworden. Er würde alles sagen.

»Verdammter kleiner Scheißkerl! Ich zeige dir, mit wem du es zu tun hast!« Die Stimme war völlig verzerrt. Anscheinend hatte der Irre die Zigarette nicht ganz ausgedrückt, denn die Glut war auf Tilos rechtes Auge zugekommen. Er wollte schreien, aber er hatte keinen Ton herausgebracht.

Der Mercedes fuhr mit quietschenden Reifen eine enge Rechtskurve. Tilo biss die Zähne aufeinander.

Die Glut hatte sein Auge nicht erreicht. Eine raue Stimme hatte gesagt: »Genug. Er jetzt reden.« Die Hand mit der Zigarette war aus seinem Gesichtsfeld verschwunden.

Kurz darauf hatten sie ihn in den Kofferraum geworfen. Er schlug mit dem Kopf auf das Blech und fühlte beinah so etwas wie Dankbarkeit. Eine Melodie drang durch den roten Nebel. Wilde Blasmusik, irgendwie orientalisch. Sie brach ab. Ein Klingelton. Die raue Stimme meldete sich. Dann sagte sie laut irgendwas von Razzia und einem Chef und Polizei und dass sie wegmüssten. Die Stimme des Irren wurde schrill. Er war wütend, diesmal nicht auf ihn. Er wollte den Wagen. Die raue Stimme protestierte.

»Dann nehmt ihr eben ein Taxi!«

Der Irre schlug den Kofferraumdeckel zu. Dunkelheit. Es roch nach Schmieröl und Benzin. Der Motor wurde angelassen, der Wagen fuhr an, Kieselsteine schlugen von unten gegen das Blech. War er jetzt mit dem Irren allein? Er wünschte sich den Boxer zurück.

Der Wagen wurde schneller.

Er hatte geredet. Er kannte das Ziel der Fahrt.

56 Endete es, wo es angefangen hatte? Auf der Brücke war der Sattelschlepper dem Sturm schutzlos ausgeliefert gewesen. Eine Bö hatte den tonnenschweren Auflieger in der Flanke gepackt, auf der nassen Straße herumgeschleudert und ihn mitsamt der Zugmaschine auf die Seite gekippt. Fast hundert Meter war das Gespann über die Fahrbahn geschlittert und dann quer zu allen drei stadteinwärts führenden Spuren zum Stillstand gekommen. Wie durch ein Wunder war keines der nachfolgenden Autos in das Unfallfahrzeug gerast, alle konnten bremsen, jedoch waren einige gegen die Seiten- oder Mittelleitplanke geschleudert.

Bauer hatte die Blaulichter schon aus der Ferne gesehen. Das Lkw-Wrack lag auf dem Scheitelpunkt der Brücke, gegenüber der Stelle, wo er mit Keunert gestanden hatte. Die Feuerwehr hatte die Unfallstelle gesichert, Notarzt und Rettungswagen waren vor Ort. Er ging vom Gas. Es war nicht nur ein Schuldgefühl, das irgendwo in seiner Seele rumorte. Bauer spürte die klare Verantwortung, dieses Unglück verursacht zu haben. Es kam ihm vor wie der bittere Schlussakkord unter der Symphonie von Katastrophen, die er geschaffen hatte.

Auf der Brücke gab es keinen Standstreifen. Er schaltete die Warnblinkanlage ein, steuerte seinen Wagen an den äußersten Rand der rechten Spur und hielt an. Der Verkehr floss nur spärlich an ihm vorbei. Das Unwetter hielt die Leute zu Hause. Er stieg aus. Ein Feuerwehrmann bemerkte ihn und gestikulierte wild. Er hielt Bauer für einen Gaffer.

Die Lücken im Verkehr schienen groß genug für eine gefahrlose Überquerung der Fahrbahn. Er rannte los. Sobald er aus dem Windschatten seines Wagens heraus war, traf ihn der Sturm mit voller Wucht. Bauer hatte Mühe, sich auf den Beinen zu halten. Erst stemmte er sich gegen die wütenden Luftmassen, aber so kam er kaum vorwärts. Die herannahenden Autos schienen dagegen immer schneller zu werden. Er gab seinen Widerstand auf und ließ sich vom Wind in einer langen Diagonalen über die Fahrbahn tragen. Der Feuerwehrmann folgte ihm, packte ihn am Arm und zerrte ihn über die Leitplanke auf den schmalen Mittelstreifen. Im nächsten Moment schoss hupend ein Wagen hinter Bauer vorbei.

»Sind Sie vollkommen irre?«, schrie der Feuerwehrmann. Dann stutzte er. »Ich kenne Sie doch!«

»Polizeipfarrer Bauer.« Auch er musste schreien. Das Unwetter machte einen Höllenlärm. »Kann ich helfen?«

Die Miene des Brandmeisters entspannte sich. Er schüttelte den Kopf. »Ich muss Sie enttäuschen, es gibt hier nichts zu tun für Sie. Ihr oberster Chef hat wohl seine schützende Hand über die Leute gehalten. Alle werden überleben. Die paar, die es nötig hatten, sind schon abtransportiert. Ich habe selten so viel Schrott und so wenige Verletzungen gesehen. Aber da kommt heute bestimmt noch mehr.«

Nehmt mich und werft mich ins Meer, so wird das Meer still werden und von euch ablassen. Denn ich weiß, dass um meinetwillen dies große Ungewitter über euch gekommen ist.[9] Fast hätte Bauer den Bibelvers herausgebrüllt.

»Fahren Sie nach Hause, warten Sie auf den nächsten Einsatz! Den kann ich Ihnen fast garantieren. Richtig heftig wird's nämlich erst noch. Halten Sie sich an meinem Gürtel fest!«

Der hünenhafte Brandmeister brachte Bauer sicher zu seinem Passat, schob ihn hinein, verabschiedete sich mit einem dröhnenden Hieb aufs Wagendach und stapfte zurück. Bauer fühlte sich wie in einer Blase, nur eine dünne Haut schützte ihn noch, gespannt zwischen Sicherheit und Chaos, zwischen Leben und Sterben. Wo war die brennende Eile hin? Wie hatte er anhalten können? Was, wenn ein Sterbender ihn gebraucht hätte? War das Müdigkeit, die ihn lähmte? Gleichgültigkeit? Die Gewissheit, zu spät zu kommen? Entschied er überhaupt etwas, oder taumelte er nur durch einen gewaltigen Sturm?

Bleischwer floss die Sinnlosigkeit aus seinem Herzen in seine Adern und in jeden Winkel seines Körpers. Er würde Nina in Frankreich nicht finden. Er hatte wie der biblische Jona eine Aufgabe von Gott bekommen, vor fünf Tagen, auf dieser Brücke. Der Junge war sein Job, sogar Verena sah das inzwischen so. Aber er hatte alles falsch gemacht, und wie Jona lief er nun davon. Weil er ein Vater war und seine Frau erwartete, dass er wie einer handelte. Weil er selbst es von sich erwartete. Verdammt, gab es keine einfache Lösung? Nein, diesmal gab es überhaupt keine Lösung. Egal, in welche Richtung er sich wandte, es würde die falsche sein. Am liebsten wäre er geblieben, wo er war, unentschieden, zwischen den Ufern, über dem reißenden Strom.

Bauer startete den Motor, fuhr langsam an. Der Wagen schlingerte wie von einer Riesenfaust geschüttelt über die Brücke. Sogar die gebündelten, meterdicken Stahltrossen der Schrägseilkonstruktion schwankten. Er erreichte das linke Rheinufer, der Boden schien fester zu werden. Noch fünf Minuten bis nach Hause. Würde Sarah noch dort sein? Wünschte er sich, dass sie es nicht mehr war? Der Wagen fand die Ausfahrt wie von selbst.

Über die Straße am Rand der Zechensiedlung trieben tote Äste. Die Linie 929 der Niederrheinischen Verkehrsbetriebe AG fuhr langsam vor Bauer her. Der Fahrer setzte den Blinker. Die Haltestelle lag unmittelbar vor der Seitenstraße, in die Bauer abbiegen musste. Er stoppte. Als der Bus wieder anfuhr, stand eine schmale Gestalt auf dem Bürgersteig. Ein leuchtender Farbklecks im nassen Grau. Der Sturm zerrte an dem Parka, den Bauer und seine Frau für ihre Tochter gekauft hatten.

Nina. Da stand Nina. Da stand seine Tochter. Wenn Bauer sich später erinnerte, folgte auf den Moment, in dem er bewegungslos dagesessen und sie erkannt hatte, unmittelbar der, in dem sie einander, vom Wind umtost, fast zerdrücken wollten. Die kurze Strecke aus dem Auto bis zu Nina hatte er, wenn er seinem Gedächtnis glauben wollte, nie zurückgelegt.

Er hielt sie fest an der Hand, zog sie zum Auto, setzte sie hinein, warf ihren Rucksack auf den Rücksitz. Die Worte sprudelten aus ihr heraus. Der Weg vom Pfarrhaus bis zur Place Morny, wo die Hauptkundgebung stattfinden sollte, führte durch die Altstadt von Deauville. Die Fenster der kleinen Restaurants und Geschäfte waren mit Holzplatten vernagelt gewesen. Ninas Aktivistengruppe hatte den Aufmarsch der Spezialkräfte in den engen Gassen hautnah miterlebt. Nina hatte Angst bekommen, versucht, die anderen zur Umkehr zu bewegen. Sie war als Einzige umgekehrt. Sie schämte sich.

»Du hättest keine Angst gehabt«, sagte sie. »Du wärst nicht weggelaufen.«

»Bin ich gerade, weil ich Angst hatte.« Bauer umkurvte einen dicken Ast, der die halbe Straße versperrte. Dann sah er sein Haus. Darüber beugte sich, vom Wind gepeitscht, in bedenklichem Winkel der große alte Kirschbaum. Das Auto seiner Frau stand in der Einfahrt, zugeparkt von einem schwarzen Mercedes, den jemand halb auf dem Bürgersteig abgestellt hatte. Bauer kannte den Wagen nicht, aber er beschloss, dem Fahrer dafür zu danken, Sarah aufgehalten zu haben. Vermutlich hatte seine Frau jemanden angerufen, der sich um das Mädchen aus dem Bordell kümmern sollte. Denn ganz gleich, wie wütend sie war, er wusste, sie würde den Ärger über ihren Mann nicht an anderen auslassen. Wenn jemand Hilfe brauchte, würde sie helfen, soweit es ihr möglich war, ohne ihre Familie im Stich zu lassen. Sarahs Meinung nach unterschieden sie sich in genau diesem Punkt voneinander.

Wahrscheinlich hatte sie recht. Seine Erleichterung rührte nicht nur daher, dass seine Tochter wohlbehalten heimgekehrt war. Er konnte nun doch noch seinen Job machen. Schon während er Nina umarmte, hatte er an Tilo gedacht und überlegt, wie er ihn finden sollte. Wahrscheinlich mit Hilfe des Mädchens, sie schien dem Jungen sehr wichtig zu sein.

Bauer sprang aus dem Auto. Die Eile war wieder da, und er schämte sich dafür, so wie seine Tochter sich für ihre Angst schämte. Nina bekam davon nichts mit, sie überholte ihn noch auf dem kurzen Weg zum Haus. Während er seinen Schlüssel suchte und sie schon klingelte, trug der Sturm ein Heulen an sein Ohr. Es klang menschlich und so verzweifelt, dass Bauer sich erschrocken umwandte. Aber auf der Straße war niemand zu sehen.

»Papa! Schließ schon auf! Sie hört uns nicht!«

Bauer öffnete. Die Angst, die er plötzlich spürte, konnte er sich nicht erklären.

»Mama?« Nina drängte sich an ihm vorbei ins Haus.

Bauer sah, wie seine Tochter an der Küchentür erstarrte. Mit zwei Sätzen war er bei ihr. Sarah saß am Tisch. Um ihre Hand- und Fußgelenke war Paketband gewickelt. Sie war an den Stuhl gefesselt. Neben ihr stand ein untersetzter Mann. Er hielt eine Pistole in der Hand. Die Mündung drückte er an Sarahs Kopf. Doch nicht dieses Bild schreckte Bauer am meisten. Schlimmer war der Blick in die Augen des Mannes. Bauer fand etwas darin, das er so noch nicht bei einem Menschen gesehen hatte. Es war das, was er fürchtete, wenn er den *Thronoi* betrachtete. Im Park jedoch blieb seine Angst vor dem Bösen immer so abstrakt wie die Statue selbst.

Nun war sie Wirklichkeit geworden.

57

Sie fragte sich, ob Bauer mit seiner Frau schon unterwegs war. Hoffentlich bekamen sie ihre Tochter in einem Stück wieder. Denn seinen Job war Bauer vielleicht los, wenn Lutz seine Karten diesmal richtig ausspielte.

Das Ganze grenzte langsam an Sippenhaft. Lutz buchte jeden Mist, den Bauer anstellte, auch gleich auf ihr Konto. Dabei hatte der Polizeipfarrer gar keinen Mist gebaut. Er hatte dem Jungen die Pistole abgenommen. Sie dann wieder zurückgegeben. Dann wieder abgenommen. Beziehungsweise Tilo hatte sie ihm zurückgegeben. Wenn Lutz das auch noch erfuhr, war Bauer erledigt.

Sie seufzte. Wahrscheinlich würde sie sich demnächst doch noch an einen Neuen gewöhnen müssen. Vielleicht einen zweiten Monsignore Vaals, was definitiv besser für ihre Karriere wäre. Aber auch erheblich langweiliger.

Sie hatte beschlossen, das Smartphone persönlich zur KTU zu bringen. Sie konnte nicht auf den Dienstweg warten. Wegen des Handys war eine junge Frau ermordet worden, eine zweite war gerade noch mal davongekommen.

Dohr musste schnellstens wissen, was an dem Ding so verdammt wichtig war.

Dr. Breier, Chef der KTU, war noch im Labor. Griesgrämig packte er gerade seine Thermoskanne in die abgewetzte Aktentasche aus Elchleder, ohne die man Breier außerhalb des Labors noch nie gesehen hatte.

Sein Blick war ein großes Nein. »Noch ein Gefallen? Reicht es denn nicht für ein Wochenende, Frau Dohr?«

Sie hielt den transparenten Beweismittelbeutel hoch.

»Was? Fingerabdrücke? Physikalische Spuren? Dafür bin ich zum Glück nicht auch noch zuständig.«

Dohr sah ihn unverwandt an und rührte sich nicht von der Stelle.

»Das macht die IuK.«

Das wusste sie, jeder wusste das. Aber Breier war als Leiter der KTU auch Chef der Abteilung Forensische Information und Kommunikation.

Er sah ein, dass er Dohr nicht so einfach loswurde. »Die arbeiten auch mit Notbesetzung. Stollberg hat Dienst. Er hätte sich bestimmt genauso gefreut wie ich, für Sie alles stehen und liegen zu lassen. Aber er hängt mit seinem Wagen irgendwo an der Leitplanke fest.« Er antwortete, bevor sie ihre Frage stellen konnte. »Umgestürzter Lkw, Vollbremsung, glatte Fahrbahn, zack. Die Feuerwehr hat alles abgesperrt.«

Sie fluchte.

»Aber es geht ihm gut. Danke der Nachfrage. Schicken Sie's zum LKA.«

Das fehlte ihr gerade noch.

»Darf ich mir das mal ansehen?«

Dohr fuhr herum. Das schmale, hochaufgeschossene Mädchen hatte sich geräuschlos angeschlichen. Es überragte sie um mehrere Zentimeter. Die richtige Größe für ein Model, nur hatten ihre Bewegungen etwas Linkisches, das Dohr an eine Stockpuppe denken ließ. Sie war nicht hübsch und schien kaum Wert auf ihr Äußeres zu legen, strahlte aber eine Art ungerührtes Selbstvertrauen aus.

Auf dem Gesicht des Chefs der KTU erschien ein ironisches Lächeln. »Darf ich vorstellen? Antonia Schmitz. Praktikantin. Von der Waldorfschule.«

Dohr wusste, dass Oberstufenschüler bei der Polizei Praktika machen durften. Bei der KTU hatte sie noch nie einen davon gesehen.

»Tiziana. Schmidt«, korrigierte das Mädchen.

»Hauptkommissarin Dohr, KK 11«, erklärte Breier.

»Todesermittlungen, Brand, Waffen, Sprengstoff, ich weiß.« Das Mädchen streckte ihr die Hand entgegen. »Ich mache nächstes Jahr Abi. Dann studiere ich IT, danach arbeite ich hier.«

Ihr Ton ließ keinen Zweifel zu, dass sie genau das tun würde. Dohr war verblüfft. Sie ergriff die ausgestreckte Hand und schüttelte sie. Das Mädchen ließ es irritiert geschehen. Dohr begriff, dass sie die Hand nach dem Smartphone ausgestreckt hatte. Dohr sah Breier fragend an.

»Tiziana ...« Breier hatte sichtlich Schwierigkeiten, den extravaganten Namen über die Lippen zu bringen. »... ist ziemlich gut mit dem Datenkram. Waldorfschulen sind auch nicht mehr, was sie mal waren. Aber das müssen Sie selbst entscheiden. Ich habe Feierabend.« Ohne Abschiedsfloskel ließ er sie mit der Praktikantin stehen und ging.

»Wie alt bist du?«

»Siebzehn. Warum?«

Ihre Augen wanderten ungeduldig zu dem Beweismittelbeutel. Dohr nahm das Handy heraus und gab es ihr.

»Krass.«

»Wir müssen wissen, was drauf ist. Kannst du das, ohne alles zu löschen?«

Das Mädchen sah Dohr mit einer Mischung aus Gekränktheit und Herablassung an. »Wenn was zu retten ist, rette ich's.« Ohne eine Antwort abzuwarten, ging sie zu einem Computerarbeitsplatz.

»Wie lange brauchst du dafür?«

Die Praktikantin beugte sich schon über das Smartphone. Hauptkommissarin Dohr hatte für sie aufgehört zu existieren.

Zwei Zigaretten beim Fahrradständer und eine unangenehme Begegnung mit Karman auf dem Flur später trat Dohr wieder durch die Tür der KTU. Das Mädchen saß noch vor dem Rechner. Als Dohr näher kam, sah sie, dass auf dem Bildschirm gerade ein halbes Dutzend Panzer durch eine Straße mit zerschossenen Häusern rollte und in brennende Hausruinen feuerte.

»Egoshooter?«, fragte Dohr über ihre Schulter.

Das Mädchen schüttelte den Kopf. »Real time strategy.« Sie deutete auf das zerlegte Smartphone. Eins der Teile war über ein Kabel mit dem Rechner verbunden. »Die Hauptplatine ist hinüber. Davon kriegen wir nichts mehr.«

»Mist.«

»Aber ich habe den iCloud-Zugang rekonstruiert. Das Passwort auch. Ein Name. Andrej.«

»Ihr Sohn.«

Das Mädchen zuckte mit den Achseln. »Wir kriegen jedenfalls alles, was sie in der Cloud gespeichert hat. Soll ich?«

»Leg los.«

Das Mädchen tippte auf eine Taste. Das Schlachtfeld verschwand, Lacrimas iCloud-Account erschien.

»Was wollen Sie sehen? Kontakte? Messages? E-Mails?«

Dohr wusste nicht, warum, aber etwas sagte ihr, dass sie sich Lacrimas Fotos ansehen sollte. Das Mädchen öffnete den Fotospeicher. Dohr überließ es ihr, durch die Fotos zu klicken.

Es waren viele. Zuerst ein paar Selfies, lachend und sehr lebendig. Ihr Anblick versetzte Dohr einen Stich. Das Bild des geschundenen Körpers auf dem kalten Stahltisch der Pathologie, aufgeschnitten, ausgenommen und wieder zugenäht, schob sich darüber.

Auf den Selfies war Lacrima dezent geschminkt und frisiert, eine ganz normale rumänische junge Frau, die vielleicht in einer Boutique oder einem Café hätte arbeiten können. Sie hatte neutrale Hintergründe gewählt, die nichts von der Art des Etablissements verrieten, in dem sie sich tatsächlich aufhielt, aber Dohr erkannte die Tapete. Auf einem Foto stand Lacrima vor einem offenen Fenster, hinter ihr blauer Himmel mit hingetupften weißen Wölkchen. Ein Stück vom Dach des gegenüberliegenden Hauses verriet, dass das Selfie im oberen Stockwerk des Bordells aufgenommen worden war. Bestimmt hatte sie die Fotos nach Hause geschickt, um die Fiktion vom tollen Job in Deutschland aufrechtzuerhalten. Wahrscheinlich kannte man zu Hause mittlerweile die Wahrheit. Aber die Lüge machte es allen leichter, von dem Geld zu leben, das Lacrima verdiente.

Dann kamen Bilder einer schlammigen Dorfstraße mit windschiefen einstöckigen Häusern, an denen man mit etwas gutem Willen noch Reste von Farbe erahnen konnte. Ein kleines Kind, fast noch ein Säugling, in bunter Kleidung wurde in die Kamera gehalten. Das musste Lacrimas Kleiner sein. Viele weitere Fotos des Jungen folgten. Auf manchen war er in einem Wohnraum mit einer älteren Frau oder einem Mann zu sehen, vermutlich Lacrimas Eltern. Seine Kleidung wurde hochpreisiger, während im Hintergrund immer mehr teure Konsumgüter auftauchten.

Dohr bat Tiziana fortzufahren. Ein paar Fotos waren in der Clubbar aufgenommen worden. Lacrimas Kolleginnen, die Sektgläser hochhielten und betrunken in die Kamera lachten. Vielleicht ein Geburtstag.

Das nächste Foto war schief und verwackelt. Zuerst dachte Dohr, es wäre ein missglückter Schnappschuss, oder jemand hätte versehentlich auf den Auslöser gedrückt. Auf der rechten Seite war eine junge Frau zu erkennen. Sie stand auf einem Balkon, der Himmel hinter ihr war einheitlich grau. Sie trug einen roten Spitzen-BH, ein Träger war heruntergerutscht, sonst war sie nackt. Die Kamera hatte sie in einer jähen Bewegung festgehalten, etwas hatte sie herumgerissen und aus dem Gleichgewicht gebracht. In der linken Hälfte des Bildes holte ein Mann mit wutverzerrtem Gesicht zum Schlag aus. Keine Ohrfeige, die Faust war geballt. Der Schlag würde die junge Frau ins Gesicht treffen und gegen die Brüstung schleudern.

»Voll heftig«, sagte Tiziana und versuchte, cool zu klingen.

Dohr sah sich den Mann genauer an. Er trug kein Jackett. Das dezent blaugestreifte Businesshemd war aufgeknöpft und hing halb aus der Anzughose. Obwohl der Jähzorn sein Gesicht regelrecht verzerrte, kam es Dohr bekannt vor. Sie bat Tiziana, den Ausschnitt zu vergrößern.

Zuerst wollte sie es nicht glauben.

Tiziana sah sie fragend an. »Kennen Sie den?«

Dohr nickte. Alexander Czort, Stadtrat, einflussreicher Lokalpolitiker, der am Rande einiger Skandale im Bau- und Liegenschaftsamt in Erscheinung getreten war, sich aber immer hatte herauswinden können. Das Foto musste es sein. Der Grund, warum Zabels Leute hinter dem Handy her gewesen waren und Lacrima hatte sterben müssen. Sie bat Tiziana, die restlichen Fotos anzuklicken.

Tiziana zuckte mit den Achseln. »Das war's. Danach kommt nichts mehr.« Beklommen fragte sie: »Ist sie tot?«

»Weiß ich noch nicht.« Erst mal musste sie rauskriegen, wer die junge Frau auf dem Foto war. Dohr hatte bereits erkannt, dass Czort und die Frau auf einem der oberen Balkone von Zabels Bordell standen. Das Foto musste vom Nachbarbalkon aus gemacht worden sein. Alexander Czort im Bordell. Was war daran so kompromittierend, dass eine Frau hatte sterben müssen? Ein Gedanke regte sich im Hintergrund ihres Bewusstseins. »Zeig mir die EXIF-Datei zu dem Foto.«

»Dem verwackelten?«

Dohr nickte. Tiziana drückte auf eine Taste. Die EXIF-Daten erschienen auf dem Monitor. Datum und Uhrzeit. Das Datum erinnerte Dohr an etwas. Nach drei Sekunden hatte sie es. Die Razzia im *Natascha*. Bei der eine junge Frau vom Balkon gestürzt und gestorben war. Sie schob die Praktikantin beiseite und aktivierte das Intranet. Drei Tastenkürzel später hatte sie den Bericht auf dem Schirm, zusammen mit Fotos der toten Frau auf dem Straßenpflaster.

Sie hieß Aurica Dacianu. Sie hatte als Prostituierte im *Club Natascha* gearbeitet. Laut Zeugenaussagen war sie zum Zeitpunkt ihres Sturzes allein in ihrem Zimmer gewesen. Die Obduktion hatte in ihrem Blut eine geringe Menge Alkohol ergeben, sonst nichts. Tod ohne Fremdeinwirkung, ein Unfall. Von wegen.

Dann wurde es Dohr schlagartig klar. Bauer hatte den Fall gelöst. Beide Fälle. Die Morde an zwei rumänischen Prostituierten, Aurica Dacianu und Lacrima Balan. Weil er einfach nicht aufgehört hatte, im Selbstmord eines Polizisten herumzustochern wegen einer fixen Idee von Wahrheit, die einen fünfzehnjährigen Jungen mit seinem falschen Vater versöhnen sollte und die dazu geführt hatte, dass der Junge stattdessen beinah seinen wirklichen Vater erschossen hätte.

Wie war das möglich? Wie hing das alles zusammen? Czort hatte Aurica vom Balkon geworfen. Warum, wusste Dohr nicht. Die Tat war vertuscht worden. Hatte Zabel dabei seine Hände im Spiel gehabt? Musste er. Aber wieso ließ er den Mörder einer seiner Frauen davonkommen? Etwa nur, weil Czort in der Lokalpolitik mitmischte? Die Frage musste warten. Lacrima hatte in dem Augenblick fotografiert, in dem es passiert war. Zufällig? Czort hatte anscheinend nichts davon gemerkt. Dann war es doch rausgekommen. Vielleicht durch einen Zufall, vielleicht weil Lacrima das Foto als Trumpf ausgespielt hatte. Wie auch immer, jemand hatte sie gefoltert, ermordet und im Rhein versenkt. Warum hatte man sie gefoltert? Weil der oder die Täter das Smartphone mit dem Foto nicht bei ihr gefunden hatten. Weil sie es Mariana gegeben hatte. Hatte sie es unter der Folter verraten? Möglich, aber Mariana war bereits selbst klargeworden, dass sie in Gefahr war. Sie war geflohen, Keunerts Sohn Tilo hatte ihr geholfen. Was die beiden miteinander verband, begriff Dohr nicht. Zabels Leute hatten sie gesucht und beinah geschnappt. Sie war entkommen, aber sie hatte Lacrimas Smartphone verloren. So war es zurück zu Zabel gelangt. Wo jemand versucht hatte, es zu zerstören. Zabel? Czort? Dann war Tilo aufgetaucht, um Zabel zu erschießen. Weil Zabel seinen Vater und Mariana umgebracht hatte. Nur war sein Vater nicht sein Vater, und Mariana war noch am Leben. Dass Zabel Keunert ermordet hatte, hielt Dohr mittlerweile durchaus für möglich. Wenn er wirklich Tilos leiblicher Vater war, war alles möglich.

Tiziana riss sie aus ihren Gedanken. »Kann ich noch helfen?«

Dohr sah das Mädchen nachdenklich an. »Nein danke. Aber ausgezeichnete Arbeit. Ich freue mich schon darauf, in ein paar Jahren mit dir zusammenzuarbeiten.« Dohr deutete auf die Handyteile. »Kannst du das wieder zusammenbauen?«

»Klar.«

»Dachte ich mir.«

Zurück im Büro, rief sie Czort an. Seine Sekretärin teilte ihr mit, der Herr Stadtrat sei nicht im Hause, sie wisse auch nicht, wo er sich gerade aufhalte, er habe schon seinen letzten Termin verpasst. Dohr bekam Czorts Handynummer. Die Mailbox meldete sich. Sie hinterließ keine Nachricht. Ein Anruf bei Czorts privatem Festnetzanschluss verband sie mit dem Anrufbeantworter.

Sie schrieb Czort zur Fahndung aus.

Jetzt zu Mariana. Sie war ihre wichtigste Zeugin. Jemand musste sie bei Bauer abholen. Dohr versuchte, einen Streifenwagen zu organisieren, aber wegen des Unwetters waren alle im Einsatz. Sollte sie selbst fahren? Sie sah aus dem Fenster. Der Wind peitschte dicke Regentropfen gegen die Scheiben, die Zweige der Platane schlugen um sich. Vielleicht sollte sie ihre Chance nutzen und Zabel verhören, bevor sich ein superschlauer Anwalt durch das Unwetter zu seinem Mandanten durchkämpfte. Mariana war bei Bauer vorerst gut aufgehoben. Andererseits konnte ihr die Rumänin vielleicht etwas liefern, womit sie Zabel aus der Reserve locken konnte.

Sie wählte die Nummer der Internen. Nach einigem Hin und Her hatte sie Doktor Ebers am Apparat. Als sie Zabels Namen nannte, hörte sie, wie Ebers am anderen Ende der Leitung tief einatmete. Dann explodierte der Polizeidirektor.

»Ich habe Ihnen gesagt, Sie sollen die Finger von der Sache lassen, verdammt noch mal. Versuchen Sie vielleicht absichtlich, unsere Ermittlungen zu torpedieren?«

»Dann ist Zabel also der Mann, den Sie im Zusammenhang mit Keunert verdächtigen?«

»Sie können mich mal.«

Sie ignorierte den für Dr. Ebers ungewöhnlichen verbalen Ausfall. »Möglicherweise ist Keunert ja nicht der Einzige, den er bestochen hat.«

»Alles ist möglich.«

»Und vielleicht haben Sie ja schon den einen oder anderen Verdächtigen. Aber keine Beweise.« Langsam ging ihr das Pokern auf die Nerven. »Na schön. Ich habe für Sie ein Foto, das Sie bei Zabel als Brechstange einsetzen können. Mir geht es nur um die Morde.«

»Welche Morde? Ich dachte, wir hätten uns darauf geeinigt, dass Keunert Selbstmord begangen hat.«

»Zwei rumänische Prostituierte, die in Zabels Laden gearbeitet haben. Sie kriegen das Foto, wenn Sie mir verraten, ob der Mann, der darauf ist, in Ihren Ermittlungen eine Rolle spielt und welche Beziehung zwischen ihm und Zabel besteht.«

Fünf Minuten später wusste sie alles, was die Internen auch wussten. Die Kollegen hatten ihr sogar verraten, in welchem Zusammenhang sie auf Keunert gestoßen waren. Anscheinend war Zabel noch auf einem zweiten Geschäftsfeld aktiv: Kokain. Das war ihr neu gewesen. Keunerts Name war in Telefonaten aufgetaucht, die rumänische Drogenfahnder abgehört hatten. Es ging darin um Kokainlieferungen, allerdings nicht an Zabel, sondern an einen anderen Abnehmer im Ruhrgebiet, und die Frage, ob man nicht Zabels Informanten bei der Polizei nutzen könne, wenn es sein musste, durch Erpressung und ohne Zabels Wissen. Ein weiterer guter Grund, um vom Dach eines Parkhauses zu springen, überlegte Dohr.

Trotz oder vielleicht auch gerade wegen der neuen Informationen über Sascha Zabel war die Begegnung mit ihm im Verhörraum 501 kurz. Er erklärte, er kenne Alexander Czort nur aus der Zeitung, ob der Mann jemals eins seiner Etablissements besucht habe, wisse er nicht. Alle weiteren Einlassungen waren Variationen auf das Thema ›Ich will meinen Anwalt‹. Dohr versuchte es gar nicht erst mit einem ihrer Verhörtricks.

Zurück in ihrem Büro, wählte sie Bauers Nummer. Es läutete siebenmal, dann sprang die Mailbox an. Sie legte auf.

58

In diesem Moment wollte Bauer den Mann töten. Es war kein unkontrolliert aufflammender Hass, sondern ein klarer, harter Impuls. Aber die Waffe hielt der andere in der Hand. Mit dem Lauf zeichnete er auf Ninas Pullover die Konturen ihrer Brüste nach.

»So ein hübsches Mädchen.«

Bauer kannte das Gesicht des Mannes aus der Zeitung. Ein Politiker. Ein Junkie. Die zweite Information hatte Bauer nicht aus der Presse. Der Mann war zugedröhnt bis unter die Schädeldecke. Man musste kein Experte sein, um das zu erkennen.

»Ich mag hübsche Mädchen.«

Der Mann stand hinter Nina und beugte sich zu ihr hinunter. Sein Mund berührte fast ihr Ohr. Sie bewegte sich nicht. Wie ihre Mutter war sie an einen Stuhl gefesselt. Bauer hatte das Paketband um Unterschenkel und Stuhlbeine, Handgelenke und Lehnen wickeln müssen. Nun stand er auf der anderen Seite des Küchentischs. Der Blick seiner Tochter war ein Hilfeschrei.

»Bitte lassen Sie sie in Ruhe.« Bauer hörte sich selbst wie einen Fremden. Seine Stimme klang unnatürlich ruhig.

Die Ruhe putschte den Mann noch weiter auf. Er schnellte hoch. »Dann sag mir endlich, wo diese verdammte Nutte ist! Oder ich schieße deiner Kleinen die Titten weg!«

Er spie die Worte aus. Obwohl er fast zwei Meter entfernt stand, spürte Bauer die Tröpfchen im Gesicht.

»Sag es ihm«, forderte Sarah. »Sag ihm, wo du das Mädchen hingebracht hast!«

Bauer bewunderte die Kaltblütigkeit seiner Frau. Mit einer Waffe am Kopf hatte sie behauptet, dass er Mariana weggebracht hatte. Vielleicht hatte das Mädchen ja unbemerkt fliehen können, als der Wahnsinnige aufgetaucht war. Aber warum erfand Sarah dann diese Geschichte? Bauer blickte seine Frau an. Nein. Er las es in ihrem Gesicht: Mariana war noch da. Sie versteckte sich im Haus. Was Sarah ihm sagen wollte, war: *Schaff diesen Wahnsinnigen hier raus! Beschütze deine Familie!*

»Ich habe Mariana ins Präsidium gefahren. Sie wird dort befragt. Sie ist eine wichtige Zeugin in einem Mordfall«, erklärte er. »Aber das wissen Sie vermutlich. Sonst wären Sie nicht hier.«

Der Mann starrte Bauer an, schlenkerte mit der Pistole, umrundete den Tisch. Er kam so dicht heran, dass Bauer das Zucken in seinen Pupillen sah. Die elektrischen Impulse, auf denen die Gedanken durch das drogengeflutete Hirn rasten, sprangen auf die Augenmuskeln über. Aber da war noch etwas anderes in dem Blick. Es legte sich um Bauers Brust wie ein eiserner Ring.

Schnell und heftig schüttelte der Mann den Kopf. »Nein. Nein, nein, nein. Du lügst. Der Junge vertraut dir. Er hätte die Kleine nie hergeschafft, wenn er geglaubt hätte, dass du sie an die Bullen verrätst.«

»Ich bin Polizeiseelsorger, ich gehöre zu den Bullen.«

»Du gehörst zu niemandem. Du tust nur so. Ich weiß, wie du tickst. Du bist wie ich. Du kannst es vor deiner Alten nur nicht zugeben.« Die Droge löste einen Redeflash aus. Bauer tippte auf Crystal Meth. »Du bist Priester, du machst was mit den Menschen. Ich bin Politiker, ich mache auch was mit den Menschen. Und zwar genau das, was *ich* will. Ich erzähle ihnen, was gut und schlecht ist, richtig und falsch. So wie du. Und die Idioten glauben es. Sie tun, was wir ihnen einflüstern. Das ist das geilste Gefühl überhaupt, gib es ruhig zu.«

Plötzlich wusste Bauer, wen er vor sich hatte. »Chucky«, entfuhr es ihm. »Sie sind Alexander Czort. Sie gehörten zur Clique von Walter Keunert, Sascha Zabel und Alice.«

Czort, der noch keinen Moment stillgestanden hatte, sah ihn reglos an. »Kennen wir uns von früher? Kann ich mir gar nicht vorstellen. Ich vergesse nie ein Gesicht.«

»In dem Punkt sind wir uns tatsächlich ähnlich.« Bauer zog das alte Schwimmbadfoto aus der Tasche.

»Wo hast du das denn her?« Czort riss ihm das Bild aus der Hand. »Scheiße, waren wir da noch jung.« Ein Grinsen verzerrte seine Züge. »In dem Sommer fing das Leben so richtig an.«

Annettes Freundin Nicole hatte etwas anderes erzählt. Für sie war mit diesem Sommer die Leichtigkeit in ihrem Leben erloschen.

»Einen Tag, nachdem das Foto aufgenommen wurde, starb ein Junge in dem Schwimmbad.« Während er sprach, fragte Bauer sich, warum er davon anfing. Um Vertrauen aufzubauen, wie es in einer Gefährdungslage mit Geiselnahme üblich war? Nein. Er wollte keine Verbindung zu diesem Mann. Er wollte Zeit gewinnen. Er wollte die Waffe. »Der Junge steht auf dem Treppchen neben Keunert, als Drittplatzierter. Er hieß Enzo.«

»Enzo, richtig.« Czort leckte sich die Lippen. »Jajaja. Ist vom Zehner gesprungen – auf der falschen Seite. Und voll auf den Beton geknallt.«

Bauer hätte den Ausdruck auf Czorts Gesicht nicht beschreiben können. Gefühle wie Empathie oder Entsetzen sah er nicht. Vielleicht hatte die Droge sie weggeschwemmt. Doch das, was Bauer statt der erwarteten Emotionen im Gesicht des Mannes fand, hatte seinen Ursprung nicht in dem Rauschgift, und es zog den Ring um Bauers Brust noch enger.

»Waren Sie dabei?« Bauer schoss die Frage ab wie ein Zen-Bogenschütze seinen Pfeil. Die Worte kamen aus seinem Inneren, er ließ sie nur los, im richtigen Moment. Er zielte, ohne zu zielen. Die Antwort brauchte er gar nicht. Er bekam auch keine.

Czort erinnerte sich offenbar an die Pistole in seiner Hand. Er drückte den Lauf tief in die weiche Stelle zwischen Bauers Unterkieferknochen. »Ich will jetzt wissen, wo die Nutte ist.«

»Im Präsidium«, presste Bauer hervor.

»Verdammt! Muss ich dir auch erst die Finger brechen?« Czort nahm die Waffe wieder herunter. »Aber bei dir würde das gar nichts bringen, oder? Nein, bestimmt nicht. Ich sehe es dir an. Du bist ein anderes Kaliber als der kleine Pisser.«

»Wo ist Tilo?«

»Draußen. Im Wagen. Im Kofferraum. Bin echt froh, dass das nicht meine Karre ist.« Czort kicherte. »Pisser war nämlich wörtlich gemeint. Erst wollte er nichts sagen, und dann hat er sich vollgeschifft.«

Das Heulen, das Bauer vor dem Haus gehört hatte, war nicht der Wind gewesen. Der Junge lebte noch. »Was haben Sie vor?«

»Verraten Sie mir, wo das Mädchen ist, dann verrate ich Ihnen, wie es weitergeht.«

»Glauben Sie, dass es für Sie weitergeht? Die Polizei bekommt gerade die Aussage des Mädchens. Vielleicht wird sogar schon nach Ihnen gefahndet. Sie haben ein Menschenleben auf dem Gewissen, da bin ich ziemlich sicher.«

»Nur eins?« Wieder gluckste Czort. Die Droge schien ihm das Gefühl zu geben, unbesiegbar zu sein. »Okay, das mit dem Finger wird bei dir nicht funktionieren. Aber du hast andere Stellen, wo man dir weh tun kann. Und ich meine nicht deine Weichteile.« Er blickte zu Nina und Sarah.

Seiner Tochter stand die Panik ins Gesicht geschrieben. Sarah fixierte Czort, ohne ihre Angst zu zeigen.

»Was guckst du so?«, fragte Czort. »Willst du mich provozieren, damit ich dich nehme und dein Töchterlein verschone? Das will dein Göttergatte auch. Aber das könnt ihr vergessen! Für dich tut er nichts mehr, für eure Kleine alles. Kein Mann steht auf Hängetitten, egal, was er erzählt. Darum lieben Väter ihre Teenagertöchter mehr als ihre Ehefrauen. Jeder weiß das. Gibt nur keiner von euch zu. Weil ihr alle Scheißspießer seid!«

»Und Sie sind vollkommen wahnsinnig«, entgegnete Sarah mit einer Kälte, die Bauer ihr nicht zugetraut hätte.

»Ach ja? Dann pass mal auf«, erwiderte Czort und wandte sich an Bauer. »Welche soll ich umlegen? Deine Frau? Oder deine Tochter? Deine Entscheidung!«

Wieder fuchtelte Czort wild mit der Waffe herum. Bauer überlegte, sich auf ihn zu stürzen. Aber er war sicher, dass Czort auch dann zuerst auf Nina schießen würde. »Bitte, hören Sie auf!«

»Die Alte? Oder deine Kleine? Ich warte!«

»Herr Czort, denken Sie nach! So kommen Sie da nie wieder raus. Sie sind Politiker, Sie müssen doch sehen, wenn eine Situation aussichtslos ist.«

Czort lachte auf. »Aussichtslos? Sie haben keine Ahnung von Politik. Niemand wird glauben, dass ich das hier getan habe! Ich bin ein ehrbarer Bürger, kein Amokläufer.«

Da begriff Bauer. Czort würde niemanden am Leben lassen. Er war schon zu weit gegangen, und er würde noch weitergehen, um es zu vertuschen. Die Droge riss alle Schranken nieder. Es gab keine Grenzen mehr für ihn. Er war der Mittelpunkt seines Universums, er hatte den perfekten Plan und den perfekten Sündenbock – im Kofferraum des Mercedes.

Bauer suchte Czorts Blick. »Bitte, tun Sie das nicht!«

Es war sinnlos. »Was Sie vorhaben, ist Wahnsinn.« Bauer sprach es nicht aus, um seine Tochter vor der Wahrheit zu schützen. Auch das war sinnlos. Tränen rannen über ihr Gesicht. Sie spürte es. Sie hatte Todesangst.

»Ich habe keine Ahnung, wovon Sie reden.« Czorts Augenlid zuckte.

»Sie wollen uns töten und es Tilo anhängen«, sagte Bauer. »Ein jugendlicher Amokläufer.«

Czort schrie auf. »Scheiße! Ich habe die Schnauze voll von dem Gequatsche!« Er wirbelte zu Nina herum, stieß die Mündung der Pistole auf ihr Knie. Sie schrie auf. »Damit fange ich an. Dann nehme ich das andere. Ich mache so lange weiter, bis du mir sagst, wo die verdammte Nutte ist!«

Da war es mit Sarahs Selbstkontrolle vorbei. »Er weiß es nicht!«

»Halt die Fresse!«, fuhr Czort sie an und blickte dann zu Bauer. »Bei drei drücke ich ab. Eins ...«

Bauer stand da wie gelähmt.

»Sie ist noch hier!« Sarahs Stimme überschlug sich. Die Wahrheit klang wie eine verzweifelte Lüge. »Sie hat sich versteckt!«

»Du sollst deine verdammte Fresse halten!«, brüllte Czort. Wieder sah er Bauer an. »Zwei ...«

Dann bebten die Wände und der Boden, Putz platzte von der Decke, Atlantikluft strömte in den Raum, und mit ihr flog der Schrei herein.

Der Schrei eines Mädchens. Mariana.

Verena Dohr fuhr Slalom um heruntergebrochene Äste. Die kleine Allee schlug eine verlustreiche Schlacht gegen den ostatlantischen Sturmangriff. Ein Wunder, dass noch keiner der alten Bäume gefallen war. Verena bezweifelte, dass es so bleiben würde.

Sie steuerte Bauers Haus an und registrierte überrascht die davor parkenden Autos. Ein Kleinwagen in der Einfahrt, ein Mercedes gleich davor und am Straßenrand der Passat. Bauer und seine Frau waren noch nicht auf dem Weg nach Frankreich. Offenbar hatten sie Besuch, und der musste für Bauers Frau sehr wichtig sein, wenn er sie von dem Vorhaben, die Tochter aus dem abgeriegelten Deauville rauszuholen, abhalten konnte. Das hatte nicht einmal Bauer geschafft.

Verena stoppte und stieg aus. Sie zog den Kopf ein, lief über die Straße und musterte den Mercedes. Ein antrainierter Automatismus, der Wagen passte nicht ins Bild. S-Klasse, Listenpreis in der Basisausstattung über achtzigtausend Euro. Sie war schon an dem Wagen vorbei, als sie es hörte. Es war so leise, dass sie erst selbst nicht wusste, warum sie stehen blieb. Es dauerte ein paar Sekunden, bis sie das Geräusch im Brausen des Sturms bewusst wahrnahm. Jemand weinte. Verena blickte sich um. Es war niemand zu sehen. Sie versuchte, das Wimmern zu orten. Es kam aus dem Mercedes. Sie presste ihre Stirn an die getönten Fondscheiben, schirmte ihre Augen mit den Händen ab, aber da war nichts. Der Kofferraum! Sie legte ihr Ohr auf das kalte, nasse Blech. Ganz klar: Es lag jemand im Kofferraum, und er weinte.

Sie probierte es an der Fahrertür. Nicht abgeschlossen. Sie fand die Taste für den Kofferraumdeckel. Sie drückte den Knopf mit ausgestrecktem Arm und war mit einem Satz am Heck, die Pistole im Anschlag. Trotz der Windböen schwenkte die Klappe majestätisch langsam auf. Ein scharfer Geruch stieg in ihre Nase – Urin. Im Kofferraum lag zusammengekrümmt ein Junge. Aus weit aufgerissenen Augen starrte er sie an.

»Kripo, Hauptkommissarin Dohr. Tilo Keunert, richtig?«

Der Junge nickte zögernd.

Sie ließ die Waffe sinken. »Keine Angst. Es ist alles gut. Du kannst ...«

Sie schaffte es nicht, den Satz zu beenden. Eine Bö schleuderte sie gegen den Wagen. Gleichzeitig erfüllte ein gewaltiges Krachen die Luft. Instinktiv riss Verena die Arme hoch. Aber die Bewegung, die sie am Rand ihres Sichtfeldes wahrnahm, war meterweit entfernt. Was sich bewegte, war nur sehr groß. Mit einem Knacken, das Verena in den eigenen Knochen zu spüren glaubte, brach der Kirschbaum und fiel auf Bauers Haus, durchschlug das Dach und brachte die Giebelwand zum Einsturz. Es war ein Lärm wie bei einer Bombenexplosion. Doch in dem Krachen und Bersten war noch etwas anderes zu hören – ein schriller Schrei.

Er kam von oben.

»Rauf da!«

Er spürte einen stechenden Schmerz. Czort rammte ihm den Pistolenlauf in den Rücken. Es wäre nicht nötig gewesen. Bauer machte jeden Schritt, der den Wahnsinnigen von seiner Familie entfernte, mehr als freiwillig. In großen Sätzen sprang er die Stufen hinauf.

Czort hatte Mühe zu folgen. »Hey! Komm nicht auf die Idee abzuhauen! Ich knall dich schneller ab, als du laufen kannst. Und danach kümmere ich mich um deine Mädels!«

Die Luft im ersten Stock war kalt, der Sturm drückte sie herein. Auf der Treppe zum Dachgeschoss lagen Scherben von Ziegeln und Bruchstücke von Gipskartonplatten. Bauer stolperte darüber hinweg. Noch bevor er ganz oben war, sah er schon die Äste und dahinter graue Wolken. Das Dach war zur Hälfte eingestürzt, die Giebelwand zum Garten lag in Trümmern, der Stamm des Kirschbaums hatte sie durchschlagen und alles unter sich begraben, was einmal Ninas Zimmer gewesen war. Der Wind zerrte an der Kleidung, die aus dem zerstörten Schrank quoll. Bauer sah ein buntes Sommerkleid über das Nachbarhaus davonfliegen. Neben dem massiven Bauernbett, das Nina schon als Fünfjährige ihrer Oma abgeschwatzt hatte, entdeckte er das Mädchen.

Sie kauerte unter einem abgeknickten Dachbalken in einer Ecke, die keine mehr war, weil die Außenmauer fehlte. Gleich hinter Mariana ging es mehr als fünf Meter tief hinab in den sturmverwüsteten Garten. Sie erkannte Bauer, der Schreck wich aus ihrem Gesicht. Doch schon im nächsten Moment erstarrten ihre Züge in purem Entsetzen. Czort kam hinter Bauer die Treppe herauf und stieß ihn zur Seite.

»Da bist du ja. Ich habe dich gesucht.« Czort ging auf das Mädchen zu. Mariana wollte zurückweichen, doch da war nichts mehr. Einen Schritt vor ihr hielt Czort an.

»Steh auf!«

Mariana rührte sich nicht.

Er zielte mit der Pistole auf ihren Kopf. Auf einmal wirkte er fast ruhig. »Steh auf!«

Ängstlich kam das Mädchen unter dem Dachbalken hervor und richtete sich auf. Sie schlang die Arme um ihren Körper, stand nur einen Fußbreit vom Mauerrand entfernt. Sie zitterte.

Bauer fürchtete, dass die nächste Bö sie mit sich reißen würde. »Czort!«

Sein Kopf fuhr herum, aber die Waffe hielt er weiter auf Mariana gerichtet. »Keinen Schritt weiter!«

Bauer stoppte mitten in der Bewegung. Vor diesem Abgrund gab es keinen Verhandlungsspielraum. Dies war nicht die Brücke und Czort kein verzweifelter Polizist. Er war ein Mörder.

Czort blickte in die Tiefe hinter Mariana. Etwas huschte über sein Gesicht. Bei anderen Menschen hätte Bauer es für den Widerhall einer schönen Erinnerung gehalten. Bei diesem Mann drängte sich das Bild der aufgeplatzten Ratte aus dem Schwimmbad in seine Gedanken.

»Spring!«, forderte Czort das Mädchen auf.

Mariana sah ihn ungläubig an.

Czort leckte sich wieder über die Lippen. »Vielleicht überlebst du es ja. Eine Kugel in den Kopf überlebst du nicht.«

Mariana schüttelte panisch den Kopf. »Bitte nicht! Kannst du mich haben, jetzt, hier. Mache ich alles, was du willst!«

»Ich will, dass du springst!«, brüllte Czort. »Na los! Oder ich knall dich ab!«

»Polizei! Bauer, zur Seite!«

Der Ruf kam von der Treppe. Verena. Sie hatte ihre Waffe im Anschlag. Bauer stand in der Schusslinie. Er sah es vor sich, bevor es geschah. Czort fuhr mit der Pistole in der Hand herum und riss den Abzug durch. Verena konnte das Feuer nicht erwidern. Sie wollte Bauer nicht gefährden. Die Kugeln würden sie treffen.

Bauer sprang. Das Mündungsfeuer flammte direkt vor seinen Augen auf. Er spürte den scharfen, heißen Luftzug an seiner linken Wange, bevor er den Schuss hörte. Er prallte gegen Czort, umklammerte ihn, riss ihn mit sich, stürzte mit ihm über die Mauerkante. Dann war da nur noch das Rauschen der Luft.

Ja, es endete, wie es angefangen hatte: Er fiel, endlos, aus der Welt. Er schlug auf. Der Aufprall presste sein Herz und seine Lunge zu einer winzigen Kugel zusammen, in der es keinen Hauch Luft zum Atmen gab. Er spürte Knochen unter sich splittern, hörte unmenschliche Laute aus seinem eigenen Mund, blickte in die Augen von Czort, sie traten aus ihren Höhlen, und er glaubte, etwas Schwarzes hervorkriechen zu sehen. Verzweifelt versuchte Bauer, zur Seite zu rollen. Er wollte nicht, dass die Dunkelheit des *Thronoi* ihn erreichte. Aber er konnte sich nicht bewegen, er kam nicht weg, nicht herunter von dem zerschmetterten, zuckenden Körper, der seinen Aufprall gedämpft hatte und der nun unter ihm starb.

Mit letzter Kraft schaffte Bauer es, seinen Kopf zu drehen. Der Himmel raste in Fetzen über ihn hinweg, der Kirschbaum erdrückte sein Elternhaus, zwei Menschen standen dort, wo die Giebelwand gewesen war. Ein Mädchen und ein Junge, sie hielten einander im Arm.

Dann ertrank Bauer in der Dunkelheit.

59

Sarah sah aufs Meer. Die Wellen schienen bis auf die kleine Veranda rollen zu wollen. Wenn sie endlich brachen, spritzten dicke Gischtflocken durch die Luft und leuchteten in der aufgehenden Sonne.

Der Strand war ihr in der ganzen Woche nicht so schmal vorgekommen. Einen Augenblick überlegte sie, alle Sachen zusammenzuraffen, ihre Tochter zu wecken und die Düne zur Strandpromenade hinaufzuklettern. Im nächsten Moment fand sie sich albern. Wer immer die kleinen Holzhäuser auf den Strand gesetzt hatte, musste wissen, wie hoch die Flut kam.

Sie versuchte, Vertrauen zu haben. Früher war ihr das nie schwergefallen. Früher – so lange war das noch gar nicht her. Erst sechs Tage. Aber es gab ein Davor und ein Danach. Davor hatte sie einen Mann gehabt, der wenigstens versucht hatte, seine Familie vor den Auswirkungen seines Berufs zu schützen, der für ihn Berufung war. Danach hatte sie keinen Zweifel mehr, dass er das nicht konnte.

Er hatte einen Mörder in ihr Haus und seine Tochter in Todesgefahr gebracht. Auch Sarahs Leben war bedroht gewesen, aber das zählte für sie nicht als Argument. Sie hatte sich freiwillig für Martin entschieden und, wenn sie ehrlich war, immer geahnt, worauf sie sich einließ. Nina hatte keine Wahl gehabt. Ein Kind musste darauf vertrauen, dass seine Eltern es beschützten. Ein Kind konnte sich seinen Vater nicht aussuchen. Das war die Aufgabe der Mutter.

Sie horchte. Das Strandhäuschen bestand nur aus einem einzigen Raum. Das breite Doppelbett stand auf einer Empore. Nina schlief noch. Das An- und Abschwellen ihres Atems mischte sich mit dem Donnern der Brandung, das leise durch die Doppelglasscheiben drang.

In den ersten Monaten nach der Geburt war Sarah nachts stündlich aufgewacht. Nicht weil ihr Baby geschrien hätte. Nein, sie hatte auf das Atemgeräusch ihrer Tochter gehorcht. Meist war es so leise, dass sie mit ihrer Wange ganz nah an das winzige Gesicht ging, bis sie den Lufthauch spürte.

Ein Kind. Sarah griff nach dem Kaffeebecher, den sie morgens, wenn sie aufs Meer schaute, auf dem Heizkörper neben der Fensterfront abstellte. Er stand nicht dort. Da fiel ihr ein, dass sie noch gar keinen Kaffee gekocht hatte. Sie hatte sich aus dem Bett gestohlen, war leise die steile Holztreppe hinuntergeklettert, ins Bad gehuscht und danach gleich ans Fenster getreten. Sie schaute auf ihre Uhr. Die drei Minuten waren längst um. Sie blickte wieder aufs Meer.

Am Tag nach ihrer Ankunft hatte Sarah im Kiosk an der Strandpromenade eine deutsche Tageszeitung gekauft. Sie las sie im Café. Als sie das Foto von dem Baum entdeckte, der auf das Haus gefallen war, hatte sie sich verschluckt. In dem Artikel wurde der Polizeiseelsorger Martin B. als Held gefeiert.

Sarah schob ihre Hand in die Tasche des Morgenmantels und umfasste das Plastikstäbchen. Ihr Zuhause war zerstört. Sie hatte ihren Mann zusammen mit einem Mörder in einer Blutlache auf den Pflastersteinen ihrer Terrasse liegen sehen. Sie wollte keinen Helden, der sich opferte, um fremde Menschen zu retten. Sie wollte einen Feigling, der für seine Familie am Leben blieb.

Sie holte das Stäbchen hervor. Durch das Ergebnisfenster zog sich ein blauer Strich, auch durch das Kontrollfenster. Sie hörte ein Knarren hinter sich. Erschrocken blickte sie sich um.

»Morgen.«

Nina kam verschlafen die Treppe herunter. Sarah ließ das Stäbchen wieder in ihrer Tasche verschwinden.

»Gibt's etwa noch keinen Kaffee?«, maulte Nina.

Sarah lächelte. »Ich bin auch gerade erst aufgestanden. Aber du kannst gern welchen machen.«

Nina verzog das Gesicht. »Eigentlich ist das sowieso Papas Job.«

Sie trat zu Sarah ans Fenster. Sarah nahm ihre Tochter in

den Arm und sog den Duft ihrer Haare ein. Nach dem Aufstehen roch sie immer noch so wie als Baby.

Nina kuschelte sich an sie. »Wann fahren wir wieder nach Hause?«

Sarah suchte eine Antwort. Das tat sie seit sechs Tagen. Sie sah aufs Meer.

60

Bauer öffnete die Augen. Sofort war ihr Satz wieder da.

»Ich kann so nicht weitermachen.«

Eine kaputte Schallplatte, der Tonarm sprang immer wieder zurück in dieselbe Rille.

Meinte sie, was sie da gesagt hatte?

Und was war mit ihm? Konnte er so weitermachen?

Sarah und Nina waren jetzt seit einer Woche in Katwijk. Sarah rief einmal am Tag an, gewöhnlich abends, und erkundigte sich, wie es ihm ging. Sie klang distanziert und zugleich mitfühlend. Nina schickte ständig aufmunternde Textnachrichten und Fotos.

Sie hatte protestiert, als Sarah ihr eröffnet hatte, sie würden nach Holland fahren. Papa allein im Krankenhaus lassen? Das ging doch gar nicht. Sarah war zu ausgelaugt, um mit ihr zu diskutieren. Also war es an ihm gewesen, Nina zu beruhigen, es sei okay, er brauche sowieso Zeit, um zu sich zu kommen. Widerstrebend hatte sie nachgegeben. Er war gleichermaßen erleichtert und traurig gewesen, als die beiden gegangen waren. Er hatte genug mit sich selbst zu tun.

Mittlerweile träumte er nicht mehr jede Nacht von Czort. Er hatte einen Menschen getötet. Als er noch für seinen

Verein in der Oberliga geboxt hatte, war das immer seine Angst gewesen. Ein falscher Schlag, ein gesundheitlich geschwächter Gegner. Jetzt war es passiert. Er hatte einen Menschen getötet.

Es war Nothilfe gewesen, Dohr hatte ihm das mindestens zehnmal versichert. Eine Notwehrhandlung zugunsten eines Dritten. Niemand zweifelte daran. Nicht mal Lutz.

Nur er selbst.

Weil er das Geheimnis kannte. Er hatte Czort töten wollen. Als der Wahnsinnige die Pistole auf Nina gerichtet hatte, die an den Stuhl gefesselt und ihm hilflos ausgeliefert war, war der Impuls übermächtig gewesen. Er hätte es ohne zu zögern getan, hätte er eine Möglichkeit dazu gesehen. Was, wenn er sich nicht nur in einer *Notwehrhandlung zugunsten eines Dritten* auf Czort gestürzt hatte, sondern aus Hass und dem Wunsch nach Rache? Er hatte den schrecklichen Augenblick mindestens hundertmal durchgespielt, aber er wusste es immer noch nicht. Vielleicht würde er es nie wissen. Wie er mit der Ungewissheit leben sollte, wusste er ebenso wenig.

Sein katholischer Kollege hatte ihn besucht. Er hatte den Kopf zur Tür hereingesteckt und ihn angesehen wie einen Golden Retriever, der die Pantoffeln zerkaut hatte. Dann hatte er eine Flasche Brunello di Montalcino von 2011 aus einer Plastiktüte gezogen, als hätte er sie durch die saudi-arabische Grenzkontrolle geschmuggelt, und sie zusammen mit einem Korkenzieher altersmilde lächelnd in Bauers Nachtschränkchen verschwinden lassen.

Auch Oberkirchenrat Hohmann hatte den Weg zu ihm gefunden. Bauer hatte versucht, seinem Vorgesetzten die Ereignisse aus seiner Sicht zu schildern.

Hohmann hatte nur ratlos den Kopf geschüttelt. »Was soll ich bloß mit Ihnen machen? Ich weiß wirklich nicht, wie lange ich Sie hier noch halten kann. Und mit Ihrem Naturell bleibt dann bloß noch eine Stelle als Gefängnispfarrer.«

Bauer hatte nach einer Erwiderung gesucht, aber keine gefunden.

»Lassen Sie mal, Herr Bauer. Darüber reden wir, wenn Sie wieder auf den Beinen sind.«

Hauptkommissarin Dohr kam täglich. Sie war zwar immer in Eile, ließ sich aber nötigen, seine Fragen nach Tilo und Mariana zu beantworten. Bei ihrem letzten Besuch hatte sie ihm berichtet, Direktionsleiter Lutz verbreite eine Version der Geschehnisse, in der Bauer nicht sehr gut wegkomme. Der zentrale Begriff dabei laute »fahrlässig«.

Bauer war froh gewesen, als er endlich wieder allein war. Vielleicht hatte Lutz ja recht. Dadurch, dass er so hartnäckig versucht hatte, die Wahrheit ans Licht zu zerren, hatte er alles nur noch schlimmer gemacht. Tilo hätte fast seinen leiblichen Vater erschossen, und vermutlich hasste er seine Mutter, die vor den Scherben ihrer sorgsam gehüteten Scheinwelt stand, jetzt noch mehr als vorher. Die Wahrheit hatte niemanden geheilt.

Sein Blick wanderte zu der Bibel, die zwischen dem Krankenhausgeschirr auf dem Nachttisch lag. Die Dame vom Sozialdienst hatte sie ihm auf seinen Wunsch hin gebracht. Vielleicht waren seine Anstrengungen nur der Versuch, seiner eigenen Existenz einen Sinn zu geben. Letztlich gab es nur eine heilende Wahrheit – Gottes Gnade.

»Hören Sie auf, sich selbst zu zerfleischen«, hatte Dohr gesagt. »Das ist bloß eine andere Art von Narzissmus und passt überhaupt nicht zu Ihnen. Ist ja nicht mitanzusehen.

Wo ist der Typ geblieben, der auf seine unfehlbare Intuition vertraut und immer weiß, was richtig ist?«

Er hatte nur halbherzig protestiert.

»Ohne Ihr nerviges Herumstochern hätten wir die Morde an den zwei jungen Frauen vielleicht nie aufgeklärt.« Dann war sie aufgestanden. An der Tür hatte sie sich noch einmal umgedreht. »Das hätte ich fast vergessen: Zabel hat nach Ihnen gefragt.«

»Was will er?«

»Keine Ahnung. Beichten?«

Jesaja 61: *Denn ich bin der HERR, der das Recht liebt und Raub und Unrecht hasst.* Er blätterte weiter. Zweites Buch Mose 34, Vers 6 und 7: *Und der HERR ging vor seinem Angesicht vorüber, und er rief aus: HERR, HERR, Gott, barmherzig und gnädig und geduldig und von großer Gnade und Treue, der da Tausenden Gnade bewahrt und vergibt Missetat, Übertretung und Sünde, aber ungestraft lässt er niemand, sondern sucht die Missetat der Väter heim an Kindern und Kindeskindern bis ins dritte und vierte Glied!*

Mit gut zehn Jahren war er in der Bibel seiner Großmutter auf diese Stelle gestoßen. Die Worte hatten seine bis dahin unschuldige Welt erschüttert und ihm eine Höllenangst eingejagt. Für etwas bestraft zu werden, das andere getan hatten, war ... Noch heute fehlten ihm die Worte, um seinen Schock, seine Empörung auszudrücken. Wie konnte Gott so etwas tun? Es hatte ihm die ganzen Sommerferien versaut. Ständig hatte er seinen Vater belauert. Er wollte mitbekommen, wenn er eine dieser Missetaten beging. Vielleicht konnte er sich dann auf die spätere Bestrafung vorbereiten oder Gott gnädig stimmen, indem er besonders brav war.

Er erinnerte sich an ein Seminar. Die Theologie der Erbsünde war komplex und voller Widersprüche. Am meisten sagte ihm das Konzept der orthodoxen Kirche zu. Demnach war nicht Adams Sünde das Problem, sondern die Folge dieser Sünde, dass nämlich der Tod in die Welt kam. Die Angst vor dem Tod ließ Menschen weitere Sünden begehen. Ihr freier Wille existierte weiter. Sie waren immer noch fähig, das Richtige zu tun und ihrer eigentlichen, von Gott angelegten Natur zu entsprechen.

Aber vererbten Eltern die Konsequenzen ihrer Taten nicht tatsächlich auf ihre Kinder? Musste nicht jede Generation bis zu einem gewissen Grad für die Untaten der vorangegangenen leiden – durch Neurosen, Psychosen, Alkoholismus, Drogensucht, Depression – und dabei selbst schuldig werden? Folgte man dieser verhängnisvollen Kette bis zum Anfang, wo landete man dann? Bei Adam und Eva. Es hatte nur wenig gefehlt, und Tilo hätte seinen Vater erschossen. Er war das vorerst letzte Glied einer langen verhängnisvollen Kette.

Bauer brummte der Schädel. Er würde durchdrehen, wenn er noch länger grübelnd hier herumlag. Er schlüpfte in die Hausschuhe, die ihm Nina vor der Abfahrt vorbeigebracht hatte. Er öffnete die Schublade des Nachtschränkchens und nahm die selbstgedrehte Zigarette und das Feuerzeug heraus. Dohr hatte sie ihm ungefragt dagelassen. Er steckte beides in die Tasche seines Bademantels und tappte, den mobilen Infusionsständer vor sich herschiebend, aus dem Zimmer.

Er hatte sie nur einmal gesehen, und das im Halbdunkel einer Kirche, aber ihre rundliche Silhouette war unverwechselbar. Außerdem trug sie wieder die Schlosserhose, diesmal mit Arbeitsstiefeln und einer weiten, buntgemusterten Filzjacke. Obwohl sie ihm den Rücken zukehrte, erkannte er sie sofort wieder. Sie beugte sich gerade über einen olivgrünen Jägerrucksack. Er schob seinen Infusionsständer in die Aufzugkabine, die Tür schloss sich hinter ihm.

»Ich fahre nach oben«, sagte sie, ohne aufzusehen.

»Macht nichts. Ich hab's nicht eilig.«

Sie richtete sich auf und drehte sich um. »Na, so was, der Herr Pfarrer.«

Sie schien nicht überrascht. Ihr Lächeln fing in den Augen an und überzog ihr rundes Gesicht mit kleinen Fältchen. Jetzt erkannte er, dass sie erheblich älter war, als er aufgrund ihrer Beweglichkeit beim Einnehmen des Lotussitzes angenommen hatte. Der Flaum, der auf ihrem rasierten Schädel nachgewachsen war, schimmerte hellgrau.

»Warum sind Sie hier?« Sie deutete auf den Infusionsständer und drückte auf die fünf. Krebsstation.

Der Fahrstuhl setzte sich in Bewegung. »Wegen ein paar Dingen, die ich falsch gemacht habe – oder richtig, das weiß ich im Moment nicht so genau.«

Sie lachte leise. »Wann weiß man das schon? Vielleicht gibt es so etwas wie ›falsch‹ und ›richtig‹ gar nicht. Jedenfalls in keinem absoluten Sinn.«

Er wollte Einspruch einlegen. Stattdessen sagte er: »Und Sie? Warum sind Sie hier? Ein Krankenbesuch?«

Der Fahrstuhl hielt an. »So was Ähnliches. Sie können gern mitkommen.«

Sie stiegen aus. An der Flügeltür zur Onkologischen Abteilung drückte sie für ihn den roten Knopf. Die Stationstür öffnete sich. Die Frau wirkte, als täte sie das ständig.

»Arbeiten Sie hier?«

»So würde ich das nicht nennen.«

»Aber Sie sind Ärztin?«

Sie lachte wieder. »Nein. Bauingenieurin. Tunnelbau.« Sie blieb vor einem Krankenzimmer stehen. Sie klopfte. Als keine Antwort kam, öffnete sie die Tür. Das Zimmer war leer bis auf zwei frisch bezogene Krankenbetten.

»Sie ist noch nicht da. Kommen Sie.«

Er folgte ihr in das Zimmer.

»Wahrscheinlich machen sie noch so ein sinnloses CT.«

»Sie verwandeln meine Kirche aber nicht in ein Ingenieurbüro, oder?«

Sie holte einen kleinen, in Zeitungspapier gewickelten Strauß einfacher Herbstblumen und eine Vase aus ihrem Rucksack. Der körnige graue Ton wirkte zerdrückt, als wäre sie dem Töpfer hingefallen, bevor er sie gebrannt hatte. Sie füllte sie im Badezimmer mit Wasser.

»Ich arbeite nicht mehr in meinem Beruf.«

Sie arrangierte die Blumen in der Vase und stellte sie aufs Fensterbrett. Der Eindruck war überwältigend. Die Vase war perfekt ausbalanciert. Nur ein großer Künstler konnte einen solchen Eindruck von Natürlichkeit erschaffen.

Sie lud ihn mit einer Handbewegung ein, sich auf einen der beiden Besucherstühle zu setzen. Sie nahm den anderen.

»Ich habe vor dreißig Jahren mal in Hongkong gearbeitet. Da habe ich einen chinesischen Chan-Meister kennengelernt. Er nahm mich als seine Schülerin. Und jetzt leite ich ein Chan-Zentrum am Niederrhein.«

»Sie haben dreißig Jahre lang in Hongkong gelebt?«

»Aber nein. Bis zu meiner Pensionierung habe ich in meinem Beruf gearbeitet.«

Also war sie mindestens sechzig. Schwer vorstellbar. »Wie sind Sie auf meine Kirche gestoßen?«

»Ich bin oft in evangelischen Krankenhäusern. Eine

Schwester wusste, dass wir etwas Geeignetes für unser Zentrum suchten, und erzählte mir von der Kirche.«

Jetzt wollte er es endlich wissen. »Und was machen Sie in den Krankenhäusern?«

»Oh, habe ich das nicht gesagt? Sterbebegleitung. Und ich organisiere die Überführung aus Krankenhäusern in Hospize. Ach, übrigens – ich suche eine billige Werkstatt. Mein Volvo hat schon dreihunderttausend auf der Uhr und braucht viel Zuwendung. Kennen Sie in Hooghuysen oder da in der Nähe vielleicht noch jemanden?«

Er überlegte. »Da waren ein paar Jungs, die in so einem Schuppen geschraubt haben. Die kriegten alles wieder zum Laufen.«

»Klingt gut.«

»Ich maile Ihnen die Adresse. Da fällt mir ein – Sie kennen mich offensichtlich, aber ich weiß noch nicht, wie Sie heißen.«

»Ah ja, Namen. In meinem Pass steht Dorothea Baerwald, geboren in Sterkrade. Der Dharma-Name, den mir mein Lehrer gegeben hat, ist Zhi-Jing.«

Zhi-Jing. Er wollte fragen, was ein Dharma-Name war und was er bedeutete, aber sie sprach bereits weiter.

»Mailen Sie einfach an chan-zentrum-hooghuysen@gmx.de. Wir werden dort übrigens ein buddhistisches Hospiz eröffnen.«

»Nur für Buddhisten?«

Sie lachte. »Nein. Aber die Betreuung wird buddhistischen Prinzipien folgen.«

»Buddhistische Prinzipien ... Ist die Wahrheit so ein Prinzip? Spielt sie eine wichtige Rolle im Buddhismus? Was ist mit ihrer heilenden Kraft?«

Sie wurde ernst. »Im Umgang mit Menschen geht es

meiner Ansicht nach weniger um Wahrheit als um Weisheit.«

»Ah, Sie meinen, kleine Notlügen sind erlaubt.«

Ihre Augen blitzten. »Weisheit entsteht aus dem Erkennen der wahren Natur der Wirklichkeit, verbunden mit großem Mitgefühl.«

»Und was ist mit Gott?«

»Buddhismus ist keine Religion. Buddhisten können an Gott glauben.«

Etwas rumpelte gegen die Zimmertür. Ein lethargisch wirkender Pfleger öffnete sie und schob ein Krankenbett an den freien Platz beim Fenster. Im Bett lag wie aufgebahrt eine knochendünne ältere Frau. Die Augen in dem ausgemergelten Gesicht waren geschlossen. Die fahle Haut spannte über den Wangenknochen wie Pergament. Die wenigen verbliebenen Haarsträhnen klebten an der schweißfeuchten Schädeldecke. Ohne einen weiteren Blick auf die Frau zu werfen, fixierte der Pfleger die Bremsen und verließ das Zimmer.

»Liebchen! Da bist du ja!«

Zhi-Jing trat an das Krankenbett. Die Kranke rührte sich nicht. »Thea ist achtundsiebzig. Sie gehört zu meiner Sangha. Die Ärzte geben ihr noch vier Wochen.« Sie versuchte nicht, ihre Stimme zu dämpfen.

Die Frau im Krankenbett öffnete die Augen. »Was wissen die denn schon? Hauptsache, sie können ihre komische Röntgenröhre auslasten. Wer ist der Mann?« Sie nickte in Bauers Richtung. Ihr ruppiger Ton hatte etwas Augenzwinkerndes.

»Martin Bauer. Er ist Pfarrer.«

»Sieht nicht wie ein Messgewand aus, was er da anhat.«

»Sie macht nur Witze, Herr Bauer.« Sie zwinkerte ihm

zu, dann wandte sie sich wieder an die Frau im Bett. »Er ist evangelisch, Liebchen. Herr Bauer war früher mal Gemeindepfarrer in der Kirche, in der wir jetzt unser Zentrum haben.« Sie setzte an zu erklären, wie und wo sie sich kennengelernt hatten, aber die Frau auf dem Bett unterbrach sie.

»Für langatmige Geschichten habe ich keine Zeit mehr. Sag mir lieber, wann ich hier rauskomme. Hast du einen Platz gefunden?«

»Habe ich.«

Schlagartig verschwand die Härte aus den ausgezehrten Gesichtszügen. Thea griff nach Zhi-Jings Hand und drückte sie mit dem bisschen Kraft, die sie noch besaß. Ihre Stimme war nur ein Flüstern. »Danke. Wann?«

Zhi-Jing tätschelte ihre knochige Hand. »Morgen. Ich hole dich ab.«

»Gut. Und bring die Wolle mit.«

Bauer war überrascht. »Sie stricken?«

»Wieso nicht? Ich brauche warme Socken. Geht zwar etwas langsam, und ich lasse mehr Maschen fallen als früher. Aber die kann Zhi-Jing ja später aufheben.« Ihr meckerndes Lachen ging in einen Hustenanfall über. Zhi-Jing rieb ihr sanft den Rücken.

Als die alte Frau ihn ansah, war ihr Blick klar und durchdringend. »Sie denken, das lohnt sich nicht mehr? Irgendein alter japanischer Zenmeister hat mal gesagt: Wenn ich wüsste, dass ich morgen sterbe, würde ich heute noch einen Baum pflanzen. Vielleicht war es auch ein bayerischer Förster.«

Zhi-Jing lachte. »Thea ist schon länger dabei als ich.«

»Genug geredet.« Die alte Frau versuchte, sich aufzusetzen. Zhi-Jing half ihr. Sie holte die Kissen von den leeren

Betten und stopfte sie hinter Theas Rücken, bis die alte Frau kerzengerade saß. Sie legte die Hände in Meditationshaltung zusammen. Zhi-Jing holte einen kleinen Jade-Buddha, eine Klangschale, einen Klöppel und Räucherstäbchen aus ihrem Rucksack und baute alles auf dem Boden auf.

»Sie können mit uns meditieren, wenn Sie wollen.«

»Oder für mich beten.« Das ledrige Gesicht verzog sich zu einem Grinsen.

Bevor Zhi-Jing auf die Klangschale schlug, beugte sie sich zu Bauer herüber. »Der Buddha sagt auch: Wenn man selbst erkennt, dass etwas heilsam ist und Einzelnen oder allen zugutekommt, soll man dem folgen und danach leben. Grübeln Sie nicht zu viel.«

Er sah sich um. Zhi-Jing war verschwunden. Er hatte nicht gehört, wie sie gegangen war. Er war allein mit der alten Frau. Die Ärzte gaben ihr noch vier Wochen. Trotzdem strickte sie sich ein Paar Wollsocken. Seine Hände lagen noch in seinem Schoß, die linke in der rechten, die Daumenspitzen berührten sich leicht.

Zuerst hatte er dem Geräusch ihres gleichmäßigen Atems gelauscht. Dann hatte er gebetet. Irgendwann verwandelte sich die Kraft, die er in sein Gebet legte, in reine Konzentration, der Fokus weitete sich, bis er alles umfasste. Er wusste nicht, was dieses Alles war, aber das machte nichts. Seine Zweifel und Fragen waren darin verschwunden.

Von der Großbaustelle tönte das Stampfen der Rammen herüber. Er stand auf. Die alte Frau war während der Meditation eingeschlafen. Er schob seinen Infusionsständer vorsichtig an den leeren Betten vorbei. Leise schloss er die Tür hinter sich.

Vielleicht konnte er ja doch weitermachen.

Er zog sich den Infusionskatheter aus dem Arm und machte sich auf den Rückweg zur Chirurgie.

Er hatte noch viel zu tun.

61

Hier hatte es also angefangen.

Schwer atmend hielt Bauer sich am Geländer fest und sah über die Stadt. Der Sturm schien den Schmutz weggefegt zu haben. Die Herbstluft war so klar, sie holte die Schlote der stillgelegten Hochöfen im Landschaftspark zum Greifen nah heran.

Von der Klinik aus hatte er sich ein Taxi genommen und war nach Hause gefahren. Er hatte sich vor dem Anblick gefürchtet. Aber dann hörte er das Hämmern der Zimmerleute, es schallte hell über die Siedlung, und neue Dachbalken strahlten in der Sonne. Erst der Blick aus dem Schlafzimmerfenster holte die Erinnerung zurück. In der Wiese im Garten klaffte ein Krater. Noch vom Krankenbett aus hatte Bauer eine Spezialfirma für Gefahrenfällungen beauftragt. Sie hatte den umgestürzten Kirschbaum vollständig beseitigt.

Er wandte dem Garten den Rücken zu und stieg aus dem Jogginganzug. Den hatte Sarah ihm ins Krankenhaus gebracht, bevor sie mit Nina nach Holland gefahren war. Bauer hätte eine der abgewetzten Jeans bevorzugt, die er meist nach Feierabend trug. Aber Hosen mit Löchern gestattete seine Frau ihm nur zu Hause. Er holte das Jackett mit den Kreuzen auf den Schulterstücken aus dem Schrank. Die Uniform würde helfen, kurzfristig einen Besuchstermin in der JVA zu bekommen.

Nach einem Plausch mit dem Zimmerermeister über das günstige Wetter und den Fortschritt der Arbeit verließ Bauer das Haus. Er blickte nicht mehr in den Garten, er ging direkt zu seinem Auto.

Die Justizvollzugsanstalt und das Amtsgericht gehörten zum selben Gebäudekomplex. Der mächtige, klar strukturierte Ziegelbau aus den zwanziger Jahren grenzte an ein Wohnviertel. Mietwohnungen und Gefängniszellen lagen Wand an Wand. Bauer wartete in einem karg möblierten Besucherraum darauf, dass Zabel aus seiner Freistunde geholt wurde. Zuvor hatte der Direktor ihn über § 43 Strafvollzugsgesetz aufgeklärt, der jedem Gefangenen täglich eine Stunde Aufenthalt im Freien zubilligte. Einen absurden Moment lang hegte Bauer den Verdacht, dass Hohmann ihn schon als Gefängnispfarrer angekündigt hatte.

Durch ein vergittertes Fenster blickte er aus dem vierten Stock auf den Freistundenhof hinab. Auf dem Fußballfeld wurde leidenschaftlich gekickt. Bauer beobachtete, wie ein Vollzugsbeamter einen der Spieler an die Seitenauslinie winkte. Zwei Minuten später kam Zabel in Begleitung des Beamten und in einem Sweatshirt, das den Namen verdiente, in den Besucherraum.

»Guten Tag«, begrüßte Bauer ihn. »Sie spielen immer mit vollem Einsatz, oder?«

»Sie doch auch.«

Zabels Miene war so undurchdringlich, wie Bauer sie in Erinnerung hatte. Sie setzten sich an einen Tisch am Fenster. Zabel wartete, bis der Vollzugsbeamte den Raum verlassen und die Tür hinter sich geschlossen hatte. Dann wandte er sich Bauer zu, lehnte sich zurück und musterte ihn stumm. Bauer wartete ab. Er wollte nichts von Zabel, er musste das Gespräch nicht eröffnen.

Schließlich gab Zabel das Spiel auf. »Ihre Hauptkommissarin meinte, Sie wären noch mindestens eine Woche im Krankenhaus.«

»Ich habe mich entlassen.«

Zabel nickte, als würde ihn das nicht überraschen.

»Warum bin ich hier, Herr Zabel?«

Er zögerte. Nur einen Lidschlag lang, aber dieser Moment machte aus dem hartgesottenen Kriminellen einen Mann mit einem Problem. »Sind Sie katholischer oder evangelischer Pfarrer?«

»Fragen Sie wegen des Beichtgeheimnisses?«

Zabels Miene blieb ausdruckslos. »Katholisch oder evangelisch?«

»Evangelisch. Aber das Seelsorgegeheimnis gilt für mich genauso wie für einen katholischen Kollegen. Und die Beichte gibt es auch in unserer Kirche.«

Zabel lachte freudlos. »Erwarten Sie im Ernst, ich würde auf den Knien rumkriechen und meine Sünden bekennen?«

»Niemand muss vor Gott kriechen. Außerdem ist das Bekenntnis nicht das Wichtigste.«

»Ich dachte, genau darum geht's.«

»Es geht um Vergebung.«

»Ich bin kein gläubiger Mann.«

»Ich manchmal auch nicht. Möchten Sie beichten?«

»Nein. Ich will Ihnen etwas erzählen.«

Zabels Geschichte hatte zurück in die Vergangenheit geführt, in das Mercator-Bad, in die Nacht nach dem heißesten Tag des letzten schönen Sommers.

Wie betäubt hatte Bauer das Gefängnis wieder verlassen, sich ins Auto gesetzt und war losgefahren. Als der alte Sprungturm in Sicht kam, begriff er, wohin er wollte. Er parkte seinen Wagen an der Straße. Auf dem Vorplatz zogen die Skater ihre Bahnen. Bauer hatte den Schleichweg durch die Kleingartenanlage genommen. Das Loch im Zaun fand er auf Anhieb, die Kletterpartie hinauf auf die Zehnmeterplattform schaffte er nur mit Pausen. Als er oben ankam, raste sein Puls, und die gebrochenen Rippen schienen sich bei jedem Atemzug in seine Lunge zu bohren. Er griff nach dem Geländer und wartete darauf, dass der Schwindel und die Schmerzen abebbten.

Er ließ seinen Blick schweifen. Die Sonne machte es ihm leicht. Aus den zugemüllten Betonlöchern wurden vor seinen Augen sommerblaue Schwimmbecken, aus der verwüsteten Brache eine handtuchbunte Liegewiese. Die Badegäste drängten sich am Rand des Wettkampfbeckens. Er sah es wie im Zeitraffer: den Sieg des sechzehnjährigen Walter Keunert über fünfzig Meter Freistil, seinen Stolz bei der Siegerehrung, die verliebten Blicke von Annette »Alice«, Alexander »Chucky« Czorts abgedrehten Jubel, die Bewunderung und den uneingestandenen Neid von Sascha Zabel. Bauer erlebte die Siegesfeier im Jugendheim mit, spürte die Hitze der Nacht, die alle um den Schlaf und Chucky um den Verstand brachte, schlich mit der Clique ins leere Schwimmbad und mit Enzo, der sich nichts mehr wünschte, als dazuzugehören, hinterher; er sprang nackt mit ins Wasser, fühlte mit Walter die Sehnsucht beim Anblick von Alice' makellosem Körper und mit Sascha die Eifersucht und erschrak vor der Gier in Chuckys Blick; er kletterte mit auf den Sprungturm, hörte *We Die Young* aus Chuckys dröhnendem Ghettoblaster, schmeckte den Wodka aus der kreisenden Flasche, schaute mit hinauf zu den Sternen und erschrak mit Alice, Walter und Sascha, als Enzo plötzlich auf die Plattform kletterte. Nur Chuckys Reaktion nachzuempfinden, das gelang Bauer nicht. Er verstand nicht, woher die Bosheit und die Aggressivität kamen, als Alexander Czort auf den schüchternen Jungen losging. Vielleicht wollte er es auch nicht verstehen.

»Spring!«, befahl Chucky.

»Hör schon auf«, beschwichtigte ihn Walter. »Er hat Schiss, das siehst du doch. Lass ihn einfach.«

Chucky beachtete Walter gar nicht. Er baute sich vor Enzo auf. »Spring, du Scheiß-Itaker!«

»Okay.« Enzo nahm all seinen Mut zusammen, aber Chucky ließ ihn nicht vorbei.

»Nicht ins Becken. Da runter!« Chucky deutete ins dunkle Nichts hinter Enzo. Der Junge starrte ihn ungläubig an. Chucky leckte sich über die Lippen.

»Drehst du jetzt total ab?«, mischte sich Alice ein. »Lass ihn in Ruhe, klar?«

»Wir wollen dich nicht in unserer Clique«, sagte Sascha zu Enzo. »Kapier das endlich!«

Auch Walter wandte sich an den Jungen. »Besser, du machst den Abflug.«

»Den Abflug …« Chucky fing an zu kichern.

Alice sah ihn kopfschüttelnd an. »Der hat sie echt nicht mehr alle.«

Sascha zog sie in seinen Arm. »Komm schon, du kennst ihn doch.«

Chuckys Lachen wurde lauter.

Walter schob Enzo in Richtung Metallleiter und zuckte entschuldigend mit den Schultern. »Wir sehen uns beim Training.« Dann wandte er sich rasch ab und griff zur Wodkaflasche.

Enzo setzte seinen Fuß auf die erste Metallsprosse.

»Warte!«, keuchte Chucky.

Enzo zögerte hoffnungsvoll.

Chucky trat ganz dicht an ihn heran. »Tut mir leid, du hast da was falsch verstanden. Du sollst nicht wieder runterklettern. Du sollst den Abflug machen.«

Zabel sah durch das vergitterte Fenster auf den sonnigen Gefängnishof. »Er hat ihn runtergestoßen.«

Vom Fußballfeld drangen aufgeregte Rufe herauf. Gleich darauf hörte man Jubel. Ein Tor war gefallen.

»Scheißspiel«, sagte Zabel. »Haben Sie Zigaretten?«

Bauer schüttelte den Kopf. Er hatte nur eine, in dem Aluminiumröhrchen in der Innentasche seiner Uniformjacke. Aber das sagte er nicht. Er hatte das Gefühl, er würde sie noch brauchen. »Wenn Sie nicht beichten und keine Vergebung wollen, warum erzählen Sie mir das dann alles?«

Zabel antwortete nicht. Er stellte eine Gegenfrage. »Werden Sie sich um den Jungen kümmern?«

Er meinte Tilo. »Ja.«

Zabel blickte wieder aus dem Fenster. »Die Bullen haben die Sache damals untersucht. Wir wurden auch befragt. Aber wir hatten uns geschworen dichtzuhalten. Obwohl es die Clique nach dieser Nacht nicht mehr gab, haben wir das alle durchgezogen.«

»Weil Sie sich eine Mitschuld gegeben haben.«

Zabel ignorierte auch diese Bemerkung. »Bis zu der verdammten Razzia.«

Bauer horchte auf. »Meinen Sie die vor drei Wochen?«

Er nickte. »Walter war einer der ersten Bullen vor Ort.«

»Obwohl er Sie vor solchen Überraschungen bewahren sollte? Dafür haben Sie ihn doch bezahlt.«

»So läuft das Geschäft.«

»Es war mehr als ein Geschäft. Es ging auch um Annette.« Bauer machte sich keine Illusionen. Zabel würde nichts sagen, was er nicht sagen wollte. Aber das spielte keine Rolle. Es war wie ein Sparring beim Boxen. Zabel ertrug das Gefühl nicht, zu beichten, darum *suchte* er den Schlagabtausch. »Wann hat Keunert gemerkt, dass Sie seine Frau vögeln?«

Wieder pendelte Zabel den Angriff aus. »Walter hatte schon seit Monaten davon gefaselt auszusteigen. Auch das gehört zum Geschäft und hätte sich regeln lassen. Auf die eine oder andere Art. Aber dann ist dieser Mist während der Razzia passiert.«

»Mist? Ich hoffe, Sie meinen damit nicht, dass Aurica Dacianu ermordet wurde – von Alexander Czort.«

»Nein. Ich meine, dass dieser Idiot direkt danach Walter in die Arme gelaufen ist.« Zum ersten Mal zeigte Zabel etwas, das er nicht kontrollierte. »Erst schmeißt der Irre ausgerechnet bei einer Razzia ein Mädchen vom Balkon, dann versuche ich, ihn rauszuschleusen, und wer steht da? Der einzige Bulle, der sofort die Verbindung zu der toten Nutte auf der Straße sieht. Wegen einer Sache, die mehr als fünfundzwanzig Jahre zurückliegt. Ist doch nicht zu fassen!« Zabel starrte auf die Tischplatte.

Eine bessere Chance würde Bauer nicht bekommen. »Sie sind ein Feigling. Erst vergewissern Sie sich, dass ich nichts von dem, was Sie mir anvertrauen, weitererzählen darf. Und dann schaffen Sie es nicht, es auszusprechen.«

Zabel setzte wieder seine gleichgültige Miene auf. »Wovon reden Sie?«

»Sie haben Walter Keunert getötet.«

»Was macht Sie da so sicher?«

»Sie haben mich hergebeten. Das ergibt sonst keinen Sinn.«

Zabel schnaubte höhnisch. »Tolle Beweiskette.«

»Ich muss nichts beweisen. Ich bin kein Polizist. Sie und Czort waren Geschäftspartner. Sie haben versucht, Keunert ruhigzustellen, wahrscheinlich erst mit Geld. Dann haben Sie ihm gedroht, und um zu zeigen, dass Sie es ernst meinen, haben Sie seinem Sohn den Finger brechen lassen.«

»Der Junge ist nicht mal sein Sohn.« Zabel wollte höhnisch klingen.

»Nein, er ist *Ihr* Sohn. Und er wird Ihnen nicht vergeben. Selbst wenn Sie beichten.«

Zabel hielt den Augenkontakt. Aber er schwieg.

»Sie haben Walter Keunert ins Parkhaus bestellt, sich bei seiner Frau ein Alibi verschafft und ihn anschließend vom Dach geworfen.« Wieder wartete Bauer auf eine Antwort. Wieder kam keine. Schließlich erhob er sich und ging zur Tür.

Bevor er sie erreichte, sagte Zabel: »Walter ist auf *mich* losgegangen.«

Bauer blieb stehen.

»Weil ich den Jungen mit reingezogen hatte«, fuhr Zabel fort. »Er ist ausgerastet. Ich habe mich nur gewehrt.«

»Nein. Keunert hat sich nur gewehrt.«

Bauer war gegangen, ohne sich noch einmal umzudrehen.

Die Kälte kroch aus dem Metall in seine Hände. Bauer ließ das Geländer los. Mit steifen Fingern holte er die Zigarette aus dem Aluminiumröhrchen, zündete sie an und nahm einen tiefen Zug. Er sah dem Rauch nach. Eine kleine Wolke, die in zehn Metern Höhe über das alte Schwimmbad zog. Der Sturm hatte die Gebäude weiter zerstört, das Gelände noch mehr verwüstet. Ein Trümmerfeld, aus dem der Sprungturm emporragte wie ein Mahnmal.

Der Text eines Briefes kam ihm in den Sinn. Einer der ersten christlichen Theologen hatte ihn an seine Gemeinde geschrieben. *Und wenn ich prophetisch reden könnte und wüsste alle Geheimnisse und alle Erkenntnis und hätte allen Glauben ...*[10] Bauer hatte geglaubt, und er hatte die Geheimnisse gelüftet. Aber was nützte das? Was sollte er Tilo sagen? Keunert war bereit gewesen, für seinen Sohn, der gar nicht sein Sohn war, zu töten, und er war für ihn gestorben. Wenn Bauer sich an das Seelsorgegeheimnis hielt, durfte der Junge das nie erfahren. Wenn er es brach, konnte er kein Seelsorger mehr sein. Was würde ihm dann noch bleiben? Was blieb ihm jetzt?

Bauer trat die Zigarette aus. Der Briefschreiber hatte diese Frage schon vor zweitausend Jahren beantwortet.

Nun aber bleiben Glaube, Hoffnung, Liebe, diese drei; aber die Liebe ist die größte unter ihnen.[11]

62

Das Meer. Darüber der Himmel, hoch und weit. Bauer atmete ein und aus. Er hatte das Gefühl, nach langer Zeit wieder Luft zu bekommen.

Die kleinen Holzhäuser standen gleich unterhalb der Düne. Er ging zu der Nummer, die der Verwalter ihm genannt hatte. Die Verandatür war verschlossen. Er sah durch die Scheibe. Sarahs Morgenmantel hing neben der Tür zum Bad.

Bauer blickte über den Strand. Viele Menschen nutzten das schöne Wetter für einen Nachmittagsspaziergang. Das Klügste wäre, hier zu warten. Aber er wollte nicht warten.

Er lief auf das Wasser zu, bis der Sand fest wurde. Ohne nachzudenken, wandte er sich in Richtung Sonne. Er war noch nicht weit gegangen, als er sie entdeckte. Nina hatte ihre Hosenbeine hochgekrempelt und spielte wie ein kleines Kind barfuß Fangen mit den Wellen. Sarah hielt die Schuhe ihrer Tochter in der Hand und schaute ihr zu.

Da drehte Sarah sich um. Sie sah ihn an.

Lächelte sie? Er konnte es nicht erkennen. Er war zu weit weg.

ENDE

1 Matthäus 28,20 HB S. 134
2 Offenbarung 4,2-3
3 Jesaja 14,13
4 Psalm 31,15-16
5 Matthäus 21,31
6 Hesekiel 18,20
7 Zefanja 1,15
8 Josua 1,9
9 Jona 1,12
10 1. Korinther 13,2
11 1. Korinther 13,13

Peter Gallert / Jörg Reiter

Tiefer denn die Hölle

Kriminalroman

ISBN 978-3-548-29035-5

In einem stillgelegten Bergwerk wird eine Leiche gefunden. Der Mord trägt die Handschrift eines Serienmörders, der vor zwölf Jahren wütete. Und nun wieder damit beginnt.

Die Suche nach der Wahrheit führt Martin Bauer tausend Meter tief unter die Erde …

Lesen Sie einen Auszug aus dem neuen Kriminalroman mit Martin Bauer. Ab Mai 2018 bei Ullstein.

Bauers Hand zitterte. Er hielt inne. Er hatte in so viele Abgründe gesehen, sie machten ihm keine Angst mehr. Doch das hier war anders. Ein Schlund, ein tausend Meter tiefes Grab. Niemand würde kommen und ihn retten, wenn die Dunkelheit ihn verschluckte.

Und wenn er sich täuschte? Er wusste doch gar nicht, ob er finden würde, was er suchte. Er glaubte es nur. Nur? Sein Glaube war alles, was er noch hatte. Er hatte seine Familie zerstört, weil er glaubte. Er war hergekommen, weil er glaubte. Er war allein, weil er glaubte.

Er wollte nicht dort hinab. Er hätte darum gebetet, dass er sich irrte. Aber das wäre sinnlos gewesen. Wenn er falschlag, gab es niemanden, zu dem er beten konnte.

Seine Hand schwebte unruhig über dem Steuerpult. Er zwang sich, regelmäßig zu atmen. Das Zittern hörte nicht auf. Er senkte den Zeigefinger auf den abgegriffenen Knopf. Die rote Warnfarbe war nur noch an den Rändern zu erkennen. Bauer drückte den Knopf – und schnellte aus dem Führerstand.

Fünf Meter bis zum Förderschacht. Die Klingel schrillte, zählte seine weiten Sätze. Mit dem dritten Klingeln sprang Bauer in den Fahrkorb und knallte gegen das Drahtgeflecht der Rückwand. Hinter ihm schloss sich das Gittertor. Es hatte geklappt. Der Korb setzte sich in Bewegung, erst langsam, dann immer schneller. Mit zehn Metern pro Sekunde ging es hinab. Alles ratterte und bebte. Die zwei Minuten Seilfahrt kamen Bauer endlos vor. Dann hakten die Bremsen ein, sein Magen sackte nach unten. Mit einem Ruck endete der kontrollierte Sturz. Das Schutzgitter fuhr zur Seite. Er war auf der tiefsten Sohle.

Er zog den Kopf ein und stieg aus. Außer der Neonröhre im Fahrkorb gab es keine Lichtquelle. Die Luft war heiß und feucht, und sie schmeckte giftig. Bitte keine bösen Wetter! Davon gab es hier unten eine Menge: Schwefelwasserstoff, Kohlenmonoxid, Stickoxide. Er tastete nach der Blechdose an seinem Gürtel. Sein Vater hatte sie früher getragen. Ob der Selbstretter darin überhaupt noch funktionierte?

Bauer schaltete die Grubenlampe ein. Auch sie hatte seinem Vater gehört. Lange würde der alte Akku kaum halten. Aber kein Bergmannssohn hätte unter Tage eine Taschenlampe angeknipst. Oder gar ein Handy. Seins hatte er gar nicht erst mitgenommen. Der Lichtkegel erfasste eine alte Grubenbahn, die auf schmalen Gleisen vor sich hin rostete. Bis vor ein paar Monaten hatten noch Besucher auf ihr das seit Jahrzehnten stillgelegte Bergwerk befahren. Dann war auch dieser Betrieb eingestellt worden. Zu teuer, zu aufwendig, zu gefährlich. Bauer leuchtete die Schienen ab. Sie verloren sich in der Dunkelheit der Strecke. Er marschierte los.

Schon nach einer Minute tropfte der Schweiß von seiner Stirn, brannte in seinen Augen, rann über den Nacken in seinen Kragen und zwischen den Schulterblättern den Rücken herunter. Mit jedem Schritt, den er machte, spürte er den Druck des kilometerhohen Gebirges stärker über sich. Er hielt den Kopf gesenkt, den Blick tief, sah nicht nach oben, hier unten gab es keinen Himmel. Er setzte Fuß vor Fuß, die Bahnschwellen gaben den Rhythmus an, teilten seine Angst in beherrschbare Stücke. Er dachte an seine Frau, an seine Tochter, an sein ungeborenes Kind, er ging weiter und weiter, bis sein Zeitgefühl erlosch.

Dann endeten die Schienen so plötzlich, dass er fast hingeschlagen wäre. Er stolperte, fing sich, rettete sich auf die letzte Schwelle, fand mühsam Stand und keuchte. Als sein Atem sich beruhigt hatte, hielt er ihn an. Totenstille. Hinter ihm Dunkelheit, um ihn herum schwarze Wände und vor ihm das schwarze Nichts. Er holte Luft und ging weiter.

Die Sohle wurde uneben. Bauer bewegte sich wie auf einer dünnen Kruste. Der Akku der Lampe ließ nach, ihr Schein reichte kaum noch drei Meter weit. Fast wäre er an dem abgehenden Streb vorbeigelaufen. Den Weg hinein versperrten zwei diagonal aufgestellte Holzbalken. Ein Andreaskreuz, es warnte vor Lebensgefahr im Alten Mann, so nannten die Bergleute einen ausgekohlten Stollen. Ein Wunder, dass er nicht längst eingebrochen war. Bauer suchte Boden und Balken ab. Keine Spuren im Kohlenstaub.

Er richtete sich wieder auf. Nur ein Selbstmörder hätte sich dort hineingewagt. Bauer wollte weitergehen. Da hörte er es. Es war kaum vernehmbar, aber kein Geräusch hätte ihn hier, tausend Meter tief unter der Erde, mehr erschrecken können. Es kam aus dem Alten Mann: ein Wimmern, ein Klagen.

Ein Baby.

Ohne nachzudenken, setzte Bauer über die Balken hinweg, hastete geduckt in den Streb, stolperte über zerklüfteten Boden, aber er fiel nicht, schlitterte über loses

Gestein, doch er fing sich, eilte weiter, so schnell und so leise er konnte, bis er den Schimmer in der Schwärze sah. Abrupt bremste er ab, fiel auf die Knie, suchte den Schalter der Grubenlampe, löschte sie und wusste nicht, ob er sie wieder würde einschalten können. Auf allen vieren kroch er weiter, durch die absolute Finsternis auf das Geräusch und das Licht zu, immer langsamer und vorsichtiger, je heller es wurde – bis er es sah.

Auf dem schrundigen Boden am Ende des Strebs lag, im Schein einer starken Handlampe, nackt und schutzlos, das Baby. Es ruderte mit seinen Armen und strampelte mit den Beinen. Noch klagte es nur, doch bald würde es laut weinen. Eine zähe Masse floss über seine Haut, troff in langen Fäden von den Gliedmaßen und bildete eine klebrige Pfütze um den zarten Körper. Honig – wie bei den anderen Opfern.

Hinter dem Kind und außerhalb des Lichtkegels hockte in einigen Metern Entfernung eine dunkle Gestalt. Sie wandte Bauer den Rücken zu und schraubte im Schein ihrer Helmlampe Deckel auf große, leere Honiggläser. Neben den Gläsern lag ein Jagdmesser.

Bauer wagte nicht zu atmen. Geräuschlos schob er sich vorwärts, kam bis auf Armlänge an das Baby heran, da fuhr die Gestalt herum. Der scharfe Strahl der Helmlampe stach in seine Augen. Geblendet griff er nach dem Baby, bekam den klebrigen kleinen Körper zu fassen und riss ihn an sich. Im nächsten Moment hörte Bauer das Singen von Stahl, der über Stein schleift. Das Messer.

Bauer presste das Kind an seine Brust, sprang auf und rannte los.

LESEPROBE